HACKERS
Updated
TOEFL
SPEAKING

학습을 위한 추가 혜택

교재 MP3

말하기
연습 프로그램

iBT 스피킹
실전모의고사

이용방법 해커스인강(HackersIngang.com) 접속 ▶
상단 메뉴 [토플 → MP3/자료 → 무료 MP3/자료] 클릭 ▶ 본 교재 선택하여 이용하기

MP3/자료 바로 가기 ▶

토플 보카 외우기

이용방법 고우해커스(goHackers.com) 접속 ▶
상단 메뉴 [TOEFL → 토플보카외우기] 클릭하여 이용하기

토플 스피킹/라이팅 첨삭 게시판

이용방법 고우해커스(goHackers.com) 접속 ▶
상단 메뉴 [TOEFL → 스피킹게시판/라이팅게시판] 클릭하여 이용하기

토플 공부전략 강의

이용방법 고우해커스(goHackers.com) 접속 ▶
상단 메뉴 [TOEFL → 토플공부전략] 클릭하여 이용하기

토플 자료 및 유학 정보

이용방법 고우해커스(goHackers.com)에 접속하여 다양한 토플 자료 및 유학 정보 이용하기

고우해커스 바로 가기 ▶

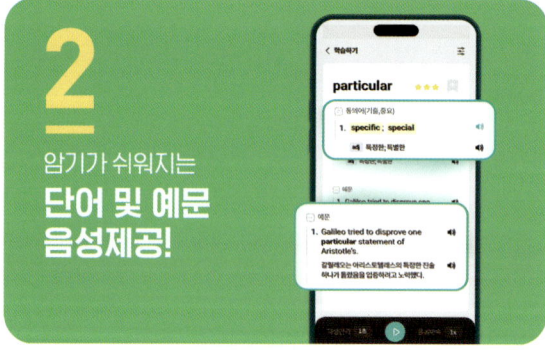
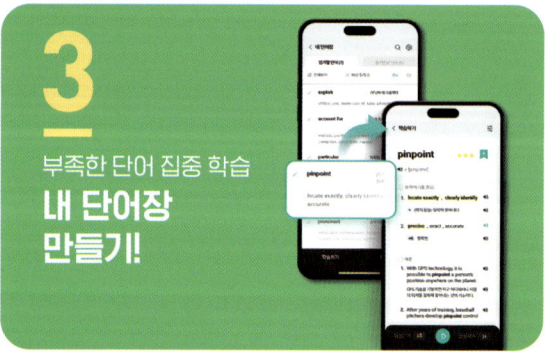

2026년 1월 21일 시행
Updated TOEFL

심층 분석, 이렇게 바뀐다

시대의 변화에 따라 영어 사용 환경이 달라진 것을 반영하여, 2026년 1월 21일 TOEFL 시험이 대대적으로 바뀐다.

『Hackers Updated TOEFL』은 수험자들이 **Updated TOEFL** 시험에도 철저히 대비할 수 있도록, 시험 변경사항과 새로운 문제 유형을 철저히 분석하여 가장 효과적인 핵심 전략과 출제 경향을 완벽 반영한 실전문제를 수록하고 있다.

Updated TOEFL, 얼마나 알고 계신가요?

	YES	NO
Q1. 시험 소요시간이 줄어들었다.	☐	☐
Q2. 리딩/리스닝 영역에서는 전반부 채점 결과에 따라 후반부 구성과 난이도가 달라진다.	☐	☐
Q3. 스피킹 영역이 시험의 마지막 순서다.	☐	☐

*정답은 모두 YES! 자세한 시험 변경사항은 이어지는 페이지에서 확인할 수 있습니다.

Updated TOEFL, 이렇게 바뀐다!

영역	문제 유형	문항 수 Module1	문항 수 Module2 Lower	문항 수 Module2 Upper	예상 시간	점수
Reading 총 35문항 *더미 문제가 출제될 경우, 최대 48문항	TASK 1 Complete the Words 단어의 철자 완성하기	10문항	10문항	10문항	18~27분	1~6점
	TASK 2 Read in Daily Life 일상 지문 읽고 문제 풀기	5문항	5문항	0문항		
	TASK 3 Read an Academic Passage 학술 지문 읽고 문제 풀기	5문항	0문항	5문항		
Listening 총 35문항 *더미 문제가 출제될 경우, 최대 45문항	TASK 1 Listen and Choose a Response 문장 듣고 이어질 응답 고르기	8문항	7문항	3문항	18~27분	1~6점
	TASK 2 Listen to a Conversation 대화 듣고 문제 풀기	4문항	4문항	4문항		
	TASK 3 Listen to an Announcement 공지 듣고 문제 풀기	4문항	4문항	0문항		
	TASK 4 Listen to an Academic Talk 강의 듣고 문제 풀기	4문항	0문항	8문항		
Writing 총 12문항	TASK 1 Build a Sentence 단어 배열하여 문장 완성하기	10문항			23분	1~6점
	TASK 2 Write an Email 이메일 쓰기	1문항				
	TASK 3 Write for an Academic Discussion 학술 토론 의견 쓰기	1문항				
Speaking 총 11문항	TASK 1 Listen and Repeat 문장 듣고 따라 말하기	7문항			8분	1~6점
	TASK 2 Take an Interview 인터뷰 질문에 답변하기	4문항				
				Total	1시간 30분 내외	1~6점

시험 응시 72시간 이내 성적 발표

일상 지문이 추가되고, 단계별 적응형 구조가 도입된다.
- 단어 완성하기 유형과 일상 지문 읽기 유형이 추가되고, 학술 지문의 길이 감소
- Module 1의 결과에 따라 Module 2의 난이도와 구성이 달라지는 단계별 적응형 구조(multistage adaptive testing) 도입
- Module 1에 채점되지 않는 더미 문제 출제 가능 (Reading/Listening 영역 중 한 영역에서 출제)

 일상 대화와 교내 공지가 추가되고, 단계별 적응형 구조가 도입된다.
- 짧은 일상 대화와 교내 공지 유형이 추가되고, 강의 지문의 길이 감소
- Module 1의 결과에 따라 Module 2의 난이도와 구성이 달라지는 단계별 적응형 구조(multistage adaptive testing) 도입
- Module 1에 채점되지 않는 더미 문제 출제 가능 (Reading/Listening 영역 중 한 영역에서 출제)

 문장 완성 유형과 이메일 쓰기 유형이 추가된다.
- 문장 완성 유형과 이메일 쓰기 유형 추가
- 기존의 토론 글쓰기 유형은 그대로 유지
- 시험의 마지막 영역에서 세 번째 영역으로 순서 변경

 문제 유형이 모두 바뀌고, 준비 시간이 없어진다.
- 따라 말하기 유형과 인터뷰 유형 추가
- 모든 유형에서 별도의 답변 준비 시간 없이 바로 답변 시작
- 시험의 세 번째 영역에서 마지막 영역으로 순서 변경

 시험 소요 시간과 성적 발표 기간이 줄고, 점수 체계가 바뀐다.
- 시험 전체 소요 시간과 성적 발표 기간 감소
- 성적 체계가 0~120점 체계에서 1~6점 체계로 변경되고, 전체 점수 계산 방식이 영역별 합계에서 평균으로 변경

Updated TOEFL, 이렇게 대비하라!

■ READING

TASK 1	**Complete the Words** 단어의 철자 완성하기 (1지문 10문항) • 학술 지문에서 앞부분 절반의 철자만 제시되는 단어 10개의 뒷부분을 채워 완성하는 유형이다. • 다양한 학술 분야 주제의 지문이 70~100단어 분량으로 출제된다.
TASK 2	**Read in Daily Life** 일상 지문 읽고 문제 풀기 (1지문 2~3문항) • 이메일, 문자메시지, 광고, 공지, 기사, SNS 포스팅, 양식 등 다양한 형태의 지문이 출제된다. • 지문 길이는 15~100단어 분량으로 짧은 편이며, 일상적인 주제와 소재를 다룬다.
TASK 3	**Read an Academic Passage** 학술 지문 읽고 문제 풀기 (1지문 5문항) • 기존의 리딩 유형과 가장 유사하지만, 지문의 길이가 175~200단어로 감소했다. • 전공 심화 수준의 까다로운 내용은 출제되지 않으며, 문화적 편향 없는 보편적인 주제와 소재가 출제된다.

영역 심층 분석

1. 학술 지문의 비중이 줄고, 기본적인 어휘력과 일상생활에서 접하는 다양한 글을 읽고 이해하는 능력이 중요해진다.
2. 단계별 적응형 구조(multistage adaptive testing)가 도입된다.
   • 두 단계(Module)로 구성되며, Module 1의 결과에 따라 Module 2의 난이도와 구성이 조정된다.
   • Module 2에서 낮은 난이도의 구성이 나오면 리딩 영역 만점(6점)을 받는 것은 불가능하다.
3. 문항 당 풀이 시간은 줄어든다.
   • 전체 문항 수는 20문항에서 35~48문항으로 증가하고, 소요 시간은 약 35분에서 18~27분으로 감소했다.

핵심 대비 전략

TASK 1 풀이 시간을 단축하기 위해 어휘력을 키우고, 단어의 앞부분 철자만 보고 뒤에 이어질 철자를 채우는 연습을 한다.
• 평소에 영어로 된 글을 자주 읽으면서 다양한 단어에 익숙해진다. 특히, 단어의 정확한 철자까지 알아 둔다.
• 앞부분의 철자만 주어지고 뒷부분은 빈칸으로 주어지는 TASK 1 문제 형태에 익숙해지도록 많은 문제를 풀어 본다.

TASK 2 정답의 근거를 빠르게 찾을 수 있도록, 다양한 일상 지문의 형태와 흐름을 익힌다.
• 이메일, 메시지 대화문, 공지, 각종 양식 등, 다양한 일상 지문의 형태와 일반적인 흐름을 익힌다.

TASK 3 다양한 배경지식을 쌓고, 빠르고 정확한 독해를 통해 정답의 근거를 찾는 연습을 한다.
• 지문의 길이가 줄어도, TASK 3의 학술 지문은 여전히 난이도가 높기 때문에 빠르고 정확한 독해가 관건이다.
• 다양한 배경지식을 쌓으면 친숙하지 않은 주제의 지문을 보더라도 쉽고 빠르게 지문의 내용을 이해할 수 있다.

■ LISTENING

TASK 1	**Listen and Choose a Response** 문장 듣고 이어질 응답 고르기 • 7~8단어로 이루어진 한 문장을 듣고 이어질 응답을 고르는 유형이다. • 일상적인 대화 상황이 출제되며, 종종 구어체도 나온다. • 문항 당 풀이 시간은 최대 20초이다.
TASK 2	**Listen to a Conversation** 대화 듣고 문제 풀기 (1지문 2문항) • 식사, 쇼핑, 약속 등 일상적인 주제에 관한 두 사람 사이의 대화가 출제된다. • 대화 길이는 약 23초, 문항 당 풀이 시간은 최대 20초이다.
TASK 3	**Listen to an Announcement** 공지 듣고 문제 풀기 (1지문 2문항) • 대학 캠퍼스 내에서 행사, 강의, 시설 등에 대해 안내하는 공지가 출제된다. • 공지 길이는 약 21초, 문항 당 풀이 시간은 최대 20초이다.
TASK 4	**Listen to an Academic Talk** 강의 듣고 문제 풀기 (1지문 4문항) • 기존의 리스닝 강의 유형과 유사하지만, 지문의 길이가 약 1분 20초로 감소했다. • 전공 심화 수준의 까다로운 내용은 출제되지 않으며, 문화적 편향 없는 보편적인 주제와 소재가 출제된다. • 문항 당 풀이 시간은 최대 30초이다.

영역 심층 분석

1. 학술적인 내용뿐 아니라, 일상적인 주제에 대한 짧은 대화나 공지를 듣고 화자의 의도를 이해하는 능력도 평가한다.
2. 북미, 영국, 호주, 뉴질랜드 발음이 골고루 출제된다.
3. 단계별 적응형 구조(multistage adaptive testing)가 도입된다.
   • 두 단계(Module)로 구성되며, Module 1의 결과에 따라 Module 2의 난이도와 구성이 조정된다.
   • Module 2에서 낮은 난이도의 구성이 나오면 리스닝 영역 만점(6점)을 받는 것은 불가능하다.

핵심 대비 전략

TASK 1 질문을 확실하게 듣는 연습을 하고, 자주 출제되는 오답 패턴에 대비한다.
• 짧고 빠르게 지나가는 질문 문장을 놓치지 않고 들을 수 있도록 집중력을 강화한다.
• 자주 출제되는 오답 패턴을 확실히 익히고, 자주 틀리는 문제에 대해 자신이 오답을 선택한 이유를 꼼꼼하게 분석한다

TASK 2&3 정확한 근거를 갖고 정답을 고를 수 있도록, 지문의 흐름과 내용을 정확히 파악하여 듣는 연습을 한다.
• 대화와 공지의 앞부분을 놓치지 않고 듣는 연습을 통해 주제를 확실히 파악할 수 있도록 한다.
• 일상 대화에서 자주 출제되는 구어체 표현에 익숙해진다.
• 공지의 빈출 주제와 일반적인 흐름, 자주 나오는 표현을 익힌다.

TASK 4 다양한 배경지식을 쌓고, 강의의 핵심 내용을 정리하며 듣는 연습을 한다.
• 지문의 길이가 줄어도, TASK 4의 강의는 여전히 난이도가 높기 때문에 핵심 내용을 놓치지 않고 정확히 듣는 것이 중요하다.
• 다양한 배경지식을 쌓으면 친숙하지 않은 주제의 강의를 듣더라도 내용을 정확히 파악할 수 있다.
• 평소에 문제를 풀 때 집중해서 들으며 주요 내용을 노트테이킹하는 연습을 한다.

Updated TOEFL, 이렇게 대비하라!

WRITING

TASK 1	**Build a Sentence** 단어 배열하여 문장 완성하기 • 완전한 형태로 주어지는 한 문장을 보고, 보기 단어를 배열하여 이어질 응답 문장을 완성하는 유형이다. • 문법적으로 정확하면서도 문맥에 맞는 자연스러운 응답이 될 수 있는 문장을 완성해야 한다. • 10문항이 출제되고, TASK 전체 제한 시간은 약 5분 50초이다.
TASK 2	**Write an Email** 이메일 쓰기 • 학교나 일상에서 일어날 법한 상황과 이메일을 쓰는 목적이 주어지고, 그에 맞춰 이메일을 작성하는 유형이다. • 일반적인 이메일의 구조에 맞게 작성해야 하며, 초대, 추천, 문제점 전달, 해결책 제안 등의 다양한 의사소통 목적에 맞는 형식과 표현을 적절히 활용해야 한다. • 7분 동안 최대한 길게 작성하도록 요구되는데, 110~130 단어 분량이 적절하다.
TASK 3	**Write for an Academic Discussion** 학술 토론 의견 쓰기 • 기존 토플에서 그대로 유지되는 유일한 유형이다. • 교수가 토론 주제를 간단히 설명하며 던진 질문과, 다른 학생 두 명의 의견을 읽고, 자신의 의견을 작성하는 유형이다. • 10분 동안 최소 100단어 이상 작성해야 한다.

영역 심층 분석

1. **기본적인 문법 규칙에 따라 문장을 쓰는 능력을 평가한다.**
   • 전달하고자 하는 의미를 제대로 전달하기 위해 지켜야 할 문법 규칙들을 잘 알고 있는지를 평가한다.

2. **온라인 의사소통 형식에 적절한 글을 쓰는 역량이 중요하다.**
   • 글을 쓰는 목적, 상대방과의 관계 등에 따라 적절한 문장 구조와 표현을 구사할 수 있어야 한다.

핵심 대비 전략

TASK 1 기본적인 영어 어순과 문법 규칙을 지키며 문장을 쓰는 연습을 한다.
• 수 일치, 시제 일치, 대명사와 접속사의 쓰임 등 기본적인 문법 규칙을 익혀 둔다.

TASK 2 이메일의 기본 구조를 익히고, 일상적인 의사소통 목적에 따라 자주 쓰는 표현을 익힌다.
• 인사말, 목적, 세부사항, 맺음말로 이어지는 이메일의 기본 구조를 지켜 답안을 작성하는 연습을 한다.
• 문의, 부탁, 항의, 감사 등 다양한 의사소통 목적 별로 자주 쓰이는 표현을 익혀 둔다.
• 평소에 많은 문제를 풀어 보며, 1~2분 동안 아웃라인을 잡고, 4~5분 동안 실제 답안을 쓰는 연습을 한다.

TASK 3 평소에 다양한 주제에 대해 브레인스토밍해 보고, 논리적인 답안을 쓰는 연습을 한다.
• 자신의 주장에 대해 논리적으로 타당한 이유와 근거를 생각해내는 연습을 한다.
• 다양한 주제에 대해 나올 수 있는 질문들과 답안에 활용할 수 있는 아이디어를 정리해 둔다.
• 평소에 2~3분 동안 답변 내용을 구상하고, 7분 동안 답안을 작성하는 연습을 한다.

SPEAKING

TASK 1	**Listen and Repeat** 문장 듣고 따라 말하기 • 음성으로만 들려주는 문장 7개를 한 개씩 듣고 그대로 따라 말하는 유형이다. • 일상 및 학교에서 접할 수 있는 시설, 행사, 절차 등에 대해 사람들에게 안내하는 상황이 제시되고, 배경이 되는 장소를 묘사한 그림이 제시된다. • 각 문장은 한 번씩만 들려주고, 3초의 간격 후에 8~12초의 답변 시간이 주어진다.
TASK 2	**Take an Interview** 인터뷰 질문에 답변하기 • 특정 주제에 대한 인터뷰 질문 4개에 답변하는 유형이다. • 교육, 사회, 과학기술, 여가 등 다양한 주제로 인터뷰가 진행된다. • 인터뷰 질문은 음성으로만 들려주고, 준비 시간 없이 바로 답변해야 한다. • 한 질문에 대한 답변 시간은 45초가 주어진다.

영역 심층 분석

1. 실생활에서의 의사소통 방식을 반영하여, 즉각적으로 적절한 말을 하는 능력을 평가한다.
   • 상대방의 말을 정확히 듣고 기억하여 그대로 전달할 수 있어야 한다.
   • 상대방의 질문에 대해 즉각적으로 자신의 의견을 타당한 이유나 근거와 함께 말할 수 있어야 한다.

2. 북미, 영국, 호주, 뉴질랜드 발음이 골고루 출제된다.

핵심 대비 전략

TASK 1 문장을 들으면서 정확히 기억하고 그대로 따라 말하는 연습을 한다.
   • 쉐도잉 연습을 통해 들리는 문장을 그대로 따라 말할 수 있도록 한다.
   • 다양한 안내 상황 별로 자주 출제되는 표현을 익힌다.

TASK 2 질문을 듣는 동시에 답변 내용을 생각하고 바로 말할 수 있도록 충분히 연습한다.
   • 기본적인 답변 구조를 익히고 그에 맞춰 말하는 연습을 충분히 해 둔다.
   • 다양한 인터뷰 주제에 대해 나올 수 있는 질문들과 답변에 활용할 수 있는 아이디어를 정리해 둔다.

해커스 토플이 제공하는 토플 정복을 위한 특별한 혜택!

01 토플 적중 예상특강
(HackersIngang.com)

해커스어학원 선생님들의 이번 달 토플 적중 예상특강 제공

02 온라인 실전모의고사
(HackersIngang.com)

출제 경향을 완벽 반영한 온라인 모의고사로 실전 완벽 대비

03 단어암기 MP3
(HackersIngang.com)

단어암기 MP3로 언제, 어디서든 효과적인 단어 학습 가능

04 토플 스피킹/라이팅 첨삭 게시판
(goHackers.com)

무제한 1:1 첨삭을 통한 확실한 실력 향상

05 토플 쉐도잉 & 말하기 연습 프로그램
(goHackers.com)

쉐도잉 & 말하기 반복 훈련으로 빠른 실력 향상

06 토플 자료 및 유학 정보
(goHackers.com)

성공적인 토플 학습방법부터 유학 정보와 다양한 무료 학습자료까지 풍부한 정보 제공

HACKERS
Updated
TOEFL
SPEAKING

해커스 어학연구소

무료 토플자료·유학정보 제공
goHackers.com

PREFACE

『Hackers Updated TOEFL SPEAKING』을 내면서

해커스 토플은 단순한 시험 대비를 넘어, 여러분의 실질적인 영어 실력 향상에 도움이 되고자 하는 작은 진심으로 출발했습니다. 해커스 토플 전 시리즈가 오랜 세월 **베스트셀러를 넘어 스테디셀러로 자리**할 수 있었던 이유는, 늘 **처음과 같은 마음**으로 더 좋은 책을 만들기 위해 고민하고, 최신 경향을 반영하기 위해 끊임없이 노력하기 때문입니다.

이번 『Hackers Updated TOEFL』 시리즈 또한 해커스의 전문성과 축적된 노하우를 바탕으로, 변화된 시험의 모든 유형을 면밀히 분석하고 정교한 문제 해결 전략을 담아 **실전 대비의 완결판**으로 완성하였습니다.

Updated TOEFL 경향을 반영한 방대한 양의 실전 문제를 수록하였으며, 실전과 동일한 난이도와 구성의 실전모의고사를 온라인으로 제공하여 보다 철저히 실전에 대비할 수 있도록 하였습니다. 이 교재의 학습 과정을 충실히 따라간다면 누구나 실전에 철저히 대비할 수 있으며, 궁극적으로 **고득점 달성**으로 이어질 것이라 확신합니다.

『Hackers Updated TOEFL SPEAKING』이 여러분의 토플 목표 점수 달성에 확실한 해결책이 될 뿐 아니라, 실질적인 영어 실력의 향상과 함께 더 큰 꿈을 향해 나아가는 길에서 **든든한 동반자**가 되기를 소망합니다.

David Cho
& 해커스어학연구소

Hackers Updated TOEFL SPEAKING

CONTENTS

『해커스 토플 스피킹』이 특별한 이유!	6
TOEFL iBT 소개	10
TOEFL iBT SPEAKING 소개	12
TOEFL iBT SPEAKING 화면 구성	14
성향별 맞춤 공부 방법	16
해커스 학습플랜	18
DIAGNOSTIC TEST	21

TASK 1 Listen and Repeat

Introduction		28
기본다지기	I. 위치 표현 말하기	30
	II. 규정 표현 말하기	34
	III. 제안 및 제공 표현 말하기	38
전략익히기	I. 상황 파악하고 그림 확인하기	42
	II. 문장 듣고 기억하여 따라 말하기	43
상황별 공략하기	I. 시설 안내	60
	II. 행사 안내	68
	III. 방법 및 절차 안내	76
POWER TEST	POWER TEST 1	84
	POWER TEST 2	86

TASK 2 Take an Interview

Introduction		90
기본다지기	I. 입장 표현 말하기	92
	II. 이유와 구체적 근거 표현 말하기	98
	III. 마무리 표현 말하기	104
전략익히기	I. 주제 파악하고 말할 거리 준비하기	108
	II. 질문 듣고 답변하기	109
주제별 공략하기	I. 교육	130
	II. 사회	138
	III. 환경	146
	IV. 과학기술	154
	V. 진로	162
	VI. 일상	170
	VII. 여가	178
POWER TEST	POWER TEST 1	186
	POWER TEST 2	188

ACTUAL TEST 1	192
ACTUAL TEST 2	196
미국식 발음과 영국식 발음의 차이 [부록]	201
모범 답안·스크립트·해석 [책 속의 책]	205

실전모의고사(온라인) 2회분

해커스인강(HackersIngang.com) 접속 → [MP3/자료] 클릭 → [무료 MP3/자료] 클릭하여 이용

『해커스 토플 스피킹』이 특별한 이유!

Updated TOEFL 출제 경향 완벽 반영!

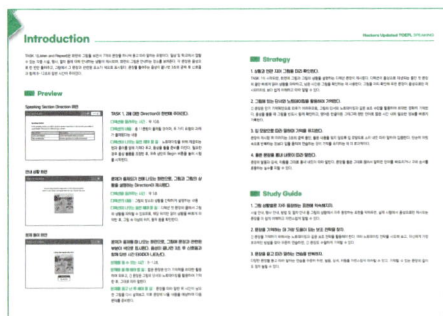

Task Introduction
Updated TOEFL Speaking의 각 Task 별 특징, 시험 진행 방식을 확인하고, 실전에서 고득점을 달성하기 위한 전략과 학습 방법을 확인할 수 있다.

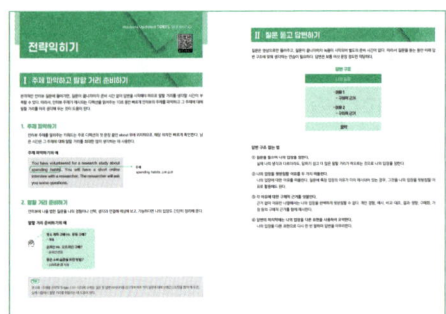

효과적인 문제 풀이 전략
출제 경향을 철저히 분석하여 도출한 핵심 전략을 예시와 함께 정리할 수 있다.

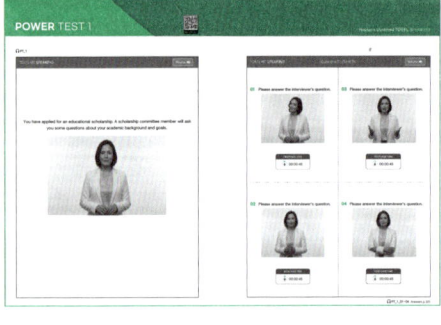

출제 경향을 완벽 반영한 문제
출제 경향을 철저히 분석하여 반영한 문제들을 수록하였다. 여러 문제들에 대한 답안을 말해보는 연습을 통해 실전에 대한 감각을 확실히 키울 수 있다.

Hackers Updated TOEFL SPEAKING

 **풍부한 문제 풀이로 실전에 철저하게 대비!**

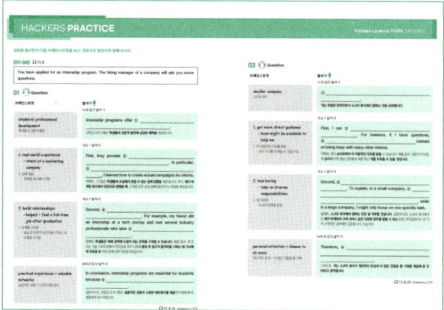

Hackers Practice

학습한 유형별 전략을 실제 문제에 적용하는 연습을 통해 실전 토플에 필요한 탄탄한 실력을 다질 수 있다.

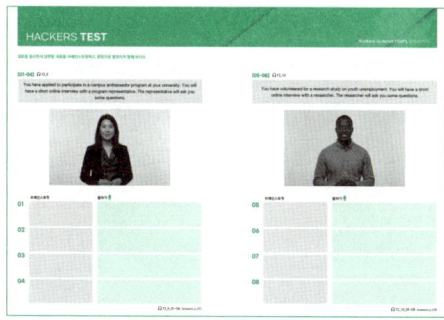

Hackers Test

출제 경향을 완벽 반영한 실전 문제들에 대한 답안을 말해 보면서 실전 감각을 키울 수 있다.

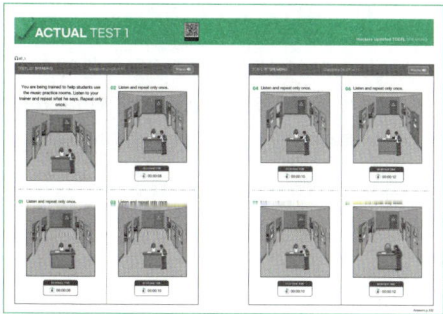

Actual Test

실제 시험의 구성과 난이도를 그대로 반영한 Actual Test 2회분을 풀어보며 자신의 실력을 최종 점검할 수 있다.

『해커스 토플 스피킹』이 특별한 이유!

체계적이고 탄탄한 단계별 학습 구성!

기본다지기

실전 유형 학습에 들어가기 전에, 각 문제 유형에 필수적인 표현들을 예문과 함께 정리하고, 문제를 통해 자신의 것으로 만들 수 있다.

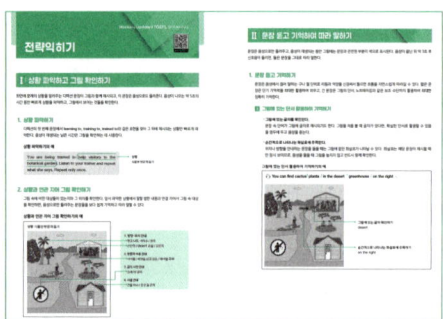

전략익히기

실전에서 실질적인 도움이 되는 핵심 전략을 예시와 함께 정리할 수 있다. 문제의 중요 포인트를 파악하고, 전략과 방법을 체계적으로 익힌 후, 많은 문제들을 연습함으로써 확실한 실력 향상이 가능하다.

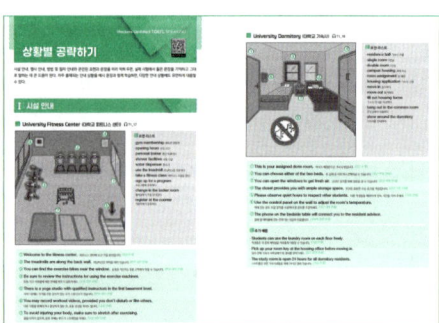

상황별/주제별 공략하기

Task 1의 안내 상황별로 그림과 함께 출제 예상 문장들과 추가 표현을 정리하고, Task 2의 다양한 인터뷰 주제에 따른 예상 질문과 답변 아이디어를 익힐 수 있다.

다양한 부가학습자료로 확실한 복습!

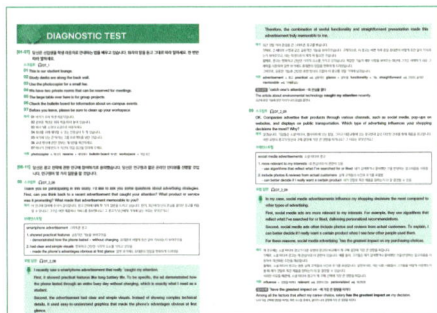

모범 답안·스크립트·해석 [책속의 책]
교재에 수록된 모든 문제에 대한 모범 답안과 스크립트를 정확한 해석과 함께 제공한다. 이를 통해 학습자가 문제를 정확히 파악하고, 자신의 답안을 보완, 개선할 수 있다.

온라인 실전모의고사 [온라인]
온라인 실전모의고사 2회분을 풀어보며 실전에서 흔들림 없이 실력을 발휘할 수 있다.

말하기 연습 프로그램 [온라인]
교재에 수록된 핵심 문장을 듣고 따라 말해 보면서 확실히 자신의 것으로 만들 수 있다. 또한, 자신의 말하기를 녹음해서 원어민의 음성과 비교해서 들어보며 자신의 약점을 보완하고 발음과 억양을 교정할 수 있다.

TOEFL iBT 소개

■ TOEFL iBT란?

TOEFL(Test of English as a Foreign Language) iBT(Internet-based test)는 미국의 비영리기관인 ETS(Educational Testing Service)에서 주관하는 국제 공인 영어 시험으로, 영어가 모국어가 아닌 수험자의 영어 실력을 읽기·듣기·쓰기·말하기 네 영역으로 나누어 평가한다. 2026년 1월 21일부터 바뀌는 Updated TOEFL 시험은 Reading, Listening, Writing, Speaking 영역의 순서로 진행된다. Reading과 Listening 영역은 각 응시자의 Module 1 채점 결과에 따라 Module 2의 난이도와 구성이 달라지는 단계별 적응형 구조(multistage adaptive testing)로 진행된다.

■ TOEFL iBT 시험 구성

영역	TASK		문항 수	시험 시간	점수
Reading	TASK 1	Complete the Words	35~48문항 · Module 1: 20~33문항 · Module 2: 15문항	약 18~27분	1~6점
	TASK 2	Read in Daily Life (1지문 2~3문항)			
	TASK 3	Read an Academic Passage (1지문 5문항)			
Listening	TASK 1	Listen and Choose a Response	35~45문항 · Module 1: 20~30문항 · Module 2: 15문항	약 18~27분	1~6점
	TASK 2	Listen to a Conversation (1지문 2문항)			
	TASK 3	Listen to an Announcement (1지문 2문항)			
	TASK 4	Listen to an Academic Talk (1지문 4문항)			
Writing	TASK 1	Build a Sentence	12문항	약 23분	1~6점
	TASK 2	Write an Email			
	TASK 3	Write for an Academic Discussion			
Speaking	TASK 1	Listen and Repeat (1세트 7문항)	11문항	약 8분	1~6점
	TASK 2	Take an Interview (1세트 4문항)			
				약 2시간	1~6점

· Reading 또는 Listening 중 한 영역의 Module 1에서 더미 문제가 출제된다.
· Reading과 Listening 영역의 Module 1에서는 모든 TASK가 출제되지만, Module 2에서는 난이도에 따라 일부 TASK만 출제된다.

■ TOEFL iBT 점수 체계

2026년 1월 21일 시행되는 Updated TOEFL은 세계적으로 널리 쓰이는 외국어 능력 공통 기준인 CEFR(Common European Framework of Reference for Languages) 6단계와 직관적으로 연계되는 1~6점 구간 점수제(banded scoring scale)를 도입한다. 각 영역 점수와 총점은 0.5점 단위로 올라가는 1~6점 점수대로 표시되고, 총점은 4개 영역 점수의 평균값을 가장 가까운 0.5 단위로 반올림하여 산출한다. (예: 4개 영역 점수 평균이 5.25이면, 총점은 5.5로 표기)

* Updated TOEFL 시행 2년 동안은 기존의 0~120점 점수대도 함께 표기된다.

TOEFL 점수와 CEFR Level 환산표

TOEFL 점수	1.0	1.5	2.0	2.5	3.0	3.5	4.0	4.5	5.0	5.5	6.0
CEFR Level	A1		A2		B1		B2		C1		C2

■ TOEFL iBT 접수 및 성적 확인

실시일	· ETS Test Center 시험: 일주일에 약 2~3일 실시 · 홈에디션 시험: 일주일에 약 4~5일 실시
시험 장소	· ETS Test Center에서 치르거나, 집에서 홈에디션 시험으로 응시 가능
접수 방법	· ETS 토플 웹사이트 또는 전화상으로 접수
시험 당일 준비물	· 공인된 신분증 원본 반드시 지참 (자세한 신분증 규정은 ETS 토플 웹사이트에서 확인 가능) · 홈에디션 시험에 응시할 경우, 사전에 ETS 토플 웹사이트에서 필요한 프로그램 설치 및 준비물 확인하여 지참
성적 및 리포팅	· 시험 응시 후 바로 Reading/Listening 영역 비공식 점수 확인 가능 · 시험 응시일로부터 72시간 후에 온라인으로 성적 확인 가능 · 시험 접수 시, 자동으로 성적 리포팅 받을 기관 선택 가능 · MyBest Scores 제도 시행 (최근 2년간의 시험 성적 중 영역별 최고 점수 합산하여 유효 성적으로 인정)

TOEFL iBT SPEAKING 소개

TOEFL iBT SPEAKING 영역은 영어를 사용하는 국가의 학교 또는 일상 생활에서 필요한 말하기 능력을 평가한다. 따라서 수험자들은 시험을 준비하는 과정을 통해 TOEFL 고득점 달성뿐만 아니라, 실제 해외 대학 진학 후의 일상생활과 교육 환경에도 효과적으로 대비할 수 있을 것이다.

■ TOEFL iBT SPEAKING 구성

SPEAKING 영역은 두 가지 TASK로 구성되며, 별도의 준비 시간은 주어지지 않는다.

TASK	문항 수	응답 시간
TASK 1 Listen and Repeat	7문항	문항 당 8~12초
TASK 2 Take an Interview	4문항	문항 당 45초
	총 11문항	전체 시험 시간: 약 8분

■ TOEFL iBT SPEAKING TASK별 특징

TASK 1 Listen and Repeat
일상 및 학교에서 접할 수 있는 각종 시설, 행사, 절차 등에 대해 사람들에게 안내하는 상황의 문장 7개를 한 개씩 듣고 그대로 따라 말하는 유형이다. 안내하는 내용과 관련된 그림이 보조 수단으로 화면에 제시되며, 따라 말하는 문장 내용에 해당하는 그림 요소가 색칠되고 강조된다. 문장은 한 번씩만 들려주고, 약 3초의 간격 후에 문장의 길이에 따라 8~12초의 답변 시간이 주어진다.

TASK 2 Take an Interview
인터뷰 진행자가 특정 주제에 대한 질문을 하는 영상을 보고 그에 대한 자신의 생각을 45초 동안 말하는 유형이다. 하나의 주제와 관련 있는 네 개의 질문이 나오고, 출제되는 주제는 교육, 사회, 과학기술, 여가 등 일상생활과 관련된 다양한 분야를 아우른다. 인터뷰 질문은 화면에 표시되지 않고 영상을 통해 한 번만 들려주며, 질문이 끝나는 즉시 답변 시간이 시작한다.

■ TOEFL iBT SPEAKING 채점 방식

아래의 채점 기준에 따라 개별 문항에 대해 0~5점의 점수를 매긴 후, 11개 문항의 원점수를 종합하여 1~6점 점수대의 SPEAKING 영역 전체 점수로 환산한다. 구체적인 환산 기준은 ETS에서 공개하지 않고 있다.

채점 기준표

점수	TASK 1 Listen and Repeat	TASK 2 Take an Interview
5점	들은 문장을 정확히 그대로 따라 말한다. • 들은 문장을 똑같이 따라 말하며, 문장의 의미가 잘 전달된다.	질문에 대한 적절한 답변을 하며, 말하는 내용이 명확하다. • 답변이 질문과 관련 있으며, 타당한 이유와 근거를 포함한다. • 자연스러운 속도로 말하며, 발음, 리듬, 억양에 어려움이 거의 없어 의미를 효과적으로 전달한다. • 정확한 문법과 어휘를 폭넓게 사용하여 정밀한 의미를 명확하게 표현한다.
4점	들은 문장의 의미는 정확히 전달하지만, 똑같이 따라 말하지는 못한다. • 들은 문장과 약간 다른 표현과 문장 구조를 사용하지만, 의미를 바꿀 정도는 아니다.	질문에 대체로 맞는 답변을 하며, 말하는 내용이 대체로 명확하다. • 답변이 질문과 관련 있지만, 문장 수준에서의 연결어 사용이 효과적이지 않을 수 있다. • 발음, 리듬, 억양이 대체로 자연스럽지만, 때때로 속도와 리듬이 끊기고, 일부 단어나 구절은 명확하게 전달되지 않는다. • 문법과 어휘가 대체로 적절하며 대부분의 의미를 표현할 수 있다.
3점	들은 문장의 의미를 대부분 전달하지만, 중요한 내용을 일부 누락하거나 부정확하게 말한다. • 들은 문장의 표현을 대부분 그대로 사용하여, 완전한 문장으로 말한다. • 일부 단어를 더듬거리거나 제대로 발음하지 못하여 문장의 의미가 불분명하게 전달되는 경우가 있다.	질문과 관련 있게 답변하지만, 내용 전개가 허술하거나 의미가 명확하지 않은 부분이 있다. • 답변이 대체로 주제의 질문과 관련 있지만, 세부 근거가 적고 내용 전개가 허술하다. • 말의 속도와 리듬이 부자연스럽게 끊기며, 발음이나 강세가 부정확하여 의미가 제대로 전달되지 않는다. • 군더더기 말을 많이 포함하며, 제한된 문법, 어휘를 사용하여 종종 의미가 불명확하다.
2점	들은 문장의 중요한 내용을 누락하거나 틀리게 말한다. • 들은 문장의 주요 표현들이 빠져 있으며, 문장의 의미가 크게 달라진다. • 완전한 문장으로 말하지 못하며, 짧은 문구를 나열한다. • 발음, 강세, 억양에 문제가 있어 문장의 의미를 제대로 전달하지 못한다.	질문에 답변하려는 시도를 보이지만, 내용 전개가 매우 허술하고 의미가 잘 전달되지 않는다. • 답변이 질문 주제와 약간 관련 있지만, 구체적인 내용이 부족하거나 질문 내용의 반복에 그친다. • 발음, 강세, 리듬에 문제가 있고, 문법과 어휘가 제한적이어서 의미가 제대로 전달되지 않는다.
1점	늘은 문상의 대부분을 말하지 못하며, 의미 전달이 거의 안 된다. • 들은 문장의 몇 단어만 말하여 대부분의 내용이 빠져 있다. • 들은 문장의 의미가 거의 전달되지 않는다.	질문에 거의 답변하지 못하며, 언어 능력의 한계로 의미 전달이 거의 안 된다. • 답변 내용이 질문과 모호하게 연결된다. • 답변 내용을 대부분 이해할 수 없다. • 단어나 짧은 구절만으로 말한다.
0점	말을 하지 않은 경우, 의미를 전혀 이해할 수 없게 말한 경우, 영어로 말하지 않은 경우, 또는 들은 문장과 전혀 연관성이 없게 말한 경우이다.	말을 하지 않은 경우, 의미를 전혀 이해할 수 없게 말한 경우, 영어로 말하지 않은 경우, 또는 질문과 전혀 관련 없는 내용을 말한 경우이다.

TOEFL iBT SPEAKING 화면 구성

1. 음량 조절 화면 & 마이크 음량 조절 화면

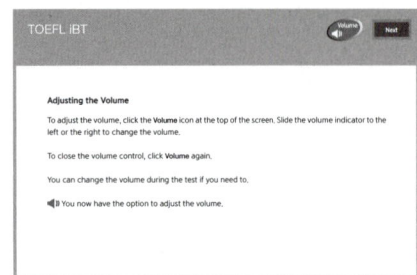

시험을 시작하기 전에 헤드폰의 음량을 조절하는 방법을 알려주는 화면과 마이크의 음량을 조절할 수 있는 화면이 나온다.

· 음량 조절 화면
Volume 버튼을 클릭하면 음량을 조절할 수 있는 창이 나타난다. 시험을 보는 동안에도 계속해서 음량을 조절할 수 있다.

· 마이크 음량 조절 화면
녹음을 하는 창이 나타나면, 화면에 제시된 지문을 읽은 후 녹음된 목소리의 음량을 확인한다. 마이크 음량 조절은 시험이 시작되기 전에 이 화면을 통해서만 가능하다.

2. Speaking Direction 화면

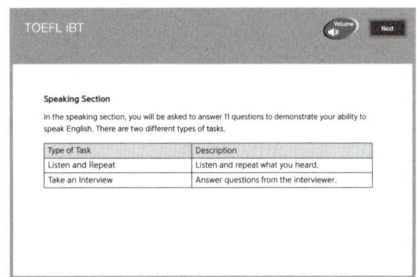

스피킹 시험에 대한 전반적인 설명이 주어지는 화면이다. 총 11문항이 출제되고, 크게 2가지 TASK로 구성된다는 설명이 나온다.

3. TASK 1 상황 화면

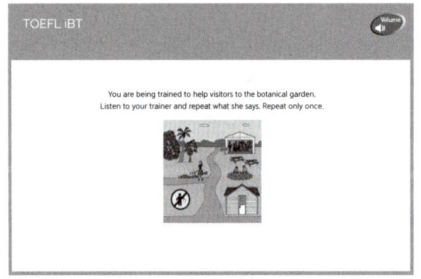

안내하는 상황과 대상을 알려 주는 디렉션 문장과, 안내가 이루어지는 장소를 묘사한 흑백 그림이 제시된다.

4. TASK 1 문장을 들을 때 나오는 화면

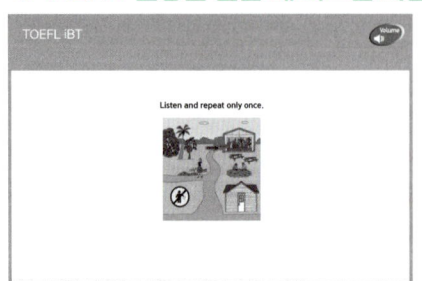

따라 말하는 문장을 들을 때는 화면의 그림에서 들려주는 문장과 관련된 부분에 색이 칠해지고 강조선이 생긴다.

5. TASK 1 문장을 따라 말할 때 나오는 화면

문장을 들려주는 음성이 끝나고 3초의 간격 후, 녹음 시작을 알리는 '삐' 소리가 나고, 화면에는 답변 시간 8~12초의 카운트가 시작된다. 답변 시간이 끝나면 자동으로 다음 화면으로 넘어간다.

6. TASK 2 인터뷰 주제 화면

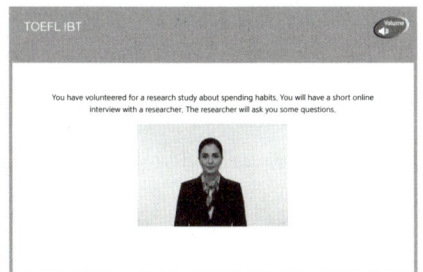

인터뷰 주제를 알려 주는 디렉션 문장과, 인터뷰 진행자의 사진이 제시된다.

7. TASK 2 질문을 들을 때 나오는 화면

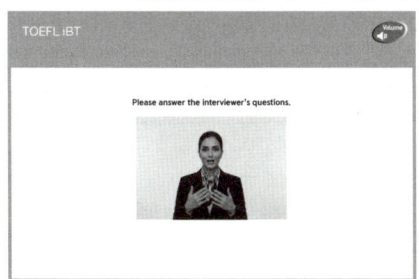

인터뷰 진행자가 질문을 하는 영상이 재생되는 화면이다. 질문 내용은 화면에 표시되지 않고 영상을 통해서 한 번만 들을 수 있다.

8. TASK 2 질문에 답변할 때 나오는 화면

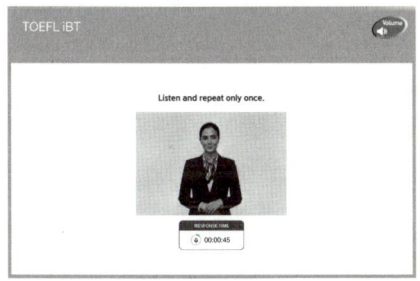

질문을 들려주는 영상이 끝나는 즉시 화면에서 답변 시간 45초 카운트가 시작된다. 답변 시간이 끝나면 자동으로 다음 화면으로 넘어간다.

성향별 맞춤 공부 방법

* 해커스 학습플랜은 pp.18~19에 수록되어 있습니다.

 개별학습 혼자서 공부할 때 가장 집중이 잘 된다!

1. 나만의 학습플랜을 세운다!
p.21의 DIAGNOSTIC TEST를 통하여 자신의 현재 실력을 확인하고, 해커스 학습플랜을 참고하여 본인에게 맞는 학습 계획을 세운다.

2. 매일매일 정해진 학습 분량을 공부한다!
학습플랜에 따라 매일의 정해진 분량을 반드시 마치도록 하고, 만약 그러지 못했을 경우에는 계속 진도를 나가되 일주일이 지나기 전에 해당 주의 학습 분량을 모두 끝낸다.

3. 답안을 녹음하여 모범 답안과 비교한다!
항상 자신의 답안을 녹음하며 모범 답안과 비교해 본 후 모범 답안을 기준으로 자신의 답안을 보완하여 다시 한번 말하기 연습을 해 본다.

* 고우해커스(goHackers.com)의 [해커스 Books > 토플 스피킹 Q&A]에서 궁금한 사항을 질문할 수 있습니다.

 스터디학습 다른 사람과 함께 공부할 때 더 열심히 한다!

1. 개별 예습으로 스터디를 준비한다!
기본다지기 주요 표현들을 숙지하고 문제를 미리 풀어 본다.

2. 토론 학습으로 완벽하게 이해한다!
각자가 녹음해 온 답안을 듣고 토론하여 최선의 답안을 마련해 본다. 서로의 답안을 들어 보며 보완 및 개선할 부분을 알려 준다.

3. 개별 복습으로 마무리한다!
스터디가 끝난 후, 모범 답안의 음성을 들으면서 원어민의 발음과 속도 및 억양을 따라 해 보며 연습한다.

Hackers Updated TOEFL SPEAKING

▶ 인강학습 원하는 시간, 원하는 장소에서 강의를 듣고 싶다!

1. 나만의 학습플랜을 세운다!
해커스인강(HackersIngang.com)에서 『샘플강의보기』를 통해 강의 구성을 미리 파악하고, 『스터디플랜』에 따라 자신의 학습 계획을 세운다.

2. 이해될 때까지 반복해서 듣는다!
학습플랜에 따라 오늘 공부해야 할 강의를 집중해서 듣고, 잘 이해가 되지 않는 부분은 완전히 이해될 때까지 반복해서 시청한다.

3. 『선생님께 질문하기』를 적극 활용한다!
강의를 듣다가 모르는 부분이 있거나 질문할 것이 생기면 『선생님께 질문하기』를 이용하여 확실히 이해하도록 한다.

학원학습 선생님의 강의를 직접 들을 때 가장 효과적이다!

1. 100% 출석을 목표로 한다!
자신의 스케줄에 맞는 수업을 등록하고, 개강일부터 종강일까지 100% 출석을 목표로 빠짐없이 수업에 참여한다.

2. 예습과 복습을 철저히 한다!
수업 전에 미리 그날 배울 내용을 훑어본다. 수업이 끝난 후에는 자신이 취약한 부분을 확인하고 복습한다.

3. 적극적으로 질문한다!
수업 시간에 잘 이해되지 않은 부분은 쉬는 시간이나 해커스어학원(Hackers.ac)의 『반별게시판』을 이용해 선생님께 질문함으로써 확실히 짚고 넘어간다.

해커스 학습플랜

p.21의 DIAGNOSTIC TEST를 풀어 본 후, 그 결과에 따라 본인의 실력에 적합한 학습플랜에 맞게 공부한다.

· **입이 잘 떨어지지 않는다** : 40일 동안 학습한다. (20일 완성 학습플랜의 1일 분량을 이틀에 나누어 학습)
· **간단한 문장만 말할 수 있다** : 30일 완성 학습플랜에 따라 학습한다.
· **답변할 수 있지만 아직은 더듬거린다** : 20일 완성 학습플랜에 따라 학습한다.
· **대체로 자신 있게 말할 수 있다** : 10일 동안 학습한다. (20일 완성 학습플랜의 2일 분량을 하루에 학습)

■ 20일 완성 학습플랜

DAY 1	DAY 2	DAY 3	DAY 4	DAY 5
□ DIAGNOSTIC TEST	□ T1 기본 I □ T1 기본 II □ T1 기본 III	□ T1 전략 I □ T1 전략 II	□ T1 상황 I	□ T1 상황 II
DAY 6	**DAY 7**	**DAY 8**	**DAY 9**	**DAY 10**
□ T1 상황 III	□ T1 POWER TEST 1 □ T1 POWER TEST 2	□ T2 기본 I □ T2 기본 II □ T2 기본 III	□ T2 전략 I □ T2 전략 II	□ T2 주제 I
DAY 11	**DAY 12**	**DAY 13**	**DAY 14**	**DAY 15**
□ T2 주제 II	□ T2 주제 III	□ T2 주제 IV	□ T2 주제 V	□ T2 주제 VI
DAY 16	**DAY 17**	**DAY 18**	**DAY 19**	**DAY 20**
□ T2 주제 VII	□ T2 POWER TEST 1 □ T2 POWER TEST 2	□ ACTUAL TEST 1	□ ACTUAL TEST 2	□ 온라인 모의고사 1 □ 온라인 모의고사 2

T: TASK   기본: 기본다지기   전략: 전략익히기   상황: 상황별 공략하기   주제: 주제별 공략하기
매일 학습이 완료된 부분에 체크(v) 표시한다.

Hackers Updated TOEFL SPEAKING

■ 30일 완성 학습플랜

DAY 1	DAY 2	DAY 3	DAY 4	DAY 5
□ DIAGNOSTIC TEST	□ T1 기본 I	□ T1 기본 II	□ T1 기본 III	□ T1 전략 I □ T1 전략 II

DAY 6	DAY 7	DAY 8	DAY 9	DAY 10
□ T1 기본 복습 □ T1 전략 복습	□ T1 상황 I	□ T1 상황 II	□ T1 상황 III	□ T1 상황 복습

DAY 11	DAY 12	DAY 13	DAY 14	DAY 15
□ T1 POWER TEST 1 □ T1 POWER TEST 2	□ T2 기본 I	□ T2 기본 II	□ T2 기본 III	□ T2 전략 I □ T2 전략 II

DAY 16	DAY 17	DAY 18	DAY 19	DAY 20
□ T2 기본 복습 □ T2 전략 복습	□ T2 주제 I	□ T2 주제 II	□ T2 주제 I 복습 □ T2 주제 II 복습	□ T2 주제 III

DAY 21	DAY 22	DAY 23	DAY 24	DAY 25
□ T2 주제 IV	□ T2 주제 III 복습 □ T2 주제 IV 복습	□ T2 주제 V	□ T2 주제 VI	□ T2 주제 VII

DAY 26	DAY 27	DAY 28	DAY 29	DAY 30
□ T2 주제 V 복습 □ T2 주제 VI 복습 □ T2 주제 VII 복습	□ T2 POWER TEST 1 □ T2 POWER TEST 2	□ ACTUAL TEST 1	□ ACTUAL TEST 2	□ 온라인 모의고사 1 □ 온라인 모의고사 2

T: TASK 기본: 기본다지기 전략: 전략익히기 상황: 상황별 공략하기 주제: 주제별 공략하기
매일 학습이 완료된 부분에 체크(v) 표시한다.

Hackers Updated TOEFL SPEAKING

DIAGNOSTIC TEST

실제 TOEFL 스피킹 시험과 유사한 DIAGNOSTIC TEST를 통해 본인의 실력을 평가해 봅니다. 그리고 본인에게 맞는 학습플랜(p.18)을 확인한 후, 본 교재를 효율적으로 학습합니다.

DIAGNOSTIC TEST

🎧 DT_1

TOEFL iBT SPEAKING　　Questions 01~03 of 11　　Volume 🔊

You are learning how to guide new students through the student lounge. Listen to the speaker and repeat what he says. Repeat only once.

02 Listen and repeat only once.

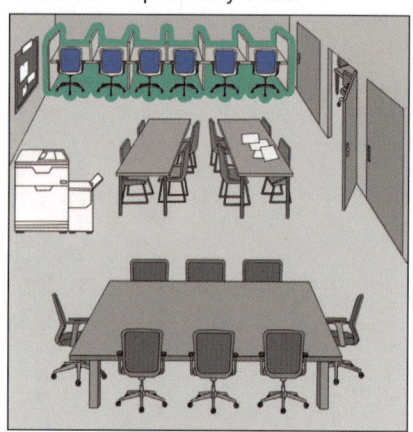

RESPONSE TIME 🎤 00:00:08

01 Listen and repeat only once.

RESPONSE TIME 🎤 00:00:08

03 Listen and repeat only once.

RESPONSE TIME 🎤 00:00:10

Hackers Updated TOEFL SPEAKING

TOEFL iBT **SPEAKING** Questions 04~07 of 11 Volume

04 Listen and repeat only once.

RESPONSE TIME
00:00:10

05 Listen and repeat only once.

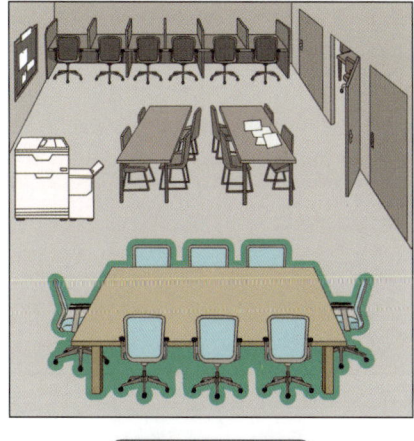

RESPONSE TIME
00:00:10

06 Listen and repeat only once.

RESPONSE TIME
00:00:12

07 Listen and repeat only once.

RESPONSE TIME
00:00:12

Answers p.206

TOEFL iBT SPEAKING

You have agreed to take part in a research study about advertising strategies. You will have a short online interview with a researcher. The researcher will ask you some questions.

TOEFL iBT SPEAKING   Questions 08~11 of 11

08 Please answer the interviewer's question.

RESPONSE TIME 00:00:45

09 Please answer the interviewer's question.

RESPONSE TIME 00:00:45

10 Please answer the interviewer's question.

RESPONSE TIME 00:00:45

11 Please answer the interviewer's question.

RESPONSE TIME 00:00:45

DT_2_08~11 Answers p.206

무료 토플자료·유학정보 제공
goHackers.com

Hackers
Updated TOEFL
SPEAKING

TASK 1

Listen and Repeat

Introduction

기본다지기
  I. 위치 표현 말하기
  II. 규정 표현 말하기
  III. 제안 및 제공 표현 말하기

전략익히기
  I. 상황 파악하고 그림 확인하기
  II. 문장 듣고 기억하여 따라 말하기

상황별 공략하기
  I. 시설 안내
  II. 행사 안내
  III. 방법 및 절차 안내

POWER TEST 1, 2

Introduction

TASK 1(Listen and Repeat)은 화면의 그림을 보면서 7개의 문장을 하나씩 듣고 따라 말하는 유형이다. 일상 및 학교에서 접할 수 있는 각종 시설, 행사, 절차 등에 대해 안내하는 상황이 제시되며, 화면의 그림은 안내하는 장소를 보여준다. 각 문장은 음성으로 한 번만 들려주고, 그림에서 그 문장과 관련된 요소가 색으로 표시된다. 문장을 들려주는 음성이 끝나면 3초의 공백 후 신호음과 함께 8~12초의 답변 시간이 주어진다.

Preview

Speaking Section Direction 화면

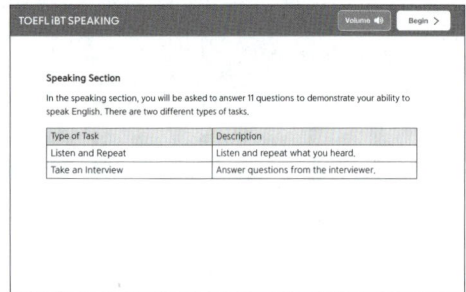

TASK 1, 2에 대한 Direction이 한번에 주어진다.

디렉션을 들려주는 시간 : 약 10초

디렉션의 내용 : 총 11문항이 출제될 것이며, 두 가지 유형의 과제가 출제된다는 내용

디렉션이 나오는 동안 해야 할 일 : 노트테이킹을 위해 제공되는 펜과 종이를 앞에 가져다 두고, 음성을 들을 준비를 마친다. 필요한 경우 음성 볼륨을 조정한 후, 우측 상단의 Begin 버튼을 눌러 시험을 시작한다.

안내 상황 화면

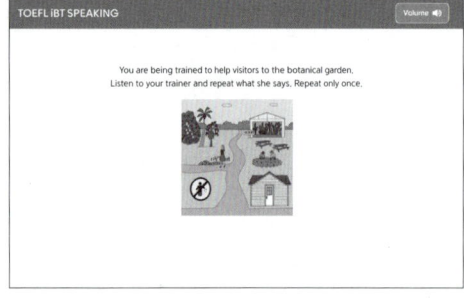

문제가 출제되기 전에 나오는 화면으로, 그림과 그림의 상황을 설명하는 Direction이 제시된다.

디렉션을 들려주는 시간 : 약 5초

디렉션의 내용 : 그림의 장소와 상황을 간략하게 설명하는 내용

디렉션이 나오는 동안 해야 할 일 : 디렉션 첫 문장의 끝에서 그림의 상황을 파악할 수 있으므로, 해당 위치만 읽어 상황을 빠르게 파악한 후, 그림 속 대상의 위치, 동작 등을 확인한다.

문제 풀이 화면

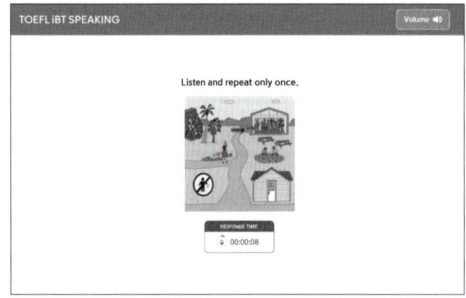

문제가 출제될 때 나오는 화면으로, 그림에 문장과 관련된 부분이 색으로 표시된다. 음성이 끝나면 3초 후 신호음과 함께 답변 시간 타이머가 나타난다.

문제를 풀 수 있는 시간 : 8~12초

문제를 풀 때 해야 할 일 : 짧은 문장은 단기 기억력을 최대한 활용하여 외우고, 긴 문장은 그림의 단서와 노트테이킹을 활용하여 기억한 후, 그대로 따라 말한다.

문제를 풀고 난 후 해야 할 일 : 문장을 따라 말한 뒤 시간이 남으면 그림을 다시 살펴보고, 이후 문장에 나올 내용을 예상하며 다음 문제를 준비한다.

Strategy

1. 상황과 연관 지어 그림을 미리 확인한다.

TASK 1이 시작되면, 화면에 그림과 그림의 상황을 설명하는 디렉션 문장이 제시된다. 디렉션이 음성으로 재생되는 동안 첫 문장의 끝만 빠르게 읽어 상황을 파악하고, 남은 시간은 그림을 확인하는 데 사용한다. 그림을 미리 확인해 두면 문장이 음성으로만 제시되더라도 보다 쉽게 이해하고 따라 말할 수 있다.

2. 그림에 있는 단서와 노트테이킹을 활용하여 기억한다.

긴 문장은 단기 기억력만으로 외우기 어려우므로, 그림의 단서와 노트테이킹과 같은 보조 수단을 활용하여 최대한 정확히 기억한다. 음성을 들을 때 그림을 반드시 함께 확인하고, 영어든 한글이든 그때그때 편한 언어로 짧은 시간 내에 필요한 정보를 빠르게 기록한다.

3. 입 모양으로 따라 말하며 기억을 유지한다.

문장이 제시된 뒤 이어지는 3초의 공백 동안, 들은 내용을 잊지 않도록 입 모양으로 소리 내듯 따라 말하며 집중한다. 단순히 머릿속으로 반복하는 것보다 입을 움직여 연습하는 것이 기억을 유지하는 데 더 효과적이다.

4. 들은 문장을 흉내 내듯이 따라 말한다.

문장의 발음과 강세, 리듬을 그대로 흉내 내듯이 따라 말한다. 문장을 들은 그대로 끊어서 말하면 단어를 빠뜨리거나 구의 순서를 혼동하는 실수를 피할 수 있다.

Study Guide

1. 그림 상황별로 자주 등장하는 표현에 익숙해지자.

시설 안내, 행사 안내, 방법 및 절차 안내 등 그림의 상황에서 자주 등장하는 표현을 익혀두면, 실제 시험에서 음성으로만 제시되는 문장을 더 쉽게 이해하고 자연스럽게 말할 수 있다.

2. 문장을 기억하는 데 가장 도움이 되는 보조 전략을 찾자.

긴 문장을 기억하기 위해서는 노트테이킹과 같은 보조 전략을 활용해야 한다. 여러 노트테이킹 전략을 시도해 보고, 자신에게 가장 효과적인 방법을 찾아 꾸준히 연습하면, 긴 문장도 수월하게 기억할 수 있다.

3. 문장을 듣고 따라 말하는 연습을 반복하자.

다양한 문장을 듣고 따라 말하는 연습을 꾸준히 하면, 발음, 강세, 리듬을 자연스럽게 따라할 수 있고, 기억할 수 있는 문장의 길이도 점차 늘릴 수 있다.

기본다지기

I | 위치 표현 말하기 🎧 T1_1

TASK 1은 시설, 행사, 방법 및 절차 등에 대해 안내하는 문장을 듣고 따라 말하는 문제이다. 따라 말해야 하는 문장에서 가장 자주 나오는 것이 위치에 대한 설명이므로 관련 표현들을 익힌다.

1 to the left [right]
왼쪽에 [오른쪽에]

Tulips, daffodils, and hyacinths are **to the left**.
튤립, 수선화, 그리고 히아신스는 왼쪽에 있습니다.

2 in the center of A
A의 중앙에

The concierge desk is **in the center of** the lobby.
안내 데스크는 로비의 중앙에 있습니다.

3 further down A
A를 따라 더 가면

You can find additional study areas **further down** the corridor.
복도를 따라 더 가면 더 많은 학습 공간을 찾을 수 있습니다.
*corridor 복도

4 over here [there]
여기 [저기]에

The registration tables for new students are **over here**.
신입생들을 위한 등록 테이블은 여기에 있습니다.

5 in the front [back]
앞 [뒤]쪽에

Storage lockers are available **in the front** of the facility.
물품 보관함은 건물 앞쪽에서 이용할 수 있습니다.

6 at the information desk
안내 데스크에서

Pick up your visitor pass **at the information desk**.
안내 데스크에서 방문자 출입증을 받으세요.

7 on the second floor
2층에

Restrooms are located **on the second floor**.
화장실은 2층에 위치해 있습니다.

8 along the back wall
뒷벽을 따라

Research posters are attached **along the back wall** of the conference center.
연구 포스터가 콘퍼런스 센터의 뒷벽을 따라 부착되어 있습니다.

9 in the auditorium
강당 안에서

The graduation ceremony will take place **in the auditorium**.
졸업식은 강당 안에서 열릴 예정입니다.

10 on the bulletin board
게시판에

Staff schedules and memos are posted **on the bulletin board**.
직원 일정과 메모가 게시판에 게시되어 있습니다.

11 by the entrance
입구 근처에

The tour guide will be **by the entrance** of the shopping center.
투어 가이드는 쇼핑 센터의 입구 근처에 있을 것입니다.

12 throughout the building
건물 전체에 걸쳐

Free Wi-Fi is available to all visitors **throughout the building**.
무료 와이파이가 모든 방문객에게 건물 전체에 걸쳐 제공됩니다.

✔ CHECK-UP I. 위치 표현 말하기

앞에서 배운 표현을 활용한 문장을 듣고, 들은 내용을 그대로 따라 말해 보시오. 🎧 T1_2

01   The meeting rooms _____.

회의실은 2층에 있습니다.

02   When you enter, you'll _____.

입장하면, 왼쪽에 조각 전시관이 보일 것입니다.
*sculpture hall 조각 전시관

03   You can charge _____.

저기에서 당신의 기기들을 무료로 충전하실 수 있습니다.
*device 기기 *for free 무료로

04   The gym café is _____.

헬스장 카페는 메인 운동 구역의 뒤쪽에 있습니다.
*workout area 운동 구역

05   Please _____.

안내 데스크에서 예약을 확인해 주세요.
*confirm 확인하다 *reservation 예약

06   _____, and you'll find the ancient coin exhibit.

서쪽 복도를 따라 더 가면 고대 동전 전시관을 찾으실 겁니다.
*hallway 복도

07 Security cameras _____.

건물 전체에 걸쳐 보안 카메라가 작동하고 있습니다.

*security camera 보안 카메라   *operate 작동하다

08 _____ of the station's waiting area.

지도들이 역 대기실의 뒷벽을 따라 전시되어 있습니다.

*display 전시하다   *waiting area 대기실

09 A short film about marine life _____.

해양 생물에 관한 단편 영화가 강당 안에서 상영될 것입니다.

*marine life 해양 생물   *screen 상영하다

10 _____ as attendees arrive.

참석자들이 도착하면 입구 근처에서 명찰이 배부됩니다.

*name badge 명찰   *distribute 배부하다   *attendee 참석자

11 _____ just off the lobby.

자원봉사 신청서가 로비 바로 옆의 게시판에 게시되어 있습니다.

*volunteer sign-up sheet 자원봉사 신청서   *post 게시하다

12 _____ stands a round table for group discussions.

스터디룸의 중앙에 그룹 토론용 원형 테이블이 있습니다.

*stand ~이 있다, ~에 위치하다

Answers p.210

II | 규정 표현 말하기 🎧 T1_3

TASK 1에서는 방문객들이나 이용자들이 지켜야 할 규정을 안내하는 문장도 자주 출제된다. 하면 안 되는 금지 사항이나 따라야 하는 지시 사항을 안내할 때 쓰는 표현들을 정리한다.

1. 금지 사항을 말할 때 쓸 수 있는 표현

1 avoid ~ing
~하는 것을 피하다

Avoid blocking the aisles when moving around the display zones.
관람 구역 내에서 이동할 때 통로를 막는 것을 피하세요.
*aisle 통로

2 keep[stay] out of A
A에 들어가지 않다

Keep out of the restricted area.
제한 구역에 들어가지 마세요.

3 remember not to 동사원형
~해서는 안 된다는 것을 기억하다

Remember not to leave valuables unattended in the gym locker room.
체육관 탈의실에 귀중품을 방치해서는 안 된다는 것을 기억하세요.
*valuables 귀중품 *unattended 방치된

4 be prohibited
~이 금지되다

The use of cell phones **is** strictly **prohibited** here.
이곳에서는 휴대폰 사용이 엄격히 금지됩니다.

5 be not allowed to 동사원형
~하는 것이 허용되지 않는다

You **are not allowed to** bring food or drinks into the library.
도서관에 음식이나 음료를 가져오는 것은 허용되지 않습니다.

2. 지시 사항을 말할 때 쓸 수 있는 표현

6 be required to 동사원형
~하도록 요구되다

You **are required to** wear safety goggles during experiments.
당신은 실험 중에 보안경을 착용하도록 요구됩니다.

7 seek assistance from A
A에게 도움을 요청하다

Seek assistance from our personnel when problems arise.
문제가 발생하면 저희 직원들에게 도움을 요청하세요.

8 go to the help desk
안내 데스크로 가다

Go to the help desk for technical support.
기술 지원을 위해서는 안내 데스크로 가세요.

9 follow the rules
규칙을 지키다

Please **follow the rules** posted at the swimming pool entrance.
수영장 입구에 게시된 규칙을 지켜 주세요.

10 be sure to 동사원형
반드시 ~하다

Be sure to carry your ID at all times.
반드시 신분증을 항상 소지하세요.

11 report issues
문제를 보고하다

Please **report issues** to staff at the camp office during operating hours.
운영 시간 중에 캠프 사무실 직원에게 문제를 보고해 주세요.

12 ensure that 주어 + 동사
~하는 것을 확실히 하다

We hope everyone will **ensure that** electronic devices are set to silent mode.
모든 분들이 전자기기를 무음 모드로 설정하는 것을 확실히 해주시길 바랍니다.

✔ CHECK-UP II. 규정 표현 말하기

앞에서 배운 표현을 활용한 문장을 듣고, 들은 내용을 그대로 따라 말해 보시오. 🎧 T1_4

01 _____ in the zoo.
동물원에서 동물에게 먹이를 주는 것을 피하세요.

02 You _____ after 9 p.m.
오후 9시 이후 수영은 허용되지 않습니다.

03 _____ near the computers.
컴퓨터 근처에 음료를 두어서는 안 된다는 것을 기억하세요.

04 _____ inside the shopping mall.
쇼핑몰 내부에서 흡연은 금지됩니다.

05 Visitors _____ at the entrance.
방문객들은 입구에서 통행증을 제시하도록 요구됩니다.
*pass 통행증

06 _____ during working hours.
작업 시간 동안 공사 현장에 들어가지 마세요.
*construction site 공사 현장 *working hours 작업 시간

07 _____ if you lose the key to your dorm room.

기숙사 방 키를 잃어버리면 안내 데스크로 가세요.

08 Everyone should _____.

모든 사람이 질서를 유지하기 위해 규칙을 지켜야 합니다.
*maintain 유지하다 *order 질서

09 _____ with air-conditioning _____.

에어컨 문제는 시설 관리 부서에 보고하세요.
*maintenance office 시설 관리 부서

10 Please _____ at all times.

안전 지침이 항상 준수되는 것을 확실히 해주시길 바랍니다.
*safety guideline 안전 지침 *observe 준수하다

11 _____ at all times on the premises.

구내에서는 반드시 방문객 출입증을 항상 소지하세요.
*carry 소지하다 *visitor's pass 방문객 출입증

12 _____ if you cannot locate reference books.

참고서를 찾을 수 없다면 사서에게 도움을 요청하세요.
*librarian 사서 *locate 찾다 *reference book 참고서

Answers p.210

III | 제안 및 제공 표현 말하기 🎧 T1_5

위치 표현과 규정 표현에 이어, 이번에는 제안 및 제공 표현들을 익혀 본다. 다양한 제안 사항 또는 제공 사항을 안내할 때 유용하게 사용할 수 있는 표현들이다.

1. 제안 사항을 말할 때 쓸 수 있는 표현

1 recommend ~ing
~하는 것을 제안하다

We **recommend moving** toward the performance area early to avoid crowds.
군중을 피하기 위해 일찍 공연 구역으로 이동하는 것을 제안합니다.

2 It's a good idea to 동사원형
~하는 것은 좋은 생각이다

It's a good idea to keep your passport in hand while you wait in line.
줄을 서 있는 동안 여권을 손에 들고 있는 것은 좋은 생각입니다.

3 take a moment to 동사원형
~하는 데 시간을 할애하다

Please **take a moment to** locate the nearest emergency exit.
가장 가까운 비상구를 찾는 데 시간을 할애해 주세요.

4 A is excellent for ~
A는 ~에 적합하다

The conference room **is excellent for** small team meetings.
회의실은 소규모 팀 회의에 적합합니다.

5 be encouraged to 동사원형
~하도록 장려된다

All participants **are encouraged to** complete the feedback form after the seminar.
모든 참가자는 세미나가 끝난 후 피드백 양식을 작성하도록 장려됩니다.

6 consider ~ing
~하는 것을 고려하다

Consider joining the guided tour if you want detailed explanations.
자세한 설명을 원하시면 가이드 투어에 참여하는 것을 고려해 보세요.

2. 제공 사항을 말할 때 쓸 수 있는 표현

7 provide ~ at no charge
무료로 ~을 제공하다

We **provide** maps of the park **at no charge** at the main gate.
정문에서 무료로 공원 지도를 제공합니다.

8 be equipped with ~
~이 갖추어져 있다

The kitchen area **is equipped with** professional cooking appliances.
주방 공간은 전문 요리 기구들이 갖추어져 있습니다.

9 hold classes [sessions]
수업을 진행하다

The community center **holds** various **classes** for seniors every weekend.
지역 문화 센터는 매주 주말마다 노인들을 위한 다양한 수업들을 진행합니다.

10 be used for ~
~에 사용되다

These wristbands **are used for** entry to the festival.
이 손목밴드는 축제 입장에 사용됩니다.

11 A be available for ~
~을 위한 A가 마련되어 있다

Wheelchairs **are available for** elderly visitors at the reception area.
접수 구역에 고령 방문자들을 위한 휠체어가 마련되어 있습니다.

12 offer access to ~
~에 대한 접근을 제공하다

The library can **offer access to** thousands of digital books for students online.
도서관은 온라인에서 학생들에게 수천 권의 디지털 도서에 대한 접근을 제공할 수 있습니다.

✔ CHECK-UP   III. 제안 및 제공 표현 말하기

앞에서 배운 표현을 활용한 문장을 듣고, 들은 내용을 그대로 따라 말해 보시오. 🎧 T1_6

01   The outdoor space _____.
야외 공간은 행사와 모임을 위해 사용됩니다.
*event 행사   *gathering 모임

02   _____ cooking session.
입문용 요리 수업에 참석하는 것은 좋은 생각입니다.
*attend 참석하다   *introductory 입문의   *cooking session 요리 수업

03   Please _____.
비상대피도를 확인하는 데 시간을 할애해 주세요.
*evacuation route map 비상대피도

04   Our café _____.
저희 카페는 공부나 원격 근무를 하기에 적합합니다.
*working remotely 원격 근무

05   Participants _____.
참가자들은 편안한 신발을 신도록 장려됩니다.
*comfortable 편안한

06   _____ at the community garden.
지역사회 공원에서 주말 원예 수업에 참여하는 것을 고려해 보세요.
*gardening session 원예 수업

07 City brochures _____ at the tourism office.

도시 안내 책자가 관광 안내소에서 무료로 제공됩니다.

*tourism office 관광 안내소

08 The classroom _____ for presentations.

교실은 발표를 위한 화이트보드와 프로젝터가 갖추어져 있습니다.

09 _____ every Saturday morning.

문화센터에서 매주 토요일 오전마다 아이들을 위한 미술 수업을 진행합니다.

*recreation center 문화센터

10 We _____ at the library _____.

좋은 공부 장소를 찾기 위해 도서관에 일찍 도착하는 것을 제안합니다.

*study spot 공부 장소

11 _____ of today's meeting.

오늘의 회의 참석자들을 위한 접이식 의자가 마련되어 있습니다.

*folding chair 접이식 의자   *attendee 참석자

12 _____ high-speed Internet and shared printers.

공유 업무 공간은 고속 인터넷과 공용 프린터에 대한 접근을 제공합니다.

*coworking space 공유 업무 공간   *high-speed Internet 고속 인터넷   *shared printer 공용 프린터

Answers p.211

전략익히기

Hackers Updated TOEFL SPEAKING

I | 상황 파악하고 그림 확인하기

화면에 문제의 상황을 알려주는 디렉션 문장이 그림과 함께 제시되고, 이 문장은 음성으로도 들려준다. 음성이 나오는 약 5초의 시간 동안 빠르게 상황을 파악하고, 그림에서 보이는 것들을 확인한다.

1. 상황 파악하기

디렉션의 첫 번째 문장에서 learning to, training to, trained to와 같은 표현을 찾아 그 뒤에 제시되는 상황만 빠르게 파악한다. 음성이 재생되는 남은 시간은 그림을 확인하는 데 사용한다.

상황 파악하기의 예

> You are being trained to (help visitors to the botanical garden). Listen to your trainer and repeat what she says. Repeat only once.

● 상황
식물원 방문객 돕기

2. 상황과 연관 지어 그림 확인하기

그림 속에 어떤 대상들이 있는지와 그 위치를 확인한다. 앞서 파악한 상황에서 말할 법한 내용과 연결 지어서 그림 속 대상을 확인하면, 음성으로만 들려주는 문장들을 보다 쉽게 기억하고 따라 말할 수 있다.

상황과 연관 지어 그림 확인하기의 예

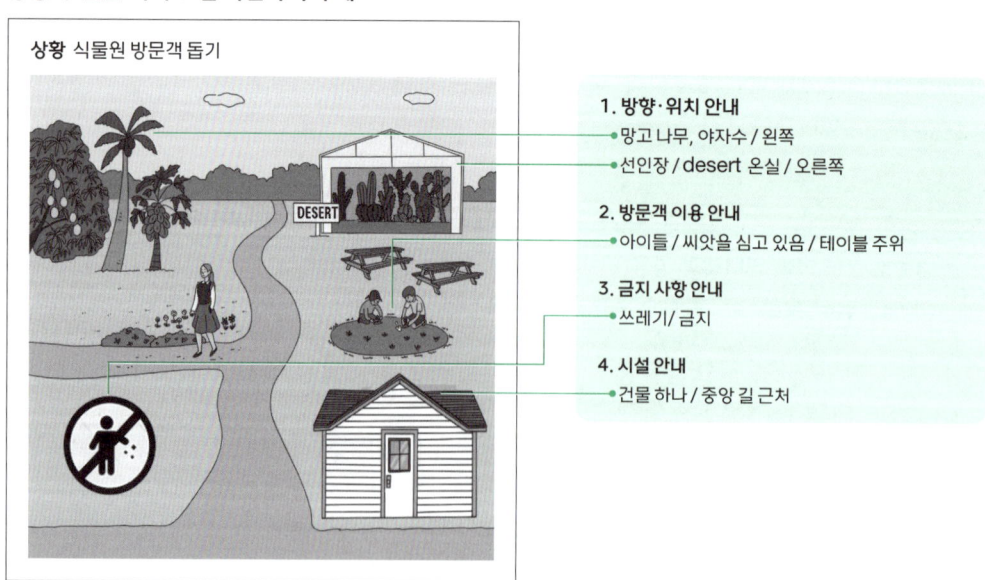

II | 문장 듣고 기억하여 따라 말하기

문장은 음성으로만 들려주고, 음성이 재생되는 동안 그림에는 문장과 관련된 부분이 색으로 표시된다. 음성이 끝난 뒤 약 3초 후 신호음이 들리면, 들은 문장을 그대로 따라 말한다.

1. 문장 듣고 기억하기

문장은 음성에서 끊어 말하는 구나 절 단위로 리듬과 억양을 신경써서 들으면 흐름을 자연스럽게 따라갈 수 있다. 짧은 문장은 단기 기억력을 최대한 활용하여 외우고, 긴 문장은 그림의 단서, 노트테이킹과 같은 보조 수단까지 활용하여 최대한 정확히 기억한다.

1 그림에 있는 단서 활용하여 기억하기

- **그림에 있는 글자를 확인한다.**
  문장 속 단어가 그림에 글자로 제시되기도 한다. 그림을 처음 볼 때 글자가 있다면, 확실한 단서로 활용할 수 있음을 염두에 두고 음성을 듣는다.

- **순간적으로 나타나는 화살표에 주목한다.**
  위치나 방향을 안내하는 문장을 들을 때는 그림에 없던 화살표가 나타날 수 있다. 화살표는 해당 문장이 제시될 때만 잠시 보이므로, 음성을 들을 때 그림을 놓치지 않고 반드시 함께 확인한다.

그림에 있는 단서 활용하여 기억하기의 예

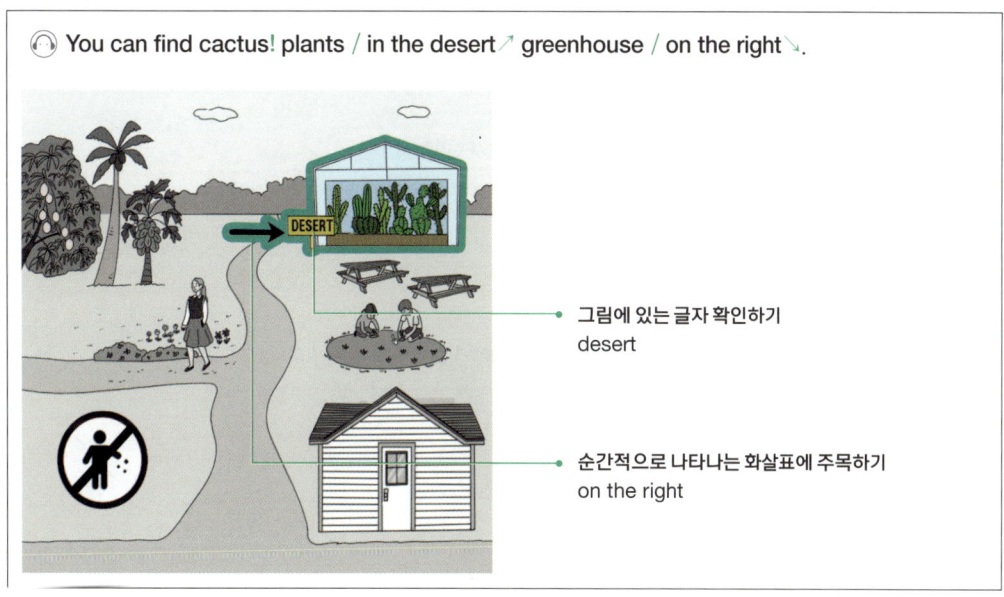

2 노트테이킹을 통해 기억하기

문장을 듣고 따라 말하는 연습을 반복하며, 몇 번까지 그대로 기억할 수 있는지 파악하고, 긴 문장은 아래 전략 중 자신에게 가장 효과적인 방법으로 기억을 보충한다. 영어든 한글이든 그때그때 편한 언어를 선택해 짧은 시간 내에 필요한 정보를 빠르게 기록한다.

- **들리는 단어들 위주로 받아 적는다.**
  문장을 처음부터 끝까지 다 적으려 하면 뒤 내용을 놓치기 쉽다. 귀에 들려오는 단어만 골라 기록해 둔다.

- **문장의 중심 내용을 적는다.**
  중심 내용을 적어 문장의 전체 의미를 파악하고 기억에 남긴다.

- **어려운 표현이나 생소한 표현을 받아 적는다.**
  어렵거나 생소한 표현은 들리는 대로 적는다. 철자가 헷갈리면 들리는 발음을 그대로 적어 둔다.

- **모든 단어의 첫 글자를 적는다.**
  문장을 들으며 각 단어의 첫 알파벳을 기록해, 모든 단어를 놓치지 않고 기억할 수 있도록 대비한다.

노트테이킹을 통해 기억하기의 예

🎧 You can find cactus plants in the desert greenhouse on the right.

들리는 단어들 위주로 받아 적기

    📎 find cactus plants, desert greenhouse, right

    → You can **find cactus plants** in the **desert greenhouse** on the **right**.

문장의 중심 내용 적기

    📎 cactus plants, desert greenhouse, right

    → You can find **cactus plants** in the **desert greenhouse** on the **right**.

어려운 표현이나 생소한 표현 받아 적기

    📎 캑터스, desert greenhouse

    → You can find **cactus** plants in the **desert greenhouse** on the right.

모든 단어의 첫 글자 적기

    📎 Y c f c p i t d g o t r.

    → **Y**ou **c**an **f**ind **c**actus **p**lants **i**n **t**he **d**esert **g**reenhouse **o**n **t**he **r**ight.

2. 3초 동안 입으로 반복하기

문장이 제시된 뒤 3초의 공백은 짧게 느껴지지만, 들은 문장이 기억에서 사라지기에는 충분하다. 단순히 머릿속으로 반복하지 말고, 입 모양으로 소리 내듯 따라 말하며 집중해 답변을 준비한다.

3. 기억한 문장 그대로 따라 말하기

기억한 문장의 발음과 강세, 전체 리듬을 그대로 흉내 내듯 따라 말한다. 문장을 들은 대로 끊어 말하면 단어를 빠뜨리거나 구의 순서를 혼동하는 실수를 줄일 수 있다.

제대로 듣지 못했거나 기억이 나지 않을 때에는 아래의 생존 전략을 활용해 가능한 한 점수를 챙기는 것을 목표로 한다.

- **색이 표시된 그림을 단서로 활용한다.**
  그림 속 색이 표시된 부분을 보고 떠오르는 단어로 문장을 만들어서 말한다.

- **기억 보완을 위해 노트테이킹한 내용을 참고한다.**
  문장을 들으면서 노트테이킹한 내용을 활용하여 문장을 말한다.

- **답변이 빨리 끝나면 다음 문제에 대비한다.**
  문장을 따라 말한 후 시간이 남으면 그림을 다시 살펴보고 이후 문장에 나올 내용을 예상하며 다음 문제를 준비한다.

기억한 문장 그대로 따라 말하기의 예

말하기

You can find cactus! plants / in the desert ↗ greenhouse / on the right ↘.

> **TIP**
> 문장을 말하다가 틀리더라도 당황하지 않고 끝까지 문장을 마무리한다. 문장은 한 번만 말하는 것이 더 높은 점수를 얻는 데 유리하다.

전략 적용 샘플

🎧 T1_7

1. 상황 파악하고 그림 확인하기

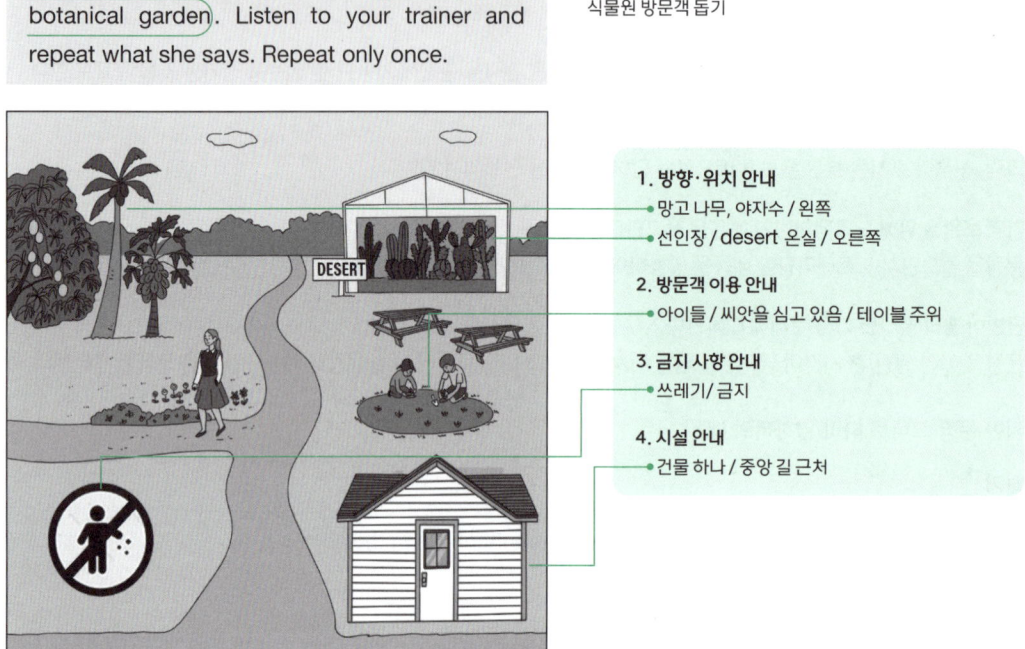

2. 문장 듣고 기억하여 따라 말하기

그림에 있는 글자 확인하기
③ desert

순간적으로 나타나는 화살표에 주목하기
② on the left
③ on the right

①
- many plants, around the world

🎤 We have / many! plants / from around the world ↘.

②
- mango, palm, papaya, on the left

🎤 Mango trees, ↗ / palm trees, ↗ / and papaya trees / are on the left ↘.

③
- cactus plants, desert greenhouse, right

🎤 You can find cactus! plants / in the desert ↗ greenhouse / on the right ↘.

④
- step on, grassy areas, never pick, flowers

🎤 Do not! step on the grassy areas, / and never! pick the flowers.

⑤
- no loud music, noise, litter

🎤 Please, / no loud music or noise, / and do not! litter in the garden ↘.

⑥
- families with children, planting corner, outdoor picnic tables

🎤 For families with children, / we have a planting corner / and outdoor picnic tables.

⑦
- staff, garden information center, main path, assist

🎤 The staff / at the garden information center, / located on the main path, / can assist you with any questions ↘.

해석

상황 디렉션
당신은 식물원의 방문객들을 돕는 것을 교육받고 있습니다. 당신의 교육 담당자의 말을 듣고 그대로 따라 말하세요. 한 번만 따라 말하세요.

문장
① 저희는 전 세계의 많은 식물들을 보유하고 있습니다.
② 망고나무, 야자나무, 그리고 파파야나무는 왼쪽에 있습니다.
③ 오른쪽에 있는 사막 온실에서 선인장 식물들을 찾을 수 있습니다.
④ 풀로 덮인 구역을 밟지 마시고, 꽃을 절대 꺾지 마세요.
⑤ 시끄러운 음악이나 소음은 삼가시고, 정원에 쓰레기를 버리지 마세요.
⑥ 아이들이 있는 가족을 위해, 식물 심기 코너와 야외 피크닉용 테이블을 마련해 두었습니다.
⑦ 주요 산책로에 위치한 정원 안내 센터의 직원들이 궁금한 점에 대해 도와드릴 수 있습니다.

    cactus[kǽktəs] 선인장　**greenhouse**[gríːnhàus] 온실　**grassy**[grǽsi] 풀로 덮인　**litter**[lítər] 쓰레기를 버리다
    planting[plǽntiŋ] 식물 심기

무료 토플자료·유학정보 제공
goHackers.com

HACKERS PRACTICE

문장을 듣고, 들은 내용을 그대로 따라 말해 보시오. 필요 시, 노트테이킹하시오. 🎧 T1_8

01 말하기 / 노트

02 말하기 / 노트

03 말하기 / 노트

04 말하기 / 노트

05 말하기 / 노트

06 말하기 / 노트

말하기	노트
07	• • •
08	• • •
09	• • •
10	• • •
11	• • •
12	• • •

Answers p.211

HACKERS **PRACTICE**

그림을 보면서 각 문장을 듣고, 들은 내용을 그대로 따라 말해 보시오. 필요 시, 노트테이킹하시오.

13 🎧 T1_9

You are being trained to help passengers in an airline lounge. Listen to your trainer and repeat what he says. Repeat only once.

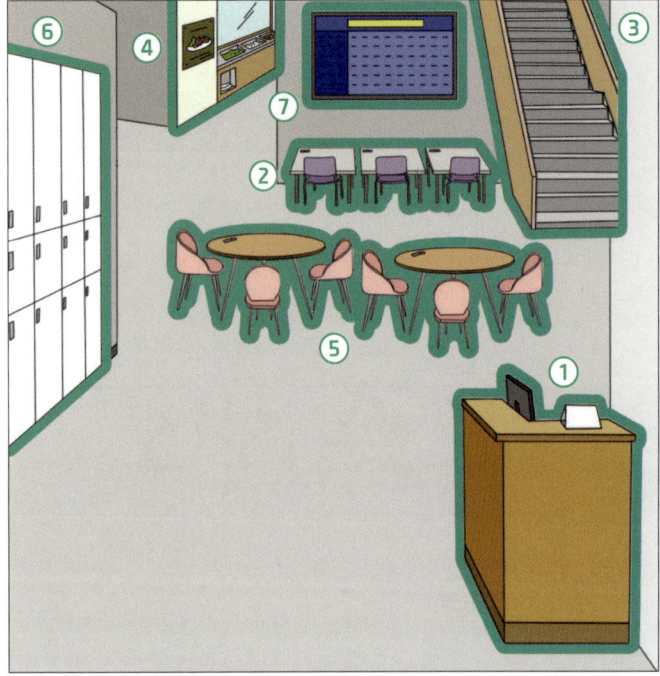

노트

말하기 🎤

① Please show me _____.

② _____ are _____.

③ The _____ and _____ are _____.

④ The _____ offer a _____.

⑤ For your _____, there are _____ at _____.

⑥ You can use the _____ to _____ and _____.

⑦ You can check _____ for _____ and _____.

Answers p.212

Hackers Updated TOEFL SPEAKING

14 🎧 T1_10

You are learning to assist visitors at the dog park. Listen to your manager and repeat what she says. Repeat only once.

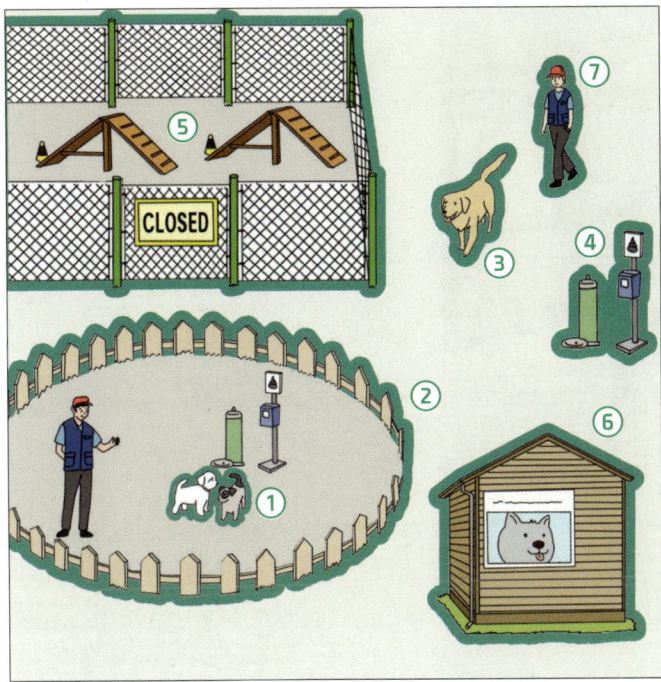

노트

말하기 🎤

① Thank you for _____ .

② Take _____ to the _____ .

③ The _____ is for _____ .

④ All sections _____ and _____ .

⑤ Unfortunately, the _____ is _____ .

⑥ We host _____ for _____ .

⑦ _____ will _____ regarding _____ and _____ .

Answers p.212

HACKERS PRACTICE

15 🎧 T1_11

You are training to assist visitors at a film festival. Listen to the speaker and repeat what she says. Repeat only once.

노트 ✏️

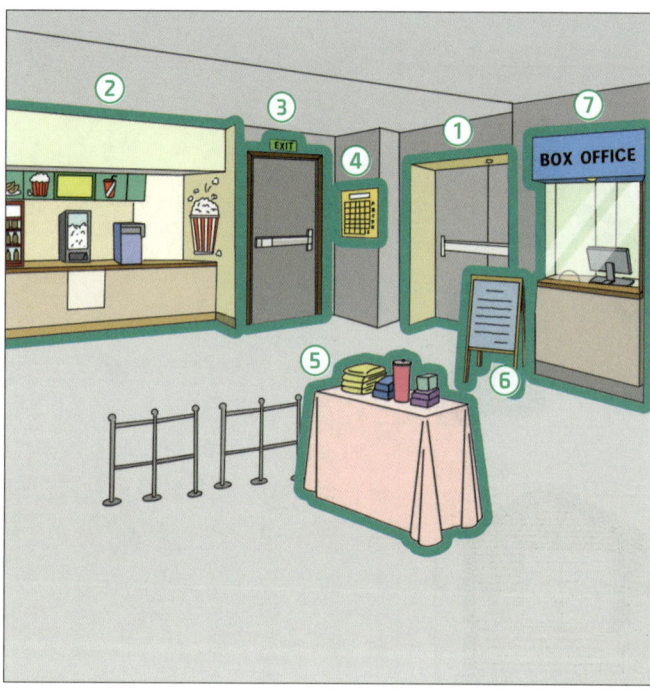

말하기 🎤

① Welcome to our _____.

② The _____ sells _____ and _____.

③ _____ where the _____ in the theater.

④ Please make sure to _____ before _____.

⑤ Visit our _____ to _____.

⑥ If you want to _____ the _____ _____.

⑦ Remember to _____ at the _____ before _____.

Answers p.212

16 🎧 T1_12

You are being trained to help students use the laundry room in the dormitory. Listen to your trainer and repeat what he says. Repeat only once.

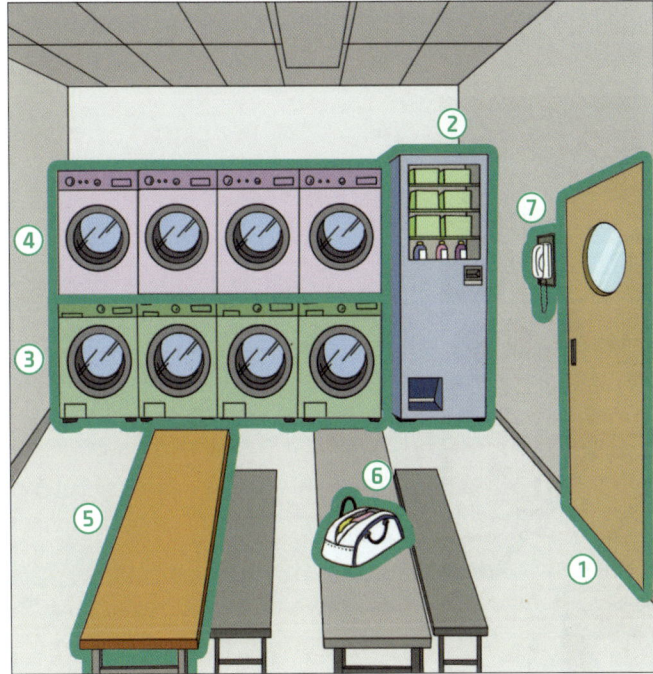

노트

말하기 🎤

① This is the _____.

② That _____ sells _____.

③ _____ the _____.

④ _____ the _____ is _____ in the _____.

⑤ There are _____ a _____ for _____.

⑥ _____ as they _____.

⑦ _____ any _____ are _____ or _____ to the _____.

Answers p.213

HACKERS TEST

그림을 보면서 각 문장을 듣고, 들은 내용을 그대로 따라 말해 보시오. 필요 시, 노트테이킹하시오.

01 🎧 T1_13

> You are training to assist customers at a university bookstore. Listen to the speaker and repeat what she says. Repeat only once.

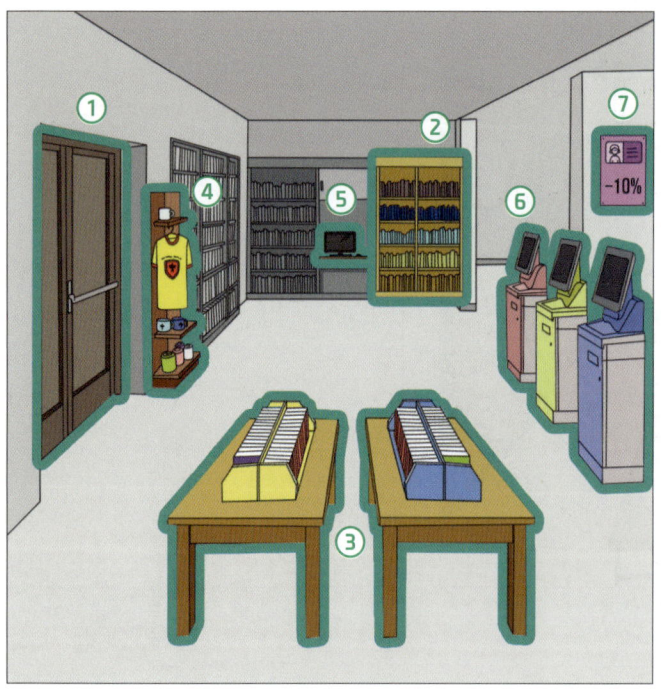

노트

말하기 🎤

①
②
③
④
⑤
⑥
⑦

02 🎧 T1_14

You are being trained to assist visitors at an indoor rock-climbing center. Listen to the speaker and repeat what he says. Repeat only once.

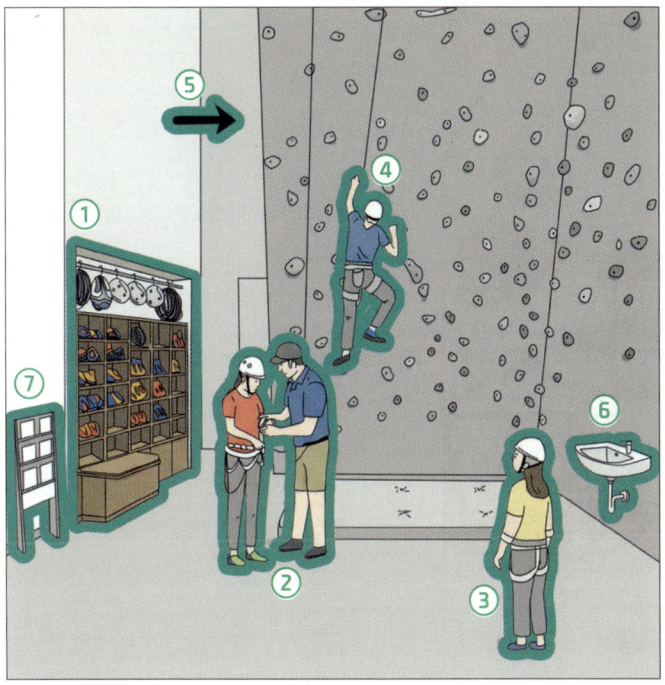

노트 🖉

말하기 🎤

①
②
③
④
⑤
⑥
⑦

HACKERS TEST

03 🎧 T1_15

You are being trained to assist visitors at a ski resort. Listen to the speaker and repeat what she says. Repeat only once.

노트 ✏️

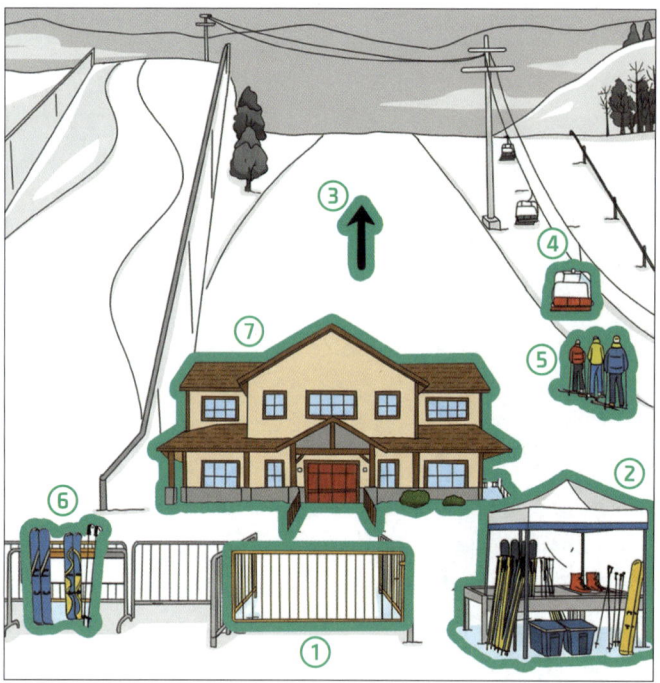

말하기 🎤

①
②
③
④
⑤
⑥
⑦

Answers p.214

04 🎧 T1_16

You are learning to assist attendees of a corporate seminar. Listen to the speaker and repeat what he says. Repeat only once.

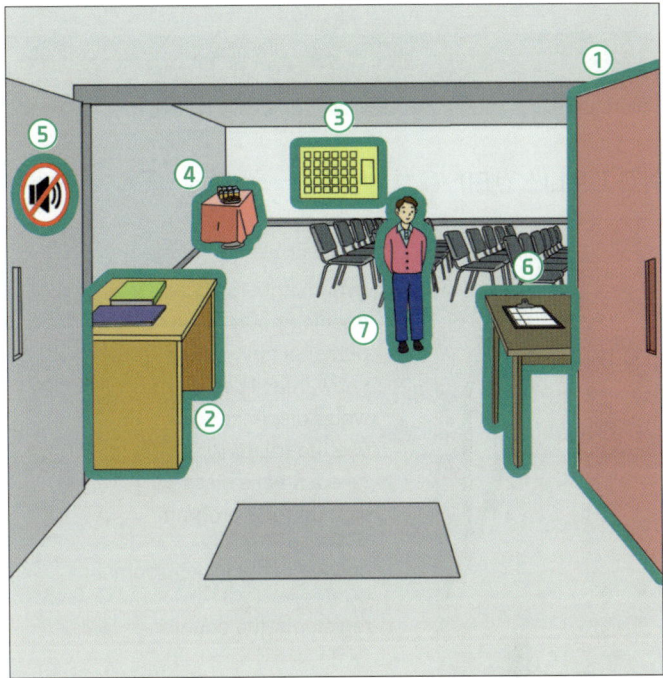

노트 ✏️

말하기 🎤

①
②
③
④
⑤
⑥
⑦

Answers p.214

Hackers Updated TOEFL SPEAKING

상황별 공략하기

시설 안내, 행사 안내, 방법 및 절차 안내와 관련된 표현과 문장을 미리 익혀 두면, 실제 시험에서 들은 문장을 기억하고 그대로 말하는 데 큰 도움이 된다. 자주 출제되는 안내 상황을 예시 문장과 함께 학습하면, 다양한 안내 상황에도 유연하게 대응할 수 있다.

I | 시설 안내

■ University Fitness Center (대학교 피트니스 센터) 🎧 T1_17

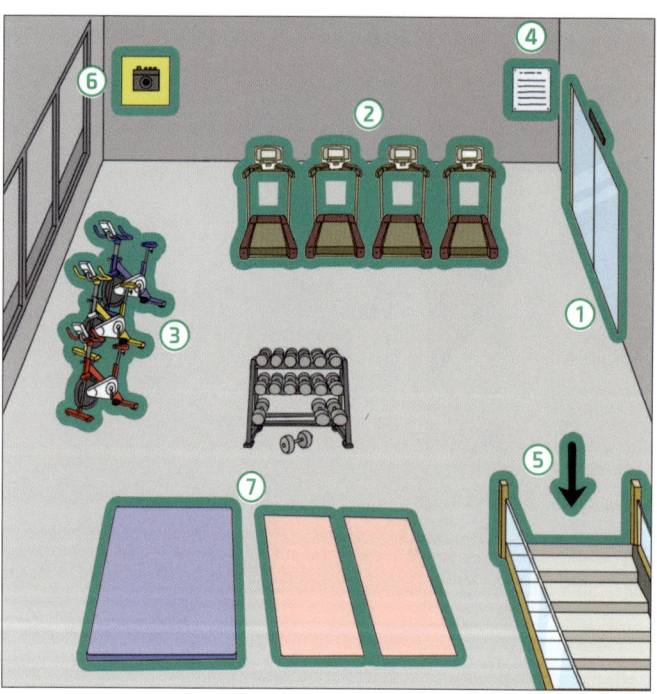

📋 표현 리스트
- gym membership 체육관 회원권
- opening hours 운영 시간
- personal trainer 개인 트레이너
- shower facilities 샤워 시설
- water dispenser 정수기
- use the treadmill 러닝머신을 이용하다
- take a fitness class 피트니스 수업을 듣다
- sign up for a program 프로그램에 등록하다
- change in the locker room 탈의실에서 옷을 갈아입다
- register at the counter 카운터에서 등록하다

① Welcome to the fitness center. 피트니스 센터에 오신 것을 환영합니다. [환영 인사]

② The treadmills are along the back wall. 러닝머신은 뒷벽을 따라 있습니다. [방향·위치 안내]

③ You can find the exercise bikes near the window. 운동용 자전거는 창문 근처에서 찾을 수 있습니다. [방향·위치 안내]

④ Be sure to review the instructions for using the exercise machines.
운동 기구 사용법에 대한 안내를 반드시 검토하세요. [요청 사항 안내]

⑤ There is a yoga studio with qualified instructors in the first basement level.
지하 1층에는 자격을 갖춘 강사가 있는 요가 스튜디오가 있습니다. [방향·위치 안내]

⑥ You may record workout videos, provided you don't disturb or film others.
다른 사람을 방해하거나 촬영하지 않는 한, 운동 영상을 찍어도 됩니다. [규정 안내]

⑦ To avoid injuring your body, make sure to stretch after exercising.
몸을 다치지 않도록, 운동 후에는 반드시 스트레칭을 하세요. [요청 사항 안내]

University Dormitory (대학교 기숙사) 🎧 T1_18

📋 표현 리스트

- residence hall 기숙사 건물
- single room 1인실
- double room 2인실
- campus housing 교내 숙소
- room assignment 방 배정
- housing application 기숙사 신청
- move in 입주하다
- move out 퇴거하다
- fill out housing forms 기숙사 양식을 작성하다
- hang out in the common room 공용실에서 어울리다
- show around the dormitory 기숙사를 안내하다

① **This is your assigned dorm room.** 여기가 배정받으신 기숙사 방입니다. [공간 소개]

② **You can choose either of the two beds.** 두 침대 중 아무거나 선택하실 수 있습니다. [공간 이용 안내]

③ **You can open the windows to get fresh air.** 신선한 공기를 위해 창문을 열 수 있습니다. [공간 이용 안내]

④ **The closet provides you with ample storage space.** 옷장은 충분한 수납 공간을 제공합니다. [공간 이용 안내]

⑤ **Please observe quiet hours to respect other students.** 다른 학생들을 배려하여 정숙 시간을 지켜 주세요. [규정 안내]

⑥ **Use the control panel on the wall to adjust the room's temperature.**
벽에 있는 온도 조절 장치를 사용하여 방 온도를 조절하세요. [공간 이용 안내]

⑦ **The phone on the bedside table will connect you to the resident advisor.**
침대 옆 테이블에 있는 전화기는 사감과 연결됩니다. [이용자 지원 안내]

📋 추가 예문

- **Students can use the laundry room on each floor freely.**
학생들은 각 층의 세탁실을 자유롭게 이용할 수 있습니다. [시설 안내]

- **Pick up your room key at the housing office before moving in.**
입주 전에 기숙사 사무실에서 방 열쇠를 받아가세요. [입주 절차 안내]

- **The study room is open 24 hours for all dormitory residents.**
스터디룸은 모든 기숙사생들을 위해 24시간 열려 있습니다. [시설 안내]

Train Station (기차역) 🎧 T1_19

📋 표현 리스트

- ticket machine 자동 발매기
- waiting room 대합실
- departure board 출발 안내판
- train schedule 열차 시간표
- buy a ticket 표를 사다
- book a seat 좌석을 예약하다
- wait on the platform 승강장에서 기다리다
- catch the train 기차를 타다
- miss the train 기차를 놓치다
- transfer to another train 다른 기차로 환승하다

① **You can purchase tickets over there.** 티켓은 저곳에서 구매하실 수 있습니다. [방향·위치 안내]

② **We offer special discounts for students and seniors.** 학생과 노인을 위한 특별 할인을 제공합니다. [제공 사항 안내]

③ **Store your personal belongings in the secure lockers.** 개인 소지품은 안전한 사물함에 보관하세요. [시설 안내]

④ **Express trains depart from platform A every hour.** 급행열차는 매시간 A 플랫폼에서 출발합니다. [방향·위치 안내]

⑤ **Refer to the digital display for schedule information.** 운행 정보는 디지털 화면을 참고하세요. [시설 안내]

⑥ **Anyone with heavy luggage can use the hand carts available throughout the station.** 무거운 짐을 가지신 분은 역 내에 마련되어 있는 카트를 사용하실 수 있습니다. [제공 사항 안내]

⑦ **You may want to stop by our food court to grab light snacks and drinks for your trip.** 여행을 위한 가벼운 간식과 음료를 사기 위해 저희 푸드코트에 들러 보시는 것도 좋겠습니다. [시설 안내]

📋 추가 예문

- **Carry your luggage using the cart provided.** 제공되는 카트를 이용해서 짐을 운반하세요. [제공 사항 안내]
- **Check the departure board for schedule updates.** 출발 안내판에서 시간표 변경사항을 확인하세요. [시설 안내]
- **Do not enter restricted areas near the platform.** 승강장 근처 출입 제한 구역에 들어가지 마세요. [규정 안내]
- **All pets must travel in carriers.** 모든 반려동물은 이동가방을 이용해 이동해야 합니다. [규정 안내]

Museum (박물관) 🎧 T1_20

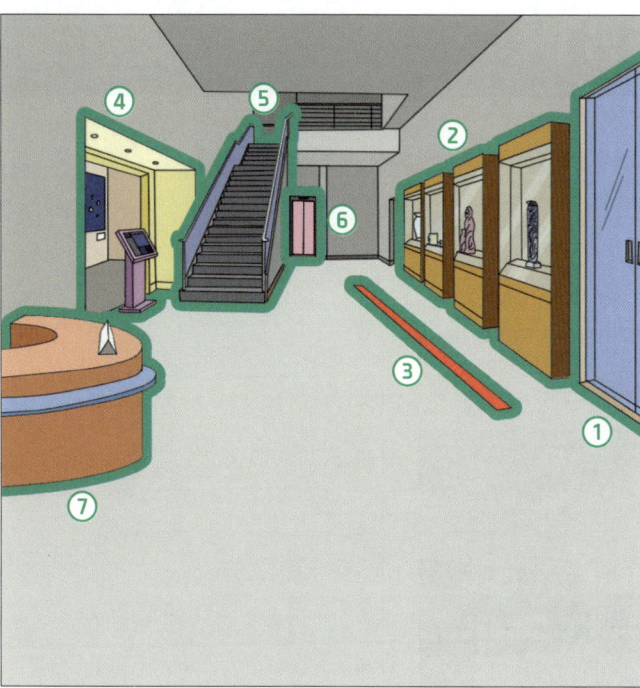

📘 표현 리스트

- exhibition hall 전시실
- admission fee 입장료
- souvenir shop 기념품 가게
- historical artifact 역사적 유물
- buy an entrance ticket 입장권을 사다
- look around the exhibition 전시를 둘러보다
- admire the artwork 작품을 감상하다
- join a guided tour 가이드 투어에 참여하다
- take part in an activity 체험 활동에 참여하다

① Thank you for visiting our museum. 저희 박물관을 방문해 주셔서 감사합니다. [환영 인사]

② We have historical artifacts from all around the world. 저희는 전 세계에서 온 역사적 유물을 보유하고 있습니다. [시설 안내]

③ Please stay behind the line in front of the display cases. 진열장 앞에 있는 선 뒤쪽에 머물러 주시기 바랍니다. [규정 안내]

④ The interactive exhibition can be operated with the touchscreen device.
체험형 전시는 터치스크린 장치로 조작할 수 있습니다. [전시 안내]

⑤ You can take those stairs to see this month's special exhibit on the second floor.
저 계단을 이용하시면 2층에서 이번 달 특별 전시를 관람하실 수 있습니다. [전시 안내]

⑥ Visitors with limited mobility may use the elevator at the back.
거동이 불편한 방문객은 뒤쪽 엘리베이터를 이용하실 수 있습니다. [이용자 지원 안내]

⑦ If you would like a guided tour of the exhibits, speak to our staff at the desk.
전시물에 대한 가이드 투어를 원하시면, 데스크에 있는 직원에게 말씀해 주세요. [서비스 이용 안내]

📘 추가 예문

- Take a look at our souvenir shop before you leave. 가시기 전 저희 기념품 가게를 둘러보세요. [시설 안내]
- Audio guides are available at the information desk. 오디오 가이드는 안내 데스크에서 이용 가능합니다. [서비스 이용 안내]
- The third floor features contemporary works by local artists.
  3층에서는 지역 작가들의 현대 작품을 전시하고 있습니다. [전시 안내]
- Special family programs are available on weekends. 주말에는 특별 가족 프로그램이 제공됩니다. [프로그램 안내]

HACKERS TEST

그림을 보면서 각 문장을 듣고, 들은 내용을 그대로 따라 말해 보시오. 필요 시, 노트테이킹하시오.

01 🎧 T1_21

You are learning to help students at the campus cafeteria. Listen to your manager and repeat what he says. Repeat only once.

노트 ✏️

말하기 🎤

①
②
③
④
⑤
⑥
⑦

Answers p.215

02 🎧 T1_22

You are being trained to assist visitors at a gym. Listen to the speaker and repeat what she says. Repeat only once.

노트

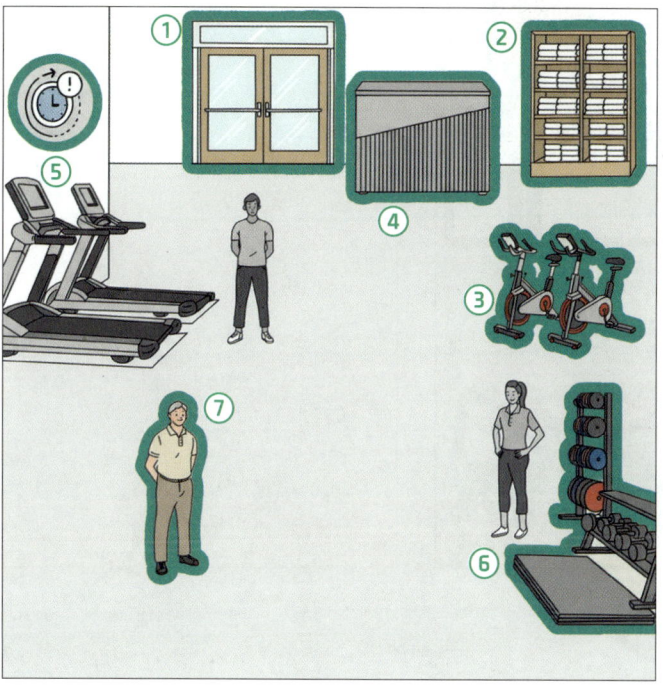

말하기 🎤

①
②
③
④
⑤
⑥
⑦

Answers p.215

HACKERS TEST

03 🎧 T1_23

You are being trained to assist visitors at a tourist information center. Listen to the speaker and repeat what he says. Repeat only once.

노트 ✏️

말하기 🎤

①
②
③
④
⑤
⑥
⑦

Answers p.216

04 🎧 T1_24

You are being trained to help students in the chemistry lab. Listen to your trainer and repeat what she says. Repeat only once.

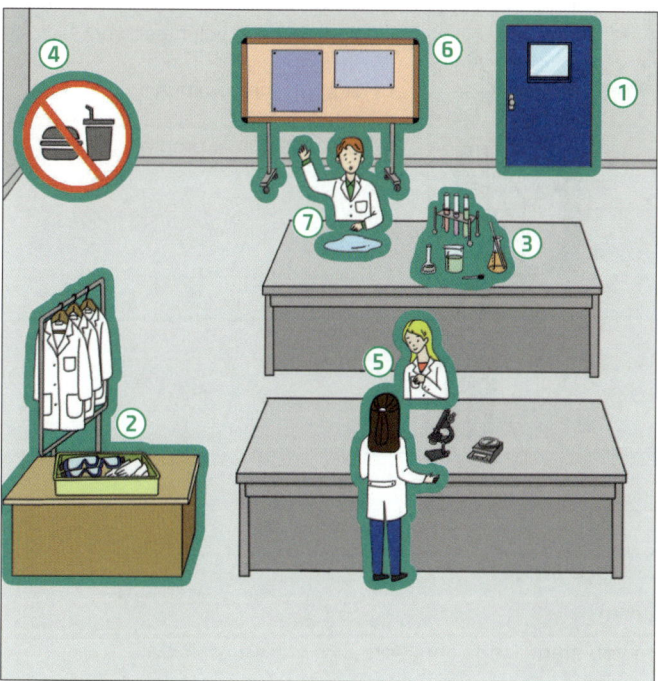

노트 ✏️

말하기 🎤

①
②
③
④
⑤
⑥
⑦

Answers p.216

II | 행사 안내

Community Volunteer Program (지역사회 자원봉사 프로그램) 🎧 T1_25

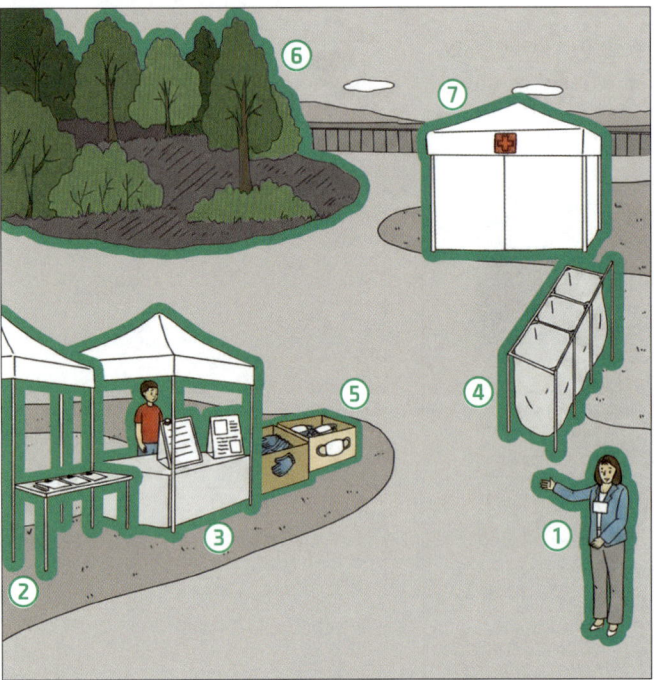

📋 **표현 리스트**
- **volunteer opportunity** 자원봉사 기회
- **charity work** 자선 활동
- **community service** 지역 봉사
- **serve others** 타인을 섬기다
- **participate in volunteer work** 자원봉사 활동에 참여하다
- **support the community** 지역 사회를 지원하다
- **join a volunteer program** 자원봉사 프로그램에 참여하다

① Thank you for your participation. 참여해 주셔서 감사합니다. [환영 인사]

② Sign in at the volunteer tent. 자원봉사 텐트에서 등록하세요. [행사 참여 방법 안내]

③ Attend the short safety briefing before you start. 시작하기 전에 짧은 안전 교육에 참석하세요. [참가자 안내]

④ Bring all trash to the sorting station for proper disposal.
모든 쓰레기는 적절한 처리를 위해 분류소로 가져가세요. [참가자 안내]

⑤ Make sure to wear gloves and masks when picking up garbage.
쓰레기를 주울 때는 반드시 장갑과 마스크를 착용하세요. [주의사항 안내]

⑥ Please take breaks in the shaded rest area, and stay hydrated.
그늘진 휴식 공간에서 휴식을 취하고, 수분을 보충하세요. [참가자 안내]

⑦ If you get hurt while working, stop by our first aid station for treatment.
작업 중에 다치면, 치료를 위해 응급처치소에 들르세요. [참가자 지원 안내]

📋 **추가 예문**

- Sign up at the reception desk to join a volunteer program today.
안내 데스크에서 오늘 자원봉사 프로그램에 참여하기 위해 등록하세요. [행사 참여 방법 안내]

- Follow the instructions of the volunteer leader at all times. 항상 자원봉사 활동 리더의 지시를 따라 주세요. [주의사항 안내]

- Volunteers at this booth will explain how to take part in the fundraising.
부스의 자원봉사자가 모금 행사 참여 방법을 안내해 드립니다. [행사 참여 방법 안내]

Career Fair (취업 박람회) 🎧 T1_26

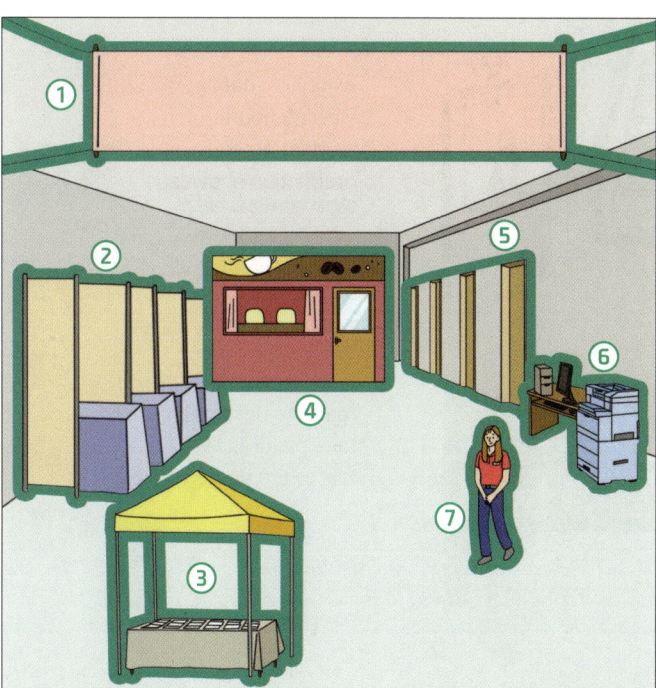

📋 표현 리스트

· **career opportunity** 진로 기회
· **assistance booth** 안내 부스
· **company representatives** 회사 담당자들
· **résumé submission** 이력서 제출
· **explore career options** 진로 옵션을 탐색하다
· **submit applications** 지원서를 제출하다
· **connect with employers** 고용주와 연결되다
· **schedule interviews** 면접을 예약하다
· **build professional networks** 전문 네트워크를 구축하다
· **gather company information** 회사 정보를 수집하다

① Thanks for joining today's fair. 오늘 박람회에 참가해 주셔서 감사합니다. [환영 인사]

② The fair takes place in the main exhibition hall. 박람회는 메인 전시홀에서 열립니다. [방향·위치 안내]

③ Stop by the welcome station for your name badge. 이름표를 받기 위해 환영 안내소에 들르세요. [참가자 안내]

④ We offer free lunch for all participants in the cafeteria.
구내식당에서 모든 참가자에게 무료 점심을 제공합니다. [제공 사항 안내]

⑤ For one-on-one career advice, visit the meeting rooms over there.
일대일 진로 상담을 위해서는, 저쪽 회의실을 방문하세요. [방향·위치 안내]

⑥ Feel free to use the printer and photocopier if you need more copies of your résumé.
이력서를 더 복사해야 할 경우, 프린터와 복사기를 자유롭게 사용하세요. [제공 사항 안내]

⑦ For available counseling times and room assignments, check with one of our employees.
상담 가능 시간과 이용 가능한 방 배정은 저희 직원 중 한 명에게 문의해 주세요. [이용자 지원 안내]

📋 추가 예문

· Gather company information from brochures available at each booth.
각 부스에서 제공하는 책자로부터 회사 정보를 수집하세요. [제공 사항 안내]

· Company representatives are available for questions until five today.
회사 담당자들이 오늘 5시까지 질문 답변을 위해 대기하고 있습니다. [상담 시간 안내]

· Explore career opportunities on the second floor. 2층에서 진로 기회들을 탐색해보세요. [방향·위치 안내]

· No food or drinks are allowed inside exhibition halls. 전시홀 내에서는 음식물 반입이 금지됩니다. [주의사항 안내]

Graduation Exhibition (졸업 전시회) 🎧 T1_27

📋 표현 리스트

- exhibition catalog 전시 카탈로그
- viewing hours 관람 시간
- student artwork 학생 작품
- graduation showcase 졸업 전시회, 졸업 발표회
- interactive zone 체험 구역
- spend time exploring 시간을 내어 둘러보다
- walk through the gallery 갤러리를 거닐다
- look at artworks 작품들을 보다
- read the descriptions 작품 설명을 읽다
- take pictures 사진을 찍다
- talk to the artists 작가들과 이야기하다

① **It's a good idea to start with the paintings.** 그림부터 시작하는 것은 좋은 생각입니다. [관람 동선 안내]

② **Crafts and sculptures are also very popular.** 공예품과 조각품도 매우 인기가 있습니다. [전시 안내]

③ **Works from our media art department are on the second floor.**
미디어 아트 학과 작품은 2층에 전시되어 있습니다. [방향·위치 안내]

④ **Please, no touching the artwork, and always stay behind the ropes.**
작품을 만지지 마시고, 항상 줄 뒤쪽에 머물러 주세요. [주의 사항 안내]

⑤ **There are plenty of seating areas throughout the gallery if you need to rest.**
휴식이 필요하시면 갤러리 곳곳에 앉을 공간이 많이 마련되어 있습니다. [관람객 안내]

⑥ **We encourage you to leave messages for the artists on the comment board over there.**
저쪽에 있는 방명록 게시판에 작가들을 위한 메시지를 남기는 것을 장려합니다. [방향·위치 안내]

⑦ **Don't hesitate to ask our student guides for assistance with directions or information about the exhibits.** 길 안내나 전시물에 관한 정보가 필요하시면 학생 안내원에게 언제든 문의해 주세요. [이용자 지원 안내]

📋 추가 예문

- **Please keep your voice down while viewing the artworks.** 작품 관람 시 목소리를 낮춰 주세요. [주의 사항 안내]
- **Walk through the gallery and look at student artwork.** 갤러리를 걸어 다니며 학생 작품을 보세요. [관람객 안내]
- **Check the exhibition catalog for detailed notes.** 자세한 설명은 전시 카탈로그를 확인하세요. [추가 정보 안내]

Cooking Class (요리 수업) 🎧 T1_28

📋 표현 리스트

- class registration 수업 등록
- learning materials 학습 자료
- group activity 그룹 활동
- set up with appliances 기기들이 마련되어 있다
- sign up for a class 수업을 신청하다
- follow instructions 지시 사항을 따르다
- demonstrate steps 단계를 시연하다
- practice new techniques 새로운 기법을 연습하다
- complete the course 과정을 이수하다

① Is this your first time joining the cooking class? 요리 수업에 처음 참여하는 건가요? [환영 인사]

② Cooking stations are set up with new appliances. 조리 구역에는 새로운 기기들이 마련되어 있습니다. [제공 사항 안내]

③ The preparation sink is located beside the pantry. 준비용 싱크대는 식기함 옆에 있습니다. [방향·위치 안내]

④ Today, you will work in pairs to prepare a full-course meal.
오늘은 짝을 지어 작업하여 정식 코스 요리를 준비하게 됩니다. [수업 방식 안내]

⑤ Make sure you use separate cutting boards for raw meat and vegetables.
반드시 생고기와 채소용으로 별도의 도마를 사용하세요. [주의 사항 안내]

⑥ More pots, pans, and other utensils can be retrieved from the pantry if necessary.
필요할 경우, 더 많은 냄비, 프라이팬, 그리고 기타 조리 도구를 식기함에서 가져올 수 있습니다. [제공 사항 안내]

⑦ If you have questions or need help, please raise your hand for assistance.
질문이 있거나 도움이 필요하면, 손을 들어 도움을 요청하세요. [이용자 지원 안내]

📋 추가 예문

- Tools and materials are provided for today's class. 오늘 수업에서는 도구와 재료들이 제공됩니다. [제공 사항 안내]
- Receive individual feedback on your project today. 오늘 프로젝트에 대한 개별 피드백을 받으세요. [평가 안내]
- Sign up for class on our website. 저희 웹사이트에서 수업을 신청하세요. [등록 절차 안내]
- We'll demonstrate each step before you try it yourself. 여러분이 직접 해보기 전에 각 단계를 시연하겠습니다. [수업 방식 안내]

HACKERS TEST

그림을 보면서 각 문장을 듣고, 들은 내용을 그대로 따라 말해 보시오. 필요 시, 노트테이킹하시오.

01 🎧 T1_29

You are learning to welcome visitors to an art exhibit. Listen to your manager and repeat what she says. Repeat only once.

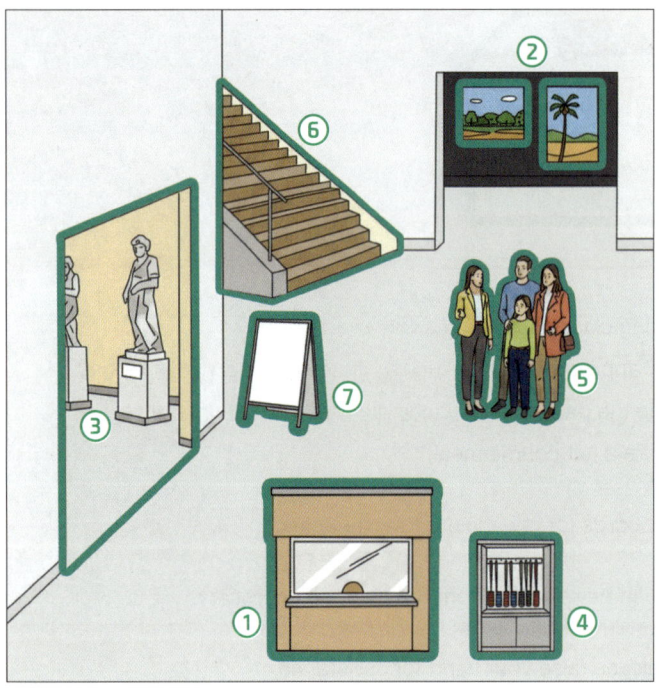

노트

말하기 🎤

①
②
③
④
⑤
⑥
⑦

02 🎧 T1_30

You are being trained to assist visitors at a campus international festival. Listen to the speaker and repeat what he says. Repeat only once.

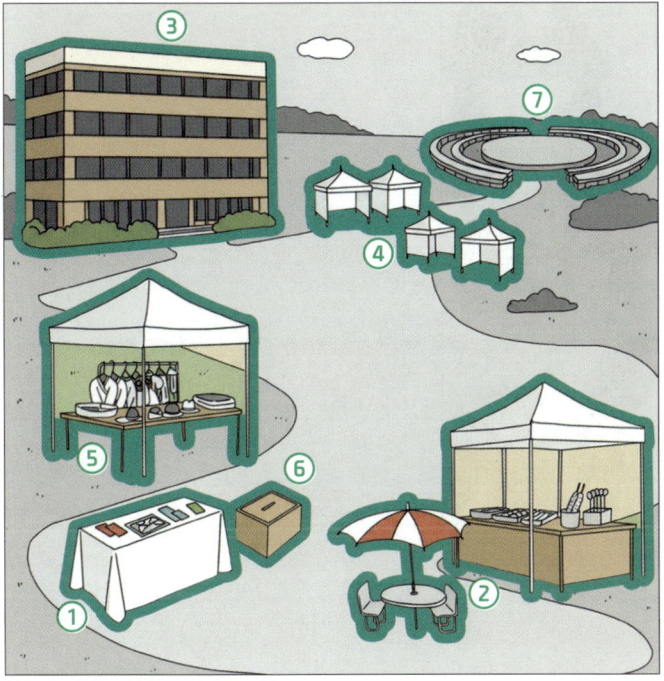

노트 ✏️

말하기 🎤

①
②
③
④
⑤
⑥
⑦

Answers p.217

HACKERS TEST

03 🎧 T1_31

You are learning to assist students participating in a club orientation. Listen to the speaker and repeat what she says. Repeat only once.

노트

말하기 🎤

①
②
③
④
⑤
⑥
⑦

Answers p.218

04 🎧 T1_32

You are being trained to welcome visitors at a game expo. Listen to the speaker and repeat what he says. Repeat only once.

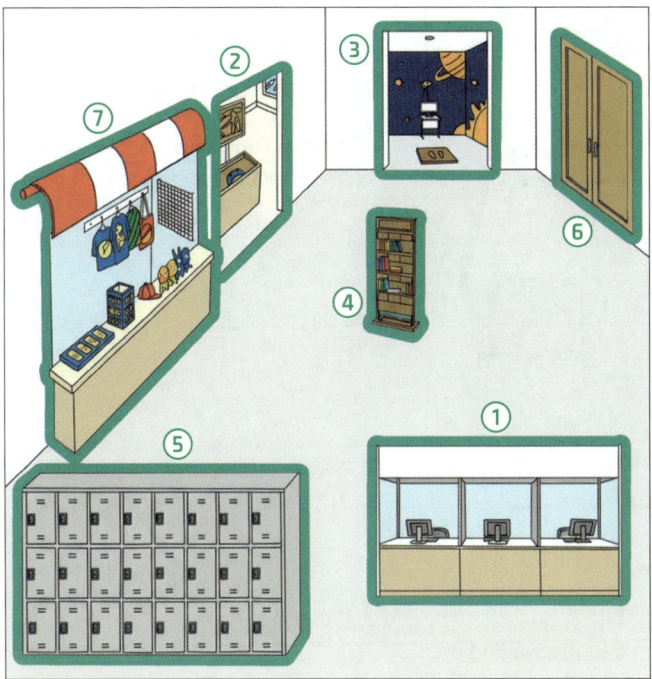

노트 ✏️

말하기 🎤

①
②
③
④
⑤
⑥
⑦

Answers p.218

III | 방법 및 절차 안내

Interview (면접) 🎧 T1_33

📑 표현 리스트
- candidate 지원자
- notify 알리다
- seating plan 좌석 배치도
- waiting area 대기 구역
- show up for the interview 면접에 참석하다
- submit [turn in] the documents 서류를 제출하다
- fill out the application 지원서를 작성하다
- turn off electronic devices 전자기기를 끄다

① Thank you for coming to the interview. 면접에 와 주셔서 감사합니다. [환영 인사]

② Submit your documents at the desk over there. 서류는 저쪽 데스크에 제출해 주세요. [방향·위치 안내]

③ Enjoy some light refreshments prepared in the waiting area.
대기 구역에서 준비된 간단한 다과를 즐기실 수 있습니다. [제공 사항 안내]

④ Our staff will notify you when it is time for your interview. 면접 시간이 되면 직원이 알려 드립니다. [면접 절차 안내]

⑤ The interview rooms are located down the hallway on your left.
면접실은 복도 왼쪽에 위치해 있습니다. [방향·위치 안내]

⑥ Make sure you turn off all electronic devices before you enter.
입장하기 전에 모든 전자기기를 반드시 꺼 주세요. [주의사항 안내]

⑦ We encourage you to pick up brochures about our partner institutions on your way out.
나가실 때는 저희 협력 기관 관련 책자를 챙겨 가시는 것을 장려합니다. [제공 사항 안내]

📑 추가 예문

- Walk to room five for your interview. 면접을 위해 5번 방으로 걸어가세요. [이동 경로 안내]
- Exit through the side door after the interview. 면접 후 옆문으로 나가세요. [퇴장 경로 안내]
- Please follow the seating plan and avoid changing positions. 좌석 배치도를 따르시고, 자리 변경을 하지 마세요. [주의사항 안내]

Health Checkup (건강검진) 🎧 T1_34

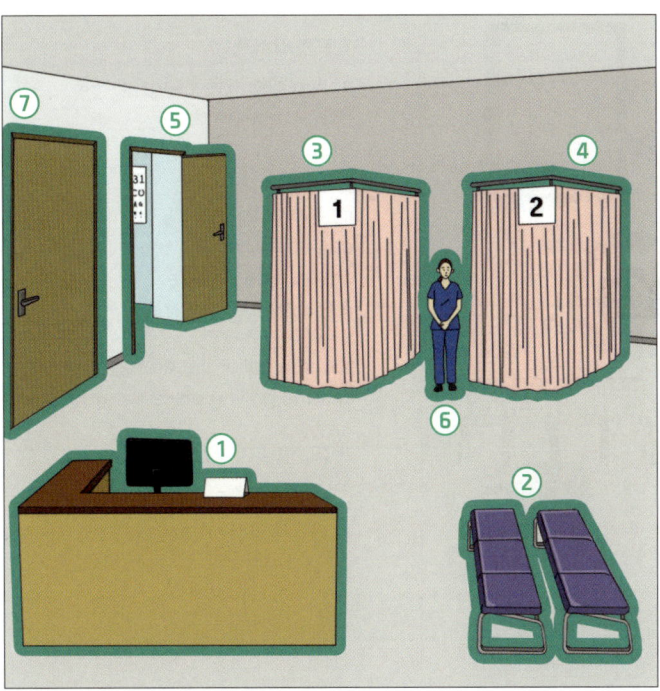

📋 표현 리스트

- examination table 검진 테이블
- medical equipment 의료 장비
- medical report 의료 기록
- screening test 선별 검사
- checkup appointment 검진 예약
- complete the examination 검사를 완료하다
- schedule a checkup 건강검진을 예약하다
- undergo medical tests 의료 검사를 받다
- wait for instructions 지시를 기다리다
- go through procedures 절차를 거치다

① Welcome! Let's check your reservation. 환영합니다! 예약을 확인해 보겠습니다. [환영 인사]

② Stay in the waiting area until we call your name. 저희가 이름을 부를 때까지 대기 구역에서 기다려 주세요. [대기 안내]

③ Visit Station One to measure your height and weight. 키와 몸무게를 측정하려면 스테이션 1로 가세요. [이동 경로 안내]

④ Blood pressure tests are at Station Two over there. 혈압 검사는 저쪽 스테이션 2에서 합니다. [이동 경로 안내]

⑤ Go to the examination room for vision and hearing tests. 시력과 청력 검사를 위해 검사실로 가세요. [이동 경로 안내]

⑥ Always bring your checkup form and show it to the nurse. 항상 검진표를 가지고 가서 간호사에게 보여주세요. [주의사항 안내]

⑦ Before you leave, visit the consultation room to meet with the physician. 떠나기 전에, 의사와 상담하기 위해 상담실을 방문하세요. [이동 경로 안내]

📋 추가 예문

- Schedule your checkup appointment today. 오늘 건강검진 예약을 잡으세요. [예약 안내]
- Wait for instructions from the medical team. 의료진의 지시를 기다리세요. [대기 안내]
- Follow the path to complete your health checkup. 건강검진을 완료하기 위해 경로를 따라가세요. [이동 경로 안내]
- Go through all screening procedures to receive your medical report. 의료 기록을 받기 위해 모든 선별 절차를 거치세요. [세부 절차 안내]

Election (선거) 🎧 T1_35

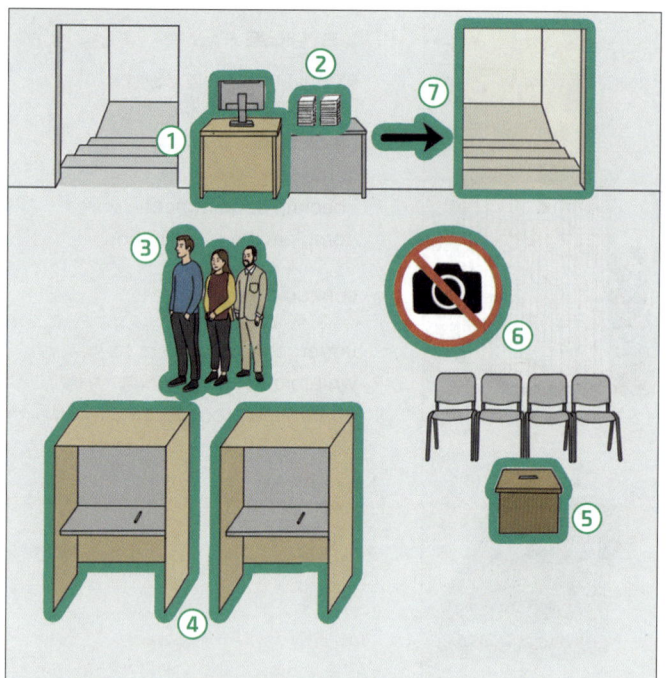

📋 표현 리스트
- voting process 투표 과정
- polling station 투표소
- ballot box 투표함
- voting booth 투표 부스
- invalid vote 무효표
- candidate list 후보자 명단
- cast a vote 투표하다
- wait in the voting line 투표 줄에서 기다리다
- fold the ballot paper 투표용지를 접다
- exit the polling place 투표 장소에서 나가다

① Please show your ID over there. 저쪽에서 신분증을 제시해 주세요. [투표 절차 안내]

② You will receive two ballot papers today. 오늘 투표용지를 두 장 받게 됩니다. [투표 절차 안내]

③ Once your eligibility to vote is confirmed, join the line. 투표 자격이 확인되면, 줄에 서 주세요. [투표 절차 안내]

④ Use the stamp to mark the candidate of your choice. 도장을 사용하여 원하는 후보를 표시하세요. [투표 절차 안내]

⑤ Fold the ballots twice and place them into the box in front of our volunteers.
투표용지를 두 번 접어 자원봉사자 앞에 있는 투표함에 넣으세요. [투표 절차 안내]

⑥ Taking pictures or recording videos inside the voting booth is strictly prohibited.
투표 부스 안에서 사진 촬영이나 영상 녹화는 엄격히 금지되어 있습니다. [주의 사항 안내]

⑦ When leaving, please take the stairs on the right since the ones on the left are for incoming people. 왼쪽 계단은 들어오는 사람을 위한 것이므로, 퇴장 시에는 오른쪽 계단을 이용해 주세요. [퇴장 경로 안내]

📋 추가 예문

- Check the candidate list carefully before voting. 투표하기 전에 후보자 명단을 신중히 확인하세요. [주의 사항 안내]
- Enter the polling station through the main door. 정문을 통해 투표소에 들어가세요. [출입 경로 안내]
- Walk out after placing your ballot in the ballot box. 투표함에 투표용지를 넣은 후 나가세요. [퇴장 경로 안내]

Airport Check-in (공항 체크인) 🎧 T1_36

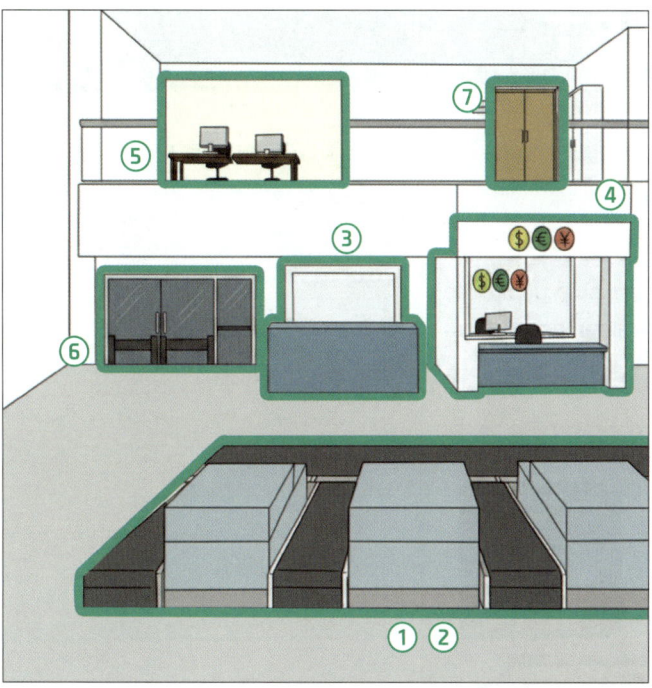

📋 표현 리스트
- boarding pass 탑승권
- reception area 접수 구역
- booking reference number 예약 참조번호
- departure time 출발 시간
- baggage claim 수하물 찾는 곳
- proceed to check-in 체크인을 진행하다
- complete check-in 체크인을 완료하다
- provide identification 신분증을 제시하다
- confirm reservation 예약을 확인하다
- immigration screening 출입국 심사

① **Let me see your passport.** 여권을 보여주세요. [신분 확인 안내]

② **Place your suitcase on the conveyor belt.** 여행 가방을 컨베이어 벨트 위에 올려놓으세요. [체크인 절차 안내]

③ **Oversized luggage should be checked in at that counter.**
규격을 초과한 수하물은 저 카운터에서 부치셔야 합니다. [체크인 절차 안내]

④ **To pick up foreign cash, go to the currency exchange in the back.**
외화를 찾으시려면, 뒤쪽에 있는 환전소로 가세요. [방향·위치 안내]

⑤ **The business lounge upstairs is a perfect place for any last-minute printing.**
위층 비즈니스 라운지는 마지막 순간 인쇄 작업을 하기에 최적의 장소입니다. [시설 안내]

⑥ **Once you pass through security, you cannot return to this check-in area.**
보안 검색대를 통과하면, 이 체크인 구역으로 다시 돌아올 수 없습니다. [주의 사항 안내]

⑦ **You have to register in advance to take advantage of automatic immigration screening.**
자동 출입국 심사를 이용하려면 사전에 등록해야 합니다. [서비스 이용 안내]

📋 추가 예문

- **Present your booking reference number to the clerk.** 직원에게 예약 참조번호를 제시하세요. [체크인 절차 안내]
- **Proceed directly to security with your digital boarding pass.**
  디지털 탑승권을 가지고 곧바로 보안 검색대로 이동하세요. [체크인 절차 안내]
- **Please show your ID and confirm your reservation details.** 신분증을 보여주시고 예약 세부 사항을 확인해 주세요. [신분 확인 안내]

HACKERS TEST

그림을 보면서 각 문장을 듣고, 들은 내용을 그대로 따라 말해 보시오. 필요 시, 노트테이킹하시오.

01 🎧 T1_37

You are being trained to help customers ship packages at a postal service. Listen to your trainer and repeat what he says. Repeat only once.

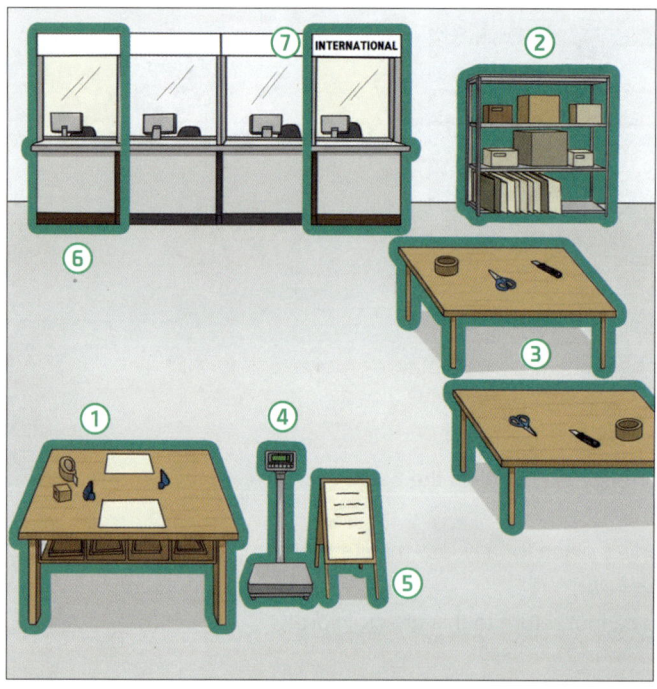

노트

말하기 🎤

①
②
③
④
⑤
⑥
⑦

Answers p.218

02 🎧 T1_38

You are being trained to guide patients at a medical clinic. Listen to your trainer and repeat what she says. Repeat only once.

노트 ✏️

말하기 🎤

①
②
③
④
⑤
⑥
⑦

Answers p.219

HACKERS TEST

03 🎧 T1_39

You are learning how to assist customers at a convention center. Listen to the speaker and repeat what she says. Repeat only once.

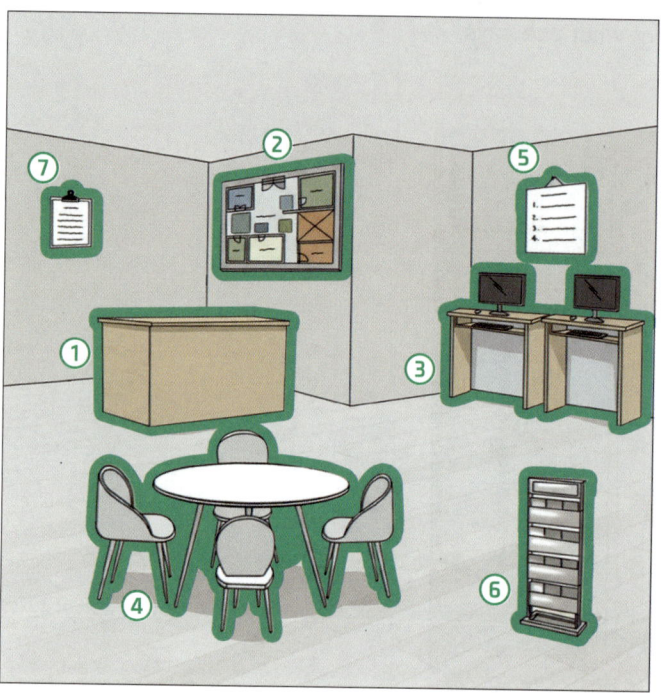

노트 ✏️

말하기 🎤

①

②

③

④

⑤

⑥

⑦

Answers p.219

04 🎧 T1_40

You are being trained to help guests at a hotel lobby. Listen to the speaker and repeat what he says. Repeat only once.

노트 ✏️

말하기 🎤

①
②
③
④
⑤
⑥
⑦

Answers p.220

POWER TEST 1

🎧 PT_1

TOEFL iBT SPEAKING Questions 01~03 of 07   Volume 🔊

You are learning to guide university students on a factory tour. Listen to your manager and repeat what she says. Repeat only once.

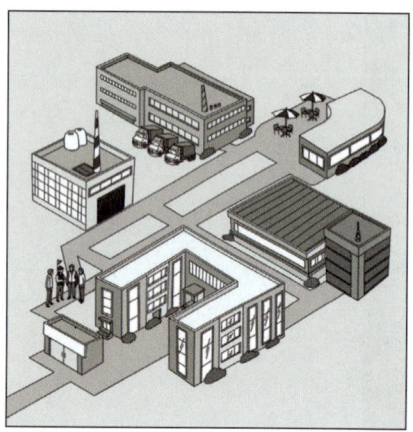

01 Listen and repeat only once.

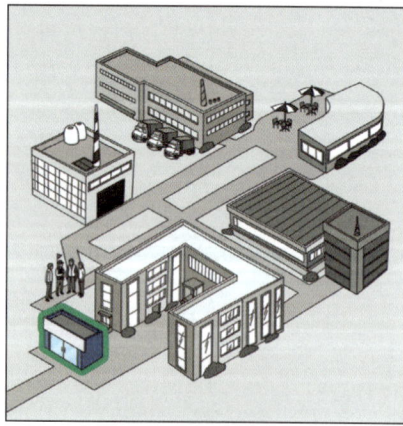

RESPONSE TIME 🎤 00:00:08

02 Listen and repeat only once.

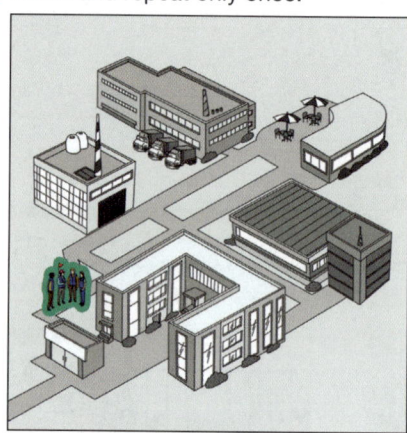

RESPONSE TIME 🎤 00:00:08

03 Listen and repeat only once.

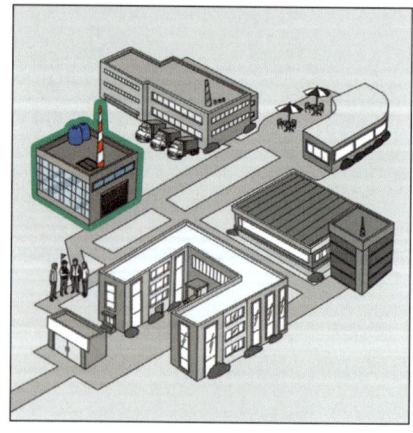

RESPONSE TIME 🎤 00:00:10

Hackers Updated TOEFL SPEAKING

TOEFL iBT SPEAKING Questions 04~07 of 07 Volume

04 Listen and repeat only once.

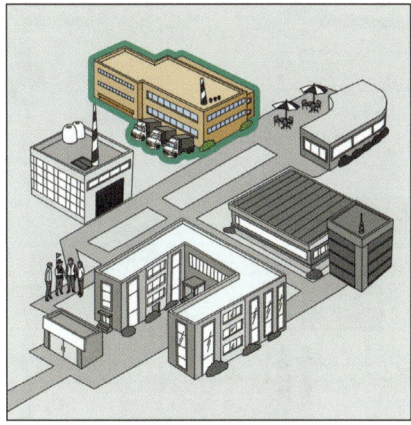

RESPONSE TIME 00:00:10

06 Listen and repeat only once.

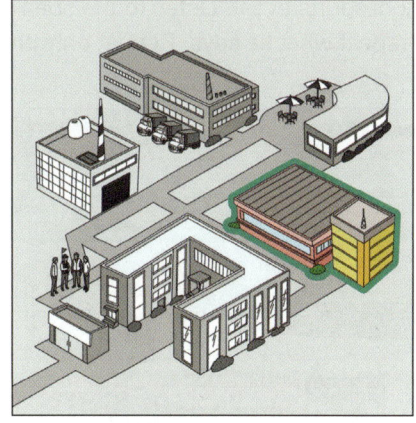

RESPONSE TIME 00:00:12

05 Listen and repeat only once.

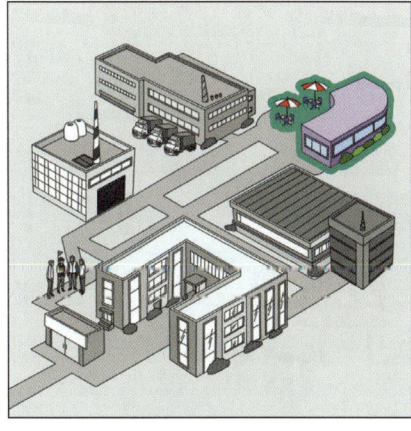

RESPONSE TIME 00:00:10

07 Listen and repeat only once.

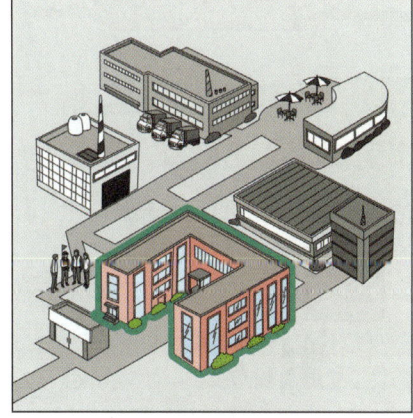

RESPONSE TIME 00:00:12

Answers p.220

POWER TEST 2

🎧 PT_2

TOEFL iBT SPEAKING Questions 01~03 of 07   Volume 🔊

You are learning to guide students during a school sports event. Listen to the speaker and repeat what he says. Repeat only once.

02 Listen and repeat only once.

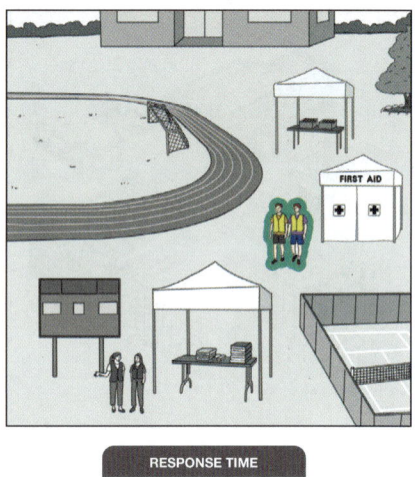

RESPONSE TIME 🎤 00:00:08

01 Listen and repeat only once.

RESPONSE TIME 🎤 00:00:08

03 Listen and repeat only once.

RESPONSE TIME 🎤 00:00:10

TOEFL iBT **SPEAKING** Questions 04~07 of 07

04 Listen and repeat only once.

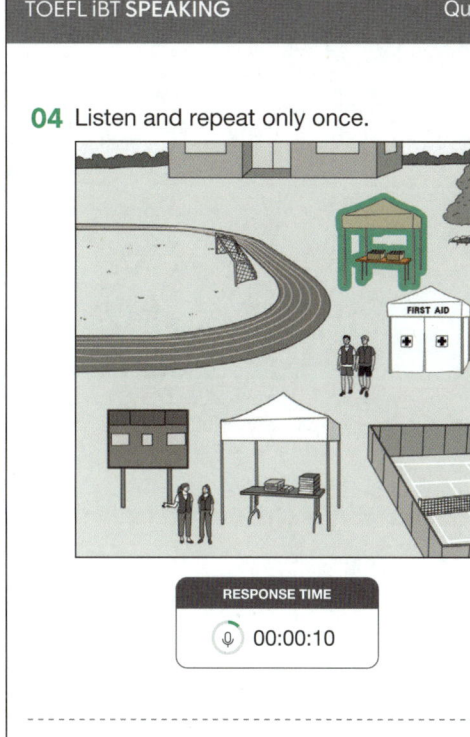

RESPONSE TIME 00:00:10

05 Listen and repeat only once.

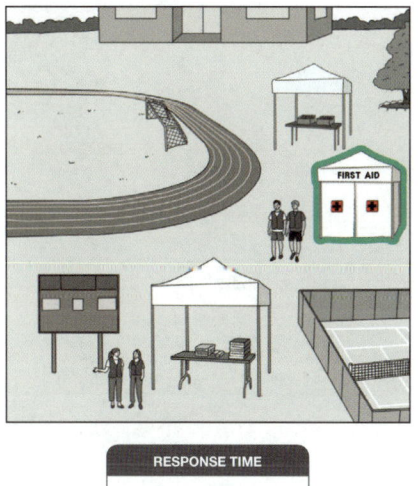

RESPONSE TIME 00:00:10

06 Listen and repeat only once.

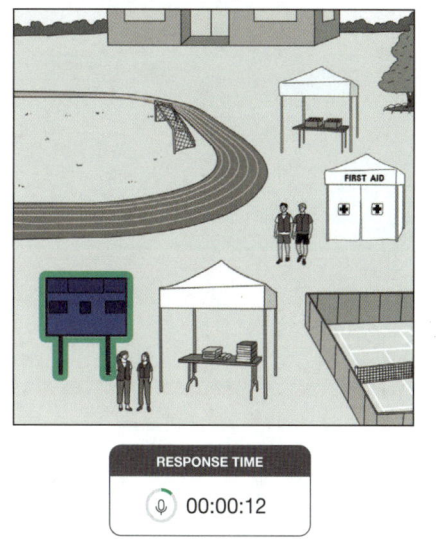

RESPONSE TIME 00:00:12

07 Listen and repeat only once.

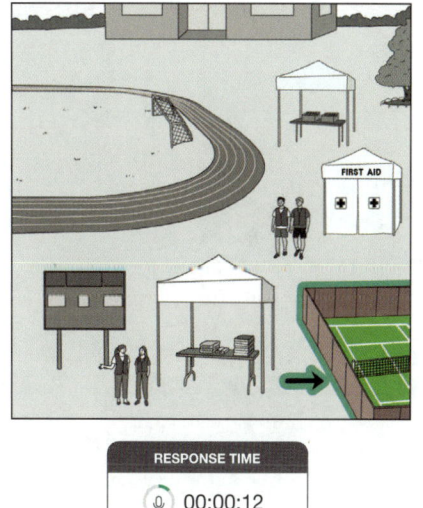

RESPONSE TIME 00:00:12

무료 토플자료·유학정보 제공
goHackers.com

**Hackers
Updated TOEFL
SPEAKING**

TASK 2

Take an Interview

Introduction

기본다지기
  I. 입장 표현 말하기
  II. 이유와 구체적 근거 표현 말하기
  III. 마무리 표현 말하기

전략익히기
  I. 주제 파악하고 말할 거리 준비하기
  II. 질문 듣고 답변하기

주제별 공략하기
  I. 교육
  II. 사회
  III. 환경
  IV. 과학기술
  V. 진로
  VI. 일상
  VII. 여가

POWER TEST 1, 2

Introduction

TASK 2(Take an Interview)는 한 가지 주제에 대한 인터뷰 질문 4개에 답변하는 유형이다. 인터뷰 주제는 교육, 사회, 과학기술, 여가 등 일상생활과 밀접한 다양한 분야를 아우르며, 질문에서는 과거의 경험, 선호하는 것, 어떤 진술에 대한 찬반 등을 묻는다. 인터뷰 진행자의 질문은 화면의 영상을 통해서 한 번만 들을 수 있고, 화면에 질문 내용이 표시되지는 않는다. 별도의 준비 시간은 주어지지 않으며, 질문이 끝나는 즉시 45초의 답변 시간이 시작한다.

Preview

문제 Direction 화면

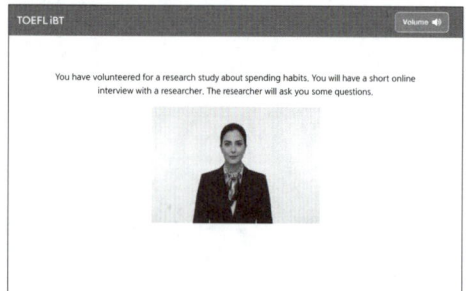

문제가 출제되기 전에 나오는 화면으로, 인터뷰의 주제를 설명하는 Direction이 제시된다.

디렉션을 들려주는 시간 : 약 10초

디렉션의 내용 : 인터뷰의 주제를 간략하게 설명하는 내용

디렉션이 나오는 동안 해야 할 일 : 디렉션 첫 문장의 끝에서 인터뷰의 주제를 파악할 수 있으므로, 해당 위치만 읽어 상황을 빠르게 파악한 후, 인터뷰에 나올 법한 질문을 예상해 본다.

문제 풀이 화면

문제가 출제될 때 나오는 화면으로, 녹화된 인터뷰어의 영상이 재생된다. 음성이 끝나면 바로 답변 시간 타이머가 나타난다.

문제를 풀 수 있는 시간 : 45초

문제를 풀 때 해야 할 일 : 질문을 들으며 나의 입장과 두 가지 이유, 각 이유에 대한 구체적 근거를 떠올려 머릿속에서 빠르게 정리한 후, 정리한 답변 구조를 바탕으로 답변한다.

Strategy

1. 인터뷰의 주제와 관련해 나올 법한 질문들을 예상해 본다.
TASK 2가 시작되면, 화면에 인터뷰의 주제를 설명하는 디렉션 문장이 제시된다. 디렉션이 음성으로 재생되는 동안 첫 문장의 끝만 빠르게 읽어 인터뷰의 주제를 파악하고, 남은 시간은 나올 법한 질문을 예상해 보는 데 사용한다. 가능하다면 나의 입장도 함께 간단히 정리하여 실제 답변에 활용할 수 있는 아이디어를 떠올려 볼 수 있다.

2. 질문을 들으며 동시에 브레인스토밍을 한다.
질문 직후 녹음이 시작되어 별도의 답변 준비 시간이 없으므로, 답변 구조에 맞춰 답변을 머릿속으로 빠르게 정리한다. 답변은 보통 여섯 문장 정도면 적절하고, 답변 구조는 나의 입장과 두 가지 이유, 각 이유에 대한 구체적 근거, 그리고 마무리 문장으로 구성된다.

3. 추가로 생각을 정리할 수 있는 시간을 확보한다.
브레인스토밍 중 답변 시간이 시작되어 바로 답변을 말하기가 어렵다면, 만능 시간 끌기 표현(p.112)으로 시간을 벌고 정리를 마무리한 뒤, 본격적인 답변을 시작할 수 있다.

4. 질문에서 나온 표현을 활용해 답변을 시작한다.
질문의 배경 설명이나 예시를 그대로 사용하거나 질문 속 단어들을 조합하면, 답변을 생각하는 데 드는 시간을 단축하면서 쉽고 자연스럽게 답변을 시작할 수 있다.

Study Guide

1. 답변에 자주 사용되는 표현을 익히자.
TASK 2에서는 "나는 A보다 B를 선호한다.", "이는 주로 ~이기 때문이다."와 같이 답변을 말할 때 항상 사용되는 표현이 있다. 이러한 표현에 나의 의견과 그에 대한 이유나 근거를 넣어 말하면 논리적으로 질문에 답변할 수 있다. 따라서, 질문에 대한 나의 답변을 빠르게 구상하여 논리적으로 말할 수 있도록 답변에 자주 사용되는 표현을 평소에 잘 익혀 둔다.

2. 여러 유형의 근거를 활용할 수 있도록 연습하자.
나의 입장에 대한 두 가지 이유를 뒷받침하기 위해서는 구체적 근거를 제시해야 한다. 예시, 비교·대조, 결과·영향, 구체화, 가정과 같은 다양한 근거를 생각하고 말하는 연습을 하면 실제 시험에서 설득력 있는 근거를 더욱 빠르게 생각해낼 수 있다.

3. 인터뷰 주제별 질문과 답변 아이디어를 익히자.
실전 시험에서 질문을 들으면서 바로 적절한 답변 아이디어를 떠올릴 수 있도록, 평소에 주제별 출제 예상 질문들과 답변 아이디어들을 정리해 둔다. 다양한 답변 아이디어를 학습하면 다른 주제의 질문에도 비슷한 아이디어를 유연하게 응용할 수 있다.

기본다지기

I | 입장 표현 말하기 🎧 T2_1

TASK 2는 인터뷰 질문을 듣고 답하는 유형이다. 나의 입장이 무엇인지 밝히며 답변을 시작하므로, 입장을 나타내는 표현들을 익힌다.

1. 한 가지를 선택하여 말할 때 쓸 수 있는 표현

1 나는 B보다 A를 선호한다
I prefer A to B

나는 새 것들에 지출하는 것보다 중고 교과서를 사는 것을 선호한다.
I prefer buying used textbooks **to** paying for new ones.

2 나는 A가 B보다 낫다고 생각한다
I think (that) A is better than B

나는 재미있는 선생님들이 엄격한 선생님들보다 낫다고 생각한다.
I think funny teachers **are better than** strict teachers.

3 A와 B 중 하나를 선택해야 한다면, 나는 ~을 선택하겠다
Given the choice between A and B, I would choose ~

집에서 요리하는 것과 외식하는 것 중 하나를 선택해야 한다면, 나는 집에서 요리하는 것을 선택하겠다.
Given the choice between cooking at home **and** eating out, **I would choose** cooking at home.

4 나는 B보다 A를 선택하겠다
I would choose A over B

나는 대기업보다 스타트업에서 일하는 것을 선택하겠다.
I would choose working in a startup **over** a big company.

5 B보다 A가 낫다
It is better to A than to B

늦은 밤에 공부하는 것보다 아침에 공부하는 것이 낫다.
It is better to study in the morning **than to** study late at night.

6 A가 B보다 낫다
A is preferable to B

종이책이 전자책보다 낫다.
Paper books **are preferable to** e-books.

2. 찬성이나 반대를 표현할 때 쓸 수 있는 표현

7 나는 ~이라는 진술 [의견]에 동의한다
I agree with the statement [idea] that 주어 + 동사

나는 사람들이 오늘날 더 건강한 생활을 한다는 진술에 동의한다.
I agree with the statement that people lead healthier lives today.

8 나는 ~이라는 진술 [의견]에 동의하지 않는다
I disagree with the statement [idea] that 주어 + 동사

나는 신입생들이 학술 글쓰기 과정을 수강해야 한다는 의견에 동의하지 않는다.
I disagree with the idea that freshmen should take an academic writing course.

9 나는 ~이라는 의견이 좋다고 생각한다
I like the idea of ~ing

나는 대기 오염에 더 엄격한 규제를 시행하는 의견이 좋다고 생각한다.
I like the idea of enforcing stricter regulations on air pollution.

10 나는 ~에 반대한다
I object to ~ing

나는 공공 의료 시스템에 대한 재정 지원을 줄이는 것에 반대한다.
I object to reducing funding for public healthcare systems.

11 나는 A가 좋은 의견이라고 생각한다 [생각하지 않는다]
I think [do not think] A is a good idea

나는 검증되지 않은 인공지능 활용을 합법화하는 것이 좋은 의견이라고 생각하지 않는다.
I do not think legalizing untested artificial intelligence applications **is a good idea**.
*합법화하다 legalize

12 나는 ~(라는 의견)을 지지한다
I support (the idea of) ~

나는 기술 회사 직원들을 대상으로 하는 의무적인 사이버 보안 교육을 지지한다.
I support mandatory cybersecurity training for employees in tech companies.
*의무적인 mandatory

3. 의견을 말할 때 쓸 수 있는 표현

13 나는 ~라고 생각한다
I think that 주어 + 동사

나는 스마트폰이 제대로 사용된다면 수업에서 유용할 수 있다고 생각한다.
I think that smartphones can be useful in class if used properly.

14 내 생각에는
In my opinion

내 생각에는, 주말을 보내는 가장 좋은 방법은 휴식과 생산적인 활동의 균형을 맞추는 것이다.
In my opinion, the best way to spend weekends is to balance rest with productive activities.

15 내 경우에는
In my case

어떤 사람들은 기숙사에 사는 것을 좋아하지 않는다. 하지만 내 경우에는, 그때가 내 생애 최고의 시기였다.
Some people don't like living in the dorms. **In my case**, however, it was the best time of my life.

16 내 (개인적인) 경험으로 보면
From my (personal) experience

내 경험으로 보면, 나와 시간표가 다른 룸메이트와 함께 사는 것은 힘들다.
From my experience, it's hard to live with a roommate who has a different schedule from mine.

17 ~하는 반면, ~하다
While 주어 + 동사, 주어 + 동사

어떤 사람들은 운전하는 것을 선호하는 반면, 나는 대중교통을 이용하는 것을 좋아한다.
While some people prefer to drive, I like to take public transportation.

18 ~에 관해서는
When it comes to ~

외국어 학습에 관해서는, 말하기 연습이 가장 중요하다고 생각한다.
When it comes to learning a foreign language, I think practicing speaking is most important.

19 내 관점에서
From my perspective

내 관점에서, 원격 근무는 시간을 잘 관리하는 직원들에게 생산성을 높여준다.
From my perspective, remote work enhances productivity for employees who manage their time well.
*원격 근무 remote work

20 내 입장에서는

As far as I'm concerned

내 입장에서는, 기술이 분명히 의사소통을 더 빠르고 쉽게 만듦으로써 그것을 개선시켰다.
As far as I'm concerned, technology has definitely improved communication by making it faster and easier.

21 주요 장점 [단점]은 ~라는 것이다

The main advantage [disadvantage] is that 주어 + 동사

주요 장점은 다른 문화를 경험하고 시야를 넓힐 수 있다는 것이다.
The main advantage is that you can experience a different culture and broaden your perspective.

22 한 가지 장점 [단점]은 ~라는 것이다

One benefit [drawback] is that 주어 + 동사

한 가지 단점은 원격 근무가 동료들 간의 인맥 형성 기회를 줄일 수 있다는 것이다.
One drawback is that remote work can reduce networking opportunities among coworkers.

23 내 생각에는 ~인 것 같다

It seems to me that 주어 + 동사

내 생각에는 소셜 미디어가 사람들을 그 어느 때보다도 더 고립되게 만든 것 같다.
It seems to me that social media has made people more isolated than ever before.
* 고립시키다 isolate

24 개인적으로

Personally

개인적으로, 도서관에서 자원봉사를 하면서 많은 것을 배웠다.
Personally, I learned a lot from volunteering at the library.

✔ CHECK-UP   I. 입장 표현 말하기

앞에서 배운 표현을 활용하여 다음 우리말 문장을 영어로 말해 보시오.

01 나는 학교에서의 의무적인 건강검진을 지지한다.
_____ in schools.

02 나는 여행할 때 호텔에 머무는 것보다 에어비앤비를 빌리는 것을 선호한다.
_____ when I travel.

03 나는 테마파크에 가는 것보다 박물관을 방문하는 것을 선택하겠다.
_____ going to a theme park.

04 나는 아침에 운동하는 것이 밤에 운동하는 것보다 낫다고 생각한다.
_____ exercising in the morning _____ .

05 내 생각에는, 공감능력이 리더가 가질 수 있는 가장 중요한 자질이다.
_____ a leader can have.

06 나는 공공장소가 더 많은 녹지 공간을 가져야 한다는 진술에 동의한다.
*녹지 green area
_____ public spaces _____ .

07 내 관점에서, 더 많은 가로등을 설치하는 것이 공공 안전을 향상시킨다.
*가로등 streetlight   *설치하다 install   *공공 안전 public safety
_____ improves public safety.

08 픽션과 논픽션 중 하나를 읽는 것을 선택해야 한다면, 나는 픽션을 선택하겠다.

_____
fiction.

09 자발적인 준수에 의존하는 것보다 더 엄격한 교통 규칙을 시행하는 것이 낫다.
*자발적인 voluntary   *준수 compliance   *시행하다 enforce

_____ voluntary compliance.

10 나는 일회용 플라스틱이 완전히 금지되어야 한다는 진술에 동의하지 않는다.
*금지하다 ban

_____single-use plastics_____
_____.

11 일부 직장인들이 하루 종일 끊임없이 이메일을 확인하는 반면, 나는 그것들을 읽는 특정 시간을 정해둔다.
*끊임없이 constantly

_____ constantly during the day, _____
_____.

12 개인적으로, 나는 일기를 쓰는 것이 일상 경험을 되돌아보고 그것들로부터 성장하는 가장 좋은 방법 중 하나라고 생각한다.
*일기를 쓰다 keep a journal   *~을 되돌아보다 reflect on

_____
_____ and grow from them.

T2_2 Answers p.222

II | 이유와 구체적 근거 표현 말하기 🎧 T2_3

나의 입장을 밝힐 때 쓸 수 있는 표현을 익혔으니, 이제 그것을 뒷받침하는 이유와 구체적 근거를 제시하기 위해 쓸 수 있는 표현들도 함께 정리한다.

1. 이유를 말할 때 쓸 수 있는 표현

1 첫째로

First

첫째로, 나는 내 또래들과 이야기하는 것이 더 편하다.
First, I feel more comfortable talking with my peers.

2 둘째로

Second

둘째로, 나는 팀워크가 업무를 더 효율적으로 만든다고 생각한다.
Second, I think teamwork makes tasks more efficient.

3 첫 번째 (이유)는 ~ 때문이다

The first (reason) is that 주어 + 동사

첫 번째 이유는 재활용 프로그램이 매립지로 가는 쓰레기의 양을 줄여 주기 때문이다.
The first reason is that recycling programs reduce the amount of waste that ends up in landfills.
＊매립지 landfill

4 한 가지 [또 다른] 이유는 ~ 때문이다

One [Another] reason is that 주어 + 동사

한 가지 이유는 외국어를 배우는 것이 학생들에게 취업 시장에서 더 나은 기회를 제공하기 때문이다.
One reason is that learning a second language gives students better opportunities in the job market.

5 이것이 ~하는 이유이다

This is the reason why ~

나는 세상에서 무슨 일이 벌어지고 있는지 알고 싶다. 이것이 내가 매일 뉴스를 보는 이유이다.
I want to know what is happening in the world. **This is the reason why** I watch the news every day.

6 ~하는 몇 가지 이유가 있다

Here are some reasons why ~

도시의 대학이 작은 마을의 것보다 더 편리하다고 생각하는 몇 가지 이유가 있다.
Here are some reasons why I think urban universities are more convenient than small-town ones.

7 우선
To begin with

나는 온라인 개인정보가 더 강력하게 보호되어야 한다고 믿는다. 우선, 이용자들의 개인 정보가 해킹되는 여러 사례가 있어 왔다.
I believe online privacy should be protected more strongly. **To begin with**, there have been numerous cases of the personal information of users' being hacked.

8 이는 주로 ~이기 때문이다
This is mainly because ~

학생들은 디지털 교과서를 선호한다. 이는 주로 그것들이 더 휴대하기 쉽고 필기하기가 더 편리하기 때문이다.
Students prefer digital textbooks. **This is mainly because** they are more portable and more convenient for note-taking.
* 휴대하기 쉬운 portable

9 주된 이유는 ~이라는 것이다
The primary reason is that 주어 + 동사

주된 이유는 무상 급식이 부모들의 비용 부담을 줄여줄 수 있다는 것이다.
The primary reason is that free school meals can reduce financial burdens on parents.
* 부담 burden

10 더욱이
Furthermore / What's more

많은 대학생들이 과제로 바쁘다. 더욱이, 그들은 종종 과외 활동에 참여한다.
Many college students are busy with assignments. **Furthermore**, they often participate in extracurricular activities.
* 과외의, 정규 과목 이외의 extracurricular

11 그에 더하여
On top of that

나는 운동 모임에 참여하는 것이 더 큰 동기부여가 되기 때문에 혼자 운동하는 것보다 그것을 선호한다. 그에 더하여, 나는 나와 같은 관심사를 가진 새로운 사람들을 만나는 것을 좋아한다.
I prefer joining an exercise group to working out alone because it is more motivating. **On top of that**, I like meeting new people who share my interest.
* 동기부여가 되는 motivating

12 또한
As well / Also

나는 새로운 음식을 먹어 볼 수 있어서 외식하는 것을 좋아한다. 그것은 또한 분위기 전환도 된다.
I like eating out because I can try new dishes. It's a change of atmosphere **as well**.
* eat out 외식하다

2. 구체적 근거를 말할 때 쓸 수 있는 표현

13 구체적으로
To be specific

보드게임은 당신에게 좋다. 구체적으로, 그것들은 휴식할 수 있는 재미있는 방법을 제공함으로써 스트레스를 줄여준다.
Board games are good for you. **To be specific**, they reduce stress by providing a fun way to relax.

14 예를 들어
For example / For instance

도서관에서 공부하는 것은 어떤 사람들에게는 어려울 수 있다. 예를 들어, 다른 학생들이 노트북으로 타자를 치는 소리가 주의를 산만하게 할 수 있다.
Studying at the library can be difficult for some people. **For example**, the sound of other students typing on their laptop can be distracting.

15 반면에 / 대조적으로
In contrast

많은 사람들이 주말을 야외에서 보내는 것을 즐긴다. 반면에, 나는 집에서 머무는 것을 선호한다.
Many people enjoy spending their weekends outdoors. **In contrast**, I prefer staying at home.

16 반대로 / 대조적으로
Conversely

반대로, 졸업생들은 곧바로 일을 시작하는 대신 여행을 가기로 결정할 수 있다.
Conversely, graduates can decide to go on a trip instead of starting work right away.
*졸업생 graduate

17 다른 한편으로
On the other hand

외국에서 공부하는 것은 학생들이 새로운 문화를 접하게 할 수 있다. 다른 한편으로, 그들은 종종 향수병에 걸린다.
Studying abroad can expose students to new cultures. **On the other hand**, they often get homesick.
*접하게 하다, 노출시키다 expose

18 그렇지 않다면
Otherwise

학생들은 온라인 정보를 비판적으로 평가하는 법을 배워야 한다. 그렇지 않다면, 그들은 잘못된 정보와 가짜 뉴스에 속을 수 있다.
Students should learn how to evaluate online information critically. **Otherwise**, they may fall for misinformation and false news.
*~에 속다 fall for

19 실제로
In fact

실제로, 연극 동아리에 가입하는 것은 내 발표 능력과 자신감을 향상시키는 데 도움이 되었다.
In fact, joining the drama club helped me improve my public speaking skills and confidence.

20 ~ 때문에
Due to

설탕 섭취에 대한 우려 때문에, 많은 사람들이 탄산음료를 더 건강에 좋은 음료로 대체하고 있다.
Due to concerns about sugar intake, many people are replacing sodas with healthier drinks.
*섭취 intake   *A를 B로 대체하다 replace A with B

21 그 결과
As a result

나는 매일 언어 학습 앱을 사용했다. 그 결과, 말하기 능력이 눈에 띄게 향상되었다.
I used language-learning apps daily. **As a result**, my speaking ability improved noticeably.
*눈에 띄게 noticeably

22 특히
In particular

특히, 과학 프로젝트를 위해, 나는 독립적으로 실험을 설계하고 데이터를 분석해야 했다.
In particular, for my science project, I had to design experiments and analyze data independently.
*(실험 등을) 설계하다 design   *분석하다 analyze

23 설명하자면
To explain

설명하자면, 그룹으로 작업하는 것은 학생들이 과업을 나누고 서로의 강점에서 배울 수 있게 해준다.
To explain, working in a group allows students to divide tasks and learn from each other's strengths.

24 ~ 대신에
Instead of

자유 시간을 모두 소셜 미디어에 쓰는 대신에, 십 대들은 새로운 역량을 키우기 위해 스포츠나 예술 동아리에 참여할 수 있다.
Instead of spending all of their free time on social media, teenagers can participate in sports or arts clubs to develop new skills.

25 ~과 달리
Unlike

온라인 수업과 달리, 대면 수업은 선생님으로부터 즉각적인 피드백을 제공한다.
Unlike online classes, in-person lessons provide immediate feedback from teachers.
*대면 수업 in-person lesson

✔ CHECK-UP II. 이유와 구체적 근거 표현 말하기

앞에서 배운 표현을 활용하여 다음 우리말 문장을 영어로 말해 보시오.

01 구체적으로, 실험은 내가 아이디어를 시험해 보고 실제 결과를 볼 수 있게 해준다.
  *결과 outcome

  _____, experiments let me _____.

02 증가하는 식품 비용 때문에, 많은 가족들이 집에서 요리하는 것을 더 실용적이라고 생각한다.
  *증가하는 rising   *실용적인 practical

  _____, many families _____.

03 특히, 역사는 사회가 어떻게 진화하는지를 설명하기 때문에 나를 매료시킨다.
  *매료시키다 fascinate

  _____, history fascinates me because it explains _____.

04 좋은 시간 관리는 스트레스를 줄인다. 그 결과, 학생들은 시험에서 더 좋은 성과를 낸다.

  Good time management reduces stress. _____.

05 예를 들어, 이웃들이 지역 청소 행사에 참여할 때, 그들은 거리를 더 깨끗하게 만들 뿐만 아니라 서로를 더 잘 알게도 된다.
  *지역 청소 행사 local clean-up event   *A뿐만 아니라 B도 not only A but also B

  _____, when neighbors join a local clean-up event, _____
  _____.

06 우선, 학교에서 금융 이해력을 가르치는 것은 학생들이 부채와 저축에 대한 신중한 결정을 내리는 데 도움이 된다.
  *금융 이해력 financial literacy

  _____, teaching financial literacy in schools _____
  _____ about debt and savings.

07 실제로, 내가 지역 독서 프로그램에서 자원봉사를 했을 때, 나는 아이들이 추가적인 지원으로부터 얼마나 많은 혜택을 받는지를 보았다.

*추가적인 extra   *~로부터 혜택을 받다 benefit from

_____, when I volunteered at a local reading program, I saw _____
_____.

08 한 가지 이유는 공공도서관이 모든 사람에게 교육 자료로의 무료 접근을 제공한다는 것 때문이다.

_____ public libraries _____
_____ for everyone.

09 나는 식당 메뉴의 영양 표시제를 지지한다. 이는 주로 고객들이 더 건강에 좋은 음식을 선택하는 데 도움이 되기 때문이다.

*영양 표시제 nutritional labeling

I support nutritional labeling on restaurant menus. _____
_____.

10 설명하자면, 토론은 그들이 논리와 증거로 의견을 옹호하도록 훈련시킨다.

*옹호하다 defend

_____ with logic and evidence.

11 하루 종일 게임을 하는 대신에, 그들은 새로운 기술을 배우는 것을 시도할 수 있다.

_____ playing games all day, they could try _____.

12 운전과는 달리, 걷기는 나로 하여금 주변 환경의 세부 사항들을 알아차릴 수 있게 해주며, 마음을 정리할 시간을 준다.

_____, walking allows me _____, and it gives me time _____.

🎧 T2_4 Answers p.222

III | 마무리 표현 말하기 🎧 T2_5

입장 표현과 이유와 구체적 근거 표현에 이어, 이번에는 마무리 표현들을 익혀 본다. 답변을 마무리할 때 나의 입장, 이유와 구체적 근거를 요약하기 위해 유용하게 사용할 수 있는 표현들이다.

1 이러한 이유들 때문에
For these reasons

이러한 이유들 때문에, 학교는 학생들이 그룹 활동에 참여하도록 권장해야 한다.
For these reasons, schools should encourage students to participate in group activities.

2 이러한 점에서
In this sense

혼자 여행하는 것은 스스로 조사를 하게 만든다. 이러한 점에서, 그것은 학습에 유익할 수 있다.
Traveling alone forces you to do your own research. **In this sense**, it can be valuable for learning.

3 이와 관련하여
In this regard

이와 관련하여, 대중교통에 투자하는 것은 도시 교통 체증과 오염을 줄인다.
In this regard, investing in public transportation reduces urban traffic and pollution.

4 결론적으로
In conclusion / To conclude

결론적으로, 재생 에너지를 우선시하는 국가들은 장기적인 경제적, 환경적 혜택을 얻는다.
To conclude, countries that prioritize renewable energy see long-term economic and environmental benefits.
＊재생 에너지 renewable energy ＊우선시하다 prioritize

5 전반적으로
Overall

전반적으로, 여행자들은 여행을 사전에 계획해야 하는데, 이는 스트레스를 줄이고 즐거움을 높이기 때문이다.
Overall, travelers should plan trips in advance, as it reduces stress and increases enjoyment.

6 앞서 언급했던 바와 같이
As I have mentioned

앞서 언급했던 바와 같이, 목표 설정 전략은 일상의 생산성을 향상시키는 데 효과적이다.
As I have mentioned, goal-setting strategies are effective in enhancing daily productivity.
＊전략 strategy ＊생산성 productivity ＊향상시키다 enhance

7 그 결과 / 따라서
Consequently

그 결과, 사람들은 더 많은 에너지를 얻고 질병 위험을 낮출 수 있다.
Consequently, people can have more energy and lower their risk of disease.

8 그러므로
Therefore

그러므로, 사람들은 시간 관리를 개선하고 중요한 일을 잊지 않도록 하기 위해 앱을 사용할 수 있다.
Therefore, people can use apps to improve time management and avoid forgetting important tasks.

9 요약하자면
To sum up

요약하자면, 플라스틱 사용을 줄이는 것은 환경과 야생동물 모두에 이롭다.
To sum up, reducing plastic use benefits both the environment and wildlife.

10 요컨대
In short

요컨대, 나는 자동차가 환경에 해가 된다고 믿는다.
In short, I believe automobiles are harmful to the environment.

11 이와 같이
As such

이와 같이, 운전 교육에서 가상 현실 시뮬레이션을 사용하는 것은 반응 속도를 향상시키고 위험 인식을 개선할 수 있다.
As such, using virtual reality simulations in driver education can enhance reaction times and improve hazard perception.
*위험 hazard   *인식 perception

12 모든 것을 고려해 보면
All things considered

모든 것을 고려해 보면, 도시의 녹지 공간은 신체의 건강과 지역사회의 안녕 모두에 기여한다.
All things considered, urban green spaces contribute to both physical health and community well-being.
*기여하다 contribute

✔ CHECK-UP   III. 마무리 표현 말하기

앞에서 배운 표현을 활용하여 다음 우리말 문장을 영어로 말해 보시오.

01 결론적으로, 재생에너지의 이점이 비용보다 훨씬 크다.
* 재생에너지 renewable energy

_____, the _____ far outweigh the costs.

02 그 결과, 나는 문제를 신중하게 처리하고 인내심을 유지하는 법을 배웠다.
* 문제 issue   * 신중하게 carefully   * 처리하다 handle

_____ and stay patient.

03 그러므로, 나는 내 분야에서 경쟁력을 유지하기 위해 자격증을 취득하기로 선택했다.
* 경쟁력을 유지하다 stay competitive   * 자격증 certification   * 취득하다, 추구하다 pursue

_____, I chose to _____ in my field.

04 요약하자면, 이 실패가 더 나은 위험 평가 전략을 개발하도록 나에게 동기를 부여해 주었다.
* 위험 risk   * 평가 assessment

_____, this failure motivated me to _____
_____.

05 이와 같이, 온라인 학습 플랫폼은 학생들이 어려운 개념을 더 철저히 이해하도록 돕는다.
* 개념 concept

_____
_____ more thoroughly.

06 이러한 점에서, 나는 경쟁이 항상 팀 성과를 위한 최고의 동기부여라는 것에 동의하지 않는다.
* 동기부여 motivator

_____
for team performance.

07 이러한 이유들 때문에, 나는 유연성이 있는 원격 근무 정책을 지지한다.

＊유연성 flexibility ＊원격 근무 remote work

_____, I support _____.

08 요컨대, 나는 혁신이 장려되는 환경에서 일하는 것을 선호한다.

＊혁신 innovation ＊장려하다 encourage

_____.

09 앞서 언급했던 바와 같이, 그 도전이 나에게 회복 탄력성을 얻도록 해주었다.

＊회복탄력성 resilience

_____.

10 이와 관련하여, 나는 전문성 개발이 즉각적인 수익보다 우선시되어야 한다고 생각한다.

＊즉각적인 immediate ＊수익 profit margin

_____.

11 모든 것을 고려해 보면, 나는 더 많은 장기적 성장 잠재력을 제공하는 기회를 선택하겠다.

＊장기적인 long-term ＊잠재력 potential

_____.

12 전반적으로, 팀에서 작업한 나의 경험이 포용적 리더십의 중요성을 가르쳐 주었다.

＊포용적인 inclusive

_____.

T2_6 Answers p.223

전략익히기

I 주제 파악하고 말할 거리 준비하기

본격적인 인터뷰 질문에 들어가면, 질문이 끝나자마자 준비 시간 없이 답변을 시작해야 하므로 말할 거리를 생각할 시간이 부족할 수 있다. 따라서, 인터뷰 주제가 제시되는 디렉션을 읽어주는 10초 동안 빠르게 인터뷰의 주제를 파악하고 그 주제에 대해 말할 거리를 미리 생각해 두는 것이 도움이 된다.

1. 주제 파악하기

인터뷰 주제를 알려주는 키워드는 주로 디렉션의 첫 문장 끝인 about 뒤에 위치하므로, 해당 위치만 빠르게 확인한다. 남은 시간은 그 주제에 대해 말할 거리를 최대한 많이 생각하는 데 사용한다.

주제 파악하기의 예

> You have volunteered for a research study about (spending habits). You will have a short online interview with a researcher. The researcher will ask you some questions.

→ 주제
spending habits 소비 습관

2. 말할 거리 준비하기

인터뷰에 나올 법한 질문을 나의 경험이나 선택, 생각과 연결해 예상해 보고, 가능하다면 나의 입장도 간단히 정리해 둔다.

말할 거리 준비하기의 예

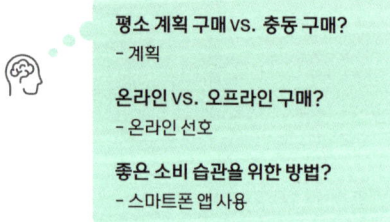

평소 계획 구매 vs. 충동 구매?
- 계획

온라인 vs. 오프라인 구매?
- 온라인 선호

좋은 소비 습관을 위한 방법?
- 스마트폰 앱 사용

> **TIP**
> 평소에 <주제별 공략하기>(pp.130~185)에 수록된 질문 및 답변 아이디어를 참고하여 여러 가지 질문에 대해 브레인스토밍을 많이 해 두면, 실제 시험에서 말할 거리를 떠올리는 데 도움이 된다.

II | 질문 듣고 답변하기

질문은 영상으로만 들려주고, 질문이 끝나자마자 녹음이 시작되어 별도의 준비 시간이 없다. 따라서 질문을 듣는 동안 아래 답변 구조에 맞춰 생각하는 연습이 필요하다. 답변은 보통 여섯 문장 정도면 적당하다.

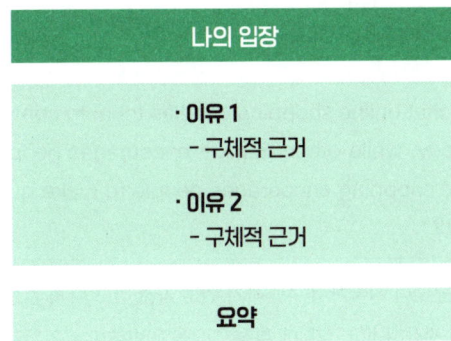

답변 구조 잡는 법

① **질문을 들으며 나의 입장을 정한다.**
실제 나의 생각과 다르더라도, 답하기 쉽고 더 많은 말할 거리가 떠오르는 것으로 나의 입장을 정한다.

② **나의 입장을 뒷받침할 이유를 두 가지 떠올린다.**
나의 입장에 대한 이유를 떠올린다. 질문에 특정 입장의 이유가 이미 제시되어 있는 경우, 그것을 나의 입장을 뒷받침할 이유로 활용해도 된다.

③ **각 이유에 대한 구체적 근거를 덧붙인다.**
근거 없이 이유만 나열해서는 나의 입장을 완벽하게 뒷받침할 수 없다. 개인 경험, 예시, 비교·대조, 결과·영향, 구체화, 가정 등의 구체적 근거를 함께 제시한다.

④ **답변의 마지막에는 나의 입장을 다른 표현을 사용하여 요약한다.**
나의 입장을 다른 표현으로 다시 한 번 말하며 답변을 마무리한다.

1. 질문 들으며 브레인스토밍하기

질문을 들으며 바로 답변을 시작할 수 있도록 준비한다. 제시된 여러 가지 의견 중 하나를 선택하는 질문과 자유로운 의견을 묻는 질문이 출제되는데, 각 질문에 적합한 브레인스토밍 방식을 사용하여 답변을 머릿속으로 빠르게 정리한다.

제시된 여러 가지 의견 중 하나를 선택하는 질문

두 가지 선택 사항이나 진술을 제시하고, 그중 하나를 골라 답변하는 유형이다. 보통 "A와 B 중 어느 것을 더 선호하는가?" 또는 "이 주장에 찬성하는가, 반대하는가?"처럼 분명한 입장 선택을 요구한다.

브레인스토밍하기의 예

> Some people believe that online shopping enables them to compare prices and make careful decisions on what they buy, while others think it encourages people to buy things on impulse. **Do you agree** that online shopping encourages people to make quick purchases without much thought? Why or why not?

① 질문에서 선택 사항을 듣는 순간, 더 익숙하거나 말하기 쉬운 쪽을 바로 나의 입장으로 선택한다.

② 이유와 구체적 근거를 빠르게 생각해낸다. 질문에 특정 입장을 뒷받침하는 이유가 이미 제시된 경우, 나의 입장을 뒷받침하기 위한 이유로 그대로 활용한다.

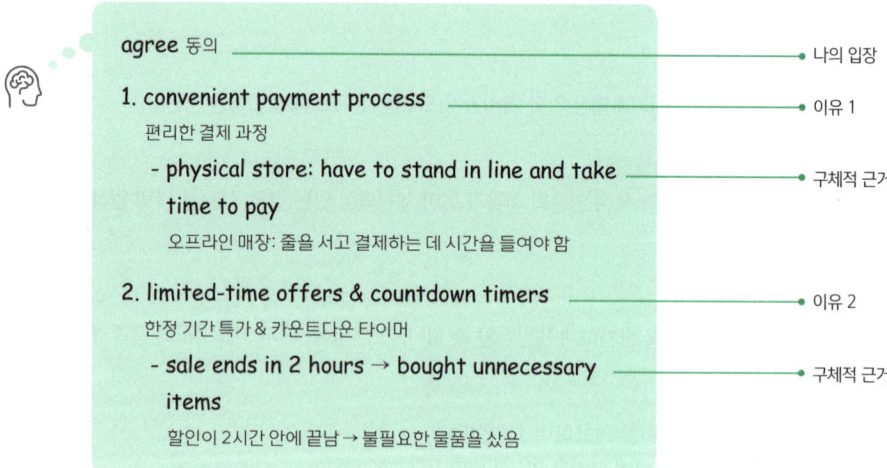

자유로운 의견을 묻는 질문

나의 경험, 생각, 혹은 장·단점을 자유롭게 떠올려 답변하는 유형이다. 의문사 의문문이나 일반 의문문 형태로 제시된다.

브레인스토밍하기의 예

> 🎧 Many young people today struggle with managing their money effectively. **What** is one practical piece of advice you would give to people in your age group to help them spend their money more wisely? Give reasons for your answer.

① 질문을 들으며 관련된 나의 경험, 일반적 사실, 또는 장·단점을 떠올리고, 말할 거리가 많이 생각나는 것으로 나의 입장을 정한다.

② 이유와 구체적 근거를 빠르게 생각해낸다.

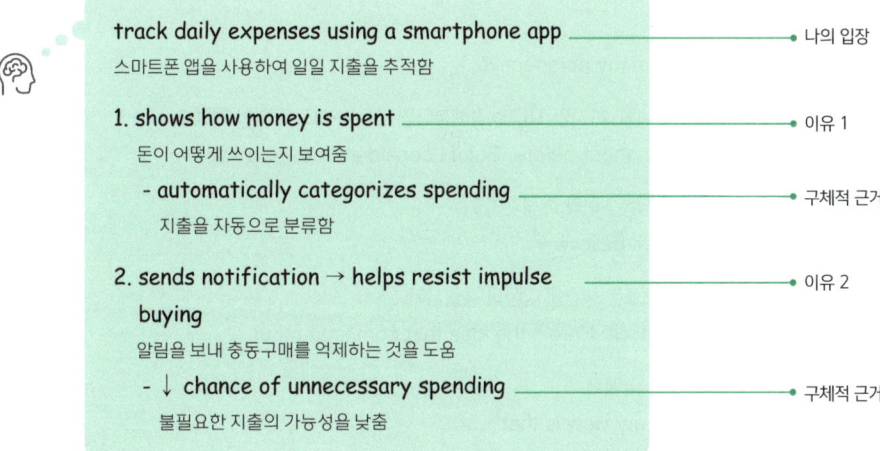

track daily expenses using a smartphone app — 나의 입장
스마트폰 앱을 사용하여 일일 지출을 추적함

1. shows how money is spent — 이유 1
   돈이 어떻게 쓰이는지 보여줌
   - automatically categorizes spending — 구체적 근거
     지출을 자동으로 분류함

2. sends notification → helps resist impulse buying — 이유 2
   알림을 보내 충동구매를 억제하는 것을 도움
   - ↓ chance of unnecessary spending — 구체적 근거
     불필요한 지출의 가능성을 낮춤

TIP
1. 질문을 들으면서 나의 답변에 그대로 사용할 수 있는 표현들을 기억해 두면 답변을 준비하는 데 매우 도움이 된다.
2. 브레인스토밍 중 질문이 끝나 바로 답변을 시작하기 어렵다면, 다음 페이지에 수록된 만능 시간 끌기 표현으로 말하기를 시작하며 시간을 조금 더 확보할 수 있다.

만능 시간 끌기 표현

만능 시간 끌기 표현을 익혀 두면, 질문이 끝나고 답변 시간이 시작된 후에도 추가로 생각을 정리할 수 있는 시간을 확보할 수 있다.

생각할 시간이 필요하다며 시작하는 표현

1. 제 생각을 정리할 시간이 잠깐 필요하네요. 제 생각은 이렇습니다.
   I need a moment to gather my thoughts. Here's what I think.

2. 그것에 대해 잠시만 생각해볼게요. 음, 저는 ~이라고 할 수 있을 것 같아요.
   Let me think about that for a moment. Well, I suppose ~

3. 가장 좋은 답에 대해 생각할 시간이 몇 초 필요해요. 저는 ~이라고 말할 거예요.
   I need a few seconds to think about the best answer. I would say ~

질문에 대한 첫 반응을 보여주며 시작하는 표현

1. 흥미로운 질문이네요. 제 관점에서는 ~
   That's an interesting question. From my perspective, ~

2. 그건 전에 한 번도 생각해본 적이 없는 거네요. 하지만 지금 생각해본다면, 저는 ~이라고 말할 거예요.
   That's something I haven't thought about before. But if I consider it now, I'd say ~

3. 음, 그건 까다로운 질문이네요. 그렇지만 저는 ~이라고 생각해요.
   Hmm, that's a tricky question. Still, I believe ~

4. 그건 제가 생각해봐야 할 부분이에요. 떠오르는 생각은 다음과 같습니다.
   That's something I need to think about. Here's the idea that comes to mind.

5. 답하기가 조금 어렵긴 하지만, 제 생각은 ~이에요.
   That's a bit difficult to answer, but my view is that ~

생각을 정리하며 시작하는 표현

1. 어디보자... 좋아요, 제 대답은 이렇습니다.
   Let me see… Okay, here's my answer.

2. 곰곰이 생각해본다면, 떠오르는 건 ~이에요.
   If I think carefully, what comes to my mind is ~

3. 제 답변과 아이디어를 명확하게 정리해 보겠습니다. 제가 말하고 싶은 핵심은 ~이에요.
   Let me gather my answers and ideas clearly. The main point I want to share is ~

2. 나의 입장 말하기

브레인스토밍을 하며 잡은 답변 구조를 바탕으로 나의 입장이 무엇인지를 밝히며 답변을 시작한다. 질문에서 나온 말을 이용하면 쉽고 자연스럽게 답변을 시작할 수 있다.

질문의 배경 설명 또는 예시를 그대로 사용하기

질문의 배경 설명이나 예시를 그대로 사용하여 나의 입장을 말한다. 답변 초반부에서 긴장감을 낮추고 이후 답변 전개에 집중할 수 있다.

나의 입장 말하기의 예

> 🎧 Some people believe that online shopping enables them to compare prices and make careful decisions on what they buy, while others think it encourages people to buy things on impulse. Do you agree that online shopping encourages people to make quick purchases without much thought? Why or why not?

브레인스토밍

agree

1. convenient payment process
   - physical store: have to stand in line and take time to pay
2. limited-time offers & countdown timers
   - sale ends in 2 hours → bought unnecessary items

말하기 🎤

나의 입장 말하기

I agree that online shopping makes people more likely to buy things on impulse for the following reasons.

질문의 단어를 조합하여 문장 만들기

질문에 그대로 쓸 수 있는 표현이 없다면, 단어들을 최대한 조합하여 나의 입장을 말한다.

나의 입장 말하기의 예

> 🎧 Many young people today struggle with managing their money effectively. What is one practical piece of advice you would give to people in your age group to help them spend their money more wisely? Give reasons for your answer.

브레인스토밍

track daily expenses using a smartphone app

1. shows how money is spent
   - automatically categorizes spending
2. sends notification → helps resist impulse buying
   - ↓ chance of unnecessary spending

말하기 🎤

나의 입장 말하기

One practical piece of advice I would give to people in my age group is to track their daily expenses using a smartphone app.

3. 이유와 구체적 근거 말하기

나의 입장을 밝혔으면, 그에 대한 이유를 설명한다. 이유는 두 가지 정도 내세우는 것이 가장 무난하다. 이때, 이유에 대한 구체적 근거를 제시하여 이유가 타당함을 뒷받침한다. 구체적 근거로는 개인 경험, 예시, 비교·대조, 결과·영향, 구체화, 가정 등이 쓰일 수 있다.

이유와 구체적 근거 말하기의 예 ①

브레인스토밍

이유 1
convenient payment process

근거 1 - 비교
physical store: have to stand in line and take time to pay

(근거 1- 가정)
(X one-click option → reconsider my decision)

이유 2
limited-time offers & countdown timers

근거 2 - 개인 경험
sale ends in 2 hours → bought unnecessary items

(근거 2- 구체화)
(time pressure ↑ likelihood of impulse buying)

말하기

이유 1 말하기
First, the convenient payment process makes purchasing too easy with just one click.

구체적 근거 말하기 - 비교
Unlike physical stores where I have to stand in line and take time to pay, online stores allow me to make a purchase instantly.

(구체적 근거 말하기 - 가정)
(If this one-click option didn't exist, I would probably reconsider my decision before actually buying the items.)

이유 2 말하기
Second, online retailers use marketing techniques such as limited-time offers and countdown timers.

구체적 근거 말하기 - 개인 경험
In my case, I once bought unnecessary items just because a website said its sale ends in 2 hours.

(구체적 근거 말하기 - 구체화)
(In fact, research shows that time pressure significantly increases the likelihood of impulse buying.)

이유와 구체적 근거 말하기의 예 ②

브레인스토밍

이유 1
shows how money is spent

근거 1 - 구체화
automatically categorizes spending

(근거 1 - 예시)
(one of my classmates - saved over $100 in a month)

이유 2
sends notification → helps resist impulse buying

근거 2 - 구체화
↓ chance of unnecessary spending

(근거 2 - 결과)
(users become more aware of their spending habits)

말하기 🎙️

이유 1 말하기
To begin with, it shows clearly how money is spent, making it easier to manage expenses.

구체적 근거 말하기 - 구체화
In particular, the app automatically categorizes spending, so users can identify their spending patterns.

(구체적 근거 말하기 - 예시)
(For example, one of my classmates realized through the app that he was spending too much on eating out, so he cut back and saved over 100 dollars in a month.)

이유 2 말하기
Furthermore, the app sends notifications when users reach their budget limit, which helps them resist their impulse buying.

구체적 근거 말하기 - 구체화
To be specific, several behavioral studies have revealed that resisting an initial impulse significantly lowers the chance of unnecessary spending later.

(구체적 근거 말하기 - 결과)
(As a result, users become more aware of their spending habits and make more thoughtful purchasing decisions.)

> **TIP**
> 두 가지 이유 중 하나에 대한 구체적 근거가 부족하거나 답변이 짧게 끝날 것 같다면, 한 가지 이유에 대해 두 개의 근거를 제시할 수 있다.

4. 마무리 문장 말하기

나의 입장, 이유와 구체적 근거를 모두 말한 후에는 전체 답변을 간단한 말로 요약하여 깔끔하게 마무리한다. 마무리 문장은 나의 입장 말하기 문장의 단어 또는 표현을 바꿔 말하거나 이유 두 가지를 한 문장으로 요약하여 말한다.

마무리 문장 말하기의 예 ①

> 나의 입장 말하기
>
> I agree that online shopping makes people more likely to buy things on impulse for the following reasons.
>
> 이유 1 말하기
>
> First, the convenient payment process makes purchasing too easy with just one click.
>
> 구체적 근거 말하기
>
> Unlike physical stores where I have to stand in line and take time to pay, online stores allow me to make a purchase instantly.
>
> 이유 2 말하기
>
> Second, online retailers use marketing techniques such as limited-time offers and countdown timers.
>
> 구체적 근거 말하기
>
> In my case, I once bought unnecessary items just because a website said its sale ends in 2 hours.

말하기

That's why I strongly believe online shopping often leads to impulse buying.

마무리 문장 말하기의 예 ②

나의 입장 말하기

One practical piece of advice I would give to people in my age group is to track their daily expenses using a smartphone app.

이유 1 말하기

To begin with, it shows clearly how money is spent, making it easier to manage expenses.

구체적 근거 말하기

In particular, the app automatically categorizes spending, so users can identify their spending patterns.

이유 2 말하기

Furthermore, the app sends notifications when users reach their budget limit, which helps them resist their impulse buying.

구체적 근거 말하기

To be specific, several behavioral studies have revealed that resisting an initial impulse significantly lowers the chance of unnecessary spending later.

말하기 🎤

To sum up, by showing how money is spent and sending notifications to control overspending, the app helps people build healthier financial habits.

전략 적용 샘플

🎧 T2_7

1. 주제 파악하고 말할 거리 준비하기

You have volunteered for a research study about spending habits. You will have a short online interview with a researcher. The researcher will ask you some questions.

주제
spending habits 소비 습관

평소 계획 구매 vs. 충동 구매?
- 계획

온라인 vs. 오프라인 구매?
- 온라인 선호

좋은 소비 습관을 위한 방법?
- 스마트폰 앱 사용

2. 질문 듣고 답변하기

예 ①

🎧 Some people believe that online shopping enables them to compare prices and make careful decisions on what they buy, while others think it encourages people to buy things on impulse. Do you agree that online shopping encourages people to make quick purchases without much thought? Why or why not?

브레인스토밍	말하기 🎤
agree	**나의 입장 말하기** I agree that online shopping makes people more likely to buy things on impulse for the following reasons.
1. convenient payment process 　- physical store: have to stand in line and take time to pay	**이유 1 말하기** First, the convenient payment process makes purchasing too easy with just one click. Unlike physical stores where I have to stand in line and take time to pay, online stores allow me to make a purchase instantly.
2. limited-time offers & countdown timers 　- sale ends in 2 hours → bought unnecessary items	**이유 2 말하기** Second, online retailers use marketing techniques such as limited-time offers and countdown timers. In my case, I once bought unnecessary items just because a website said its sale ends in 2 hours.
online shopping → impulse buying	**마무리 문장 말하기** That's why I strongly believe online shopping often leads to impulse buying.

예 ②

> Many young people today struggle with managing their money effectively. What is one practical piece of advice you would give to people in your age group to help them spend their money more wisely? Give reasons for your answer.

브레인스토밍

track daily expenses using a smartphone app

1. shows how money is spent
   - automatically categorizes spending

2. sends notification → helps resist impulse buying
   - ↓ chance of unnecessary spending

showing how money is spent + sending notifications → healthier financial habits

말하기 🎤

나의 입장 말하기

One practical piece of advice I would give to people in my age group is to track their daily expenses using a smartphone app.

이유 1 말하기

To begin with, it shows clearly how money is spent, making it easier to manage expenses. In particular, the app automatically categorizes spending, so users can identify their spending patterns.

이유 2 말하기

Furthermore, the app sends notifications when users reach their budget limit, which helps them resist their impulse buying. To be specific, several behavioral studies have revealed that resisting an initial impulse significantly lowers the chance of unnecessary spending later.

마무리 문장 말하기

To sum up, by showing how money is spent and sending notifications to control overspending, the app helps people build healthier financial habits.

해석

인터뷰 주제 디렉션
당신은 소비 습관에 관한 연구에 자원했습니다. 당신은 연구원과 짧은 온라인 인터뷰를 진행할 것입니다. 연구원이 몇 가지 질문을 할 것입니다.

예 ① 질문
어떤 사람들은 온라인 쇼핑이 그들이 가격을 비교하고 구매에 대해 신중한 결정을 내릴 수 있게 해준다고 믿는 반면, 다른 사람들은 그것이 사람들이 충동적으로 물건을 사게 한다고 생각합니다. 온라인 쇼핑이 사람들이 많은 생각 없이 빠른 구매를 하게 부추긴다는 데 동의하나요? 왜 그런가요, 혹은 왜 그렇지 않은가요?

예 ① 모범 답안
저는 온라인 쇼핑이 다음과 같은 이유로 사람들이 충동적으로 물건을 살 가능성을 높인다는 데 동의합니다. 첫째, 편리한 결제 과정이 단 한 번의 클릭으로 구매를 너무 쉽게 만듭니다. 줄을 서고 결제하는 데 시간을 들여야 하는 오프라인 매장과 달리, 온라인 매장은 즉시 구매할 수 있게 해줍니다. 둘째, 온라인 소매업체들은 한정 기간 특가 및 카운트다운 타이머와 같은 마케팅 기법을 사용합니다. 제 경우에는, 웹사이트에서 할인이 두 시간 뒤에 끝난다고 해서 불필요한 물품을 산 적이 있습니다. 그것이 제가 온라인 쇼핑이 종종 충동 구매로 이어진다고 강하게 믿는 이유입니다.

　　impulse[ímpʌls] 충동　instantly[ínstəntli] 즉시　retailer[ríːteilər] 소매업체

예 ② 질문
오늘날 많은 젊은 사람들이 돈을 효과적으로 관리하는 데 어려움을 겪습니다. 당신과 같은 연령대의 사람들이 돈을 더 현명하게 쓸 수 있도록 돕기 위해 줄 수 있는 실용적인 조언 한 가지는 무엇인가요? 답변에 대한 이유를 제시해 주세요.

예 ② 모범 답안
제가 저와 같은 연령대의 사람들에게 줄 수 있는 실용적인 조언 한 가지는 스마트폰 앱을 사용하여 일일 지출을 추적하는 것입니다. 우선, 그것은 돈이 어떻게 쓰이는지 명확하게 보여주어 지출을 관리하기 더 쉽게 만듭니다. 특히, 앱은 지출을 자동으로 분류하므로, 사용자들이 자신의 지출 패턴을 파악할 수 있습니다. 더욱이, 앱은 사용자가 예산 한도에 도달했을 때 알림을 보내는데, 이는 그들이 충동 구매를 억제하는 데 도움이 됩니다. 구체적으로, 여러 행동 연구들은 초기 충동을 억제하는 것이 이후 불필요한 지출의 가능성을 크게 낮춘다는 것을 보여줘 왔습니다. 요약하자면, 돈이 어떻게 쓰이는지 보여주고 과소비를 통제하기 위한 알림을 보냄으로써, 앱은 사람들이 더 건강한 금융 습관을 기르도록 돕습니다.

　　practical[præktikəl] 실용적인　expense[ikspéns] 지출　automatically[ɔ̀ːtəmætikəli] 자동으로
　　categorize[kætəgəraiz] 분류하다　notification[nòutəfikéiʃən] 알림　resist[rizíst] 억제하다　behavioral[bihéivjərəl] 행동의
　　initial[iníʃəl] 초기의, 처음의　financial[fainænʃəl] 금융의

무료 토플자료·유학정보 제공
goHackers.com

HACKERS PRACTICE

질문을 들으면서 다음 브레인스토밍을 보고, 문장으로 발전시켜 말해 보시오.

[01-04] 🎧 T2_8

> You have applied for an internship program. The hiring manager of a company will ask you some questions.

01 Question

브레인스토밍

students' professional development
학생들의 전문적 발전

1. real-world experience
   - intern at a marketing company
1. 실제 경험
   - 마케팅 회사에서 인턴

2. build relationships
   - helped ~ find a full-time job after graduation
2. 관계를 구축함
   - 졸업 후 정규직 일자리를 구하는 데 도움을 주었음

practical experience + valuable networks
실용적인 경험 + 소중한 네트워크

말하기

나의 입장 말하기

Internship programs offer ① _____.

인턴십 프로그램은 **학생들의 전문적 발전에 상당한 혜택을** 제공합니다.

이유 1 말하기

First, they provide ② _____. In particular, ③ _____, I learned how to create actual campaigns for clients.

첫째로, 그것들은 **학생들이 교실에서 얻을 수 없는 실제 경험을** 제공합니다. 특히, **제가 마케팅 회사에서 인턴으로 일했을 때**, 고객을 위한 실제 캠페인을 만드는 방법을 배웠습니다.

이유 2 말하기

Second, ④ _____. For example, my friend did an internship at a tech startup and met several industry professionals who later ⑤ _____.

둘째로, 학생들은 미래 경력에 도움이 되는 관계를 구축할 수 있습니다. 예를 들어, 제 친구는 기술 스타트업에서 인턴십을 했고 나중에 **졸업 후 정규직 일자리를 구하는 데 그녀에게 도움을 준** 여러 업계 전문가들을 만났습니다.

마무리 문장 말하기

In conclusion, internship programs are essential for students because ⑥ _____.

결론적으로, 인턴십 프로그램은 **실용적인 경험과 소중한 네트워크를** 제공하기 때문에 학생들에게 필수적입니다.

02 Question

브레인스토밍

smaller company
소규모 회사

1. get more direct guidance
   - boss might be available to help me
1. 더 직접적인 지도를 받음
   - 상사가 나를 도와줄 수 있을 것임

2. less boring
   - take on diverse responsibilities
2. 덜 지루함
   - 다양한 임무를 맡음

personal attention + chance to do more
개인적인 관심 + 더 많은 것을 할 기회

말하기

나의 입장 말하기

① _____
_____.
저는 유일한 인턴으로서 소규모 회사에서 일하는 것을 선호합니다.

이유 1 말하기

First, I can ② _____
_____. For instance, if I have questions,
③ _____ instead
of being busy with many other interns.
첫째로, 제가 상사로부터 더 직접적인 지도를 받을 수 있습니다. 예를 들어, 질문이 있으면, 제 상사가 다른 많은 인턴들로 바쁜 대신 저를 도와줄 수 있을 것입니다.

이유 2 말하기

Second, ④ _____
_____. To explain, in a small company, ⑤ _____
_____
_____, while
in a large company, I might only focus on one specific task.
둘째로, 소규모 회사에서 일하는 것은 덜 지루할 것입니다. 설명하자면, 소규모 회사에서는 제가 마케팅과 고객 서비스 같은 다양한 임무를 맡을 수 있는 반면, 대기업에서는 한 가지 특정 업무에만 집중할 수도 있습니다.

마무리 문장 말하기

Therefore, ⑥ _____
_____
_____.
그러므로, 저는 소규모 회사가 개인적인 관심과 더 많은 것들을 할 기회를 제공해 줄 것이라고 생각합니다.

T2_8_02 Answers p.224

HACKERS PRACTICE

03 🎧 Question

브레인스토밍

learning opportunities
학습 기회

1. stay competitive in the job market
   - better adapt to changes
1. 취업 시장에서 경쟁력을 유지함
   - 변화에 더 잘 적응함

2. keep employees motivated & passionate
   - more engaged & try to contribute more
2. 직원들을 계속 동기 부여시킴 & 열정적이게 만듦
   - 더 참여적 & 더 많이 기여하려고 노력함

foundation for job satisfaction
직업 만족도의 토대

말하기 🎤

나의 입장 말하기

① _____
_____.
저는 학습 기회가 회사에서 일할 때 가장 중요한 요소라고 생각합니다.

이유 1 말하기

First, they help you ② _____
_____. This is because industries change rapidly, so
③ _____
_____.
첫째로, 그것들은 취업 시장에서 경쟁력을 유지하는 데 도움이 됩니다. 이는 산업이 빠르게 변화하기 때문에, 지속적으로 새로운 기술을 배우는 직장인들이 변화에 더 잘 적응할 수 있기 때문입니다.

이유 2 말하기

Second, ④ _____
_____. In other words, when workers learn new things, ⑤ _____
_____.
둘째로, 그것들은 직원들을 계속 일에 대해 동기 부여시키고 열정적이게 만듭니다. 다시 말해, 직장인들이 새로운 것을 배울 때, 그들은 더 참여적이게 되고 회사에 더 많이 기여하려고 노력합니다.

마무리 문장 말하기

For these reasons, ⑥ _____
_____.
이러한 이유들 때문에, 학습 기회는 직업 만족도의 토대를 만듭니다.

🎧 T2_8_03 Answers p.224

04 🎧 Question

브레인스토밍

---

regular updates & consistent performance
정기적인 업데이트 & 일관된 성과

---

1. keeping boss informed →
   prevents misunderstandings
   - boss can give feedback
     quickly
1. 계속 상사에게 알리는 것 → 오해를 방지함
   - 상사가 빠르게 피드백을 줄 수 있음

---

2. consistent performance →
   trust
   - more important
     assignments
2. 일관된 성과 → 신뢰
   - 더 중요한 업무

---

keeping updated + delivering quality work
상황을 알려줌 + 질 높은 업무를 수행함

말하기 🎤

나의 입장 말하기

I believe ① _____
_____
_____.

저는 정기적인 업데이트와 일관된 성과가 상사와 좋은 관계를 유지하는 핵심이라고 생각합니다.

이유 1 말하기

First, ② _____
_____ prevents misunderstandings. To be specific, when I send weekly progress reports, ③ _____
_____.

첫째로, 계속 상사에게 당신의 진행 상황을 알리는 것은 오해를 방지합니다. 구체적으로, 제가 주간 진행 보고서를 보내면, 상사는 제게 빠르게 피드백을 주고 문제를 예방할 수 있습니다.

이유 2 말하기

Second, ④ _____.
For instance, when my friend consistently delivered good work on time, ⑤ _____
_____.

둘째로, 일관된 성과는 신뢰를 쌓습니다. 예를 들어, 제 친구가 지속적으로 시간에 맞춰 일을 잘 해냈을 때, 그녀의 상사는 그녀에게 더 중요한 업무들을 맡기기 시작했습니다.

마무리 문장 말하기

This is why ⑥ _____
_____
_____.

이것이 계속해서 상황을 알려주고 질 높은 업무를 수행하는 것이 상사와 돈독한 관계를 맺는 데 필수적인 이유입니다.

🎧 T2_8_04 Answers p.225

HACKERS TEST

질문을 들으면서 답변할 내용을 브레인스토밍하고, 문장으로 발전시켜 말해 보시오.

[01-04] 🎧 T2_9

You have applied to participate in a campus ambassador program at your university. You will have a short online interview with a program representative. The representative will ask you some questions.

브레인스토밍   말하기 🎤

01

02

03

04

🎧 T2_9_01~04 Answers p.225

[05-08] 🎧 T2_10

You have volunteered for a research study on youth unemployment. You will have a short online interview with a researcher. The researcher will ask you some questions.

브레인스토밍	말하기 🎤
05	
06	
07	
08	

🎧 T2_10_05~08 Answers p.228

HACKERS TEST

[09-12] 🎧 T2_11

You have agreed to take part in a research study about working abroad. You will have a short online interview with a researcher. The researcher will ask you some questions.

브레인스토밍   말하기 🎤

09

10

11

12

🎧 T2_11_09~12   Answers p.232

[13-16] 🎧 T2_12

You have volunteered for a research study about the effects of exercise. You will have a short online interview with a researcher. The researcher will ask you some questions.

브레인스토밍   말하기 🎤

13

14

15

16

🎧 T2_12_13~16 Answers p.235

주제별 공략하기

Hackers Updated TOEFL SPEAKING

자주 출제되는 주제별 질문과 그에 대한 답변 아이디어를 미리 익혀 두면, 실제 시험에서 브레인스토밍을 하는 데 큰 도움이 된다. 다양한 답변 아이디어를 학습하면, 다른 질문들에도 유연하게 응용할 수 있다.

I | 교육

■ Online Courses (온라인 강의)

Q. 온라인 강의를 수강한 경험에 대해 말해주세요.

입장	온라인 프로그래밍 강의	online programming course
이유 1	믿을 수 없을 정도로 편리하다	incredibly convenient
근거(비교)	매일 학교까지 이동하는 것보다 더 쉽다	easier than traveling to school each day
이유 2	나만의 속도로 학습할 수 있었다	was able to study at my own pace
근거(경험)	녹화된 어려운 주제의 강의를 다시 보았다	rewatched recorded lectures on challenging topics

Q. 온라인 강의와 캠퍼스 내 강의 중 어느 것을 선호하나요?

입장	캠퍼스 내 강의	on-campus courses
이유 1	교수 및 동급생과 상호작용하다	interact with instructors and classmates
근거(대조)	온라인 강의에서는 기회가 더 적다	have fewer opportunities in online classes
이유 2	잘 하도록 더 동기부여가 되다	more motivated to do well
근거(구체화)	경쟁적인 분위기를 조성하다	fosters a competitive atmosphere

Q. 온라인 강의가 대면 강의를 대체할 것이라는 주장에 동의하나요?

입장	동의하지 않는다	disagree
이유 1	어린 학습자들에게 덜 효과적이다	less effective for young learners
근거(예시)	남동생이 집중하는 데 어려움을 겪었다	younger brother had a hard time focusing
이유 2	기술 접근성에 의존적이다	dependent on access to technology
근거(구체화)	컴퓨터와 인터넷 접속	computers and Internet access

Q. 온라인 강의에서 학생 참여도를 높이는 방법은 무엇인가요?

입장	실시간 활동과 개별 피드백	real-time activities and individual feedback
이유 1	더 많은 실시간 활동을 포함하다	incorporate more real-time activities
근거(예시)	토론을 위해 화상 채팅 앱을 사용하다	use video-chat apps for discussions
이유 2	정기적으로 개별 피드백을 제공한다	provide individual feedback on a regular basis
근거(결과)	학생들이 그들의 진행 상황이 면밀히 모니터링됨을 느끼다	students feel their progress is closely monitored

🟩 Public Education (공교육)

Q. 공립학교에서 가장 즐겼던 활동은 무엇인가요?

입장	학교 동아리	school clubs
이유 1	개인적 관심사를 추구하다	pursue personal interests
근거(경험)	사진 동아리에서 사진 편집 기술을 향상시켰다	improved photo-editing skills in a photography club
이유 2	더 강한 우정과 사회적 기술을 쌓다	build stronger friendships and social skills
근거(경험)	의사소통 및 협력을 장려하다	encourage communication and collaboration

Q. 공교육만 받는 것과 공교육에 사교육을 추가하는 것 중 어느 것이 더 효과적인가요?

입장	공교육만	only public schools
이유 1	학습에 더 균형 잡힌 접근법을 제공하다	offer more balanced approach to learning
근거(예시)	스포츠, 예술, 그리고 사회적 행사에 참여하다	participate in sports, arts, and social events
이유 2	과도한 추가 교육이 스트레스를 유발하다	excessive additional education causes stress
근거(예시)	학원을 다니거나 개인 과외를 받는 친구들이 스트레스에 시달리다	friends attending academy classes or receiving private tutoring suffer from stress

Q. 공립학교가 더 많은 정부 지원을 받아야 한다는 주장에 동의하나요?

입장	동의한다	agree
이유 1	더 많은 교사를 고용하다	hire more teachers
근거(가정)	학급 규모가 작으면 개별적인 관심을 받는다	get individual attention when class sizes are smaller
이유 2	학교 시설을 업그레이드하다	upgrade school facilities
근거(예시)	현대적인 컴퓨터실과 과학 장비	modern computer labs and science equipment

Q. 공립학교가 전통 과목 학습과 실용적 기술 중 어디에 더 집중해야 하나요?

입장	실용적 기술	practical skills
이유 1	일상생활에서 즉시 유용하다	immediately useful in daily life
근거(예시)	독립적이게 되는 것을 돕다	help become independent
이유 2	학교 밖에서 습득하기 더 어렵다	harder to acquire outside school
근거(예시)	의사소통 능력은 실생활 연습이 필요하다	communication skills require real-life practice

Educational Opportunities (교육 기회)

Q. 학업에 도움을 받은 경험을 말해주세요.

입장	주민 센터에서의 과외	tutoring at a community center
이유 1	나의 과외 선생님이 구체적인 문제를 파악했다	my tutor identified specific problems
근거(경험)	분수에만 초점을 맞춘 연습 문제	practice exercises focusing only on fractions
이유 2	정기적인 만남이 공부 습관 확립을 도왔다	regular meetings helped establish study habits
근거(경험)	내게 매주 20개의 연습 문제를 내주었다	assigned me 20 practice exercises each week

Q. 교육 격차를 줄이기 위해 무료 과외 프로그램과 디지털 학습 기기에 대한 접근 중 무엇을 제공해야 할까요?

입장	무료 과외 프로그램	free tutoring programs
이유 1	더 동기 부여가 될 수 있다	can be more motivating
근거(구체화)	개별적인 관심을 받거나 선의의 경쟁을 하다	receive personal attention or engage in friendly competition
이유 2	교육 불평등의 근본 원인을 해결하다	address the root causes of educational inequality
근거(구체화)	학생들은 개인 맞춤 지도가 필요하다	students need personalized guidance

Q. 온라인 교육이 교육 격차를 효과적으로 해결할 수 있다는 주장에 동의하나요?

입장	동의한다	agree
이유 1	위치에 관계없이 숙련된 교사들에 대한 접근을 제공한다	provide access to skilled teachers regardless of location
근거(예시)	최고 대학 강사들의 수업	lessons from top university instructors
이유 2	더 저렴하다	more affordable
근거(대조)	등록금을 내지 않고도 대학 수준의 강의를 들을 수 있다	can take college-level courses without paying tuition

Q. 개인이나 지역사회가 더 평등한 교육 기회를 만드는 데 도움이 될 수 있는 효과적인 방법은 무엇인가요?

입장	지역 도서관의 무료 과외와 학습 프로그램	local libraries' free tutoring and study program
이유 1	이미 필요한 기반 시설을 갖추고 있다	already have the necessary infrastructure
근거(예시)	컴퓨터, 인터넷 접속, 프린트 서비스, 그리고 조용한 학습실	computers, Internet access, printing services, and quiet study rooms
이유 2	자원봉사 멘토들이 개별적인 지도를 제공하다	volunteer mentors offer individual guidance
근거(예시)	경험이 풍부한 교육자들과 대학생들	experienced educators and university students

Language Learning (언어 학습)

Q. 외국어 학습에서 가장 도움이 된 방법은 무엇인가요?

입장	멀티미디어 자료	multimedia resources
이유 1	자막이 있는 영어 영화를 보는 것이 나의 듣기 실력을 향상시켰다	watching English movies with subtitles improved my listening skills
근거(경험)	자연스럽게 발음된 단어를 듣다	hear words pronounced naturally
이유 2	더 즐겁고 덜 스트레스 받는다	more enjoyable and less stressful
근거(경험)	흥미로운 콘텐츠	interesting content

Q. 외국어 학습 시 문법 학습과 회화 연습 중 어떤 영역을 주요 영역으로 선택할 것인가요?

입장	문법 학습	grammar learning
이유 1	정확한 의사소통의 기초	foundation for accurate communication
근거(가정)	적절한 문법 지식 없이는 잘못 이해될 수 있다	might be misunderstood without proper grammar knowledge
이유 2	생각을 명확하게 정리하는 것을 도와주다	help organize thoughts clearly
근거(경험)	아이디어를 더 효과적으로 표현할 수 있다	can express ideas more effectively

Q. 어린 나이의 언어 학습이 효과적이라는 주장에 동의하나요?

입장	동의한다	agree
이유 1	아이들의 뇌가 더 큰 가소성을 가지고 있다	children's brain have greater plasticity
근거(구체화)	원어민과 같은 발음을 더 쉽게 발달시키다	develop native-like pronunciation more easily
이유 2	실수하는 것을 덜 두려워하다	less afraid of making mistakes
근거(영향)	새로운 단어와 구조를 실험해 보다	experiment with new words and structures

Q. 언어 학습자가 꾸준히 동기와 흥미를 유지하기 위한 방안과 그 이유는 무엇인가요?

입장	언어 파트너를 찾는 것과 일기를 쓰는 것	finding a language partner and keeping a journal
이유 1	책임감을 만들어 준다	create accountability
근거(영향)	정기적으로 공부를 계속할 가능성이 더 높다	more likely to continue studying regularly
이유 2	시간이 지남에 따른 진전을 추적하다	track one's progress over time
근거(예시)	새로운 어휘 또는 수업을 기록해두다	keep a record of new vocabulary or lessons

HACKERS TEST

질문을 들으면서 답변할 내용을 브레인스토밍하고, 문장으로 발전시켜 말해 보시오.

[01-04] 🎧 T2_13

You have applied to a peer tutoring program as a tutor. You will have a short online interview with a program coordinator. The coordinator will ask you some questions.

	브레인스토밍	말하기 🎤
01		
02		
03		
04		

🎧 T2_13_01~04 Answers p.238

[05-08] 🎧 T2_14

You have volunteered for a research study about online courses. You will have a short online interview with a researcher. The researcher will ask you some questions.

	브레인스토밍	말하기 🎤
05		
06		
07		
08		

🎧 T2_14_05~08 Answers p.241

HACKERS TEST

[09-12] 🎧 T2_15

You have volunteered for a research study about collaborative learning. You will have a short online interview with a researcher. The researcher will ask you some questions.

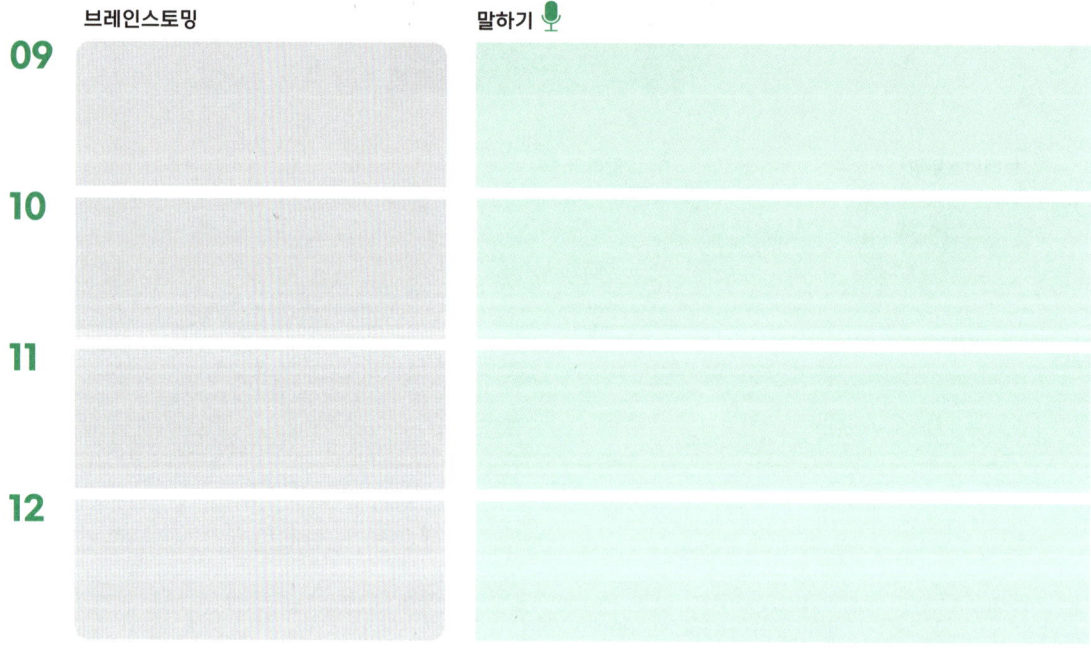

[13-16] 🎧 T2_16

You have volunteered for a research study on educational opportunities. You will have a short online interview with a researcher. The researcher will ask you some questions.

	브레인스토밍	말하기 🎤
13		
14		
15		
16		

🎧 T2_16_13~16 Answers p.247

II | 사회

■ Volunteering (봉사 활동)

Q. 봉사 활동 경험을 설명해주세요.

입장	노인들에게 미술을 가르치는 봉사활동을 하다	volunteer teaching art to the elderly
이유 1	노인들에게 도움이 되다	benefits older people
근거(구체화)	사교활동과 자신을 표현할 기회를 제공하다	provide a chance to socialize and express themselves
이유 2	나에게도 도움이 되다	helps me too
근거(구체화)	내가 내 자신과 내 문제에 너무 집중하는 것을 막는다	stop me from focusing too much on myself and my problems

Q. 봉사 활동을 의무화하는 것이 학생들이 지역사회에 참여하도록 격려하는 좋은 방법이라고 생각하나요?

입장	반대하다	oppose
이유 1	자원봉사를 강요받는 사람들은 그것을 의미 있는 활동으로 보지 않는다	people who are forced to volunteer do not view it as a meaningful activity
근거(대조)	잡일로 보다	see it as a chore
이유 2	그들이 자원봉사를 하도록 만드는 것은 불공평하다	unfair to make them volunteer
근거(예시)	숙제하고 시험을 준비하는 데 매주 몇 시간을 보내다	spend hours each week doing homework and preparing for exams

Q. 시간보다 돈을 기부하는 것이 더 효과적이라는 주장에 동의하나요?

입장	시간을 기부하는 것이 더 낫다	better to donate time
이유 1	어떤 문제에 대해 더 열정적으로 만들다	makes you more passionate about an issue
근거(예시)	나의 아버지는 영감을 받아 환경법을 전공하게 되었다	my father was inspired to major in environmental law
이유 2	새로운 사회적 기술을 습득하다	pick up new social skills
근거(경험)	나는 노인들과 함께 일하면서 인내심을 갖는 법을 배운다	I learn how to be patient from working with the elderly

Q. 봉사자의 수와 봉사 활동에 보내는 시간이 모두 감소된 원인이 무엇이라고 생각하나요?

입장	시간 부족과 가치관의 변화	a lack of time and a change in values
이유 1	직장, 가족, 그리고 개인적 책임이 상당한 시간을 요구하다	work, family, and personal responsibilities demand significant time
근거(구체화)	여러 직업을 가지다	take multiple jobs
이유 2	가치관이 바뀌었다	values have changed
근거(구체화)	타인을 돕는 것보다 개인적 이익에 집중하다	focus on personal gains over helping others

Conflict Resolution (갈등 해결)

Q. 가족이나 친구와의 갈등이 생겼을 때의 해결 방법은 무엇인가요?

입장	의사소통	communication
이유 1	그들의 관점을 주의 깊게 듣다	listen carefully to their perspective
근거(결과)	사람들이 덜 방어적으로 되고 해결책을 찾는 데 더 개방적이게 되다	people become less defensive and more open to finding solutions
이유 2	양쪽 모두에게 효과적인 타협안을 찾는다	look for compromises that work for both sides
근거(경험)	친구와 나는 두 식당 모두를 서로 다른 날에 방문하기로 결정했다	my friend and I decided to try both restaurants on different days

Q. 문제에 대해 즉시 대화하는 것과 기다린 후 대화하는 것 중 어느 것을 선호하나요?

입장	기다린 후 대화하는 것	discuss after waiting
이유 1	감정적이지 않을 때 더 나은 결정을 하다	make better decisions when not emotional
근거(경험)	화가 나서 비합리적 제안을 제시했다	got angry and presented unreasonable suggestions
이유 2	상처주는 말을 하는 것을 피하다	avoid saying hurtful things
근거(구체화)	문제 해결보다 종종 공격에 집중한다	often focus on attacking rather than solving problems

Q. 갈등 해결에 전문가의 도움이 효과적이라는 주장에 동의하나요?

입장	동의하지 않는다	disagree
이유 1	서로를 잘 아는 사람들만이 진짜 문제를 이해할 수 있다	only people who know each other well can understand the real issues
근거(구체화)	외부인에게 설명될 수 없다	cannot be explained to outsiders
이유 2	갈등을 해결하는 것은 관계를 강화하고 신뢰를 쌓는다	solving conflicts strengthens relationships and builds trust
근거(결과)	사람들을 더 가깝게 만들고 같은 문제가 다시 일어나는 것을 방지하다	makes people closer and prevent the same issues from happening again

Q. 나이가 들수록 갈등 해결 능력에 더 능숙해진다는 주장에 동의하나요?

입장	동의한다	agree
이유 1	다양한 유형의 갈등에 대한 더 많은 경험을 갖는다	have more experience with different types of disagreements
근거(예시)	나의 할머니께서 그녀의 과거 경험을 공유함으로써 나의 사촌들을 도와주셨다	my grandmother helped my cousins by sharing her past experiences
이유 2	더 나은 감정 조절 능력을 발달시키다	develop better emotional control
근거(결과)	침착함을 유지히는 법을 안다	know how to remain calm

Multicultural Experience (다문화 경험)

Q. 다른 문화 배경의 사람과의 교류 경험과 해당 경험을 통해 배운 것을 말해주세요.

입장	일본에서 온 교환학생	exchange student from Japan
이유 1	관계에 대한 다른 문화적 관점을 배우다	learn different perspectives on relationships
근거(경험)	일본 학생들이 선생님에게 존경을 표하는 법	how Japanese students show respect to teachers
이유 2	의사소통 기술을 향상시키다	improve communication skills
근거(경험)	더 명확하고 인내심 있게 말하다	speak more clearly and patiently

Q. 다른 문화에 대해 배우는 것에 관해 직접 상호작용과 책/다큐멘터리 학습 중 어느 것이 더 효과적인가요?

입장	사람들과의 직접적인 상호작용	direct interaction with people
이유 1	언어 기술을 연습하다	practice language skills
근거(경험)	책 읽기나 다큐멘터리 시청과는 달리 즉각적인 반응을 받다	get immediate responses unlike reading books or watching documentaries
이유 2	감정적 연결을 만들다	create emotional connections
근거(경험)	감정을 이해하다	understand emotions

Q. 다문화 지역 거주가 더 많은 장점이 있다는 주장에 동의하나요?

입장	동의한다	agree
이유 1	음식의 다양성을 좋아하다	like the variety in food
근거(경험)	매 식사를 모험으로 만들다	make every meal an adventure
이유 2	다른 언어를 배울 수 있는 학습 기회를 제공하다	provide opportunities to learn other languages
근거(경험)	몇 가지 언어로 기본 인사를 배우다	learn basic greetings in several languages

Q. 다른 문화 출신의 사람들과 잘 지내는 방법이 무엇이라고 생각하나요?

입장	문화적 개방성과 인내심	cultural openness and patience
이유 1	그들의 문화에 대한 진정한 관심을 보이는 것	showing a genuine interest in their culture
근거(경험)	나의 외국인 동급생들에게 그들의 전통이나 음식에 대해 물어보다	ask my foreign classmates about their traditions or food
이유 2	의사소통에 인내심을 가지는 것	being patient with communication
근거(경험)	주의 깊게 듣고 그들이 자신의 생각을 표현하도록 도와주다	listen carefully and help them express their ideas

Traditional Culture (전통 문화)

Q. 전통 문화 관습 중 가장 의미 있다고 생각하는 것은 무엇인가요?

입장	추석	Chuseok
이유 1	온 가족을 함께 모으다	bring entire family together
근거(경험)	친척들이 할머니 집에 모인다	relatives gather at grandmother's house
이유 2	문화적 뿌리에 연결감을 느끼다	feel connected to cultural roots
근거(경험)	송편을 준비하고 제사를 지내다	prepare songpyeon and perform ancestral rituals

Q. 전통 문화 체험을 위해 직접 장소에 방문하는 것과 온라인 플랫폼 활용 중 어떤 방식을 선호하나요?

입장	온라인 플랫폼 활용	online platforms
이유 1	다양한 학습 자료와 도구	a variety of learning materials and tools
근거(예시)	동영상을 시청하거나 가상 체험에 참여한다	watch videos or participate in virtual experiences
이유 2	결코 방문하지 못할 수도 있는 지역의 전통에 접근하다	access to traditions from regions I might never visit
근거(구체화)	멀리 여행하지 않고도 다양한 문화를 탐색하다	explore diverse cultures without traveling far

Q. 전통 문화는 현대적 적용이나 변화 없이 완전히 불변해야 한다는 주장에 동의하나요?

입장	동의하지 않는다	disagree
이유 1	문화는 역사상 항상 진화해왔다	cultures have always evolved throughout history
근거(예시)	한국 전통 음악이 현대 악기를 도입하다	Korean music incorporates modern instruments
이유 2	잔존을 위해 적응이 필요하다	adaptation is necessary for survival
근거(예시)	실용성을 위해 전통 의상을 변형하다	modify traditional clothing for practicality

Q. 전통 문화가 잔존하고 미래 세대와 관련성을 유지하기 위한 효과적인 방법은 무엇인가요?

입장	교육과 현대 기술	education and modern technology
이유 1	학교 교육 과정에 전통 문화를 포함하다	include traditional culture in school curriculum
근거(경험)	우리 학교는 부채춤과 탈춤 수업을 제공한다	my school offers Korean fan dance and mask dance classes
이유 2	전통 문화를 더 접근 가능하도록 만들다	make traditional cultures more accessible
근거(예시)	전통 축제와 관습을 전 세계 관객들에게 보여주다	showcase traditional festivals and practices to global audiences

HACKERS TEST

질문을 들으면서 답변할 내용을 브레인스토밍하고, 문장으로 발전시켜 말해 보시오.

[01-04] 🎧 T2_17

You have volunteered for a research study about public facilities. You will have a short online interview with a researcher. The researcher will ask you some questions.

브레인스토밍 | 말하기 🎤

01

02

03

04

🎧 T2_17_01~04 Answers p.250

[05-08] 🎧 T2_18

You have volunteered for a research study about cultural experiences. You will have a short online interview with a researcher. The researcher will ask you some questions.

브레인스토밍	말하기 🎤
05	
06	
07	
08	

🎧 T2_18_05~08 Answers p.253

HACKERS TEST

[09-12] 🎧 T2_19

You have agreed to participate in a research study about multicultural experiences. You will have a short online interview with a researcher. The researcher will ask you some questions.

브레인스토밍　　　　　　말하기 🎤

09

10

11

12

🎧 T2_19_09~12　Answers p.256

[13-16] 🎧 T2_20

You have agreed to take part in a research study about volunteering. You will have a short online interview with a researcher. The researcher will ask you some questions.

브레인스토밍	말하기 🎤
13	
14	
15	
16	

🎧 T2_20_13~16 Answers p.259

III | 환경

■ Recycling (재활용)

Q. 당신의 도시에 재활용 시스템이 잘 구축되어 있다고 생각하나요?

입장	잘 구축되어 있다	well-established
이유 1	재활용 쓰레기통이 대부분의 지역에 있다	recycling bins are available in most areas
근거(경험)	종이, 플라스틱, 그리고 유리를 위한 다른 색깔의 통	different colored bins for paper, plastic, and glass
이유 2	수거 서비스가 신뢰할 만하고 정기적이다	collection service is reliable and regular
근거(경험)	재활용 트럭이 매주 화요일과 금요일에 오다	recycling trucks come every Tuesday and Friday

Q. 새 제품과 재활용된 중고 제품 중 어떤 것을 선호하나요?

입장	중고 제품	second-hand products
이유 1	훨씬 더 저렴하다	much more affordable
근거(경험)	새로운 것의 절반 가격으로 중고 노트북을 샀다	bought a used laptop for half the price of a new one
이유 2	쇼핑할 때 더 많은 선택권이 있다	more options available when shopping
근거(구체화)	많은 품절 제품들을 여전히 찾을 수 있다	many out-of-stock items can still be found

Q. 개인의 재활용 습관이 사회에 유의미한 차이를 만든다는 주장에 동의하나요?

입장	동의하지 않는다	disagree
이유 1	재활용률이 대부분의 장소에서 극도로 낮다	recycling rate is extremely low in most places
근거(구체화)	오염 때문에 매립지에서 처리된다	ends up in landfills because of contamination
이유 2	산업 폐기물에 비해 너무 적다	too small compared to industrial waste
근거(비교)	대기업과 공장들이 훨씬 더 많은 폐기물을 만들어 낸다	large companies and factories produce far more waste

Q. 보증금 시스템이 사람들의 재활용을 장려한다는 주장에 동의하나요?

입장	동의한다	agree
이유 1	돈을 돌려받는 것이 재활용을 보람 있게 느껴지도록 만든다	getting money back makes recycling feel rewarding
근거(구체화)	재정적 장려에 자연스럽게 동기가 부여된다	naturally motivated by financial incentives
이유 2	재활용 습관을 형성한다	create recycling habits
근거(통계)	재활용률이 30에서 40퍼센트 증가한다	recycling rates increase by 30 to 40 percent

Public Transportation (대중교통)

Q. 어떤 종류의 대중교통을 이용하기를 좋아하나요?

입장	버스	buses
이유 1	동네 곳곳의 많은 장소에 도달하다	reach many places throughout the neighborhood
근거(구체화)	버스 정류장이 대부분의 집에서 걸어갈 수 있는 거리에 위치해 있다	bus stops are located within walking distance of most homes
이유 2	문제없이 큰 물건들을 가지고 다닐 수 있다	can carry large items without problems
근거(대조)	지하철 계단은 무거운 것들을 나르기 매우 어렵게 만든다	subway stairs make carrying heavy things very difficult

Q. 거주 도시의 대중교통 시스템에서 개선되었으면 하는 사항은 무엇인가요?

입장	운행 시간 연장과 더 많은 좌석 제공	extending hours and providing more seats
이유 1	운행이 너무 일찍 끝나다	stop running too early
근거(구체화)	최소 자정까지 운행하기를 바란다	would like them to remain in operation until at least midnight
이유 2	약자를 위한 더 많은 좌석을 남겨 두다	reserve more seats for the weak
근거(구체화)	노인이나 장애가 있는 사람들이 혼잡 시간대에 좌석을 찾기 어렵다	difficult for seniors or people with disabilities to find seats during rush hours

Q. 시민들이 더 높은 세금을 내더라도 정부가 대중교통 개선에 더 많은 돈을 써야 한다는 주장에 동의하나요?

입장	동의한다	agree
이유 1	통근을 더 빠르게 만들다	make commuting faster
근거(구체화)	대기 시간을 단축시키고 과밀을 줄이다	reduce waiting times and overcrowding
이유 2	사회의 모든 구성원이 혜택을 받다	everyone in society benefits
근거(영향)	교통체증과 오염을 줄이다	reduce traffic congestion and pollution

Q. 도시 거주자들이 운전에서 대중교통 이용으로 전환하도록 정부가 할 수 있는 일은 무엇인가요?

입장	대중교통 장점 강조와 자동차 소유 어렵게 만들기	highlighting advantages of public transportation and making it hard to own cars
이유 1	대중교통이 불편하다는 흔한 오해	common misconception that public transportation is inconvenient
근거(예시)	지하철은 빠르고 이용이 쉽다	subways are fast and easy to use
이유 2	자동차 소유를 어렵게 만들다	make it harder to own cars
근거(구체화)	자동차를 소유할 권리에 대해 더 많은 세금을 청구하다	charge more taxes for the right to own a car

Air Pollution (대기 오염)

Q. 대기 오염으로 인해 건강 문제를 경험한 적이 있나요?

입장	여러 건강 문제	a number of health problems
이유 1	호흡기 문제	respiratory issues
근거(경험)	기침과 재채기	coughing and sneezing
이유 2	정신 건강에 부정적인 영향	negative effect on mental well-being
근거(경험)	매일 아침 미세먼지 농도를 확인하는 것은 나를 스트레스 받고 불안하게 만든다	checking the fine dust concentration every morning makes me feel stressed and anxious

Q. 시내 중심가로의 차량 접근을 제한하는 정책이 대기질을 개선하는 데 합리적인 방법이라고 생각하나요?

입장	합리적인 방법이 아니다	not a reasonable way
이유 1	공정하지 않다	not fair
근거(예시)	시내에서 일하고 거주하는 사람들이 특별한 제한에 직면해서는 안 된다	people who work and live downtown should not face special restrictions
이유 2	효과적일 가능성이 낮다	unlikely to be effective
근거(경험)	많은 지역에서 심각한 교통 체증을 겪는다	many areas experience severe traffic congestion

Q. 대기 오염에 대한 노출을 제한할 수 있는 방법이 무엇이라고 생각하나요?

입장	마스크와 공기 청정기	a face mask and an air purifier
이유 1	밖에서 마스크를 착용하는 것은 필수적이다	wearing a face mask outside is essential
근거(구체화)	미세 입자의 최대 95퍼센트까지 방지하다	prevent up to 95 percent of fine particles
이유 2	집에서 공기 청정기를 사용하는 것은 도움이 될 수 있다	using an air purifier at home can be helpful
근거(구체화)	오염 물질을 제거하다	eliminate pollutants

Q. 대기질이 계속 악화될 것이라는 주장에 동의하나요?

입장	동의하지 않는다	disagree
이유 1	정부가 조치를 취하고 있다	governments are taking steps
근거(예시)	석탄 발전소를 오염을 덜 일으키는 천연가스 발전소로 전환하다	convert coal power plants to natural gas plants, which produce less pollution
이유 2	대기질을 개선하기 위한 새로운 기술들	new technologies to improve air quality
근거(예시)	공장으로부터 나온 해로운 배출물을 제한하는 기기들	devices that limit harmful emissions from factories

Eco-friendly Products (친환경 제품)

Q. 비누나 치약 같은 개인 위생용품을 살 때 성분이나 포장을 확인하나요?

입장	성분을 확인한다	check ingredients
이유 1	제품이 안전한지 확인하다	make sure products are safe
근거(경험)	민감한 피부를 가지고 있다	have sensitive skin
이유 2	환경을 위해 좋은 천연성분을 선호하다	prefer natural ingredients for the environment
근거(경험)	수질을 오염시키는 유해 화학물질이 없는 제품을 찾다	look for products without chemicals that pollute water

Q. 더 비싼 친환경 제품과 더 저렴한 일반 제품 중 어떤 것을 선호하나요?

입장	친환경 제품	eco-friendly products
이유 1	장기적으로 시간과 노력을 절약하다	save time and effort in the long run
근거(구체화)	덜 자주 교체되어도 된다	need to be replaced less often
이유 2	보통 내구성이 매우 우수하다	usually very durable
근거(비교)	일회용 대체품보다 훨씬 더 오래 지속되다	last much longer than single-use alternatives

Q. 미래에 대부분의 사람들이 일반 제품보다 친환경 제품을 선택할 것이라고 생각하나요?

입장	대부분의 사람들이 친환경 제품을 선택할 것이다	most people will choose eco-friendly products
이유 1	젊은 세대 사이에서 환경 인식이 증가하고 있다	environmental awareness is increasing among the younger generations
근거(예시)	일회용 물병 대신 재사용 물병을 사용하다	carry reusable water bottles instead of disposable ones
이유 2	생산량이 증가하면서 더 저렴해지다	more affordable as production increases
근거(결과)	더 저렴하고 일반 상점에서 접근성이 향상되다	cheaper and more accessible in regular stores

Q. 개인의 친환경 제품 사용이 환경 문제에 상당한 영향을 미친다는 주장에 동의하나요? 아니면 정부 정책과 기업 결정이 더 중요하다고 생각하나요?

입장	동의하지 않는다	disagree
이유 1	대규모 행동이 훨씬 더 큰 영향을 주다	large-scale actions have a much greater impact
근거(구체화)	정부가 일회용 플라스틱을 금지할 때, 수백만 명이 한꺼번에 영향을 받다	when goverments ban single-use plastics, millions of people are affected at once
이유 2	기업들이 대부분의 오염에 책임이 있다	companies are responsible for most pollution
근거(가정)	공장이 더 깨끗한 생산 방법을 채택한다면, 그것은 수천 명의 개인 소비자보다 훨씬 더 많은 폐기물을 방지할 수 있다	if a factory adopts cleaner production methods, it can prevent far more waste than thousands of individual consumers

HACKERS TEST

질문을 들으면서 답변할 내용을 브레인스토밍하고, 문장으로 발전시켜 말해 보시오.

[01-04] T2_21

You have volunteered for a research study about plastic use. You will have a short online interview with a researcher. The researcher will ask you some questions.

브레인스토밍   말하기

01

02

03

04

T2_21_01~04 Answers p.262

[05-08] 🎧 T2_22

You have agreed to take part in a research study about electric vehicles. You will have a short online interview with a researcher. The researcher will ask you some questions.

브레인스토밍   말하기 🎤

05

06

07

08

🎧 T2_22_05~08 Answers p.266

HACKERS TEST

[09-12] 🎧 T2_23

You have agreed to take part in a research study about air pollution. You will have a short online interview with a researcher. The researcher will ask you some questions.

브레인스토밍　　　말하기 🎤

09

10

11

12

🎧 T2_23_09~12　Answers p.268

[13-16] 🎧 T2_24

You have agreed to take part in a research study about eco-friendly products. You will have a short online interview with a researcher. The researcher will ask you some questions.

	브레인스토밍	말하기 🎤
13		
14		
15		
16		

🎧 T2_24_13~16 Answers p.271

IV | 과학기술

■ Artificial Intelligence (인공지능)

Q. 어떤 분야에서 AI 기술을 주로 접하시나요?

입장	엔터테인먼트와 교육 분야	entertainment and education areas
이유 1	스트리밍 플랫폼과 소셜 미디어에서 AI 추천을 본다	see AI recommendations on streaming platforms and social media
근거(예시)	시청 기록을 토대로 영화를 추천하다	suggests movies based on viewing history
이유 2	교육 도구에 통합되다	integrated into educational tools
근거(경험)	AI 기반의 언어 학습 앱	AI-powered language learning app

Q. 영화나 책 선택 시 AI 추천을 따를 것인가요?

입장	스스로 발견하고 선택하다	discover and choose on my own
이유 1	예상치 못한 것을 찾는 것을 즐기다	enjoy finding something unexpected
근거(경험)	무작위로 책을 선택했다가 환상적인 소설을 발견했다	randomly picked a book and discovered a fantastic novel
이유 2	다양한 콘텐츠에 대한 노출을 제한하다	limit exposure to diverse content
근거(가정)	AI 제안만 따른다면 관점을 넓힐 수 있는 기회를 잃는다	lose the chance to broaden my perspective if I only follow AI suggestions

Q. AI와 인간의 협력이 성공할 것이라고 생각하나요?

입장	매우 성공적이다	very successful
이유 1	상호 보완적 강점을 갖는다	have complementary strengths
근거(대조)	AI는 데이터를 처리하는 반면 인간은 창의성을 제공한다	AI processes data while humans provide creativity
이유 2	일자리 대체 우려를 해결하다	addresses job replacement concerns
근거(결과)	인간을 더 효율적이게 되도록 돕는다	help humans become more efficient

Q. 모든 학생들에게 AI 소양 교육을 실시해야 한다는 주장에 동의하나요?

입장	동의한다	agree
이유 1	거의 모든 분야에서 성공을 위해 필수가 되고 있다	becoming essential for success in almost every field
근거(예시)	비즈니스, 의료 분야	business, healthcare areas
이유 2	더 나은 결정을 내리도록 돕다	help make better decisions
근거(결과)	사람들이 AI 알고리즘이 어떻게 작동하는지 이해할 때, 온라인 정보의 신뢰도를 더 잘 평가하다	better evaluate the reliability of online information when people understand how AI algorithms work

Virtual Reality (가상 현실)

Q. VR 기술에 대한 경험이 있다면, 어떠했나요? 없다면, 왜 아직 없나요?

입장	게임 센터에서 VR 장비를 시도해 보았다	tried VR equipment at a gaming center
이유 1	내가 실제로 가상 세계 안에 있는 것처럼 느끼게 만들었다	made me feel like I was actually inside a virtual world
근거(경험)	행성과 별들을 다각도로 둘러볼 수 있었다	could see planets and stars in every direction
이유 2	너무 현실적이어서 물리적 감각에 영향을 주었다	so realistic that it affected my physical senses
근거(경험)	내 캐릭터가 건물에서 추락했을 때 어지럽고 무서웠다	felt dizzy and scared when my character fell from a building

Q. VR을 새로운 기술을 배우거나 직업 훈련을 위해 사용하는 것 중 어떤 목적으로 선택할 건가요?

입장	직업 훈련	professional training
이유 1	직업 전망을 직접적으로 향상시키다	directly improve my career prospects
근거(예시)	가상의 청중들에게 발표를 연습하다	practice giving presentations to virtual audiences
이유 2	직장 훈련의 미래를 나타내다	represents the future of workplace training
근거(가정)	더 나은 취업 기회와 승진 기회	better job opportunities and promotion chances

Q. VR이 전통적 학습 방법보다 더 효과적으로 학습을 도와준다고 생각하나요?

입장	더 효과적으로 학습하도록 도움을 주다	help learn more effectively
이유 1	추상적 개념을 이해하기 쉽게 만든다	make abstract concepts easier to understand
근거(예시)	고대 로마를 직접 걸어다니다	walk through ancient Rome
이유 2	다중 감각을 참여시키다	engage multiple senses
근거(구체화)	뇌 영역을 활성화시켜 학습 효율성을 높인다	activate brain regions to enhance learning efficiency

Q. VR 기술이 개인에게 미치는 긍정적, 부정적 영향은 무엇인지 각각 예시를 들어 설명해주세요.

입장	긍정적, 부정적 영향을 모두 가져온다	bring both positive and negative effects
이유 1	원거리 관계를 유지하다	maintain relationships across long distances
근거(예시)	함께 가상 저녁 식사를 하다	have virtual dinners together
이유 2	대면 상호작용을 감소시키다	reduce face-to-face interactions
근거(결과)	소통 기술을 잃고 고립되다	lose communication skills and become isolated

Internet (인터넷)

Q. 인터넷을 사용하는 주요 이유는 무엇인가요?

입장	학업과 오락	schoolwork and entertainment
이유 1	역사 프로젝트를 위한 정보를 조사하다	research information for a history project
근거(경험)	기사 읽기, 사진 보기, 그리고 교육 비디오 시청하기	reading articles, looking at photos, and watching educational videos
이유 2	휴식을 위해 소셜미디어 앱을 이용하다	use social media apps to relax
근거(경험)	재미있는 영상을 뒤적였고 친구들과 채팅했다	browsed through funny videos and chatted with friends

Q. 큰 화면의 컴퓨터와 어디서나 사용할 수 있는 모바일 기기를 사용하는 것 중 어느 것을 선호하나요?

입장	큰 화면의 컴퓨터	computer with a large screen
이유 1	한 번에 훨씬 더 많은 정보를 보다	see much more information at once
근거(경험)	서로 다른 제품들을 나란히 쉽게 비교하다	easily compare different products side by side
이유 2	타자를 쳐야 할 때 더 효율적으로 작업하다	work more efficiently when I need to type something
근거(대조)	빠르게 양식을 작성하고, 이메일을 쓰고, 댓글을 남기다	quickly fill out forms, write emails, or leave comments

Q. 온라인 소통이 전통적인 소통 방식을 완전히 대체할 것이라는 주장에 동의하나요?

입장	동의하지 않는다	disagree
이유 1	전통적 소통 방식이 더 강한 관계와 신뢰를 형성하다	traditional communication methods create stronger relationships and trust
근거(경험)	표정과 감정을 보다	see facial expressions and emotions
이유 2	여전히 전통적 소통 방식을 선호하다	still prefer traditional communication methods
근거(예시)	새로운 기술을 혼란스럽다고 생각하다	find new technologies confusing

Q. 학교에서 학생들에게 가르쳐야 할 필수 인터넷 기술은 무엇이라고 생각하나요?

입장	정보의 진위 확인과 개인정보 보호	information verification and privacy protection
이유 1	신뢰할 수 있는 웹사이트를 식별하는 것을 배우다	learn to identify reliable websites
근거(예시)	출처가 신뢰할 만한지 확인하고 정보를 비교하다	check if sources are trustworthy and compare information
이유 2	개인정보를 안전하게 보호하다	keep private information safe
근거(예시)	강한 비밀번호를 만들고 위험한 이메일을 식별하다	create strong passwords and recognize dangerous emails

Online Banking (온라인 뱅킹)

Q. 온라인 뱅킹 사용 경험에 대해 설명해 주세요.

입장	보증금을 지불하기 위해	to pay deposit
이유 1	안전한 방법	safe method
근거(경험)	수표나 현금을 사용하는 것은 나를 불안하게 만들었을 것이다	using a check or cash would have made me nervous
이유 2	영구적인 기록	permanent record
근거(결과)	오해의 소지가 없다	no chance of misunderstanding

Q. 오프라인 지점이 없는 온라인 전용 은행을 사용하는 데 관심이 있나요?

입장	이상적이지 않다	not ideal
이유 1	기술적 문제로 인해 때때로 이용할 수 없다	occasionally unavailable due to technical issues
근거(가정)	돈에 접근할 수 없다	unable to access money
이유 2	대면 고객 서비스가 일반적으로 더 우수하다	in-person customer service is usually superior
근거(대조)	전화 상담원은 신분증 때문에 나를 도와줄 수 없었지만 지점의 창구 직원은 문제를 해결해 주었다	phone representative couldn't help me because of identification but the teller at the branch fixed the issue

Q. 온라인 뱅킹 사용에 어려움을 겪는 사람들을 위한 해결 방안이 무엇이라고 생각하나요?

입장	노인들이 온라인 뱅킹을 사용하도록 도움을 줄 수 있는 두 가지 방법	two ways to help the elderly use online banking
이유 1	온라인 뱅킹 수업	online banking classes
근거(예시)	나의 할머니께서 지역 센터에서 온라인 뱅킹 과정을 수강했다	my grandmother took an online banking course at a community center
이유 2	노인들을 염두에 두고 앱을 설계하다	design apps with older people in mind
근거(예시)	큰 폰트와 기술적이지 않은 언어로 된 명확한 지침	large fonts and clear instructions in nontechnical language

Q. 현금 없는 사회로의 전환이 긍정적인 추세인가요, 아니면 부정적인 추세인가요?

입장	긍정적인 추세	positive trend
이유 1	더 편리하다	more convenient
근거(구체화)	빠르고 효율적이다	quick and efficient
이유 2	세금 투명성을 향상시키다	enhances tax transparency
근거(구체화)	전자 결제에 대한 세금 납부를 피하는 것은 불가능하다	impossible to avoid paying taxes with electronic payments

HACKERS TEST

질문을 들으면서 답변할 내용을 브레인스토밍하고, 문장으로 발전시켜 말해 보시오.

[01-04] 🎧 T2_25

You have volunteered for a research study about artificial intelligence. You will have a short online interview with a researcher. The researcher will ask you some questions.

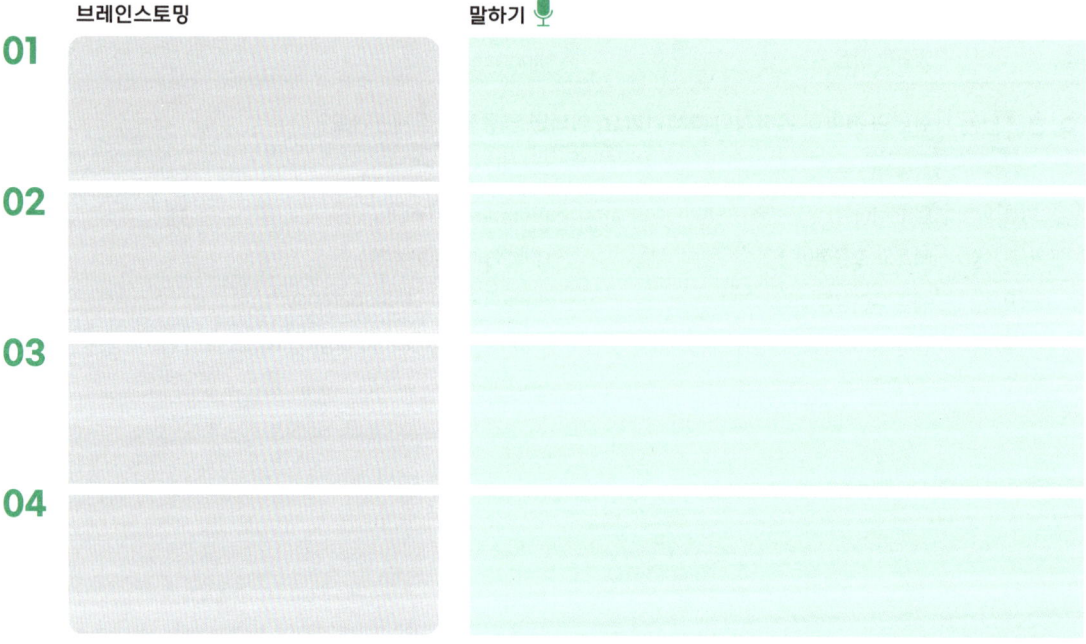

🎧 T2_25_01~04 Answers p.274

[05-08] 🎧 T2_26

You have agreed to take part in a research study about autonomous vehicles. You will have a short online interview with a researcher. The researcher will ask you some questions.

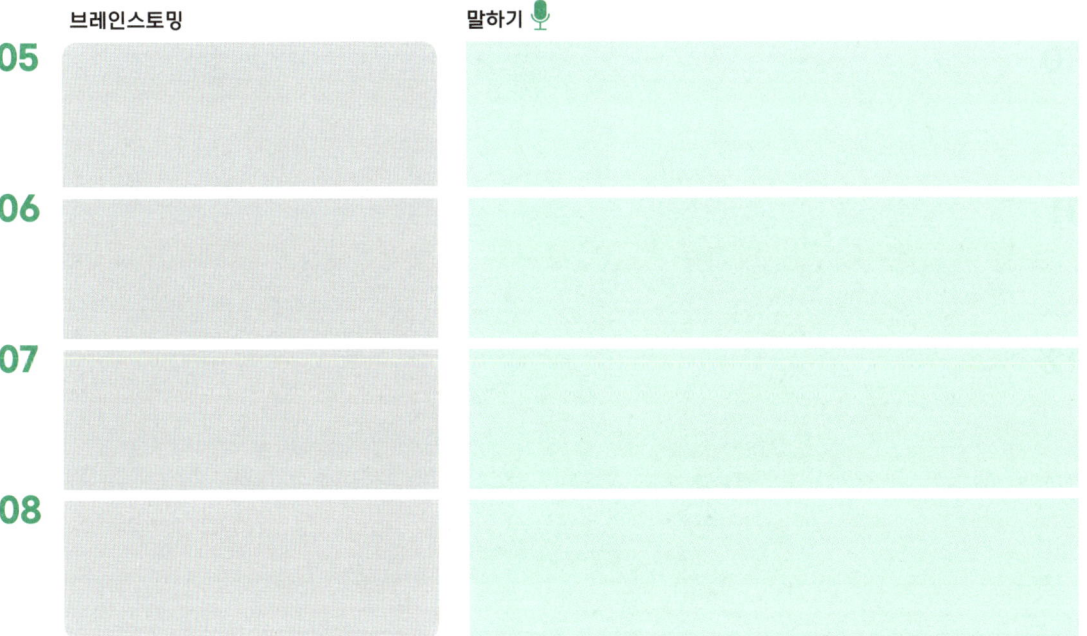

🎧 T2_26_05~08 Answers p.278

HACKERS TEST

[09-12] T2_27

You have agreed to take part in a research study about online banking. You will have a short online interview with a researcher. The researcher will ask you some questions.

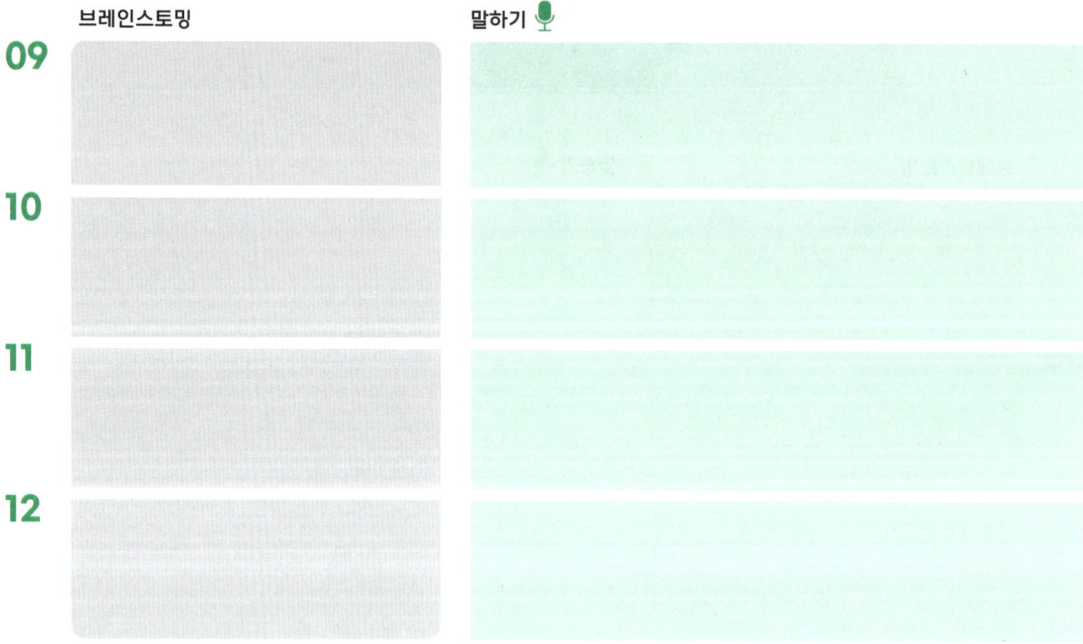

[13-16] 🎧 T2_28

You have agreed to take part in a research study about digital payments. You will have a short online interview with a researcher. The researcher will ask you some questions

	브레인스토밍	말하기 🎤
13		
14		
15		
16		

🎧 T2_28_13~16 Answers p.284

V | 진로

Leadership (리더십)

Q. 그룹에서 일할 때 리더가 되는 것과 팀원이 되는 것 중 어느 것을 선호하나요?

입장	팀원이 되는 것을 선호하다	prefer to be a follower
이유 1	양질의 일을 하는 데 집중하다	focus on doing quality work
근거(구체화)	다른 사람들을 관리하는 것에 대해 걱정하지 않고 특정 업무에 완전히 집중하다	concentrate fully on specific tasks without worrying about managing other people
이유 2	좋은 리더를 따르는 것은 내가 새로운 기술과 접근법을 배우는 데 도움이 된다	following a good leader helps me learn new skills and approaches
근거(가정)	내가 리더라면 다른 리더십 스타일과 문제 해결 방법을 관찰할 기회를 놓칠 수 있다	might miss opportunities to observe different leadership styles and problem-solving methods if I am a leader

Q. 배려하는 리더와 결단력 있는 리더 중 어느 쪽과 함께 일하는 것을 선호하나요?

입장	결단력 있는 리더	decisive leaders
이유 1	명확한 방향을 제공하다	provide clear direction
근거(결과)	정확히 무엇을 성취해야 하는지 이해하다	understand exactly what needs to be accomplished
이유 2	어려운 상황에서 스트레스를 줄여주다	reduces stress during challenging situations
근거(대조)	해결책을 빠르게 실행하는 데 에너지를 집중하다	focus energy on implementing solutions quickly

Q. 리더십이 주로 타고나는 자연적 능력이라는 것에 동의하나요?

입장	동의하지 않는다	disagree
이유 1	연습을 통해 키워질 수 있다	can be developed through practice
근거(예시)	정기적으로 그룹에 아이디어를 발표하거나 토론에 참여하다	regularly present ideas to groups or participate in discussions
이유 2	실수로부터 배움으로써 훌륭한 리더가 되다	become great leaders by learning from their mistakes
근거(예시)	스트레스를 다루고, 갈등을 관리하며, 팀원들을 더 효과적으로 동기 부여하다	handle stress, manage conflicts, and motivate team members more effectively

Q. 효과적인 리더가 가져야 할 가장 중요한 자질이 무엇이라고 생각하나요?

입장	감성 지능	emotional intelligence
이유 1	침착함을 유지하고 더 나은 결정을 내리다	stay calm and make better decisions
근거(구체화)	그들의 감정을 통제하고 명확하게 생각하다	control their own emotions and think clearly
이유 2	모든 사람이 가치 있고 인정받는다고 느끼게 만들다	make everyone feel valued and appreciated
근거(구체화)	개개인의 기여를 인식하고 잘한 일을 인정하는 데 시간을 할애하다	recognize each person's contributions and take time to acknowledge good work

Career Options (진로 선택)

Q. 일찍부터 명확하고 장기적인 진로 계획을 세우는 것과 다양한 진로 선택을 탐색하고 미래에 대해 유연하게 생각하는 것 중 어떤 것이 더 낫다고 생각하나요?

입장	다양한 진로 선택을 탐색하고 유연함을 유지하다	explore different career options and stay flexible
이유 1	취업 시장이 빠르게 변화하다	job market changes rapidly
근거(예시)	소셜 미디어 마케팅은 지금 거대한 분야이다	social media marketing is now a huge field
이유 2	진정한 관심사와 강점을 발견하다	discover true interests and strengths
근거(경험)	대학 시절의 다양한 인턴십	various internships during college

Q. 높은 급여를 제공하지만 그다지 만족스럽지 않은 직업과 큰 개인적 만족감을 제공하지만 낮은 급여를 주는 직업 중 어느 것을 선택할 건가요?

입장	큰 개인적 만족감	great personal fulfillment
이유 1	직업 만족도는 전체적인 행복과 정신 건강에 직접적인 영향을 준다	job satisfaction directly affects overall happiness and mental health
근거(가정)	추가 수입이 스트레스와 불행을 보상해주지 못할 것이다	extra money won't make up for the stress and unhappiness
이유 2	급여가 높은 직업에 종사하는 직원들은 더 높은 기준을 충족시키도록 요구된다	employees in high-paying jobs are expected to meet higher standards
근거(결과)	엄청난 압박을 만들어내고 가족이나 개인적인 관심사를 위한 시간을 거의 남기지 않는다	creates enormous pressure and leaves little time for family or personal interests

Q. 대기업에서 일하는 것이 소규모 회사와 비교하여 더 나은 진로 발전 기회를 제공한다는 주장에 동의하나요?

입장	동의한다	agree
이유 1	체계적인 교육 프로그램을 제공하다	offer systematic training programs
근거(예시)	언어 수업과 리더십 워크숍	language courses and leadership workshops
이유 2	업계 전문가들과의 더 나은 네트워킹 기회	better networking opportunities with industry professionals
근거(구체화)	취업 추천과 진로 기회를 얻다	get job recommendations and career opportunities

Q. 구직자들이 진로에서 성공하기 위해 가져야 할 가장 중요한 자질 중 한두 가지가 무엇이라고 생각하나요?

입장	적응력과 강한 의사소통 능력	adaptability and strong communication skills
이유 1	산업과 직업 요건이 지속적으로 변화하다	industries and job requirements change constantly
근거(영향)	시장에서 적합성을 유지하다	stay relevant in the market
이유 2	동료들과 효율적으로 일하고 아이디어를 명확하게 표현하다	work effectively with colleagues and express ideas clearly
근거(가정)	다른 사람들과 협력하거나 일을 적절히 제시하다	collaborate with others or present work properly

Part-time Work (아르바이트)

Q. 학생들이 아르바이트 경험을 갖는 것이 중요하다고 생각하나요?

입장	필수적이다	essential
이유 1	시간 관리 기술을 개발하다	develop time management skills
근거(경험)	오전에서는 지역 카페에서 일하고 오후에 공부했다	worked at a local café in the morning and studied in the afternoon
이유 2	개인적인 업무 스타일과 선호도를 발견하다	discover personal working styles and preferences
근거(구체화)	선호하는 의사소통 방법과 업무 속도를 확인하다	identify preferred communication methods and work pace

Q. 일정한 근무 시간이 있는 정기적이고 장기적인 일자리와 추가적인 돈이 필요할 때만 하는 단기적인 업무 중 무엇을 선호하나요?

입장	단기적인 업무	short-term work
이유 1	다양한 산업 분야에서 경험을 쌓다	gain diverse experiences across different industries
근거(경험)	고객 서비스 기술, 행사 운영 기술	customer service skills, event management skills
이유 2	더 많은 개인적인 시간을 주다	give more personal time
근거(경험)	책을 읽거나, 취미를 추구하거나, 친구들과 시간을 보내다	read books, pursue hobbies, or spend time with friends

Q. 당신의 전공 분야와 관련된 아르바이트를 선호하나요, 아니면 완전히 다른 분야의 아르바이트를 선호하나요?

입장	완전히 다른 분야	completely different area
이유 1	더 넓은 관점을 주다	give a broader perspective
근거(가정)	내 전공 분야에서만 일하면 다른 관심사나 잠재적인 직업 경로를 발견하는 것을 놓칠 수 있다	might miss out on discovering other interests and potential career paths when I only work in my major field
이유 2	나를 더 적응력 있고 유연하게 만들다	make me more adaptable and flexible
근거(구체화)	기업들은 다양한 상황에서 일할 수 있는 직원을 선호한다	companies prefer employees who can work in various situations

Q. 학생들이 아르바이트를 선택할 때 고려해야 할 가장 중요한 두 가지 요소는 무엇이라고 생각하나요?

입장	급여와 업무 환경	salary and work environment
이유 1	급여는 주요 동기로 작용한다	salary serves as the primary motivation
근거(구체화)	등록금과 일상 생활비 같은 필수 비용을 충당하다	cover essential expenses like tuition and daily living costs
이유 2	긍정적인 업무 환경은 경험을 더 즐겁게 만든다	a positive work environment makes the experience more enjoyable
근거(구체화)	지지해주는 동료들과 관리자은 편안한 분위기를 조성한다	supportive colleagues and managers create a comfortable atmosphere

Workplace Culture (직장 문화)

Q. 당신이 경험했거나 관찰한 직장 환경에 대해 설명해 주세요.

입장	아버지의 법률 사무소	my father's law firm
이유 1	매우 격식을 차린다	extremely formal
근거(경험)	모든 사람이 정장을 입고 고객 미팅을 위한 전통적인 규칙을 따랐다	everyone wore business suits and followed traditional rules for client meetings
이유 2	변호사들은 주목받는 사건들을 위해 치열하게 경쟁했다	lawyers competed intensely for high-profile cases
근거(경험)	경쟁적인 분위기가 인상적인 결과를 만들어냈지만 스트레스를 받는 듯했다	competitive atmosphere produced impressive results but seemed stressful

Q. 개인적인 성취를 강조하는 회사와 팀워크를 강조하는 회사 중 어떤 것이 더 동기부여가 된다고 생각하나요?

입장	개인적인 성취	individual achievement
이유 1	더 강한 만족감	stronger satisfaction
근거(경험)	다른 사람들과 공로를 나누는 것보다 더 의미있다	more meaningful than sharing credit with others
이유 2	더 잘 집중하다	focus better
근거(구체화)	상충하는 의견들을 다루는 데 시간을 낭비하지 않는다	do not waste time dealing with conflicting opinions

Q. 캐주얼한 복장 규정, 원격 근무 옵션 등과 같은 현대적 직장 정책이 전반적인 생산성을 향상시킨다는 주장에 동의하나요?

입장	동의하지 않는다	disagree
이유 1	원격 근무는 전문적 기준을 낮출 수 있다	remote work can reduce professional standards
근거(가정)	격식을 차리는 사무실 환경이 제공하는 정신적 집중을 잃을 수 있다	might lose the mental focus that formal office environments provide
이유 2	유연한 정책은 팀 의사소통에 해를 끼칠 수 있다	flexible policies may hurt team communication
근거(구체화)	근로자들이 사무실에서 흔한 대화와 브레인스토밍 세션을 놓친다	workers miss conversations and brainstorming sessions common in offices

Q. 젊은 근로자들을 유치하기 위해 직장 문화를 바꾸는 것이 기업들에게 좋은 전략이라고 생각하나요?

입장	기업들에게 좋은 전략이다	good strategy for companies
이유 1	젊은 근로자들은 필수적인 기술 능력을 보유하고 있다	young employees possess essential technological skills
근거(구체화)	소셜 미디어 마케팅과 디지털 도구를 이해하다	understand social media marketing and digital tools
이유 2	기업들이 경쟁력을 유지하는 데 도움이 되다	help companies stay competitive
근거(가정)	만약 기업들이 구식 정책을 고수한다면, 경쟁업체들이 대신 혁신적인 젊은 근로자들을 채용할 것이다	If businesses stick to old-fashioned policies, competitors will recruit the innovative, young workers instead

HACKERS TEST

질문을 들으면서 답변할 내용을 브레인스토밍하고, 문장으로 발전시켜 말해 보시오.

[01-04] 🎧 T2_29

You have volunteered for a research study about part-time work experience. You will have a short online interview with a researcher. The researcher will ask you some questions.

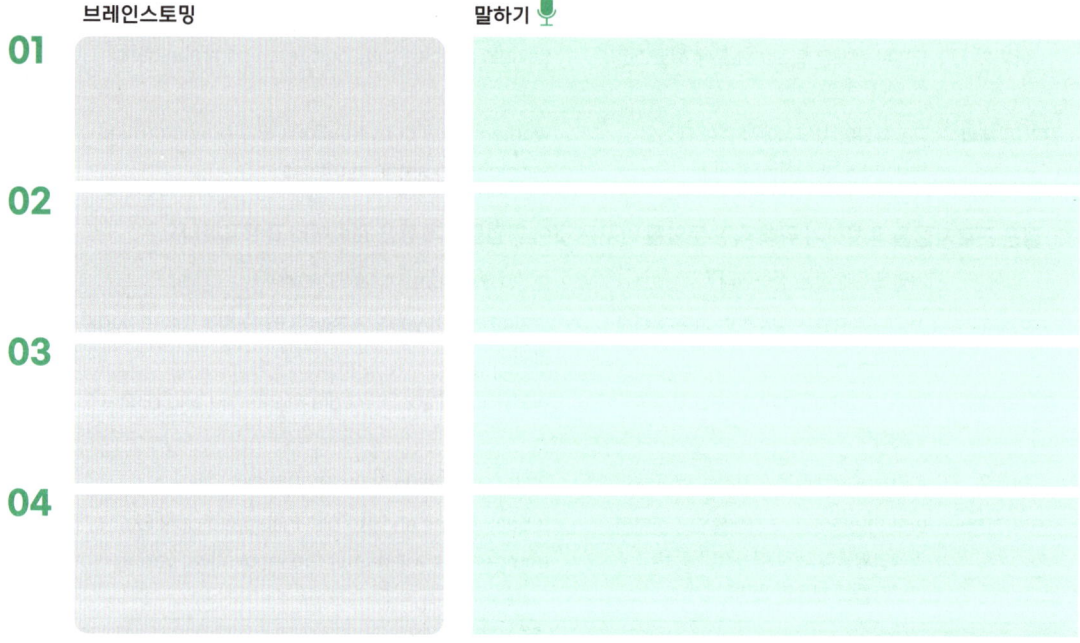

브레인스토밍 | 말하기

01

02

03

04

🎧 T2_29_01~04 Answers p.287

[05-08] 🎧 T2_30

You have agreed to take part in a research study about career development. You will have a short online interview with a researcher. The researcher will ask you some questions.

브레인스토밍	말하기 🎤
05	
06	
07	
08	

🎧 T2_30_05~08 Answers p.290

HACKERS TEST

[09-12] T2_31

You have agreed to participate in a research study about career options. You will have a short online interview with a researcher. The researcher will ask you some questions.

브레인스토밍　　　말하기

09

10

11

12

Hackers Updated TOEFL SPEAKING

[13-16] 🎧 T2_32

You have volunteered for a research study about decision-making processes. You will have a short online interview with a researcher. The researcher will ask you some questions.

	브레인스토밍	말하기 🎤
13		
14		
15		
16		

🎧 T2_32_13~16 Answers p.297

VI. 일상

■ Health Habits (건강 습관)

Q. 당신이 유지해 온 건강 습관을 설명해 주세요.

입장	매일 아침 30분씩 걷기	walking 30 minutes every morning
이유 1	나의 혈압이 너무 높았다	my blood pressure was too high
근거(경험)	건강을 개선하기 위해 규칙적으로 운동해야 했다	needed to exercise regularly to improve my health
이유 2	체중이 너무 많이 늘고 있었다	was gaining too much weight
근거(경험)	하루 종일 컴퓨터 앞에 앉아 있고 거의 움직이지 않다	sit at my computer all day and rarely move around

Q. 사람들이 50년 전보다 오늘날 더 건강한 삶을 살고 있다는 주장에 동의하나요?

입장	동의한다	agree
이유 1	의료 기술이 극적으로 발전했다	medical technology has advanced dramatically
근거(결과)	많은 질병들이 이제 현대 의학과 더 나은 병원 장비로 쉽게 치료될 수 있다	many diseases can now be cured easily with modern medicine and better hospital equipment
이유 2	건강 정보에 더 잘 접근할 수 있다	have better access to health information
근거(예시)	Youtube, 건강 웹사이트, 그리고 피트니스 앱	YouTube, health websites and fitness apps

Q. 기업이 제공하는 정기 건강검진의 주요 이점은 무엇이라고 생각하나요?

입장	기업과 개인 모두에게 이점을 제공하다	offer benefits for both companies and individuals
이유 1	기업의 관점에서 고용주가 직원들을 신경 쓴다는 것을 보여주다	show that employers care about their workers from a company's perspective
근거(구체화)	많은 기업의 복지 프로그램에서 일반적인 혜택	standard benefits in many companies' wellness programs
이유 2	개인의 관점에서 건강 문제를 조기에 발견하다	find health problems early from an individual's perspective
근거(경험)	고혈압을 발견하고 신속하게 치료했다	discovered my high blood pressure and treated it quickly

Q. 피트니스 트래커, 건강 앱, 그리고 스마트워치가 건강한 습관을 유지하는 데 매우 효과적이라는 주장에 동의하나요?

입장	동의한다	agree
이유 1	목표 설정과 진행 상황 추적을 통해 강한 동기를 제공하다	provide strong motivation through goal setting and progress tracking
근거(경험)	일일 걸음 수 목표에 도달하도록 내게 상기시켜 주다	remind me to reach my daily step target
이유 2	사용자들이 언제든지 그들의 건강을 모니터링할 수 있게 함으로써 큰 편의성을 제공하다	offer great convenience by allowing users to monitor their health anytime
근거(경험)	운동 중에 심박수를 즉시 확인하다	check my heart rate instantly during workouts

Eating Habits (식습관)

Q. 현재 건강한 식단을 가지고 있다고 생각하나요?

입장	전반적으로 상당히 건강한 식단을 가지다	have a fairly healthy diet overall
이유 1	매일 식사에 충분한 채소와 과일을 포함시키다	include plenty of vegetables and fruits in my meals every day
근거(경험)	점심과 함께 샐러드, 그리고 간식으로 사과	salad with lunch and apple as a snack
이유 2	가공식품과 설탕이 든 음료들을 제한하려고 노력하다	try to limit processed foods and sugary drinks
근거(경험)	탄산음료보다는 물을 선택하고 냉동식품을 먹는 대신 신선한 식사를 요리하다	choose water over soda and cook fresh meals instead of eating frozen dinners

Q. 직접 식사를 준비하는 것을 선호하나요, 아니면 배고플 때 보통 식당에 가거나 음식을 배달시켜 먹나요?

입장	집에서 직접 식사를 준비하는 것을 선호하다	prefer to prepare my own meals at home
이유 1	많은 돈을 절약하다	save a lot of money
근거(구체화)	식당에서의 한 번 저녁 식사와 같은 가격으로 여러 끼니를 위한 재료를 사다	buy ingredients for several meals for the same price as one restaurant dinner
이유 2	성취감을 주다	gives me a sense of accomplishment
근거(경험)	요리 기술에 자부심을 느끼고 새로운 레시피를 시도하다	feel proud of my cooking skills and try new recipes

Q. 가족이나 친구들과 함께 식사하는 것이 혼자 먹는 것보다 더 즐겁다는 주장에 동의하나요?

입장	동의한다	agree
이유 1	유대감과 대화의 기회를 만들어 내다	creates opportunities for bonding and conversation
근거(경험)	우리 가족은 저녁 식사 중에 일상 경험을 이야기한다	my family discusses our daily experiences during dinner
이유 2	시간을 더 의미 있는 방식으로 사용하다	use time in a more meaningful way
근거(대조)	혼자 먹을 때는 Netflix를 보거나 휴대폰을 스크롤한다	watch Netflix or scroll on my phone when I eat alone

Q. 음식 추적 앱을 사용하는 것이 건강한 식습관을 유지하는 효과적인 방법이라고 생각하나요?

입장	건강한 식습관을 유지하는 효과적인 방법	effective way to maintain healthy eating habits
이유 1	음식의 종류와 양을 정확하게 모니터링하다	accurately monitor both the type and amount of food
근거(결과)	식사 패턴을 알게 되고 더 나은 음식을 선택하다	become aware of eating patterns and make better food choices
이유 2	영양과 칼로리 함량에 대한 정보를 제공하다	provide information about nutrition and calorie content
근거(구체화)	영양 성분을 분석하고 더 건강한 대안을 제안하다	analyzes the nutritional components and suggests healthier alternatives

Stress Management (스트레스 관리)

Q. 최근 스트레스를 유발한 상황에서, 스트레스를 관리하거나 줄이기 위해 어떻게 노력했나요?

입장	같은 주에 세 개의 중요한 시험	three important exams in the same week
이유 1	상세한 학습 일정을 만들다	create a detailed study schedule
근거(경험)	각 과목을 더 작은 주제로 나누고 각각에 특정 시간을 할당했다	divided each subject into smaller topics and assigned specific hours for each one
이유 2	휴식을 취하다	take breaks
근거(경험)	두 시간 공부한 후, 마음을 정리하기 위해 15분간 산책하다	study for two hours, then take a 15-minute walk to clear my mind

Q. 혼자서 스트레스를 처리하는 것과 가족이나 친구들로부터 도움을 구하는 것 중 무엇을 선호하나요?

입장	가족과 친구들로부터 도움을 구하다	seek support from family and friends
이유 1	문제를 다른 관점에서 바라보다	see my problems from different perspectives
근거(구체화)	이전에 고려하지 못했던 실용적인 조언이나 해결책	practical advice or solutions that I hadn't considered before
이유 2	내가 덜 외롭게 느끼게 하다	makes me feel less alone
근거(경험)	가족들이 나의 강점을 상기시켜 주었고, 이것이 자신감을 높여주었다	my family reminded me of my strengths, which boosted my confidence

Q. 명상이나 심호흡 운동과 같은 전통적인 스트레스 해소 방법이 휴식 앱을 사용하거나 온라인 비디오를 시청하는 것과 같은 현대적인 디지털 접근법보다 더 효과적이라는 주장에 동의하나요?

입장	동의하지 않는다	disagree
이유 1	디지털 도구는 바쁜 사람들에게 더 접근하기 쉽고 편리하다	digital tools are more accessible and convenient for busy people
근거(결과)	스트레스 해소가 언제 어디서나 가능해지다	stress relief becomes possible anywhere and anytime
이유 2	개인의 필요에 기반한 맞춤형 해결책	personalized solutions based on individual needs
근거(예시)	스트레스 수준을 추적하고 가장 효과적인 특정 운동을 제안하다	track stress levels and suggest specific exercises that work best

Q. 학교나 직장이 제공하는 정신 건강 프로그램에의 참여가 의무적이어야 한다는 주장에 동의하나요?

입장	동의하지 않는다	disagree
이유 1	사람들을 강제로 참여시키는 것은 더 많은 스트레스를 만들 수 있다	forcing people to join might create more stress
근거(구체화)	어떤 사람들은 개인 정보를 공유하는 것을 불편하게 느낄 수 있다	some people may feel uncomfortable sharing personal information
이유 2	사람들은 스트레스를 다루는 서로 다른 방법을 가지고 있다	people have different ways of dealing with stress
근거(예시)	달리기와 같은 신체 운동, 그림 그리기와 같은 창의적 활동	physical exercise like running, creative activities like painting

Sleep Habits (수면 습관)

Q. 잠자리에 들기 전에 보통 무엇을 하는지 설명해 주세요.

입장	휴식을 취하는 데 도움이 되는 간단한 취침 일과	simple bedtime routine that helps me relax
이유 1	샤워를 하다	take a shower
근거(경험)	뜨거운 물이 모든 스트레스를 씻어내고 근육을 느슨하게 만들다	hot water washes away all the stress and makes my muscles feel loose
이유 2	책을 읽다	read a book
근거(경험)	마음을 진정시키고 업무 스트레스를 잊는 데 도움이 되다	calm my mind and help me forget about work stress

Q. 숙면을 취하기 위해 완전한 어둠과 정적의 환경과 약간의 빛과 소음이 있는 환경 중 어느 쪽을 선호하나요?

입장	어둡고 조용한 것	dark and quiet
이유 1	조용한 환경에서 더 빨리 잠에 들다	fall asleep faster in quiet environments
근거(경험)	작은 소음도 나를 깨어 있게 한다	small noises can keep me awake
이유 2	방해 요소 없이 더 깊게 잠을 자다	sleep more deeply without distractions
근거(비교)	다음 날 아침에 더 상쾌한 기분으로 일어나다	wake up feeling more refreshed the next morning

Q. 일찍 잠자리에 들고 일찍 일어나는 것과 늦게 잠자리에 들고 늦게 일어나는 것 중 어느 쪽을 선호하나요?

입장	일찍 잠자리에 들고 일찍 일어나는 것	go to bed early and wake up early
이유 1	아침에 더 생산적이다	more productive in the morning
근거(경험)	이른 시간 동안 정신이 맑다	mind is fresh during early hours
이유 2	더 일찍 자면 더 건강하다고 느끼다	feel healthier when I sleep earlier
근거(구체화)	몸이 제대로 휴식을 취하도록 도와주고 다음 날을 위해 더 많은 에너지를 주다	help my body rest properly and give me more energy for the next day

Q. 사람들이 수면의 질을 향상시킬 수 있는 두 가지 효과적인 방법은 무엇이라고 생각하나요?

입장	휴대폰을 멀리하고 할 일을 적어두는 것	staying away from phones and writing down tasks
이유 1	취침 전 전자 기기를 피하는 것은 수면 패턴을 개선한다	avoiding electronic devices before bedtime improves sleep patterns
근거(구체화)	블루라이트는 자연스럽게 잠드는 것을 훨씬 더 어렵게 만든다	blue light makes it much harder to fall asleep naturally
이유 2	내일의 할 일을 적어두다	write down tomorrow's tasks
근거(경험)	마음이 분주한 것과 일에 대해 걱정하는 것을 방지한다	prevents my mind from racing and worrying about work

HACKERS TEST

질문을 들으면서 답변할 내용을 브레인스토밍하고, 문장으로 발전시켜 말해 보시오.

[01-04] 🎧 T2_33

You have agreed to participate in a research study about stress management. You will have a short online interview with a researcher. The researcher will ask you some questions.

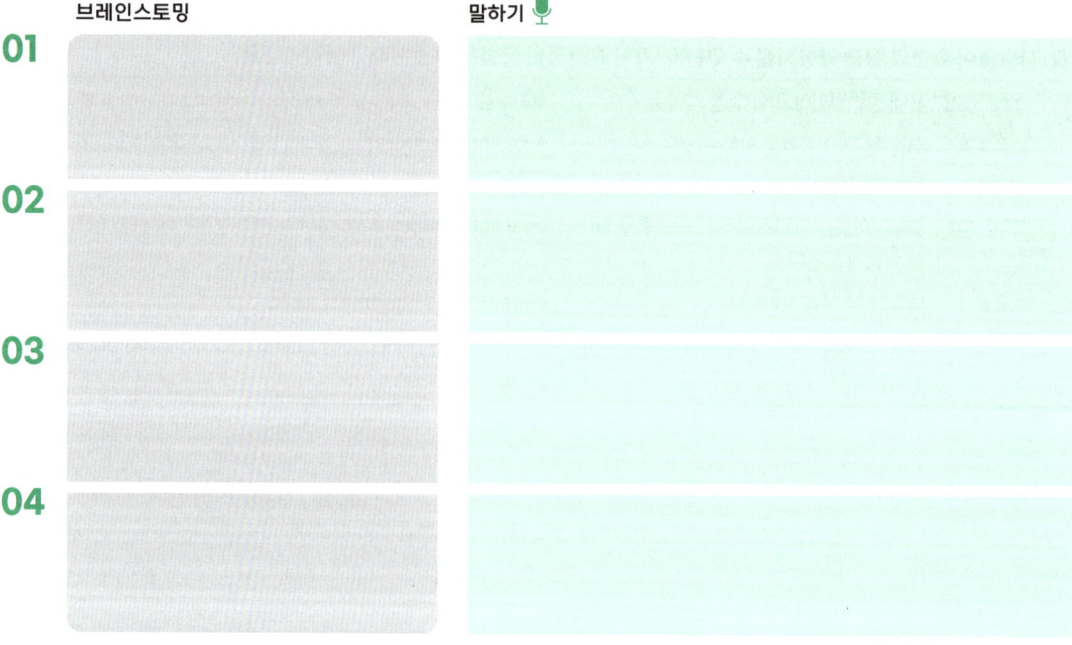

🎧 T2_33_01~04 Answers p.300

[05-08] T2_34

You have volunteered for a research study about daily routines. You will have a short online interview with a researcher. The researcher will ask you some questions.

브레인스토밍 / 말하기

05

06

07

08

T2_34_05~08 Answers p.303

HACKERS TEST

[09-12] 🎧 T2_35

You have volunteered for a research study about sleep habits. You will have a short online interview with a researcher. The researcher will ask you some questions.

🎧 T2_35_09~12   Answers p.306

[13-16] T2_36

You have volunteered for a research study about house cleaning habits. You will have a short online interview with a researcher. The researcher will ask you some questions.

	브레인스토밍	말하기 🎤
13		
14		
15		
16		

T2_36_13~16 Answers p.309

VII | 여가

Cultural Activities (문화 활동)

Q. 당신이나 친구들은 일반적으로 어떤 종류의 문화 활동에 참여하는 것을 좋아하나요?

입장	영화 관람과 콘서트 참석	watching movies and going to concerts
이유 1	극장은 쉽게 접근할 수 있고 저렴하다	theaters are easily accessible and affordable
근거(구체화)	도시 전체에 극장들이 있고, 영화표는 합리적인 가격을 가지고 있다	there are theaters throughout the city, and movie tickets have reasonable prices
이유 2	콘서트는 흥미진진하고 활력을 불어넣는다	concerts are exciting and energizing
근거(경험)	매년 연말 콘서트를 개최하는 좋아하는 가수	favorite singer who holds a year-end concert annually

Q. 문화 활동을 혼자 즐기는 것과 친구나 가족과 함께 경험하는 것 중 무엇을 선호하나요?

입장	친구들 그리고 가족과 함께 문화 활동을 즐기는 것	enjoying cultural activities with friends and family
이유 1	경험을 공유하는 것이 그것들을 더 의미 있게 만든다	sharing experiences makes them more meaningful
근거(경험)	그림들에 대해 이야기하고 예술 작품들에 대한 관점을 공유했다	talked about the paintings and shared perspectives about the artworks
이유 2	관계를 강화하다	strengthens relationships
근거(경험)	친구와 함께 클래식 음악 콘서트에 참석한 후 음악 추천을 공유하고 더 많은 콘서트에 함께 참석할 계획을 세우다	share music recommendations and plan to attend more concerts together after attending a classical music concert with a friend

Q. 정기적으로 문화 활동에 참여하는 사람들이 그렇지 않은 사람들보다 더 풍요로운 삶을 산다는 주장에 동의하나요?

입장	동의한다	agree
이유 1	개인적 성장을 위한 많은 기회들	many opportunities for personal growth
근거(구체화)	세상에 대한 이해를 넓혀주다	broaden understanding of the world
이유 2	스트레스를 해소하다	relieve stress
근거(경험)	불안감이 크게 감소하고 삶이 더 균형 있게 느껴지다	anxiety decreases significantly and life feels more balanced

Q. 온라인 문화 활동이 직접적인 문화적 경험을 대체할 것이라고 생각하나요?

입장	온라인 문화 활동이 결국 직접적인 경험을 대체할 것이다	online cultural activities will eventually replace in-person experiences
이유 1	더 큰 접근성과 편의성을 제공하다	offer greater accessibility and convenience
근거(예시)	집에서 세계적으로 유명한 박물관을 방문하거나 브로드웨이 공연에 참석하다	visit world-famous museums or attend Broadway shows from home
이유 2	전통적인 것들보다 더 비용 효율적이다	more cost-effective than traditional ones
근거(대조)	인터넷 접속만 필요로 하다	require only Internet access

Reading Habits (독서 습관)

Q. 요즘 특히 즐겨 읽는 책의 장르에 대해 말해 주세요.

입장	추리 소설	mystery novels
이유 1	미궁의 사건이 읽는 것을 재미 있게 만든다	mysteries make reading exciting
근거(경험)	탐정보다 먼저 사건을 해결하려고 노력하다	try to solve the case before the detective does
이유 2	이야기들이 집중하고 더 깊게 생각하는 것을 돕는다	stories help me focus and think more deeply
근거(경험)	문장 하나하나를 꼼꼼히 읽고, 모든 세부 사항을 연결하려고 노력하다	read each line carefully and try to connect all the details

Q. 전자책과 종이책 중 어떤 것을 선호하나요?

입장	종이책	paper books
이유 1	눈이 더 편안하다	easier on my eyes
근거(경험)	하루 종일 노트북을 사용한 후에 더 편안하게 느껴지다	feels more comfortable after spending all day using a laptop
이유 2	종이책이 독서 경험을 더 몰입하게 해준다	paper books make the reading experience more engaging
근거(예시)	독서하는 동안 책장을 넘기는 느낌과 종이 냄새를 즐긴다	enjoy the feeling of turning pages and the smell of the paper while reading

Q. 전자책이 환경에 더 좋다는 주장에 동의하나요?

입장	동의한다	agree
이유 1	많은 나무를 베지 않아도 된다	do not require cutting down many trees
근거(가정)	더 많은 사람들이 전자책을 읽으면 종이에 대한 수요가 줄어들 것이다	if more people read e-books, there will be less demand for paper
이유 2	운송 없이 쉽게 저장되고 공유될 수 있다	can be stored and shared easily without transportation
근거(대조)	가게에 가거나 책을 배송받는 대신, 한 번에 여러 권의 책을 다운로드할 수 있다	instead of visiting a store or receiving a package, I can download several books at once

Q. 전자책이 학생들의 학습에 도움이 된다는 것에 동의하나요?

입장	전자책을 사용하는 것이 학습에 도움이 된다고 생각하지 않는다	do not think using e-books would be helpful for students' learning
이유 1	학생들이 피로를 느끼게 만들거나 심지어 두통을 유발하기도 한다	make students feel tired or even cause headaches
근거(영향)	집중력이 떨어지고 공부 효율이 낮아지다	ability to focus decreases and studying becomes less effective
이유 2	주의 집중을 방해할 수 있다	can be distracting
근거(구체화)	메시지나 소셜 미디어를 확인하고 싶어질 수 있다	may be tempted to check messages or social media

Outdoor Activities (야외 활동)

Q. 최근에 참여한 야외 활동에 대해 말해 주세요.

입장	하이킹	hiking
이유 1	강한 성취감	strong sense of accomplishment
근거(경험)	정상에 도달했을 때 자랑스럽고 더 강해진 느낌이 들었다	felt proud and stronger once I reached the top
이유 2	아름다운 경치가 훌륭한 휴식을 제공했다	beautiful scenery provided great relaxation
근거(경험)	아래에 있는 계곡의 숨 막히는 경치	breathtaking views of the valley below

Q. 테니스나 사이클링 같은 경쟁적인 야외 스포츠와 하이킹이나 원예 같은 비경쟁적인 활동 중 무엇을 선호하나요?

입장	비경쟁적인 활동들	non-competitive activities
이유 1	스트레스가 덜하다	are less stressful
근거(경험)	이기거나 지는 것을 걱정하지 않고 나만의 속도로 하다	work at my own pace without worrying about winning or losing
이유 2	개인적 향상에 집중하다	focus on personal improvement
근거(구체화)	성장을 위한 나만의 목표를 설정하다	set my own goals for achievement

Q. 야외 활동이 실내 활동보다 더 큰 건강상의 이익을 제공한다는 주장에 동의하나요?

입장	동의한다	agree
이유 1	신선한 공기와 자연적인 햇빛을 제공하다	offer fresh air and natural sunlight
근거(비교)	햇빛으로부터 실내 운동으로는 얻을 수 없는 비타민 D를 얻다	get vitamin D from the sun, which is impossible to get from indoor workouts
이유 2	더 다양한 움직임을 포함하다	involve more varied movements
근거(결과)	전반적인 힘과 안정성을 향상시키다	improve overall strength and stability

Q. 지역사회가 주민들을 위한 야외 여가 활동 기회를 보존하기 위해 취할 수 있는 두 가지 중요한 조치는 무엇이라고 생각하나요?

입장	자연 녹지 구역을 보호하고 자원봉사자들을 참여시키기	protecting natural green zones and involving volunteers
이유 1	녹지 보호 구역을 따로 지정하다	set aside protected green zones
근거(결과)	개발업자들이 쇼핑센터나 아파트를 짓는 것을 방지하다	prevents developers from building shopping centers or apartments
이유 2	주민들을 보존 노력에 참여시키다	involve residents in conservation efforts
근거(예시)	나무 심기 행사나 공원 청소 활동	tree planting events or park cleanup activities

Travel Experiences (여행 경험)

Q. 가장 최근의 여행 경험에 대해 말해 주세요.

입장	지난달에 부산으로의 여행	travel to Busan last month
이유 1	신선한 음식을 위해 자갈치 시장을 방문했다	visited Jagalchi Market for fresh food
근거(경험)	직접 생선을 고르고 그곳에서 바로 조리되게 하는 것이 즐거웠다	enjoyed selecting my own fish and having it cooked right there
이유 2	해운대 해변을 방문했다	went to Haeundae Beach
근거(경험)	수영과 모래사장에서 배구하기	swimming and playing volleyball in the sand

Q. 혼자 여행과 단체 여행 중 어느 것을 선호하나요?

입장	친구들과의 여행	travel with friends
이유 1	더 경제적이다	more economical
근거(구체화)	비용을 나누어 여행을 더 저렴하게 만들다	split the bills and make the trip more affordable
이유 2	혼자서는 절대 시도하지 않았을 새로운 경험을 알게 되다	discover new experiences that I might never try alone
근거(경험)	번지점프	bungee jumping

Q. 새로운 장소에 가는 것이 익숙한 장소에 다시 가는 것보다 새로운 것을 배우는 더 좋은 방법이라는 주장에 동의하나요?

입장	동의하지 않는다	disagree
이유 1	익숙한 장소들은 더 깊은 학습 경험을 가능하게 한다	familiar places allow for deeper learning experiences
근거(구체화)	여러 번의 방문은 우리에게 특정 지역을 더 깊이 연구할 기회를 준다	multiple visits give us the chance to study specific areas more deeply
이유 2	익숙한 장소로 돌아가는 것은 우리가 이전에는 당연하게 여겼던 것들에 의문을 갖게 해준다	returning to familiar places allows us to question what we previously took for granted
근거(구체화)	평범해 보였던 문화적 측면들을 인식하다	recognize the cultural aspects that seemed normal

Q. 가상현실 때문에 사람들이 실제 생활에서 여행을 덜 원할 것이라는 주장에 동의하나요?

입장	동의하지 않는다	disagree
이유 1	가상현실은 실제 여행의 완전한 감각적 경험을 재현할 수 없다	virtual reality cannot replicate the complete sensory experience of actual travel
근거(예시)	로마에서 정통 이탈리아 피자의 맛이나 열대 해변에서 바닷바람을 느낌	taste of an authentic Italian pizza in Rome or the feeling of an ocean breeze on a tropical beach
이유 2	여행은 사람들이 지역 문화를 직접 경험할 수 있게 해준다	traveling allows people to experience local cultures directly
근거(예시)	전통 축제에 참여하거나, 지역 시장에서 흥정하거나, 카페에서 동료 여행자들과 대화하다	participate in traditional festivals, bargain at local markets, or chat with fellow travelers in a café

HACKERS TEST

질문을 들으면서 답변할 내용을 브레인스토밍하고, 문장으로 발전시켜 말해 보시오.

[01-04] 🎧 T2_37

You have volunteered for a research study about outdoor activities. You will have a short online interview with a researcher. The researcher will ask you some questions.

브레인스토밍　　　말하기 🎤

01

02

03

04

🎧 T2_37_01~04　Answers p.312

[05-08] 🎧 T2_38

You have agreed to take part in a research study about online shopping. You will have a short online interview with a researcher. The researcher will ask you some questions.

	브레인스토밍	말하기 🎤
05		
06		
07		
08		

🎧 T2_38_05~08 Answers p.316

HACKERS TEST

[09-12] 🎧 T2_39

You have agreed to take part in a research study about movies. You will have a short online interview with a researcher. The researcher will ask you some questions.

	브레인스토밍	말하기 🎤
09		
10		
11		
12		

🎧 T2_39_09~12 Answers p.319

[13-16] 🎧 T2_40

You have volunteered for a research study about reading habits. You will have a short online interview with a researcher. The researcher will ask you some questions.

	브레인스토밍	말하기 🎤
13		
14		
15		
16		

🎧 T2_40_13~16 Answers p.322

POWER TEST 1

🎧 PT_1

TOEFL iBT SPEAKING

You have applied for an educational scholarship. A scholarship committee member will ask you some questions about your academic background and goals.

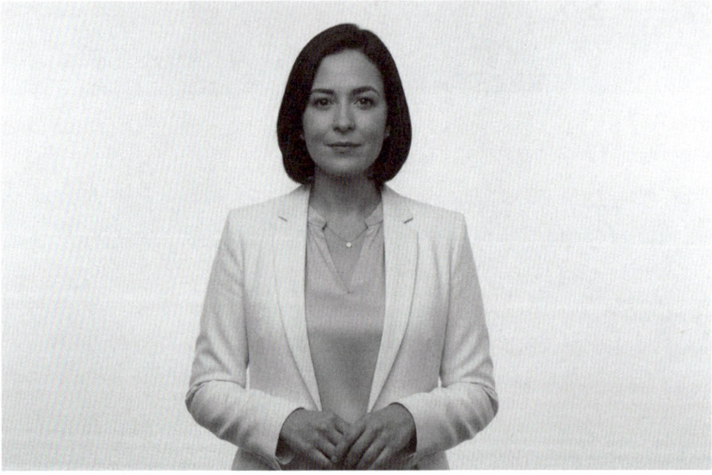

| TOEFL iBT **SPEAKING** | Questions 01~04 of 04 | Volume 🔊 |

01 Please answer the interviewer's question.

RESPONSE TIME
🎤 00:00:45

02 Please answer the interviewer's question.

RESPONSE TIME
🎤 00:00:45

03 Please answer the interviewer's question.

RESPONSE TIME
🎤 00:00:45

04 Please answer the interviewer's question.

RESPONSE TIME
🎤 00:00:45

🎧 PT_1_01~04 Answers p.325

POWER TEST 2

🎧 PT_2

TOEFL iBT SPEAKING   Volume 🔊

You have volunteered for a research study about purchase decisions. You will have a short online interview with a researcher. The researcher will ask you some questions.

TOEFL iBT **SPEAKING**	Questions 01~04 of 04	Volume

01 Please answer the interviewer's question.

RESPONSE TIME
00:00:45

02 Please answer the interviewer's question.

RESPONSE TIME
00:00:45

03 Please answer the interviewer's question.

RESPONSE TIME
00:00:45

04 Please answer the interviewer's question.

RESPONSE TIME
00:00:45

PT_2_01~04 Answers p.328

무료 토플자료·유학정보 제공
goHackers.com

**Hackers
Updated TOEFL
SPEAKING**

ACTUAL
TEST

ACTUAL TEST 1

ACTUAL TEST 2

ACTUAL TEST 1

🎧 AT_1

TOEFL iBT SPEAKING Questions 01~03 of 11   Volume 🔊

You are being trained to help students use the music practice rooms. Listen to your trainer and repeat what he says. Repeat only once.

01 Listen and repeat only once.

RESPONSE TIME 🎤 00:00:08

02 Listen and repeat only once.

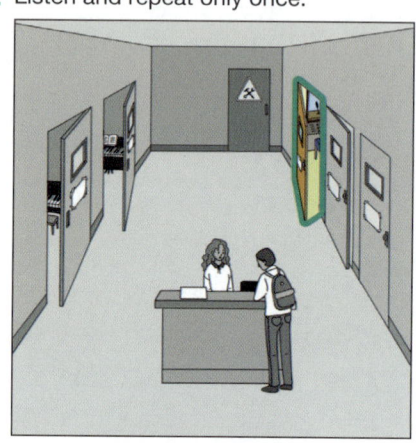

RESPONSE TIME 🎤 00:00:08

03 Listen and repeat only once.

RESPONSE TIME 🎤 00:00:10

Hackers Updated TOEFL SPEAKING

TOEFL iBT **SPEAKING** Questions 04~07 of 11 Volume

04 Listen and repeat only once.

RESPONSE TIME 00:00:10

05 Listen and repeat only once.

RESPONSE TIME 00:00:10

06 Listen and repeat only once.

RESPONSE TIME 00:00:12

07 Listen and repeat only once.

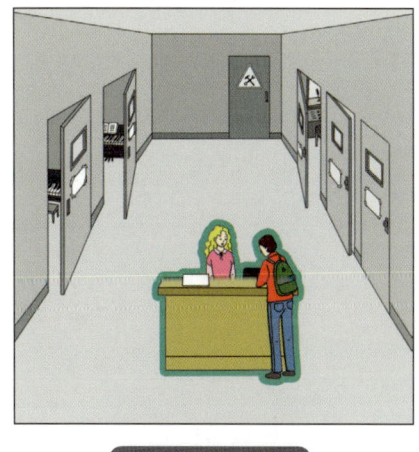

RESPONSE TIME 00:00:12

Answers p.332

You have volunteered for a research study about holidays. You will have a short online interview with a researcher. The researcher will ask you some questions.

08 Please answer the interviewer's question.

RESPONSE TIME 00:00:45

10 Please answer the interviewer's question.

RESPONSE TIME 00:00:45

09 Please answer the interviewer's question.

RESPONSE TIME 00:00:45

11 Please answer the interviewer's question.

RESPONSE TIME 00:00:45

AT_2_08~11 Answers p.332

ACTUAL TEST 2

TOEFL iBT SPEAKING Questions 01~03 of 11 Volume

You are learning to welcome visitors to a fishing area. Listen to the speaker and repeat what she says. Repeat only once.

01 Listen and repeat only once.

RESPONSE TIME 00:00:08

02 Listen and repeat only once.

RESPONSE TIME 00:00:08

03 Listen and repeat only once.

RESPONSE TIME 00:00:10

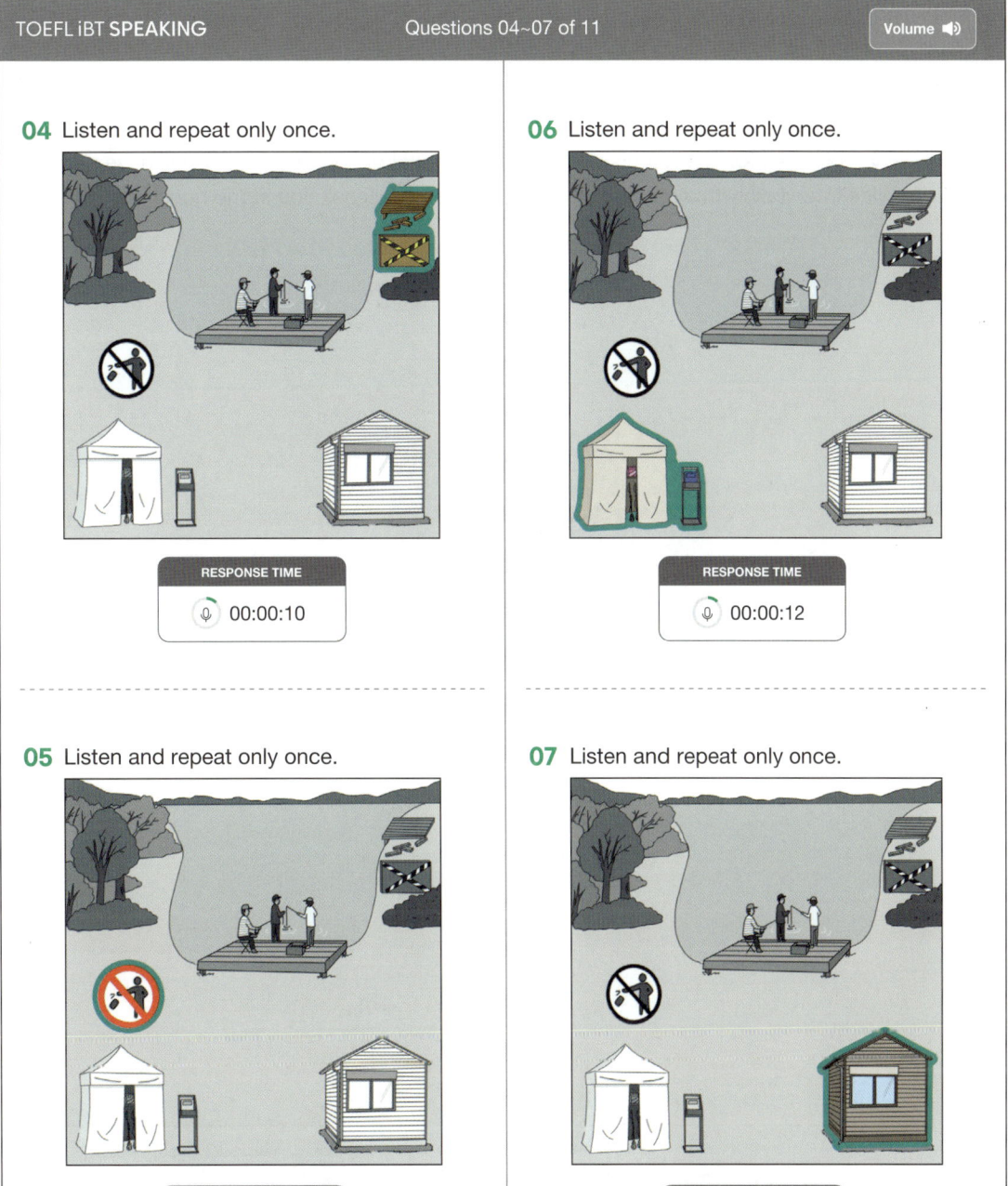

TOEFL iBT SPEAKING

You have volunteered for a research study about personal development. You will have a short online interview with a researcher. The researcher will ask you some questions.

08 Please answer the interviewer's question.

RESPONSE TIME 00:00:45

09 Please answer the interviewer's question.

RESPONSE TIME 00:00:45

10 Please answer the interviewer's question.

RESPONSE TIME 00:00:45

11 Please answer the interviewer's question.

RESPONSE TIME 00:00:45

무료 토플자료·유학정보 제공
goHackers.com

미국식 발음과 영국식 발음의 차이

Hackers Updated TOEFL SPEAKING

TOEFL 스피킹에서는 미국, 영국, 호주, 뉴질랜드식 발음이 골고루 등장한다. 그동안 미국식 영어에 많이 노출되어 있던 한국 학습자들에게 타 영어권 국가의 발음은 낯설고 어렵게 느껴질 수 있으므로, 기본적인 차이점을 숙지하고 각 영어권 국가의 발음을 비교하며 듣는 연습을 하는 것이 좋다. 호주와 뉴질랜드식 영어는 영국식 영어와 유사하기 때문에 크게 미국식 영어와 영국식 영어를 비교해서 알아두면 된다.

미국식 발음과 영국식 발음의 차이

Hackers Updated TOEFL SPEAKING

전반적으로 미국식 영어는 영국식 영어에 비해 목소리 톤이 높고 부드럽게 들린다. 영국식 영어는 철자에 가까운 발음(spelling pronunciation)을 하며, 억양 변화가 많고 모음을 짧게 발음하기 때문에 상대적으로 빠르게 들린다.

1 자음

- **끝소리 /r/**
  미국식 영어에서는 모음 뒤의 [r]음을 항상 발음한다. 반면 영국식 영어에서는 첫소리 [r]을 제외한 끝소리 [r]은 탈락되는 경우가 대부분이다.

	together	here	turn	order
미국식	[təgéðər]	[hiər]	[tə:rn]	[ɔ́:rdər]
영국식	[təgéðə]	[hiə]	[tə:n]	[ɔ́:də]

- **모음 사이에 오는 /t/**
  미국식 영어에서는 모음과 모음 사이에 오는 /t/는 부드럽게 굴려서 [d]와 [r]의 중간 소리로 발음하지만 영국식 영어에서는 [t]소리 그대로 발음한다.

	total	item	later	automatic
미국식	[tóud*l]	[áid*əm]	[léid*ər]	[ɔ́:d*əmǽd*ik]
영국식	[tóutl]	[áitəm]	[léitə]	[ɔ́:təmǽtik]

  변화된 [t]를 편의상 [d]로 표기하였으나, 정확한 [d]발음과는 다른 [d]와 [r]의 중간 소리이다.

2 모음

- **/a/**
  미국식 영어에서는 [æ]로 발음되지만 영국식 영어에서는 [ɑ]로 발음된다.

	pass	half	class	after
미국식	[pæs]	[hæf]	[klæs]	[ǽftər]
영국식	[pɑ:s]	[hɑ:f]	[klɑ:s]	[ɑ́:ftə]

- **/i/**
  특정 단어의 경우 미국식 영어에서는 [i]로 발음되지만 영국식 영어에서는 [ai]로 발음된다.

	either	neither	direction	organization
미국식	[í:ðər]	[ní:ðər]	[dirékʃən]	[ɔ́:rgənizéiʃən]
영국식	[áiðə]	[náiðə]	[dairékʃən]	[ɔ́:rgənaizéiʃən]

- **/o/**
  특정 단어의 경우 미국식 영어에서는 [ɑ]로 발음되지만 영국식 영어에서는 [ɔ]로 발음된다.

	not	shop	stop	copy
미국식	[nɑ:t]	[ʃɑ:p]	[stɑ:p]	[kɑ́pi]
영국식	[nɔ:t]	[ʃɔ:p]	[stɔp]	[kɔ́pi]

- /u/
    미국식 영어에서는 주로 [u] '우'로 발음되는 반면 영국식 영어에서는 [ju] '유'로 발음된다.

	tune	news	student	opportunity
미국식	[tu:n]	[nu:z]	[stú:dnt]	[àpərtú:nəti]
영국식	[tju:n]	[nju:z]	[stjú:dnt]	[ɔ̀pərtjú:nəti]

3 중요한 음운 현상

- 모음 사이에 /nt/가 오는 경우
    /nt/가 두 모음 사이에 오면, 미국식 영어에서는 [t]소리가 생략되는 반면 영국식 영어에서는 [t]발음이 살아 있다.

	twenty	interview	entertainment	interchange
미국식	[twéni]	[ínərvjù:]	[ènərtéinmənt]	[ìnərtʃéindʒ]
영국식	[twénti]	[íntərvjù:]	[èntərtéinmənt]	[ìntərtʃéindʒ]

- [tn], [tli] 발음으로 끝나는 경우
    [tn]으로 끝나는 경우, 미국식 영어에서는 [t]소리를 발음하지 않고 한번 숨을 멈추었다가 [n]의 끝소리를 거의 '응' 혹은 '은'으로 발음한다. [tli]로 끝나는 경우에도 미국식 영어에서는 [t]를 발음하지 않고 한번 숨을 멈추었다가 [li]만 발음한다. 반면 영국식 영어에서는 [t]를 그대로 살려 강하게 발음한다.

	cotton	fountain	absolutely	diligently
미국식	카ㅌ은	파운(ㅌ)은	앱솔루ㅌ리	딜리전(ㅌ)리
영국식	[kɔ́tn]	[fáuntən]	[æbsəlú:tli]	[dílədʒəntli]

- /rt/
    미국식 영어에서는 [t]발음을 생략하지만 영국식 영어에서는 [t]를 그대로 발음한다.

	artist	quarter	portable	reporter
미국식	아r리스트	쿼어r러	포어r러벌	뤼포어r러
영국식	[á:tist]	[kwɔ́:tə]	[pɔ́:təbl]	[ripɔ́:tə]

4 강세

미국식 영어에서는 뒤에 오는 반면 영국식 영어에서는 앞에 오는 경우가 있다.

	garage	baton	debris
미국식	[gərá:ʒ]	[bətán]	[dəbrí:]
영국식	[gǽra:ʒ]	[bǽtɔn]	[débri:]

5 마지막 음절의 모음

미국식 영어는 발음하는 반면 영국식 영어는 생략하는 경우가 있다.

	secretary	territory	conservatory	preparatory
미국식	[sékrətèri]	[térətɔ̀:ri]	[kənsə́:rvətɔ̀:ri]	[pripǽrətɔ̀:ri]
영국식	[sékrətəri]	[térətə:ri]	[kənsə́:rvətə:ri]	[pripǽrətə:ri]

MEMO

기본에서 실전까지 NEW 토플 스피킹 완벽 대비

HACKERS
Updated
TOEFL
SPEAKING

개정 7판 4쇄 발행 2026년 2월 2일
개정 7판 1쇄 발행 2025년 11월 7일

지은이	David Cho | 언어학 박사, 前 UCLA 교수, 해커스 어학연구소 공저
펴낸곳	(주)해커스 어학연구소
펴낸이	해커스 어학연구소 출판팀
주소	서울특별시 서초구 강남대로61길 23 (주)해커스 어학연구소
고객센터	02-537-5000
교재 관련 문의	publishing@hackers.com
동영상강의	HackersIngang.com
ISBN	978-89-6542-656-1 (13740)
Serial Number	07-04-01

저작권자 ⓒ 2025, David Cho, 해커스 어학연구소
이 책 및 음성파일의 모든 내용, 이미지, 디자인, 편집 형태에 대한 저작권은 저자에게 있습니다.
서면에 의한 저자와 출판사의 허락 없이 내용의 일부 혹은 전부를 인용, 발췌하거나 복제, 배포할 수 없습니다.

외국어인강 1위,
해커스인강(HackersIngang.com)
해커스인강

- 실전 감각을 극대화하는 **iBT 스피킹 실전모의고사**
- 효과적인 **토플 스피킹 학습을 돕는 교재 MP3**
- 스피킹에 유용한 문장을 반복 학습하는 **말하기 연습 프로그램**
- 해커스 토플 스타강사의 **본 교재 인강**

전세계 유학정보의 중심,
고우해커스(goHackers.com)
고우해커스

- **토플 보카 외우기, 토플 스피킹/라이팅 첨삭 게시판** 등 무료 학습 콘텐츠
- 고득점을 위한 **토플 공부전략 강의**
- **국가별 대학 및 전공별 정보, 유학 Q&A 게시판** 등 다양한 유학정보

[외국어인강 1위] 헤럴드 선정 2018 대학생 선호브랜드 대상 '대학생이 선정한 외국어인강' 부문 1위

전세계 유학정보의 중심
고우해커스

goHackers.com

HACKERS
Updated
TOEFL
SPEAKING

모범 답안·스크립트·해석

2026년 1월 21일
NEW TOEFL
완벽 대비

해커스 어학연구소

HACKERS
Updated TOEFL
SPEAKING

모범 답안·스크립트·해석

DIAGNOSTIC TEST

p.21

[01-07] 당신은 신입생을 학생 라운지로 안내하는 법을 배우고 있습니다. 화자의 말을 듣고 그대로 따라 말하세요. 한 번만 따라 말하세요.

스크립트 🎧 DT_1

01 This is our student lounge.

02 Study desks are along the back wall.

03 Use the photocopier for a small fee.

04 We have two private rooms that can be reserved for meetings.

05 The large table over here is for group projects.

06 Check the bulletin board for information about on-campus events.

07 Before you leave, please be sure to clean up your workspace.

해석 01 여기가 우리 학생 라운지입니다.
　　　02 공부용 책상은 뒤쪽 벽을 따라 놓여 있습니다.
　　　03 복사기를 소정의 요금으로 이용하세요.
　　　04 회의를 위해 예약할 수 있는 전용실이 두 개 있습니다.
　　　05 여기에 있는 큰 탁자는 그룹 프로젝트를 위한 것입니다.
　　　06 교내 행사에 관한 정보는 게시판을 확인하세요.
　　　07 떠나기 전에 반드시 자신의 작업 공간을 정리해 주세요.

어휘 photocopier[fóutəkàpiər] 복사기 reserve[rizə́:rv] 예약하다 bulletin board 게시판 workspace[wə́:rkspèis] 작업 공간

[08-11] 당신은 광고 전략에 관한 연구에 참여하기로 동의했습니다. 당신은 연구원과 짧은 온라인 인터뷰를 진행할 것입니다. 연구원이 몇 가지 질문을 할 것입니다.

08　스크립트 🎧 DT_2_08

Thank you for participating in this study. I'd like to ask you some questions about advertising strategies. First, can you think back to a recent advertisement that caught your attention? What product or service was it promoting? What made that advertisement memorable to you?

해석 이 연구에 참여해 주셔서 감사합니다. 광고 전략에 대해 몇 가지 질문을 드리고 싶습니다. 먼저, 최근에 당신의 관심을 끌었던 광고를 떠올릴 수 있나요? 그것은 어떤 제품이나 서비스를 홍보했나요? 그 광고가 당신에게 기억에 남는 이유는 무엇인가요?

브레인스토밍

> smartphone advertisement 스마트폰 광고
>
> 1. showed practical features 실용적인 기능을 보여주었음
>   - demonstrated how the phone lasted ~ without charging 휴대폰이 어떻게 충전 없이 지속되는지 보여주었음
> 2. had clear and simple visuals 명확하고 간단한 시각적 요소를 가지고 있었음
>   - made the phone's advantages obvious at first glance 얼핏 보기에도 휴대폰의 장점을 명확하게 드러냈음

모범 답안 🎧 DT_2_08

 I recently saw a smartphone advertisement that really *caught my attention.

First, it showed practical features like long battery life. To be specific, the ad demonstrated how the phone lasted through an entire busy day without charging, which is exactly what I need as a student.

Second, the advertisement had clear and simple visuals. Instead of showing complex technical details, it used easy-to-understand graphics that made the phone's advantages obvious at first glance.

> Therefore, the combination of useful functionality and straightforward presentation made this advertisement truly memorable to me.

해석 최근 정말 저의 관심을 끈 스마트폰 광고를 봤습니다.
첫째로, 긴 배터리 수명과 같은 실용적인 기능을 보여주었습니다. 구체적으로, 이 광고는 바쁜 하루 종일 휴대폰이 어떻게 충전 없이 지속되는지 보여주었고, 이는 학생으로서 제게 꼭 필요한 것입니다.
둘째로, 광고는 명확하고 간단한 시각적 요소를 가지고 있었습니다. 복잡한 기술적 세부 사항을 보여주는 대신에 그것은 이해하기 쉬운 그래픽을 사용하여 얼핏 보기에도 휴대폰의 장점을 명확하게 드러냈습니다.
그러므로, 유용한 기능과 간단한 표현 방식의 조합이 이 광고를 정말 기억에 남겼습니다.

어휘 advertisement[ædvrtáizmənt] 광고 practical[prǽktikəl] 실용적인 glance[glæns] 얼핏 봄 functionality[fʌŋkʃənǽləti] 기능 straightforward[strèitfɔ́:rwərd] 간단한, 솔직한 memorable[mémərəbl] 기억에 남는

필수표현 *catch one's attention ~의 관심을 끌다
The article about environmental technology **caught my attention** recently.
최근에 환경 기술에 관한 기사가 나의 관심을 끌었다.

09 스크립트 DT_2_09

OK. Companies advertise their products through various channels, such as social media, pop-ups on websites, and displays on public transportation. Which type of advertising influences your shopping decisions the most? Why?

해석 알겠습니다. 기업들은 소셜 미디어, 웹사이트에 있는 팝업, 그리고 대중교통에 있는 광고판과 같은 다양한 경로를 통해 제품을 광고합니다. 어떤 유형의 광고가 당신의 구매 결정에 가장 큰 영향을 미치나요? 그 이유는 무엇인가요?

브레인스토밍

---
social media advertisements 소셜 미디어 광고

1. more relevant to my interests 내 관심사와 더 관련이 있음
   - use algorithms that reflect what I've searched for or liked 내가 검색했거나 좋아했던 것을 반영하는 알고리즘을 사용함
2. include photos & reviews from actual customers 실제 고객들의 사진과 후기를 포함함
   - can better decide if I really want a certain product 내가 정말로 특정 제품을 원하는지 더 잘 결정할 수 있음

모범 답안 DT_2_09

> In my case, social media advertisements influence my shopping decisions the most compared to other types of advertising.
>
> First, social media ads are more relevant to my interests. For example, they use algorithms that reflect what I've searched for or liked, delivering personalized recommendations.
>
> Second, social media ads often include photos and reviews from actual customers. To explain, I can better decide if I really want a certain product when I see how other people used them.
>
> For these reasons, social media advertising *has the greatest impact on my purchasing choices.

해석 제 경우에는 소셜 미디어 광고가 다른 유형의 광고와 비교해서 제 구매 결정에 가장 큰 영향을 미칩니다.
첫째로, 소셜 미디어 광고는 제 관심사와 더 관련이 있습니다. 예를 들어, 그것들은 제가 검색했거나 좋아했던 것을 반영하는 알고리즘을 사용하여 개인화된 추천을 제공합니다.
둘째로, 소셜 미디어 광고는 종종 실제 고객들의 사진과 후기를 포함합니다. 설명하자면, 저는 다른 사람들이 그것들을 어떻게 사용했는지 볼 때 제가 정말로 특정 제품을 원하는지 더 잘 결정할 수 있습니다.
이러한 이유들 때문에, 소셜 미디어 광고가 제 구매 선택에 가장 큰 영향을 미칩니다.

어휘 influence[ínfluəns] 영향을 미치다 relevant[réləvənt] 관련이 있는 personalized[pə́:rsənəlàizd] 개인화된

필수표현 *have the greatest impact on ~에 가장 큰 영향을 미치다
Among all the factors that affect my career choice, salary **has the greatest impact on** my decision.
나의 직업 선택에 영향을 미치는 모든 요소들 중에서, 급여가 나의 결정에 가장 큰 영향을 미친다.

10 스크립트 🎧 DT_2_10

Interesting. Some people think advertising helps consumers find good products, while others believe ads try to make people buy things they don't really need. Do you think advertising generally helps or harms consumers? Why?

해석 흥미롭네요. 어떤 사람들은 광고가 소비자들이 좋은 제품을 찾는 데 도움이 된다고 생각하는 반면, 다른 사람들은 광고가 사람들로 하여금 실제로는 필요하지 않은 것들을 사게 만들려고 한다고 믿습니다. 당신은 광고가 일반적으로 소비자들에게 도움이 된다고 생각하나요, 아니면 해가 된다고 생각하나요? 그 이유는 무엇인가요?

브레인스토밍

> generally helps consumers 일반적으로 소비자들에게 도움이 됨
> 1. provide useful information about new products and services 새로운 제품과 서비스에 대한 유용한 정보를 제공함
>   - learn about options I can choose from 선택할 수 있는 옵션에 대해 알게 됨
> 2. creates competition among companies → better products & lower prices
>   기업들 간의 경쟁을 만들어 냄 → 더 나은 제품과 더 낮은 가격
>   - companies have to improve their quality & drop prices 기업들은 품질을 개선하고 가격을 낮춰야 함

모범 답안 🎧 DT_2_10

 I believe advertising generally helps consumers more than it harms them.

First of all, ads provide useful information about new products and services that consumers might not know about. For example, when I see an ad for a new restaurant or app, I learn about options I can choose from.

In addition, advertising creates competition among companies, which leads to better products and lower prices. In other words, when companies compete for customers, they have to improve their quality and drop prices.

Therefore, I think advertising *is more beneficial than harmful to consumers.

해석 저는 광고가 일반적으로 소비자들에게 해가 되는 것보다 더 도움이 된다고 생각합니다.
우선, 광고는 소비자들이 알지 못할 수도 있는 새로운 제품과 서비스에 대한 유용한 정보를 제공합니다. 예를 들어, 새로운 레스토랑이나 앱에 대한 광고를 볼 때, 저는 선택할 수 있는 옵션들에 대해 알게 됩니다.
게다가, 광고는 기업들 간의 경쟁을 만들어 내며, 이는 더 나은 제품과 더 낮은 가격으로 이어집니다. 다시 말해서, 기업들이 고객을 위해 경쟁할 때, 그들은 품질을 개선하고 가격을 낮춰야 합니다.
그러므로, 저는 광고가 소비자들에게 해롭기보다는 더 유익하다고 생각합니다.

어휘 competition [kὰmpətíʃən] 경쟁

필수표현 *be more beneficial than harmful 해롭기보다는 더 유익하다
Technology in education **is more beneficial than harmful** because it provides students with unlimited access to learning resources.
교육에서의 기술은 학생들에게 학습 자원에 무제한의 접근을 제공하기 때문에 해롭기보다는 더 유익하다.

11 스크립트 🎧 DT_2_11

Good points. Lastly, many companies now advertise that they care about environmental and social issues. How important is it for you that companies show they care about these things? Give reasons for your answer.

해석 좋은 의견이네요. 마지막으로, 많은 기업들이 이제 환경적 및 사회적 문제에 관심을 갖고 있다고 광고합니다. 기업들이 이러한 것들에 관심을 갖고 있다는 것을 보여주는 것이 당신에게 얼마나 중요한가요? 답변에 대한 이유를 제시해 주세요.

브레인스토밍

> very important 매우 중요함
>
> 1. usually offer better quality products 보통 더 나은 품질의 제품을 제공함
>   - make products with better materials that last longer 더 오래 지속되는 더 좋은 재료로 제품을 만듦
> 2. helps create positive changes in society 사회에 긍정적인 변화를 만드는 데 도움이 됨
>   - companies that donate to charities / help local communities → solving real problems
>   자선단체에 기부하거나 지역 공동체를 돕는 기업들 → 실제 문제들을 해결

모범 답안 🎧 DT_2_11

> Personally, it is very important for me that companies show they care about environmental and social issues.
>
> First of all, these companies usually offer better quality products that last longer. For example, companies that care about the environment often make products with better materials that last longer.
>
> In addition, supporting these companies helps create positive changes in society. Specifically, when I buy from companies that donate to charities or help local communities, my money *goes toward solving real problems.
>
> In this sense, corporate social responsibility is extremely important when I make purchasing decisions.

해석 개인적으로, 기업들이 환경적 및 사회적 문제에 관심을 갖고 있다는 것을 보여주는 것은 저에게 매우 중요합니다.
우선, 이러한 기업들은 보통 더 오래 지속되는 더 나은 품질의 제품을 제공합니다. 예를 들어, 환경에 관심을 갖는 기업들은 종종 더 오래 지속되는 더 좋은 재료로 제품을 만듭니다.
게다가, 이러한 기업들을 지원하는 것은 사회에 긍정적인 변화를 만드는 데 도움이 됩니다. 구체적으로, 자선단체에 기부하거나 지역 공동체를 돕는 기업들로부터 구매할 때, 제 돈은 실제 문제들을 해결하는 데 쓰입니다.
이러한 점에서, 기업의 사회적 책임은 제가 구매 결정을 내릴 때 매우 중요합니다.

어휘 material[mətíəriəl] 재료 charity[tʃǽrəti] 자선단체 community[kəmjúːnəti] 공동체 corporate[kɔ́ːrpərət] 기업의
responsibility[rispɑ̀nsəbíləti] 책임

필수표현 *go toward ~에 쓰이다, ~에 기여하다

I believe that government funding should **go toward** improving public transportation systems rather than building more highways.
나는 정부 자금이 더 많은 고속도로를 건설하는 것보다는 대중교통 시스템 개선에 쓰여야 한다고 생각한다.

TASK 1 | Listen and Repeat

기본다지기

I | 위치 표현 말하기

CHECK-UP 🎧 T1_2 p.32

01 The meeting rooms are on the second floor.
02 When you enter, you'll see the sculpture hall to the left.
03 You can charge your devices for free over there.
04 The gym café is at the back of the main workout area.
05 Please confirm your reservation at the information desk.
06 Walk further down the west hallway, and you'll find the ancient coin exhibit.
07 Security cameras are operating throughout the building.
08 Maps are displayed along the back wall of the station's waiting area.
09 A short film about marine life will be screened in the auditorium.
10 Name badges are distributed by the entrance as attendees arrive.
11 Volunteer sign-up sheets are posted on the bulletin board just off the lobby.
12 In the center of the study room stands a round table for group discussions.

II | 규정 표현 말하기

CHECK-UP 🎧 T1_4 p.36

01 Avoid feeding the animals in the zoo.
02 You are not allowed to swim after 9 p.m.
03 Remember not to keep drinks near the computers.
04 Smoking is prohibited inside the shopping mall.
05 Visitors are required to show their passes at the entrance.
06 Keep out of the construction site during working hours.
07 Go to the help desk if you lose the key to your dorm room.
08 Everyone should follow the rules to maintain order.
09 Report issues with air-conditioning to the maintenance office.
10 Please ensure that safety guidelines are observed at all times.
11 Be sure to carry your visitor's pass at all times on the premises.
12 Seek assistance from the librarian if you cannot locate reference books.

Ⅲ | 제안 및 제공 표현 말하기

CHECK-UP 🎧 T1_6
p.40

01 The outdoor space is used for events and gatherings.
02 It's a good idea to attend the introductory cooking session.
03 Please take a moment to check the evacuation route map.
04 Our café is excellent for studying or working remotely.
05 Participants are encouraged to wear comfortable shoes.
06 Consider joining the weekend gardening session at the community garden.
07 City brochures are provided at no charge at the tourism office.
08 The classroom is equipped with a whiteboard and projector for presentations.
09 The recreation center holds art classes for children every Saturday morning.
10 We recommend arriving early at the library to find a good study spot.
11 Folding chairs are available for attendees of today's meeting.
12 The coworking space offers access to high-speed Internet and shared printers.

전략익히기

HACKERS PRACTICE 🎧 T1_8
p.50

01 Welcome to our yoga studio.
해석 저희 요가 스튜디오에 오신 것을 환영합니다.

02 Thank you for attending our event.
해석 저희 행사에 참석해 주셔서 감사합니다.

03 Please check in at the reception table.
해석 접수 테이블에서 체크인해 주세요.

04 Binding machines are next to the main printer.
해석 제본기들은 메인 프린터 옆에 있습니다.

05 All of our play zones have plenty of toys.
해석 저희 모든 놀이 구역에는 많은 장난감들이 마련되어 있습니다.

06 Keep valuable items with you at all times.
해석 귀중품은 항상 몸에 지니고 계세요.

07 Do not save personal files on the shared computers.
해석 공용 컴퓨터에 개인 파일을 저장하지 마세요.

08 Please avoid bringing food and drinks to your workstations.
해석 음식과 음료를 작업 공간으로 가져오는 것을 피해 주세요.

09 The observation deck is excellent for taking photos of the city skyline.
해석 전망대는 도시 전경을 촬영하기에 적합합니다.

10 All exchanges require original tags and valid purchase receipts from the store.
해석 모든 교환은 원래 붙어 있던 태그와 매장에서 받은 유효한 구매 영수증을 필요로 합니다.

11 Our assistants are ready to help you with any equipment issues.
해석 우리 직원들은 어떤 장비 문제든 당신을 도울 준비가 되어 있습니다.

12 For safety reasons, campfires are only permitted in the designated fire pits.
해석 안전상의 이유로, 모닥불은 지정된 화덕에서만 허용됩니다.

13 당신은 항공사 라운지에서 승객들을 돕는 것을 교육받고 있습니다. 당신의 교육 담당자의 말을 듣고 그대로 따라 말하세요. 한 번만 따라 말하세요.

스크립트 🎧 T1_9
① Please show me your boarding pass.
② Personal workspaces are along the wall.
③ The shower rooms and sleeping zones are upstairs.
④ The buffet tables by the windows offer a selection of food.
⑤ For your convenience, there are electrical outlets at every table.
⑥ You can use the lockers to store your luggage and personal belongings.
⑦ You can check the flight information displays for departure times and gate numbers.

해석 ① 탑승권을 보여주세요.
② 개인 작업 공간은 벽을 따라 있습니다.
③ 샤워실과 수면실은 위층에 있습니다.
④ 창가 쪽 뷔페 테이블은 다양한 종류의 음식을 제공합니다.
⑤ 편의를 위해, 모든 테이블에 콘센트가 있습니다.
⑥ 수하물과 소지품을 보관하기 위해 물품 보관함을 사용하실 수 있습니다.
⑦ 출발 시간과 게이트 번호는 항공편 정보 화면에서 확인하실 수 있습니다.

어휘 boarding pass 탑승권 workspace [wə́ːrkspèis] 작업 공간 belonging [bilɔ́ːŋiŋz] 소지품 departure [dipɑ́ːrtʃər] 출발

14 당신은 반려견 공원에서 방문객들을 돕는 것을 배우고 있습니다. 당신의 관리자의 말을 듣고 그대로 따라 말하세요. 한 번만 따라 말하세요.

스크립트 🎧 T1_10
① Thank you for visiting our dog park.
② Take small dogs to the fenced area here.
③ The open field is for larger dogs only.
④ All sections are equipped with water stations and waste bags.
⑤ Unfortunately, the agility course is currently closed for repairs.
⑥ We host weekly training classes for new dog owners every Saturday.
⑦ Our staff in uniforms will answer questions regarding park rules and safety.

해석 ① 저희 반려견 공원을 방문해 주셔서 감사합니다.
② 소형견은 여기 울타리 구역으로 데려오세요.
③ 개방된 운동장은 대형견 전용입니다.
④ 모든 구역에는 급수대와 배변 봉투가 갖추어져 있습니다.
⑤ 안타깝게도, 민첩성 코스는 현재 수리로 인해 폐쇄되어 있습니다.
⑥ 저희는 매주 토요일마다 신규 반려견 주인을 위한 주간 훈련 수업을 진행합니다.
⑦ 유니폼을 입은 저희 직원들이 공원 규칙과 안전에 관한 질문에 답변해 드릴 것입니다.

어휘 fenced [fenst] 울타리가 있는 equip [ikwíp] 갖추다 unfortunately [ənfɔ́ːrtʃənətli] 안타깝게도 agility [ədʒíləti] 민첩성

15 당신은 영화제에서 방문객들을 돕는 것을 교육받고 있습니다. 화자의 말을 듣고 그대로 따라 말하세요. 한 번만 따라 말하세요.

스크립트 🎧 T1_11
① Welcome to our film festival.

② The concession stand sells popcorn and other snacks.
③ Note where the emergency exit is located in the theater.
④ Please make sure to confirm your seat number before sitting down.
⑤ Visit our souvenir booth in the lobby to purchase festival merchandise.
⑥ If you want to watch other films, check the screening schedule over there.
⑦ Remember to validate your parking ticket at the box office before you exit the venue.

해석 ① 저희 영화제에 오신 것을 환영합니다.
② 매점에서 팝콘과 다른 간식들을 판매합니다.
③ 극장 내 비상구가 어디에 위치해 있는지 확인해 두세요.
④ 앉기 전에 좌석 번호를 확인해 주세요.
⑤ 영화제 상품을 구매하기 위해 로비에 있는 기념품 부스를 방문하세요.
⑥ 다른 영화를 보고 싶으시면, 저쪽에 있는 상영 일정을 확인해 보세요.
⑦ 행사장을 나가기 전에 주차권을 매표소에서 확인받는 것을 잊지 마세요.

어휘 concession[kənséʃən] 매점 emergency exit 비상구 locate[lóukeit] 위치하다 confirm[kənfə́ːrm] 확인하다
souvenir[sùːvəníər] 기념품 merchandise[məːrtʃəndàiz] 상품 screening[skríːniŋ] 상영 validate[vǽlədèit] 확인하다, 인증하다

16 당신은 학생들이 기숙사 세탁실을 이용하기를 돕는 것을 교육받고 있습니다. 당신의 교육 담당자의 말을 듣고 그대로 따라 말하세요. 한 번만 따라 말하세요.

스크립트 🎧 T1_12
① This is the laundry room.
② That vending machine sells laundry detergent pods.
③ Make sure to select the appropriate wash cycle settings.
④ Once the wash cycle is complete, put your clothes in the dryer.
⑤ There are folding tables if you need a workspace for sorting.
⑥ Do not leave personal items unattended as they may get misplaced.
⑦ If any machines are broken or malfunctioning, please report them to the housing office immediately.

해석 ① 여기는 세탁실입니다.
② 저 자동판매기에서 세탁 세제 캡슐을 판매합니다.
③ 적절한 세탁 코스 설정을 선택하시기 바랍니다.
④ 세탁 코스가 완료되면 옷을 건조기에 넣으세요.
⑤ 분류를 위한 작업 공간이 필요하시면 옷을 개는 테이블이 있습니다.
⑥ 개인 물품이 분실될 수 있으므로 방치하지 마세요.
⑦ 기계가 고장 나거나 오작동할 경우, 즉시 기숙사 사무실에 보고해 주세요.

어휘 laundry[lɔ́ːndri] 세탁 vending machine 자동판매기 detergent[ditə́ːrdʒənt] 세제 appropriate[əpróupriət] 적절한
complete[kəmplíːt] 완료된 dryer[dráiər] 건조기 sorting[sɔ́ːrtiŋ] 분류 unattended[ʌnəténdid] 방치된
misplace[mispléis] 분실하다 malfunction[mælfʌ́ŋkʃən] 오작동하다

HACKERS TEST
p.56

01 당신은 대학교 서점에서 고객들을 돕는 것을 교육받고 있습니다. 화자의 말을 듣고 그대로 따라 말하세요. 한 번만 따라 말하세요.

스크립트 🎧 T1_13
① Thank you for visiting the university bookstore.
② The newest arrivals are on the shelves along the wall.
③ Secondhand books can be found on those two large tables.
④ Near the entrance, you'll find a display of diverse items with the university logo.
⑤ If you need help finding anything, feel free to use the computer between the book shelves.
⑥ When you are ready to pay, please use one of the self-checkout kiosks.

⑦ All university students are eligible for a 10 percent discount with a student ID.

해석 ① 대학교 서점을 방문해 주셔서 감사합니다.
② 가장 새로 들어온 책들은 벽을 따라 선반에 있습니다.
③ 중고 책들은 저 두 개의 큰 테이블에서 찾을 수 있습니다.
④ 입구 근처의 진열대에는 대학교 로고가 있는 다양한 상품들이 진열되어 있습니다.
⑤ 무엇을 찾는 데 도움이 필요하시면, 책장들 사이의 컴퓨터를 사용하세요.
⑥ 결제할 준비가 되시면 셀프 계산대 중 하나를 이용해 주세요.
⑦ 모든 대학교 학생들은 학생증으로 10퍼센트 할인을 받을 수 있습니다.

어휘 shelf[ʃelf] 선반 secondhand[sèkəndhǽnd] 중고의 diverse[dáivə:rs] 다양한 discount[dískaunt] 할인

02 당신은 실내 암벽 등반 센터에서 방문객들을 돕는 것을 교육받고 있습니다. 화자의 말을 듣고 그대로 따라 말하세요. 한 번만 따라 말하세요.

스크립트 🎧 T1_14
① Get your safety gear ready.
② Our staff will double-check all your safety equipment.
③ Stay with a partner who can observe and assist you at all times.
④ Beginner climbers should go on this wall with the easy courses.
⑤ If you are experienced, try the expert-level courses on the other side.
⑥ When you're finished, wash your hands and return all gear to the equipment area.
⑦ Check out our brochure to learn about our one-on-one training sessions offered by certified instructors.

해석 ① 안전 장비를 준비하세요.
② 저희 직원이 모든 안전 장비를 재점검해 드릴 것입니다.
③ 항상 여러분을 주시하고 도와줄 수 있는 파트너와 함께하세요.
④ 초보 등반가들은 쉬운 코스가 있는 이 벽에서 등반해야 합니다.
⑤ 경험이 있으시다면, 반대편에 있는 전문가 레벨 코스를 시도해보세요.
⑥ 끝나면 손을 씻고 모든 장비를 장비 구역에 반납하세요.
⑦ 검증된 강사들이 제공하는 일대일 훈련 수업에 대해 알고 싶으시다면, 안내 책자를 확인해 보세요.

어휘 gear[giər] 장비 double-check[dʌbltʃék] 재점검하다 equipment[ikwípmənt] 장비 observe[əbzə́:rv] 주시하다
certified[sə́:rtəfàid] 검증된

03 당신은 스키 리조트에서 방문객들을 돕는 것을 교육받고 있습니다. 화자의 말을 듣고 그대로 따라 말하세요. 한 번만 따라 말하세요.

스크립트 🎧 T1_15
① Thank you for your visit.
② Ski boots and poles are available at the rental desk.
③ Beginner slopes are located right behind our main lodge.
④ When you are ready, take the lift up the mountain.
⑤ Please do not cut in line while waiting for the lift.
⑥ Over here is where you return all rental equipment after skiing.
⑦ When you need a break, visit our lodge for hot drinks and warm meals.

해석 ① 방문해 주셔서 감사합니다.
② 스키 부츠와 폴대는 대여 데스크에서 이용할 수 있습니다.
③ 초보자 슬로프는 저희 메인 산장 바로 뒤에 있습니다.
④ 준비가 되시면, 리프트를 타고 산으로 올라가세요.
⑤ 리프트를 기다리실 땐 줄에 끼어들지 말아 주세요.
⑥ 여기가 스키를 마친 후 모든 대여 장비를 반납하는 곳입니다.
⑦ 휴식이 필요하시면, 뜨거운 음료와 따뜻한 식사를 위해 저희 산장을 방문하세요.

어휘 lodge[lɑdʒ] 산장, 오두막

04 당신은 기업 세미나 참가자들을 돕는 것을 배우고 있습니다. 화자의 말을 듣고 그대로 따라 말하세요. 한 번만 따라 말하세요.

스크립트 🎧 T1_16
① Welcome to today's seminar.
② Pick up resource materials at the reception desk.
③ Check the seating chart to find your assigned seat.
④ Refreshments are available on the back table.
⑤ Please keep your phone on silent mode during the entire session.
⑥ Remember to sign the attendance sheet before you leave.
⑦ If you would like to sign up for our mailing list, notify any staff member.

해석 ① 오늘 세미나에 오신 것을 환영합니다.
② 접수처에서 자료를 가져가세요.
③ 배정된 자리를 찾기 위해 좌석 배치도를 확인하세요.
④ 다과는 뒤쪽 테이블에서 이용할 수 있습니다.
⑤ 전체 세션 동안 휴대폰을 무음 모드로 유지해 주세요.
⑥ 떠나기 전에 출석 표에 서명하는 것을 잊지 마세요.
⑦ 우편물 수신자 명단에 등록하고 싶으시면, 직원에게 알려주세요.

어휘 resource[risɔ́:rs] 자료 reception[risépʃən] 접수 seating chart 좌석 배치도 assign[əsáin] 배정하다
refreshment[rifréʃmənt] 다과 silent mode 무음 모드 attendance[əténdəns] 출석 notify[nóutəfài] 알리다

상황별 공략하기

I | 시설 안내

HACKERS TEST   p.64

01 당신은 캠퍼스 식당에서 학생들을 돕는 것을 배우고 있습니다. 당신의 관리자의 말을 듣고 그대로 따라 말하세요. 한 번만 따라 말하세요.

스크립트 🎧 T1_21
① Welcome to the campus cafeteria.
② Refrigerated drinks and snacks are located on your left.
③ Hot meals and fresh sandwiches are available in the back.
④ We accept both cash and credit card for all purchases.
⑤ Check the board for updates on meal sets at special prices.
⑥ You must return your tray over there when you are finished eating.
⑦ Feel free to submit any feedback or suggestions about the menu items and services.

해석 ① 캠퍼스 식당에 오신 것을 환영합니다.
② 냉장 음료와 간식은 왼쪽에 있습니다.
③ 따뜻한 식사와 신선한 샌드위치는 뒤쪽에서 제공합니다.
④ 모든 구매는 현금과 신용카드로 결제 가능합니다.
⑤ 특가 식사 세트 관련 최신 정보는 게시판을 확인해 주세요.
⑥ 식사 후에는 트레이를 저쪽으로 반납해 주세요.
⑦ 메뉴 항목이나 서비스에 대한 의견이나 제안이 있으면 자유롭게 제출해 주세요.

어휘 refrigerated[rifrídʒərèitid] 냉장한 purchase[pə́:rtʃəs] 구매 suggestion[səgdʒéstʃən] 제안

02 당신은 체육관에서 방문객들을 돕는 것을 교육받고 있습니다. 화자의 말을 듣고 그대로 따라 말하세요. 한 번만 따라 말하세요.

스크립트 🎧 T1_22
① Welcome to the community gym.
② Two towels are provided to each person.
③ All equipment must be wiped clean after use.
④ You can register for group fitness classes at the counter.
⑤ Equipment usage is limited to 30 minutes when others are waiting.
⑥ Always return mats and weights to the storage areas after use.
⑦ Speak with our trainers if you need help with any machines or have questions.

해석 ① 지역 공공 체육관에 오신 것을 환영합니다.
② 각 사람에게 수건 두 장이 제공됩니다.
③ 모든 운동 기구는 사용 후 깨끗이 닦아야 합니다.
④ 카운터에서 그룹 피트니스 수업을 등록할 수 있습니다.
⑤ 다른 사람들이 기다리고 있을 때는 운동 기구 사용이 30분으로 제한됩니다.
⑥ 사용 후에는 항상 매트와 역기를 보관 구역으로 되돌려 놓으세요.
⑦ 기구 사용에 도움이 필요하거나 질문이 있으시면 저희 트레이너에게 말씀하세요.

어휘 wipe[waip] 닦다 register[rédʒistər] 등록하다 usage[júːsidʒ] 사용 storage[stɔ́ːridʒ] 보관

03 당신은 관광 안내 센터에서 방문객들을 돕는 것을 교육받고 있습니다. 화자의 말을 듣고 그대로 따라 말하세요. 한 번만 따라 말하세요.

스크립트 🎧 T1_23
① Welcome to our tourist information center.
② We display maps and brochures over there.
③ You can purchase tickets for various destinations from this counter.
④ All of our audio guides come with multiple language options.
⑤ For tourists with mobility needs, we provide accessible tour vehicles.
⑥ Today, we have a special promotion on our popular sunset tour packages.
⑦ For a group of more than six people, we can help plan an itinerary tailored to your group's needs and interests.

해석 ① 저희 관광 안내 센터에 오신 것을 환영합니다.
② 저쪽에 지도와 안내서를 전시하고 있습니다.
③ 이 판매대에서 다양한 목적지로의 티켓을 구매하실 수 있습니다.
④ 저희 오디오 가이드는 모두 다중 언어 옵션이 제공됩니다.
⑤ 거동이 불편한 관광객을 위해, 접근 가능한 관광 차량을 제공합니다.
⑥ 오늘 인기 있는 일몰 투어 패키지에 특별 할인이 있습니다.
⑦ 6명을 초과하는 단체의 경우, 필요와 관심사에 맞춘 여행 일정 계획을 도와드립니다.

어휘 brochure[brouʃúər] 안내서 destination[dèstənéiʃən] 목적지 sunset[sʌ́nset] 일몰 itinerary[aitínərèri] 여행 일정

04 당신은 화학 실험실에서 학생들을 돕는 것을 교육받고 있습니다. 당신의 교육 담당자의 말을 듣고 그대로 따라 말하세요. 한 번만 따라 말하세요.

스크립트 🎧 T1_24
① Glad to have you in the lab today.
② Lab coats, safety goggles, and gloves are on the left.
③ You can find chemicals and supplies on the tables.
④ Please, no food or drinks, and always keep your workspace clean.
⑤ And keep a safe distance from other students and equipment.
⑥ Read the instructions on the board before you begin your experiment.
⑦ If you spill or break anything, please raise your hand and wait for instructions.

해석 ① 오늘 실험실에 와 주셔서 기쁩니다.
② 실험복, 보안경, 그리고 장갑은 왼쪽에 있습니다.
③ 화학물질과 용품은 테이블에서 찾을 수 있습니다.
④ 음식이나 음료는 금지되며, 항상 작업 공간을 깨끗하게 유지하세요.

⑤ 그리고 다른 학생들과 그들의 장비로부터 안전거리를 유지하세요.
⑥ 실험을 시작하기 전에 칠판의 지시 사항을 읽으세요.
⑦ 무언가를 쏟거나 깨뜨리면, 손을 들고 지시를 기다려 주세요.

어휘 lab coat 실험복 safety goggles 보안경 chemical[kémikəl] 화학물질 workspace[wə́ːrkspèis] 작업 공간 distance[dístəns] 거리 equipment[ikwípmənt] 장비 instruction[instrʌ́kʃən] 지시 사항 experiment[ikspérəmənt] 실험 spill[spil] 쏟다

II | 행사 안내

HACKERS TEST
p.72

01 당신은 미술 전시회의 방문객들을 환영하는 것을 배우고 있습니다. 당신의 관리자의 말을 듣고 그대로 따라 말하세요. 한 번만 따라 말하세요.

스크립트 🎧 T1_29
① Would you like to buy a ticket?
② All paintings on display are by local artists.
③ You can view a collection of sculptures in the west wing.
④ It's a good idea to take an audio guide to learn more about the displayed works.
⑤ Or join our complimentary group tours that are very popular with visitors.
⑥ Please note that the gallery's second floor is temporarily closed for renovations.
⑦ Check out our calendar of upcoming exhibits, many of which will feature world-famous pieces.

해석 ① 티켓을 구매하시겠습니까?
② 전시된 모든 그림은 지역 작가의 작품입니다.
③ 서관에서는 조각품 전시를 관람하실 수 있습니다.
④ 전시 작품에 대해 더 알고 싶다면 오디오 가이드를 이용하시는 것이 좋은 생각입니다.
⑤ 또는 방문객들에게 인기가 많은 무료 단체 투어에 참여해 보세요.
⑥ 갤러리 2층은 현재 보수 작업으로 임시 폐쇄 중임을 참고해 주세요.
⑦ 세계적으로 유명한 작품들을 선보일 다가오는 많은 전시 일정도 확인해 보세요.

어휘 sculpture[skʌ́lptʃər] 조각품 complimentary[kàːmpləméntəri] 무료의 upcoming[ʌ́pkʌ̀miŋ] 다가오는

02 당신은 캠퍼스 국제 축제에서 방문객들을 돕는 것을 교육받고 있습니다. 화자의 말을 듣고 그대로 따라 말하세요. 한 번만 따라 말하세요.

스크립트 🎧 T1_30
① This map will help you navigate the festival yourself.
② Try out delicious food from around the world.
③ Dance and martial arts classes will be given all day in the gym.
④ The display booths about different countries and cultures will be interesting as well.
⑤ Taking a picture with some beautiful traditional clothes on will be a good way to remember this day.
⑥ Although it is free of charge, please feel free to show support for our event by donating a small amount.
⑦ It is expected to be quite cold after sunset, so make sure to have some warm clothes for the concert tonight.

해석 ① 이 지도는 여러분이 스스로 축제를 돌아다니는 데 도움이 될 것입니다.
② 세계 각국의 맛있는 음식을 맛보세요.
③ 체육관에서는 하루 종일 춤과 무술 수업이 진행됩니다.
④ 다양한 나라와 문화에 관한 전시 부스도 흥미로울 것입니다.
⑤ 아름다운 전통 의상을 입고 사진을 찍는 것도 오늘을 기억하는 좋은 방법일 것입니다.
⑥ 행사는 무료이지만, 자유롭게 소액 기부를 통해 행사를 지원해 주시기 바랍니다.
⑦ 해가 진 후에는 날씨가 꽤 추울 것으로 예상되니, 오늘 밤 콘서트를 위해 반드시 따뜻한 옷을 준비하세요.

어휘 navigate[nǽvəgèit] 돌아다니다 martial arts 무술 donate[dóuneit] 기부하다

03 당신은 동아리 오리엔테이션에 참가하는 학생들을 돕는 것을 배우고 있습니다. 화자의 말을 듣고 그대로 따라 말하세요. 한 번만 따라 말하세요.

스크립트 🎧 T1_31

① Welcome to student club orientation.
② Sports, music, and art clubs are to the left.
③ You can find reading and study clubs next to the stage.
④ Avoid pushing or leaning against the displays and tables.
⑤ The student orchestra will give a performance after lunch, so don't miss it.
⑥ You can win amazing prizes by taking part in exciting games behind the booths.
⑦ Drop by the information desk, located just beside the main entrance, for more details.

해석 ① 학생 동아리 오리엔테이션에 오신 것을 환영합니다.
② 체육, 음악, 그리고 미술 동아리는 왼쪽에 있습니다.
③ 독서와 학습 동아리는 무대 옆에서 찾을 수 있습니다.
④ 전시물이나 테이블을 밀거나 기대지 않도록 주의해 주세요.
⑤ 점심 식사 후에는 학생 오케스트라 공연이 있으니 놓치지 마세요.
⑥ 부스 뒤에서 진행되는 재미있는 게임에 참여하면 멋진 경품을 받을 수 있습니다.
⑦ 자세한 내용을 위해서는 정문 옆에 위치한 안내 데스크를 방문해 주세요.

어휘 lean[liːn] 기대다 take part in 참여하다

04 당신은 게임 박람회에서 방문객들을 환영하는 것을 교육받고 있습니다. 화자의 말을 듣고 그대로 따라 말하세요. 한 번만 따라 말하세요.

스크립트 🎧 T1_32

① We have a special promotion on three-day passes.
② Head to the left to test out new VR games.
③ The action games in the central hall are also popular.
④ Take a map with you to guide yourself around the premises.
⑤ You can store your belongings in a locker for three hours at no charge.
⑥ We're holding a meet-and-greet with top-ranking gamers in the auditorium later.
⑦ Don't forget to budget extra time to pick up new game titles and souvenirs on discount.

해석 ① 3일 이용권에 대한 특별 홍보를 진행하고 있습니다.
② 왼쪽으로 가면 새 VR 게임을 체험해 보실 수 있습니다.
③ 중앙 홀의 액션 게임도 인기가 많습니다.
④ 건물 구석구석을 돌아보려면 지도를 가져가세요.
⑤ 소지품은 3시간 동안 무료로 사물함에 보관할 수 있습니다.
⑥ 나중에 강당에서는 상위 랭킹 게이머들과 만날 수 있는 팬미팅 행사가 열립니다.
⑦ 할인 중인 새 게임과 기념품을 사기 위해 여유 시간을 확보하는 것을 잊지 마세요.

어휘 promotion[prəmóuʃən] 홍보 premise[prémis] 건물 meet-and-greet[míːtəngríːt] 팬미팅 auditorium[ɔ̀ːditɔ́ːriəm] 강당 souvenir[sùːvəníər] 기념품

Ⅲ | 방법 및 절차 안내

HACKERS TEST
p.80

01 당신은 우체국에서 고객들이 소포를 부치는 것을 돕는 것을 교육받고 있습니다. 당신의 교육 담당자의 말을 듣고 그대로 따라 말하세요. 한 번만 따라 말하세요.

스크립트 🎧 T1_37

① Look for the forms you need on the counter.
② Select a box that matches the size of your item.

③ Other packaging supplies are on the tables over there.
④ The weighing station is located next to the counter.
⑤ Parcels larger than our standard boxes will be charged additional fees.
⑥ When you are ready, bring your package, weight slip, and shipping label to one of the windows.
⑦ Please take note that the pickup window on the far right is for international shipping only.

해석 ① 카운터에서 필요한 양식을 찾아 주세요.
② 물건 크기에 맞는 상자를 선택하세요.
③ 다른 포장 용품은 저쪽 테이블에서 찾으실 수 있습니다.
④ 무게 측정대는 카운터 바로 옆에 있습니다.
⑤ 표준 상자보다 큰 소포는 추가 요금이 부과됩니다.
⑥ 준비가 되면 소포, 무게 전표, 그리고 배송 라벨을 창구 중 한 곳으로 가져가세요.
⑦ 가장 오른쪽 창구는 국제 배송 전용임을 참고해 주세요.

어휘 weigh[weit] 무게를 달다 standard[stǽndərd] 표준의 slip[slip] 전표, 종잇 조각 international[ìntərnǽʃənl] 국제의

02 당신은 병원에서 환자들을 안내하는 것을 교육받고 있습니다. 당신의 교육 담당자의 말을 듣고 그대로 따라 말하세요. 한 번만 따라 말하세요.

스크립트 🎧 T1_38

① Is this your first time here at our clinic?
② To register, fill out the forms on the table.
③ Insurance cards should be presented at the check-in counter.
④ Stay in the waiting area until you see your name appear on screen.
⑤ Please keep noise levels down so as not to disturb other patients.
⑥ If you need to fill a prescription, there is a pharmacy just across the street.
⑦ Before you leave, consult with one of the nurses for your next appointment.

해석 ① 저희 병원에 처음 오신 건가요?
② 등록하려면, 테이블에 있는 양식을 작성하세요.
③ 보험 카드는 체크인 카운터에서 제시되어야 합니다.
④ 화면에 본인 이름이 나타날 때까지 대기 구역에서 기다리세요.
⑤ 다른 환자들을 방해하지 않도록 소음 수준을 낮게 유지해 주세요.
⑥ 처방전을 조제해야 한다면, 길 바로 건너편에 약국이 있습니다.
⑦ 떠나기 전에, 다음 예약을 위해 간호사 중 한 명과 상담하세요.

어휘 insurance[inʃúərəns] 보험 present[prizént] 제시하다 patient[péiʃənt] 환자 prescription[priskrípʃən] 처방전
pharmacy[fá:rməsi] 약국 consult[kənsʌ́lt] 상담하다 appointment[əpɔ́intmənt] 예약

03 당신은 컨벤션 센터에서 고객을 돕는 방법을 배우고 있습니다. 화자의 말을 듣고 그대로 따라 말하세요. 한 번만 따라 말하세요.

스크립트 🎧 T1_39

① Welcome! Did you set up an appointment?
② You can look around the event halls before selecting one.
③ Over here is where you can look up the calendar to check availability.
④ Once you make a decision, our event manager will help you with the rental agreement.
⑤ On top of rental fees, we do require a security deposit to cover any potential damages.
⑥ If you also need catering and cleaning services, we have several partners with reasonable prices.
⑦ A full inspection will be conducted after the event to confirm the venue is restored to its original condition.

해석 ① 환영합니다! 예약하셨나요?
② 선택하기 전에 행사장을 둘러보실 수 있습니다.
③ 여기에서 달력을 확인하여 이용 가능 일정을 확인하실 수 있습니다.
④ 결정을 내리시면, 저희의 행사 매니저가 대관 계약 진행을 도와드릴 겁니다.
⑤ 대관료 외에, 발생할 수 있는 손상을 감당하기 위한 보증금도 요구드립니다.
⑥ 음식 공급과 청소 서비스가 필요하신 경우, 합리적인 가격의 여러 파트너를 이용하실 수 있습니다.
⑦ 행사 종료 후에는 장소가 원래 상태로 복원되었는지 확인하기 위해 전체 점검이 진행됩니다.

어휘 rental fee 대관료 security deposit 보증금 catering[kéitəriŋ] 음식 공급(업) reasonable[ríːzənəbl] 합리적인
inspection[inspékʃən] 점검 venue[vénjuː] 장소 restore[ristɔ́ːr] 복원하다

04 당신은 호텔 로비에서 방문객들을 돕는 것을 교육받고 있습니다. 화자의 말을 듣고 그대로 따라 말하세요. 한 번만 따라 말하세요.

스크립트 🎧 T1_40
① Thank you for staying with us.
② We will bring your luggage to your room.
③ Breakfast is served in the hotel restaurant each morning.
④ Information about hotel amenities can be found in our guest guidebook.
⑤ Our tour booth staff can help you arrange tours and book transportation.
⑥ If you need cash, please use the ATM that is located by the staircase.
⑦ When you check out, please put your card key in the checkout box next to reception.

해석 ① 저희 호텔을 이용해 주셔서 감사합니다.
② 짐을 객실로 가져다 드리겠습니다.
③ 조식은 매일 아침 호텔 레스토랑에서 제공됩니다.
④ 호텔 편의시설에 대한 정보는 투숙객 안내서에서 찾을 수 있습니다.
⑤ 저희 투어 부스 직원이 투어를 예약하고 교통편을 예약하는 데 도움을 드릴 수 있습니다.
⑥ 현금이 필요하시면, 계단 옆에 있는 ATM을 이용해 주세요.
⑦ 체크아웃을 할 때는 리셉션 옆 체크아웃 박스에 카드키를 넣어주세요.

어휘 serve[səːrv] 제공하다 amenity[əménəti] 편의시설 arrange[əréindʒ] 예약하다 transportation[trænspərtéiʃən] 교통편
staircase[stέərkèis] 계단

POWER TEST 1   p.84

[01-07] 당신은 공장 견학에서 대학생들을 안내하는 것을 배우고 있습니다. 당신의 관리자의 말을 듣고 그대로 따라 말하세요. 한 번만 따라 말하세요.

스크립트 🎧 PT_1
01 Welcome to our factory.
02 Don't stray from your assigned group during the tour.
03 You will see first-hand how our products are manufactured.
04 The loading dock is where our products are shipped to all around the country.
05 During your lunch break, you'll be able to enjoy delicious meals at our cafeteria.
06 Unfortunately, our laboratory is not included in today's tour due to security issues.
07 Before you leave, our guide will take you to the main building for an educational video.

해석 01 저희 공장에 오신 것을 환영합니다.
02 투어 중에는 지정된 그룹에서 벗어나지 마세요.
03 저희 제품이 어떻게 제조되는지 직접 확인하실 수 있습니다.
04 하역장은 저희 제품이 전국으로 출하되는 곳입니다.
05 점심 시간에는 식당에서 맛있는 식사를 즐기실 수 있습니다.
06 안타깝게도, 보안 문제로 인해 오늘 투어에는 실험실이 포함되지 않습니다.
07 떠나기 전에, 교육용 영상을 시청하기 위해 안내원이 여러분을 본관으로 안내할 것입니다.

어휘 assigned[əsáint] 지정된 first-hand[fəːrsthǽnd] 직접 manufacture[mænjufǽktʃər] 제조하다 loading dock 하역장
laboratory[lǽbərətɔ̀ːri] 실험실 security[sikjúərəti] 보안

POWER TEST 2

p.86

[01-07] 당신은 학교 체육 행사에서 학생들을 안내하는 것을 배우고 있습니다. 화자의 말을 듣고 그대로 따라 말하세요. 한 번만 따라 말하세요.

스크립트 🎧 PT_2

01 The opening ceremony is on the main field.
02 Make sure you keep your team vest on at all times.
03 You can receive a towel at the check-in booth.
04 Bottled water will be offered throughout the event.
05 If you get hurt or feel unwell, please visit the first aid tent for help.
06 For the latest scores, results, and schedule updates, check the display screen.
07 During the lunch break, you can take part in a raffle on the tennis court on the right.

해석 01 개회식은 메인 경기장에서 열립니다.
02 반드시 팀 조끼를 항상 착용하고 있으세요.
03 체크인 부스에서 수건을 받을 수 있습니다.
04 행사 내내 생수가 제공됩니다.
05 다치거나 몸이 아프면, 응급 처치 텐트를 방문해 도움을 받으세요.
06 최신 점수, 결과, 그리고 일정 업데이트는 디스플레이 화면을 확인하세요.
07 점심시간 동안, 오른쪽 테니스 코트에서 추첨에 참여할 수 있습니다.

어휘 **opening ceremony** 개회식 **vest**[vest] 조끼 **at all times** 항상 **unwell**[ʌnwél] 아픈 **take part in** ~에 참여하다 **raffle**[rǽfl] 추첨

TASK 2 | Take an Interview

기본다지기

I | 입장 표현 말하기

CHECK-UP 🎧 T2_2   p.96

01 I support mandatory health checkups in schools.
02 I prefer renting an Airbnb to staying at a hotel when I travel.
03 I would choose visiting a museum over going to a theme park.
04 I think exercising in the morning is better than exercising at night.
05 In my opinion, empathy is the most important quality a leader can have.
06 I agree with the statement that public spaces should have more green areas.
07 From my perspective, installing more streetlights improves public safety.
08 Given the choice between reading fiction and non-fiction, I would choose fiction.
09 It is better to enforce stricter traffic rules than to rely on voluntary compliance.
10 I disagree with the statement that single-use plastics should be completely banned.
11 While some workers check emails constantly during the day, I set specific times to read them.
12 Personally, I think keeping a journal is one of the best ways to reflect on daily experiences and grow from them.

II | 이유와 구체적 근거 표현 말하기

CHECK-UP 🎧 T2_4   p.102

01 To be specific, experiments let me test ideas and see real outcomes.
02 Due to rising food costs, many families find cooking at home more practical.
03 In particular, history fascinates me because it explains how societies evolve.
04 Good time management reduces stress. As a result, students perform better in exams.
05 For example / For instance, when neighbors join a local clean-up event, they not only make the streets cleaner but also get to know each other better.
06 To begin with, teaching financial literacy in schools helps students make careful decisions about debt and savings.
07 In fact, when I volunteered at a local reading program, I saw how much children benefited from extra support.
08 One reason is that public libraries provide free access to educational resources for everyone.
09 I support nutritional labeling on restaurant menus. This is mainly because it helps customers make healthier food choices.

10 To explain, discussions train them to defend opinions with logic and evidence.
11 Instead of playing games all day, they could try learning new skills.
12 Unlike driving, walking allows me to notice details in my surroundings, and it gives me time to clear my mind.

Ⅲ | 마무리 표현 말하기

CHECK-UP 🎧 T2_6   p.106

01 In conclusion / To conclude, the benefits of renewable energy far outweigh the costs.
02 Consequently, I learned how to handle issues carefully and stay patient.
03 Therefore, I chose to pursue certifications to stay competitive in my field.
04 To sum up, this failure motivated me to develop better risk assessment strategies.
05 As such, online learning platforms help students understand difficult concepts more thoroughly.
06 In this sense, I don't agree that competition is always the best motivator for team performance.
07 For these reasons, I support remote work policies that are flexible.
08 In short, I prefer working in environments where innovation is encouraged.
09 As I have mentioned, the challenge enabled me to gain resilience.
10 In this regard, I believe professional development should be prioritized over immediate profit margins.
11 All things considered, I would choose the opportunity that offers more long-term growth potential.
12 Overall, my experience of working on teams has taught me the importance of inclusive leadership.

전략익히기

HACKERS PRACTICE   p.122

[01-04] 당신은 인턴십 프로그램에 지원했습니다. 회사의 채용 담당자가 당신에게 몇 가지 질문을 할 것입니다.

01 스크립트 🎧 T2_8_01

Thank you for your interest. Today, I'd like to ask you some questions to see if you are a good fit for our company. First, what do you think are the main benefits that students can gain from participating in internship programs?

해석 관심을 가져 주셔서 감사합니다. 오늘은 당신이 우리 회사에 적합한지 알아보기 위해 몇 가지 질문을 드리고 싶습니다. 먼저, 학생들이 인턴십 프로그램에 참여함으로써 얻을 수 있는 주요 혜택이 무엇이라고 생각하나요?

모범 답안 🎧 T2_8_01

Internship programs offer ① significant benefits for students' professional development.

First, they provide ② real-world experience that students cannot get in classrooms. In particular, ③ when I worked as an intern at a marketing company, I learned how to create actual campaigns for clients.

Second, ④ students can build relationships that help their future career. For example, my friend did an internship at a tech startup and met several industry professionals who later ⑤ helped her find a full-time job after graduation.

In conclusion, internship programs *are essential for students because ⑥ they provide practical experience and valuable networks.

어휘 benefit[bénəfit] 혜택, 이익　professional[prəféʃənl] 전문적인; 전문가　essential[isénʃəl] 필수적인　valuable[væljuəbl] 소중한

필수표현 *be essential for A A에(게) 필수적이다
Problem-solving skills **are essential for** success in any workplace.
문제 해결 능력은 어떤 직장에서든 성공에 필수적이다.

02 스크립트　🎧 T2_8_02

I see. Students have different preferences when applying for internship programs. Some prefer large companies where they work alongside many other interns, while others prefer smaller companies where they might be the only intern. Which environment would you prefer, and why?

해석 그렇군요. 학생들은 인턴십 프로그램에 지원할 때 서로 다른 선호도를 가지고 있습니다. 어떤 학생들은 다른 많은 인턴들과 함께 일하는 대기업을 선호하는 반면, 다른 학생들은 자신이 유일한 인턴일 수 있는 소규모 회사를 선호합니다. 당신은 어떤 환경을 선호하며, 그 이유는 무엇이라고 생각합니까?

모범 답안 🎧 T2_8_02

 ① I would prefer to work at a smaller company as the only intern.

First, I can ② get more direct guidance from my supervisor. For instance, if I have questions, ③ my boss might be available to help me instead of being busy with many other interns.

Second, ④ working at a small company would be less boring. To explain, in a small company, ⑤ I would be able to *take on diverse responsibilities, such as marketing and customer service, while in a large company, I might only focus on one specific task.

Therefore, ⑥ I think a smaller company would provide me with personal attention and a chance to do more.

어휘 guidance[gáidns] 지도　supervisor[súːpərvàizər] 상사　responsibility[rispànsəbíləti] 임무　specific[spisífik] 특정한, 구체적인

필수표현 *take on responsibilities 임무를 맡다
I am eager to **take on responsibilities** that contribute to the team's success.
나는 팀의 성공에 기여하는 임무들을 기꺼이 맡고 싶다.

03 스크립트　🎧 T2_8_03

Interesting. When people work for a company, they consider various factors such as salary, work culture, learning opportunities, and job security. What do you think is the most important factor when working for a company? Why?

해석 흥미롭네요. 사람들이 회사에서 일할 때, 그들은 급여, 직장 문화, 학습 기회, 그리고 직업 안정성과 같은 다양한 요소들을 고려합니다. 당신은 회사에서 일할 때 가장 중요한 요소가 무엇이라고 생각하나요? 그 이유는 무엇인가요?

모범 답안 🎧 T2_8_03

 ① I think learning opportunities are the most important factor when working for a company.

First, they help you ② stay competitive in the job market. This is because industries change rapidly, so ③ workers who constantly learn new skills can better *adapt to changes.

Second, ④ they keep employees motivated and passionate about work. In other words, when workers learn new things, ⑤ they become more engaged and try to contribute more to the company.

For these reasons, ⑥ learning opportunities create the foundation for job satisfaction.

어휘 competitive[kəmpétətiv] 경쟁력 있는 constantly[kánstəntli] 지속적으로 adapt[ədǽpt] 적응하다
motivated[móutəvèitid] 동기 부여된 passionate[pǽʃənət] 열정적인 foundation[faundéiʃən] 토대, 기초
satisfaction[sæ̀tisfǽkʃən] 만족도

필수표현 *adapt to changes 변화에 적응하다
I believe young workers generally **adapt to changes** in technology quickly.
나는 젊은 직장인들이 일반적으로 기술의 변화에 빠르게 적응한다고 생각한다.

04 스크립트 🎧 T2_8_04

Good points. Lastly, building positive relationships with supervisors is crucial for success in any workplace, but it can be challenging for new employees and interns. Can you share one or two different strategies that you think are effective in maintaining a good relationship with your boss?

해석 좋은 의견이네요. 마지막으로, 상사와 긍정적인 관계를 구축하는 것은 모든 직장에서 성공을 위해 중요하지만, 신입 직원과 인턴에게는 어려울 수 있습니다. 상사와 좋은 관계를 유지하는 데 효과적이라고 생각하는 한두 가지 다른 전략들을 공유해 줄 수 있나요?

모범 답안 🎧 T2_8_04

> I believe ① regular updates and consistent performance are key to maintaining a good relationship with a boss.
>
> First, ② keeping your boss informed about your progress prevents misunderstandings. To be specific, when I send weekly progress reports, ③ my boss can give me feedback quickly and prevent any problems.
>
> Second, ④ consistent performance *builds trust. For instance, when my friend consistently delivered good work on time, ⑤ her boss started giving her more important assignments.
>
> This is why ⑥ keeping updated and delivering quality work are essential for building a strong relationship with your supervisor.

어휘 consistent[kənsístənt] 일관된 performance[pərfɔ́ːrməns] 성과 misunderstanding[mìsʌndərstǽndiŋ] 오해
assignment[əsáinmənt] 업무, 과제

필수표현 *build trust 신뢰를 쌓다
I **build trust** with my colleagues through consistent and honest communication.
나는 일관되고 정직한 소통을 통해 동료들과 신뢰를 쌓는다.

HACKERS TEST   p.126

[01-04] 당신은 대학의 캠퍼스 홍보대사 프로그램에 참여하기 위해 지원했습니다. 당신은 프로그램 담당자와 짧은 온라인 인터뷰를 진행할 것입니다. 담당자가 몇 가지 질문을 할 것입니다.

01 스크립트 🎧 T2_9_01

Thank you for your interest in the campus ambassador program. Today, I would like to ask you a few questions to determine your suitability for this role. First, could you tell me what interests you about the program?

해석 캠퍼스 홍보대사 프로그램에 관심을 가져 주셔서 감사합니다. 오늘, 이 역할에 대한 당신의 적합성을 판단하기 위해 몇 가지 질문을 드리고 싶습니다. 먼저, 이 프로그램에 관해 당신의 흥미를 끌었던 것을 말해줄 수 있나요?

브레인스토밍

meeting prospective students 예비 학생들을 만나는 것

1. want to help them make an informed decision 그들이 정보에 입각한 결정을 내리도록 돕고 싶음
   - our school has much to offer to students 우리 학교가 학생들에게 제공할 것이 많음
2. want to learn from their diverse perspectives and backgrounds 그들의 다양한 관점과 배경으로부터 배우고 싶음
   - can broaden my understanding and help me grow personally
     나의 이해를 넓히고 개인적으로 성장하는 것을 도울 수 있음

모범 답안 🎧 T2_9_01

What interests me about the campus ambassador program is meeting prospective students.

First, I want to help them make an informed decision about attending this university. I think our school *has much to offer to students, so it is important to make them truly understand these benefits.

Second, I want to learn from their diverse perspectives and backgrounds. To explain, every prospective student brings unique experiences, goals, and viewpoints, which can broaden my understanding and help me grow personally.

This is why I want to be a campus ambassador.

해석 캠퍼스 홍보대사 프로그램에 관해 저의 흥미를 끄는 것은 예비 학생들을 만나는 것입니다.
첫째로, 저는 학생들이 이 대학에 진학하는 것에 대해 정보에 입각한 결정을 내리도록 돕고 싶습니다. 저는 우리 학교가 학생들에게 제공할 것이 많다고 생각하기 때문에, 학생들이 이러한 혜택을 진정으로 이해하도록 만드는 것이 중요하다고 생각합니다.
둘째로, 저는 그들의 다양한 관점과 배경으로부터 배우고 싶습니다. 설명하자면, 모든 예비 학생은 고유한 경험, 목표, 그리고 관점을 가지고 있으며, 이것들은 저의 이해를 넓히고 개인적으로 성장하는 것을 도울 수 있습니다.
이것이 제가 캠퍼스 홍보대사가 되고 싶은 이유입니다.

어휘 prospective[prəspéktiv] 예비의 informed[infɔ́ːrmd] 정보에 입각한 diverse[dáivəːrs] 다양한 broaden[brɔ́ːdn] 넓히다

필수표현 *have much to offer 제공할 것이 많다
Young professionals **have much to offer** with their innovative approaches and energy.
젊은 전문가들은 그들의 혁신적인 접근법과 에너지로 제공할 것이 많다.

02 스크립트 🎧 T2_9_02

I see. Some people think that campus ambassadors should always be third- or fourth-year students because of their knowledge and experience. Others think that first- and second-year students make the best ambassadors. What do you think and why?

해석 그렇군요. 어떤 사람들은 캠퍼스 홍보대사는 지식과 경험 때문에 항상 3학년이나 4학년 학생이어야 한다고 생각합니다. 다른 사람들은 1학년과 2학년 학생들이 최고의 홍보대사가 된다고 생각합니다. 당신은 어떻게 생각하며 그 이유는 무엇인가요?

브레인스토밍

first- and second-year students 1학년과 2학년 학생들

1. closer in age to high school graduates 고등학교 졸업생들과 나이가 더 가까움
   - can better relate to college applicants / understand their concerns more naturally
     대학 지원자들에게 더 잘 공감할 수 있음 / 그들의 우려를 더 자연스럽게 이해함
2. third- and fourth-year students = often too busy 3학년과 4학년 학생들은 종종 너무 바쁨
   - prepare for job interviews / focus on graduation requirements 취업 면접을 준비함 / 졸업 요건에 집중함

모범 답안 🎧 T2_9_02

In my opinion, first- and second-year students are best suited to be ambassadors.

First, they are closer in age to high school graduates. For instance, they can better *relate to college applicants and understand their concerns about campus life and academic challenges more naturally.

Second, third- and fourth-year students are often too busy. In particular, they need to prepare for job interviews or focus on graduation requirements rather than dedicating sufficient time to ambassador duties.

So, I think it is better to have younger students fulfill ambassador roles.

해석 제 생각에는, 1학년과 2학년 학생들이 홍보대사에 가장 적합합니다.
첫째로, 그들은 고등학교 졸업생들과 나이가 더 가깝습니다. 예를 들어, 그들은 대학 지원자들에게 더 잘 공감할 수 있고 캠퍼스 생활과 학업상의 어려움에 대한 그들의 우려를 더 자연스럽게 이해할 수 있습니다.
둘째로, 3학년과 4학년 학생들은 종종 너무 바쁩니다. 특히, 그들은 홍보대사 업무에 충분한 시간을 바치기보다는 취업 면접을 준비하거나 졸업 요건에 집중해야 합니다.
그래서, 저는 더 어린 학생들이 홍보대사 역할을 수행하게 하는 것이 더 낫다고 생각합니다.

어휘 graduate[grǽdʒuət] 졸업생 applicant[ǽplikənt] 지원자 academic[ӕkədémik] 학업의 requirement[rikwáiərmənt] 요건
dedicate[dédikèit] 바치다 sufficient[səfíʃənt] 충분한 duty[djú:ti] 업무 fulfill[fulfíl] 수행하다

필수표현 *relate to ~에게 공감하다
I **relate to** people who prefer working in quiet places.
나는 조용한 곳에서 일하는 것을 선호하는 사람들에게 공감한다.

03 스크립트 🎧 T2_9_03

Very interesting. I have another question for you. What do you think is a trait that a person must have to be a successful campus ambassador? Explain your thoughts.

해석 매우 흥미롭네요. 또 다른 질문이 있습니다. 성공적인 캠퍼스 홍보대사가 되기 위해 반드시 가져야 할 특성이 무엇이라고 생각하나요? 당신의 생각을 설명해 주세요.

브레인스토밍

strong communication skills & positive energy 강한 의사소통 능력 & 긍정적인 에너지

1. ability to communicate effectively 효과적으로 의사소통하는 능력
   - have to accurately convey information 정보를 정확하게 전달해야 함
2. positive energy & enthusiasm 긍정적인 에너지 & 열정
   - serve as the face of the university 대학의 얼굴 역할을 함

모범 답안 🎧 T2_9_03

 An effective campus ambassador needs strong communication skills and positive energy.

First, the ability to communicate effectively is essential. To be specific, ambassadors have to accurately convey information to prospective students and clearly respond to questions. During my campus visit, clear answers from ambassadors helped me make my decision.

Second, having positive energy and enthusiasm is crucial. In fact, representatives serve as the face of the university, and prospective students *form their first impressions based on these interactions.

Overall, effective communication and enthusiasm are necessary for campus ambassadors.

해석 효과적인 캠퍼스 홍보대사는 강한 의사소통 능력과 긍정적인 에너지가 필요합니다.
첫째로, 효과적으로 의사소통하는 능력은 필수적입니다. 구체적으로, 홍보대사들은 예비 학생들에게 정보를 정확하게 전달하고 질문에 명확하게 응답해야 합니다. 저의 캠퍼스 방문 중에, 홍보대사들의 명확한 답변이 제가 결정을 내리는 데 도움이 되었습니다.
둘째로, 긍정적인 에너지와 열정을 갖는 것이 중요합니다. 실제로, 대표자들은 대학의 얼굴 역할을 하며, 예비 학생들은 이러한 상호작용을 바탕으로 그들의 첫인상을 형성합니다.
전반적으로, 효과적인 의사소통과 열정은 캠퍼스 홍보대사에게 필수적입니다.

어휘 accurately[ǽkjurətli] 정확하게 convey[kənvéi] 전달하다 prospective[prəspéktiv] 예비의 enthusiasm[inθú:ziæzm] 열정
impression[impréʃən] 인상 interaction[ìntərǽkʃən] 상호작용

필수표현 *form an impression 인상을 형성하다
Travelers often **form an impression** about different countries based on their first visit.
여행객들은 첫 방문을 바탕으로 다른 나라들에 대한 인상을 종종 형성한다.

04 스크립트 🎧 T2_9_04

Good points. I have one last question. Some universities are putting an emphasis on online activities for student ambassadors because this allows them to interact with a greater number of prospective students. Do you agree with this approach? Why or why not?

해석 좋은 의견이네요. 마지막 질문이 있습니다. 일부 대학들은 학생 홍보대사들이 더 많은 예비 학생들과 소통할 수 있게 하므로 온라인 활동에 중점을 두고 있습니다. 이러한 접근법에 동의하나요? 왜 그런가요, 혹은 왜 그렇지 않은가요?

브레인스토밍

emphasizing online activities = bad idea 온라인 활동에 중점을 두는 것 = 좋지 않은 생각
1. face-to-face interactions have a stronger impact 대면 상호작용이 더 강한 영향을 미침
   - meeting campus representatives directly → understand the college atmosphere
     캠퍼스 대표자들을 직접 만나는 것 → 대학 분위기를 이해함
2. offline meetings = ↑ personalized attention 오프라인 모임 = 더 많은 개인화된 관심
   - enable individualized guidance 개별화된 안내를 가능하게 함

모범 답안 🎧 T2_9_04

 I need a moment to gather my thoughts. Here's what I think. Emphasizing online activities *seems like a bad idea.

First, face-to-face interactions have a stronger impact on students. From my personal experience, meeting campus representatives directly helped me understand the college atmosphere and influenced my enrollment decision.

Second, offline meetings allow more personalized attention. Unlike digital sessions that involve mass communication, direct encounters enable individualized guidance.

Therefore, I don't think online activities should be the focus.

해석 생각을 정리할 시간이 필요합니다. 제가 생각하는 바는 이렇습니다. 온라인 활동에 중점을 두는 것은 좋지 않은 생각인 것 같습니다.
첫째로, 대면 상호작용이 학생들에게 더 강한 영향을 미칩니다. 저의 개인적인 경험으로 볼 때, 캠퍼스 대표자들을 직접 만나는 것이 대학 분위기를 이해하는 데 도움이 되었고 저의 입학 결정에 영향을 미쳤습니다.
둘째로, 오프라인 모임은 더 많은 개인화된 관심을 받을 수 있게 합니다. 대중 의사소통을 포함하는 디지털 세션과는 달리, 직접적인 만남은 개별화된 안내를 가능하게 합니다.
그러므로, 저는 온라인 활동이 초점이 되어서는 안 된다고 생각합니다.

어휘 atmosphere[ǽtməsfiər] 분위기   enrollment[inróulmənt] 입학   personalized[pə́ːrsənəlàizd] 개인화된
encounter[inkáuntər] 만남   individualized[ìndəvídʒuəlàizd] 개별화된

필수표현 *seem like A A인 것 같다
Cooking at home **seems like** a healthier option than eating out frequently.
집에서 요리하는 것이 자주 외식하는 것보다 더 건강한 선택인 것 같다.

[05-08] 당신은 청년 실업에 관한 연구에 자원했습니다. 당신은 연구원과 짧은 온라인 인터뷰를 진행할 것입니다. 연구원이 몇 가지 질문을 할 것입니다.

05 스크립트 🎧 T2_10_05

Thank you for speaking with me about youth unemployment. Many young people today face challenges when looking for their first job or starting their careers. Have you or someone you know experienced difficulty finding employment after finishing school or university? What made that job search challenging?

해석 청년 실업에 대해 이야기해 주셔서 감사합니다. 오늘날 많은 젊은 사람들이 첫 직장을 찾거나 경력을 시작할 때 어려움에 직면합니다. 당신이나 당신이 아는 누군가가 학교나 대학교를 마친 후 취업에 어려움을 겪은 적이 있나요? 무엇이 그 구직 활동을 어렵게 만들었나요?

브레인스토밍

my cousin 나의 사촌

1. most entry-level positions required experience 대부분의 초급 직책은 경험을 요구했음
   - employers expected practical skills 고용주들은 실용적인 기술을 기대했음
2. economic uncertainty → reluctant to hire & train inexperienced workers
   경제적 불확실성 → 경험이 없는 근로자들을 고용 & 훈련시키는 것을 꺼리게 됨
   - companies preferred candidates who could contribute immediately
     회사들은 즉시 기여할 수 있는 후보자들을 선호했음

모범 답안 🎧 T2_10_05

 My cousin *faced significant challenges finding work after graduating from business school two years ago.

First, most entry-level positions required three years of experience. Particularly, employers expected practical skills that university courses had not provided.

Second, economic uncertainty made companies reluctant to hire and train inexperienced workers. In fact, they preferred candidates who could contribute immediately without additional investment.

Therefore, this gap between educational preparation and employer expectations created frustrating barriers for qualified young people seeking their first jobs.

해석 저의 사촌이 2년 전 경영 대학을 졸업한 후 직장을 구하는 데 상당한 어려움에 직면했습니다.
첫째로, 대부분의 초급 직책은 3년의 경험을 요구했습니다. 특히, 고용주들은 대학 과정에서 제공하지 않았던 실용적인 기술을 기대했습니다.
둘째로, 경제적 불확실성은 회사들이 경험이 없는 근로자들을 고용하고 훈련시키는 것을 꺼리게 만들었습니다. 실제로, 그들은 추가적인 투자 없이 즉시 기여할 수 있는 후보자들을 선호했습니다.
그러므로, 교육적 준비와 고용주의 기대 사이의 이러한 격차가 첫 직장을 찾는 자격을 갖춘 젊은 사람들에게 좌절감을 주는 장벽을 만들어냈습니다.

어휘 entry-level[éntrilèvəl] 초급의   uncertainty[ʌnsə́ːrtənti] 불확실성   reluctant[rilʌ́ktənt] 꺼리는
inexperienced[ìnikspíəriənst] 경험이 없는   investment[invéstmənt] 투자   preparation[prèpəréiʃən] 준비
frustrating[frʌ́streitiŋ] 좌절감을 주는   barrier[bǽriər] 장벽   qualified[kwɑ́ləfàid] 자격을 갖춘

필수표현 *face challenges 어려움에 직면하다
Many graduates **face challenges** when transitioning from university to professional life.
많은 졸업생들이 대학에서 직업 생활로 전환할 때 어려움에 직면한다.

06 스크립트 🎧 T2_10_06

I see what you mean. If you could choose one approach to better prepare young people for employment, would you focus on providing more practical work experience through internships, or would you emphasize developing technical skills through specialized training programs? Which would you choose, and why?

해석 무슨 의미인지 알겠습니다. 젊은 사람들을 취업에 더 잘 준비시키기 위한 한 가지 접근법을 선택할 수 있다면, 인턴십을 통해 더 실용적인 업무 경험을 제공하는 데 집중하시겠습니까, 아니면 전문 교육 프로그램을 통해 기술적 기능을 개발하는 데 중점을 두시겠습니까? 어느 것을 선택할 것이며, 그 이유는 무엇인가요?

브레인스토밍

technical skills training 기술적 기능 훈련

1. specialized certifications → concrete credentials 전문 자격증 → 구체적인 증명서
   - remain valuable across different companies & industries 서로 다른 회사 & 산업에 걸쳐 가치 있게 남아있음
2. structured learning with measurable outcomes 측정 가능한 결과를 가진 체계적인 학습
   - coding bootcamps teach universal programming languages 코딩 부트캠프는 보편적인 프로그래밍 언어를 가르침

모범 답안 🎧 T2_10_06

> 🎤 I would *emphasize technical skills training over internships for employment preparation.
>
> The primary reason is that specialized certifications in areas like digital marketing or data analysis provide concrete credentials that employers can easily evaluate and trust. To be specific, these skills remain valuable across different companies and industries.
>
> Also, technical training programs offer structured learning with measurable outcomes, unlike internships that may provide limited or company-specific experience. For example, coding bootcamps teach universal programming languages that many employers need.
>
> In this regard, technical skills create portable qualifications that give young people competitive advantages in multiple job markets and career paths.

해석 저는 취업 준비를 위해 기술적 기능 훈련을 인턴십보다 강조하겠습니다.
주된 이유는 디지털 마케팅이나 데이터 분석과 같은 분야의 전문 자격증은 고용주들이 쉽게 평가하고 신뢰할 수 있는 구체적인 증명서를 제공하기 때문입니다. 구체적으로, 이러한 기술들은 서로 다른 회사와 산업에 걸쳐 가치 있게 남아있습니다.
또한, 기술 교육 프로그램은 제한적이거나 특정 회사에 한정된 경험을 제공할 수 있는 인턴십과는 달리, 측정 가능한 결과를 가진 체계적인 학습을 제공합니다. 예를 들어, 코딩 부트캠프는 많은 고용주들이 필요로 하는 보편적인 프로그래밍 언어를 가르칩니다.
이와 관련하여, 기술적 기능은 젊은 사람들에게 여러 취업 시장과 진로에서 경쟁 우위를 제공하는 이동 가능한 자격을 만들어 냅니다.

어휘 specialized[spéʃəlàizd] 전문화된 certification[sə̀:rtəfikéiʃən] 자격증 credential[kridénʃəl] 증명서 evaluate[ivǽljuèit] 평가하다 measurable[méʒərəbl] 측정 가능한 outcome[áutkʌm] 결과 portable[pɔ́:rtəbl] 이동 가능한 qualification[kwὰləfikéiʃən] 자격

필수표현 *emphasize A over B A를 B보다 강조하다
Modern companies **emphasize** practical experience **over** academic achievements when hiring.
현대 기업들은 채용할 때 실무 경험을 학업 성취보다 강조한다.

07 스크립트 🎧 T2_10_07

Interesting. Some economists argue that technological advancement and automation are major factors contributing to youth unemployment, as machines and artificial intelligence replace many entry-level positions. Do you agree that technology is making it harder for young people to find jobs? Why or why not?

해석 흥미롭네요. 일부 경제학자들은 기계와 인공지능이 많은 초급 직책을 대체함에 따라 기술 발전과 자동화가 청년 실업에 기여하는 주요 요인이라고 주장합니다. 기술이 젊은 사람들이 직업을 찾는 것을 더 어렵게 만들고 있다는 데 동의하나요? 왜 그런가요, 혹은 왜 그렇지 않은가요?

브레인스토밍

> technology creates more job opportunities 기술은 더 많은 취업 기회를 만들어 냄
>
> 1. Internet platforms → completely new job areas 인터넷 플랫폼 → 완전히 새로운 직업 분야
>   - YouTube videos 유튜브 영상
> 2. working from home removes location barriers 재택근무는 위치의 장벽을 제거함
>   - companies in different cities or countries 다른 도시나 국가의 회사들

모범 답안 🎧 T2_10_07

> 🎤 Technology creates more job opportunities than it eliminates for young people who learn quickly.
>
> First, Internet platforms have created completely new job areas. For example, my cousin now earns money making YouTube videos about cooking, which did not exist as a career option ten years ago.
>
> Second, working from home *removes location barriers. Working from home through computers allows young people to find jobs with companies in different cities or countries without moving there.
>
> Therefore, technology opens new career paths and removes geographic limitations.

해석 기술은 빨리 배우는 젊은 사람들에게 취업 기회를 없애는 것보다 더 많은 취업 기회를 만들어냅니다.
첫째로, 인터넷 플랫폼이 완전히 새로운 직업 분야를 만들어냈습니다. 예를 들어, 저의 사촌은 이제 요리에 관한 유튜브 영상을 만들어 돈을 벌고 있는데, 이는 10년 전에는 직업 선택지로 존재하지 않았습니다.
둘째로, 재택근무는 위치의 장벽을 제거합니다. 컴퓨터를 통한 재택근무는 젊은 사람들이 그곳으로 이주하지 않고도 다른 도시나 국가에 있는 회사의 일자리를 찾을 수 있게 해줍니다.
그러므로, 기술은 새로운 진로를 열어주고 지리적 제약을 제거합니다.

어휘 eliminate[ilímənèit] 없애다 geographic[dʒìəgrǽfik] 지리적인 limitation[lìmitéiʃən] 제약

필수표현 *remove barriers 장벽을 제거하다
Social media platforms can **remove barriers** between people from different countries.
소셜 미디어 플랫폼들은 서로 다른 나라 사람들 사이의 장벽을 제거할 수 있다.

08 스크립트 🎧 T2_10_08

Fair point. Let me ask you one final question. Various organizations have implemented different strategies to address youth unemployment, from job placement services to entrepreneurship support programs. What do you think are one or two effective ways that governments or communities can help young people find meaningful employment? Give reasons for your answer.

해석 일리 있는 말이에요. 마지막 질문을 드리겠습니다. 다양한 조직들이 취업 알선 서비스부터 창업 지원 프로그램에 이르기까지 청년 실업 문제를 해결하기 위한 여러 전략들을 실행해 왔습니다. 정부나 지역사회가 젊은 사람들이 의미 있는 직장을 찾을 수 있도록 도울 수 있는 한 두 가지 효과적인 방법은 무엇이라고 생각하나요? 답변에 대한 이유를 제시해 주세요.

브레인스토밍

> create work training programs 직업 훈련 프로그램 만들기
> 1. provide real work experience 실제 업무 경험을 제공함
>   - learn practical job skills 실용적인 직업 기술을 배움
> 2. successful programs can encourage ↑ businesses to participate
>   성공적인 프로그램은 더 많은 기업들이 참여하도록 장려할 수 있음
>   - trained workers stay longer and work better 훈련 받은 근로자들이 더 오래 머물고 더 잘 일함

모범 답안 🎧 T2_10_08

 Communities should create work training programs that help local businesses meet young people looking for job experience.

One reason is that training programs provide real work experience while learning. In particular, young people can learn practical job skills like cooking food, helping customers, or fixing things by working alongside experienced workers in actual business settings.

Another reason is that successful programs can *encourage more businesses to participate. For example, when one restaurant sees that trained workers stay longer and work better, other restaurants in the area will want to start similar programs.

Therefore, work training programs solve youth unemployment by creating more job opportunities throughout the entire community.

해석 지역 사회는 지역 기업들이 직업 경험을 찾는 젊은 사람들을 만날 수 있도록 도와주는 직업 훈련 프로그램을 만들어야 합니다.
한 가지 이유는 훈련 프로그램은 배우는 동시에 실제 업무 경험을 제공하기 때문입니다. 특히, 젊은 사람들은 실제 기업 환경에서 경험이 풍부한 근로자들과 함께 일함으로써 음식 요리하기, 고객 돕기, 또는 물건 고치기와 같은 실용적인 직업 기술을 배울 수 있습니다.
또 다른 이유는 성공적인 프로그램은 더 많은 기업이 참여하도록 장려할 수 있기 때문입니다. 예를 들어, 한 식당이 훈련 받은 근로자들이 더 오래 머물고 더 잘 일하는 것을 보게 되면, 그 지역의 다른 식당들도 비슷한 프로그램을 시작하고 싶어 할 것입니다.
그러므로, 직업 훈련 프로그램은 전체 지역사회에 걸쳐 더 많은 취업 기회를 만들어 냄으로써 청년 실업을 해결합니다.

어휘 experienced[ikspíəriənst] 경험이 풍부한 throughout[θruːáut] 전체에 걸쳐

필수표현 *encourage A to B A가 B하도록 장려하다
Schools should **encourage** students **to** participate in various extracurricular activities.
학교들은 학생들이 다양한 과외 활동에 참여하도록 장려해야 한다.

[09-12] 당신은 해외 근무에 관한 연구에 참여하기로 동의했습니다. 당신은 연구원과 짧은 온라인 인터뷰를 진행할 것입니다. 연구원이 몇 가지 질문을 할 것입니다.

09 스크립트 🎧 T2_11_09

Thank you for participating in this study. Today, I have a few questions for you about working abroad. First, have you or someone you know ever worked in another country? How was the experience?

해석 이 연구에 참여해 주셔서 감사합니다. 오늘 해외 근무에 대해 몇 가지 질문을 드리겠습니다. 먼저, 당신이나 당신이 아는 누군가가 다른 나라에서 일한 적이 있나요? 그 경험은 어땠나요?

브레인스토밍

my older sister – Japan 언니 – 일본

1. very beneficial for her career 그녀의 경력에 매우 도움이 됨
   - international experience made her more attractive to employers
     국제적인 경험이 고용주들에게 그녀를 더 매력적으로 만들었음
2. became much more independent 훨씬 더 독립적이게 되었음
   - had to overcome the challenges of living in another country 다른 나라에서 생활하는 어려움을 극복해야 했음

모범 답안 🎧 T2_11_09

 My older sister worked for a company in Japan last year, and she had an amazing experience.

To begin with, she found it very beneficial for her career. Specifically, the fact that she had international experience made her more attractive to employers when she returned to her home country.

Also, she became much more independent. This is because she had to overcome the challenges of living in another country *without the support of her friends and family members.

All things considered, working abroad was a good experience for her.

해석 저의 언니가 작년에 일본의 한 회사에서 일했고, 그녀는 놀라운 경험을 했습니다.
우선, 그녀는 그것이 자신의 경력에 매우 도움이 된다는 것을 발견했습니다. 구체적으로, 그녀가 국제적인 경험이 있다는 사실이 본국으로 돌아왔을 때 고용주들에게 그녀를 더 매력적으로 만들었습니다.
또한, 그녀는 훨씬 더 독립적이게 되었습니다. 이는 그녀가 그녀의 친구들과 가족들의 도움 없이 다른 나라에서 생활하는 어려움을 극복해야 했기 때문입니다.
모든 것을 고려해 볼 때, 해외 근무는 그녀에게 좋은 경험이었습니다.

어휘 beneficial[bènəfíʃəl] 도움이 되는 specifically[spisífikəli] 구체적으로 international[ìntərnǽʃənl] 국제적인
attractive[ətrǽktiv] 매력적인 employer[implɔ́iər] 고용주 independent[ìndipéndənt] 독립적인 overcome[òuvərkʌ́m] 극복하다

필수표현 *with [without] the support of ~의 도움으로 [도움 없이]
With the support of my colleagues, I was able to finish the project on time.
나의 동료들의 도움으로, 나는 제시간에 프로젝트를 끝낼 수 있었다.

10 스크립트 🎧 T2_11_10

I see. Some people who work abroad prefer to be the only foreign worker at their company. They feel that this allows them to become fully immersed in the local culture. Others think that having other foreign workers is better because they do not feel isolated. Which would you prefer and why?

해석 그렇군요. 해외에서 일하는 일부 사람들은 그들의 회사에서 유일한 외국인 근로자가 되는 것을 선호합니다. 그들은 이것이 그들이 현지 문화에 완전히 몰입될 수 있게 해준다고 느낍니다. 다른 사람들은 다른 외국인 근로자들이 있는 것이 더 좋다고 생각하는데, 그들이 고립감을 느끼지 않기 때문입니다. 당신은 어느 것을 선호하며 그 이유는 무엇인가요?

브레인스토밍

prefer to have other foreign workers 다른 외국인 근로자들이 있는 것을 선호함

1. would prevent me from feeling isolated 내가 고립감을 느끼는 것을 방지해 줄 것임
   - experiences ~ would be similar to mine 경험이 나의 것과 비슷할 것임

2. a company ~ would likely have systems in place to assist them
회사가 그들을 도와줄 시스템을 갖추고 있을 가능성이 높음
- translated versions of employee manuals / assistance with immigration matters
직원 매뉴얼의 번역본 / 출입국 문제에 대한 도움

모범 답안 🎧 T2_11_10

I would prefer to have other foreign workers around me *if I ever worked abroad.

One reason is that this would prevent me from feeling isolated. In particular, the experiences of the other foreign workers would be similar to mine, so we could talk easily.

Furthermore, a company with other foreign workers would likely have systems in place to assist them. For instance, it might have translated versions of employee manuals or provide assistance with immigration matters.

For these reasons, working at a company with many foreign workers seems best.

해석 제가 언젠가 해외에서 일하게 된다면 저는 다른 외국인 근로자들이 주변에 있는 것을 선호하겠습니다.
한 가지 이유는 이것이 제가 고립감을 느끼는 것을 방지해 줄 것이기 때문입니다. 특히, 다른 외국인 근로자들의 경험이 저의 것과 비슷할 것이기 때문에, 저희는 쉽게 대화할 수 있을 것입니다.
게다가, 다른 외국인 근로자들이 있는 회사는 그들을 도와줄 시스템을 아마 갖추고 있을 것입니다. 예를 들어, 그 회사는 직원 매뉴얼의 번역본을 가지고 있거나 출입국 문제에 대한 도움을 제공할 수도 있습니다.
이러한 이유들로, 많은 외국인 근로자들이 있는 회사에서 일하는 것이 가장 좋을 것 같습니다.

어휘 isolate[áisəlèit] 고립시키다 likely[láikli] 아마 assist[əsíst] 도와주다 translate[trænsléit] 번역하다
immigration[ìməgréiʃən] 출입국 (관리)

필수표현 *if I ever 내가 언젠가 ~한다면
If I ever work in another country, I want to experience the work culture of Europe.
내가 언젠가 다른 나라에서 일한다면, 유럽의 직장 문화를 경험하고 싶다.

11 스크립트 🎧 T2_11_11
That's interesting. Many people believe that being fluent in the local language is important when working abroad. Otherwise, communication difficulties will result in a negative experience. Do you agree or disagree with this opinion? Explain your answer.

해석 그거 흥미롭네요. 많은 사람들이 해외에서 일할 때 현지 언어에 유창한 것이 중요하다고 믿습니다. 그렇지 않으면, 의사소통의 어려움이 부정적인 경험을 초래할 것입니다. 이 의견에 동의하나요, 동의하지 않나요? 답변을 설명해 주세요.

브레인스토밍

agree 동의함
1. communication difficulties with coworkers → negative experience 동료들과의 의사소통의 어려움 → 부정적인 경험
   - understanding work assignments & instructions = difficult 업무 배정 & 지시를 이해하는 것 = 어려움
2. appreciating the culture requires strong language skills 문화를 올바르게 이해하는 것은 강한 언어 능력을 필요로 함
   - X understand a country's traditions if X speak the language 언어를 구사할 수 없다면, 한 나라의 전통을 이해하지 못함

모범 답안 🎧 T2_11_11

I agree that it is important to be fluent in the local language when working abroad.

This is because there may be communication difficulties with coworkers that result in a negative experience. For example, understanding work assignments and instructions from managers would be difficult if you did not speak the language fluently.

In addition, appreciating the culture of your temporary home requires strong language skills. Specifically, it is impossible to understand a country's traditions if you cannot speak the language.

In summary, people *working overseas should speak the local language.

해석 저는 해외에서 일할 때 현지 언어에 유창한 것이 중요하다는 데 동의합니다.
이는 동료들과의 의사소통의 어려움이 부정적인 경험을 초래할 수 있기 때문입니다. 예를 들어, 언어를 유창하게 구사하지 못한다면 관리자의 업무 배정과 지시를 이해하는 것이 어려울 것입니다.
게다가, 임시 거주국의 문화를 올바르게 이해하는 것은 강한 언어 능력을 필요로 합니다. 구체적으로, 그 언어를 구사할 수 없다면 한 나라의 전통을 이해하는 것은 불가능합니다.
요약하면, 해외에서 일하는 사람들은 현지 언어를 구사해야 합니다.

어휘 **fluent**[flúːənt] 유창한 **coworker**[kóuwəːrkər] 동료 **assignment**[əsáinmənt] 배정 **instruction**[instrʌ́kʃən] 지시
appreciate[əpríːʃièit] 올바르게 이해하다 **temporary**[témpərèri] 임시의

필수표현 *work overseas 해외에서 일하다
I want to **work overseas** to challenge myself and expand my career opportunities.
나는 나 자신에게 도전하고 나의 경력 기회를 넓히기 위해 해외에서 일하기를 원한다.

12 스크립트 🎧 T2_11_12

Good points. I have one more question. People working abroad sometimes experience problems because they are not aware of their labor rights. What do you think are one or two possible solutions to this problem? Give reasons for your answer.

해석 좋은 의견이네요. 한 가지 질문이 더 있습니다. 해외에서 일하는 사람들은 때때로 자신의 노동권을 알지 못하기 때문에 문제를 겪습니다. 이 문제에 대한 한두 가지 가능한 해결책이 무엇이라고 생각하나요? 답변에 대한 이유를 제시해 주세요.

브레인스토밍

---
two possible solutions 두 가지 가능한 해결책
1. make the effort to become knowledgeable about their host country 자신의 거주국에 대해 잘 알도록 노력함
   - seek out information about the labor laws 노동법에 대한 정보를 찾아냄
2. government must ensure that companies ~ comply with all relevant laws
   정부는 ~ 회사들이 모든 관련 법규를 준수하도록 보장해야 함
   - greatly ↓ the chances of foreign workers experiencing difficulties
   외국인 근로자들이 어려움을 겪을 가능성을 크게 줄임

모범 답안 🎧 T2_11_12

 I can think of two possible solutions to this problem.

First, it is important that those planning to work abroad make the effort to become knowledgeable about their host country. In particular, they should seek out information about the labor laws that will affect them.

Second, the government must ensure that companies hiring foreign workers comply with all relevant laws. By doing this, it can greatly *reduce the chances of foreign workers experiencing difficulties.

In short, both workers and governments can play a role in addressing this problem.

해석 저는 이 문제에 대한 두 가지 가능한 해결책을 생각해 볼 수 있습니다.
첫째로, 해외에서 일할 계획인 사람들이 자신의 거주국에 대해 잘 알도록 노력하는 것이 중요합니다. 특히, 그들은 자신들에게 영향을 미칠 노동법에 대한 정보를 찾아내야 합니다.
둘째로, 정부는 외국인 근로자를 고용하는 회사들이 모든 관련 법규를 준수하도록 보장해야 합니다. 이렇게 함으로써, 외국인 근로자들이 어려움을 겪을 가능성을 크게 줄일 수 있습니다.
요컨대, 근로자와 정부 모두 이 문제를 해결하는 데 있어 역할을 수행할 수 있습니다.

어휘 **solution**[səlúːʃən] 해결책 **knowledgeable**[nɑ́ːlidʒəbl] 잘 아는 **host country** 거주국 **seek out** 찾아내다 **labor law** 노동법
ensure[inʃúər] 보장하다 **comply**[kəmplái] 준수하다 **relevant**[réləvənt] 관련된 **reduce**[ridjúːs] 줄이다 **address**[ǽdres] 해결하다

필수표현 *reduce the chance of ~의 가능성을 줄이다
Regular exercise can **reduce the chance of** health problems.
규칙적인 운동은 건강 문제가 생길 가능성을 줄일 수 있다.

[13-16] 당신은 운동의 효과에 관한 연구에 자원했습니다. 당신은 연구원과 짧은 온라인 인터뷰를 진행할 것입니다. 연구원이 몇 가지 질문을 할 것입니다.

13 스크립트 🎧 T2_12_13

Thank you for participating in this study. Today, I'd like to ask you some questions about the effects of exercise. First, have you or someone you know ever experienced benefits from exercise or physical activity? What positive changes did you notice?

해석 이 연구에 참여해 주셔서 감사합니다. 오늘 운동의 효과에 대해 몇 가지 질문을 드리고 싶습니다. 먼저, 당신이나 당신이 아는 누군가가 운동이나 신체 활동으로부터 유익함을 경험한 적이 있나요? 어떤 긍정적인 변화를 느꼈나요?

브레인스토밍

regular swimming → physical & mental benefits 규칙적인 수영 → 신체적 & 정신적 유익함
1. heart health improved 심장 건강이 개선됨
   - swim longer & lower resting heart rate 더 오래 수영함 & 안정 시 심박수가 낮아짐
2. helps handle school stress 학교 스트레스를 다루는 데 도움이 됨
   - calm my mind → focus better on homework 마음을 진정시킴 → 숙제에 더 잘 집중함

모범 답안 🎧 T2_12_13

 I think regular swimming has given me physical and mental benefits over the past years.

First, my heart health improved. To explain, I can now swim longer without getting tired, and my resting heart rate is lower than before.

Second, swimming helps me *handle school stress. In particular, the steady breathing and rhythm calm my mind, and after a session I focus better on homework.

To sum up, swimming makes me healthier and calmer at the same time.

해석 저는 지난 몇 년 동안 규칙적인 수영이 저에게 신체적, 정신적 유익함을 주었다고 생각합니다.
첫째로, 저의 심장 건강이 개선되었습니다. 설명하자면, 저는 이제 피곤해지지 않고 더 오래 수영할 수 있고, 저의 안정 시 심박수가 이전보다 낮아졌습니다.
둘째로, 수영은 제가 학교 스트레스를 다루는 데 도움이 됩니다. 특히, 꾸준한 호흡과 리듬이 제 마음을 진정시키고, (수영) 수업 후에는 제가 숙제에 더 잘 집중합니다.
요약하자면, 수영은 저를 더 건강하고 동시에 더 차분하게 만들어 줍니다.

어휘 benefit[bénəfit] 유익함 improve[imprúːv] 개선되다 heart rate 심박수 handle[hǽndl] 다루다 steady[stédi] 꾸준한

필수표현 *handle stress 스트레스를 다루다
People who **handle stress** well are usually more productive at work.
스트레스를 잘 다루는 사람들은 보통 직장에서 더 생산적이다.

14 스크립트 🎧 T2_12_14

I see. People have different preferences when it comes to exercise routines. Some prefer following a fixed schedule with regular workout times, while others exercise whenever they have free time. Which approach would you choose, and why?

해석 그렇군요. 사람들은 운동 루틴에 관해서 서로 다른 선호도를 가지고 있습니다. 어떤 사람들은 규칙적인 운동 시간으로 고정된 일정을 따르는 것을 선호하는 반면, 다른 사람들은 자유 시간이 있을 때마다 운동합니다. 당신은 어떤 접근을 선택할 것이며 그 이유는 무엇인가요?

브레인스토밍

following a fixed schedule 고정된 운동 일정을 따르는 것
1. builds strong habits 강력한 습관을 만듦
   - body expects it → almost never skip a lesson 몸이 그것을 기대함 → 거의 운동을 빠뜨리지 않음
2. exercise schedule → plan food & sleep 운동 일정 → 음식과 수면을 계획함
   - eat a light dinner → hard run & go to bed early 가벼운 저녁을 먹음 → 힘든 달리기 & 일찍 잠자리에 듦

모범 답안 🎧 T2_12_14

 I prefer following a fixed exercise schedule rather than exercising randomly.

First, consistent timing builds strong habits. When I work out at 6 a.m. every day, my body expects it, and I almost never skip a session.

Second, I can plan food and sleep *according to my exercise schedule. For example, I eat a light dinner before a hard run and go to bed early, so I have good energy the next morning.

In conclusion, I would rather stick to a set workout schedule than do random exercise.

해석 저는 무작위로 운동하는 것보다 고정된 운동 일정을 따르는 것을 선호합니다.
첫째로, 일관된 시간은 강력한 습관을 만듭니다. 제가 매일 오전 6시에 운동을 하면, 제 몸은 그것을 기대하고, 저는 거의 절대 운동을 빠뜨리지 않습니다.
둘째로, 저는 저의 운동 일정에 따라 음식과 수면을 계획할 수 있습니다. 예를 들어, 힘든 달리기 전에 저는 가벼운 저녁을 먹고 일찍 잠자리에 들어서, 다음 날 아침에 좋은 에너지를 갖도록 합니다.
결론적으로, 저는 무작위 운동을 하는 것보다는 정해진 운동 일정을 고수하고 싶습니다.

어휘 randomly[rǽndəmli] 무작위로   consistent[kənsístənt] 일관된   stick to 고수하다

필수표현 *according to ~ ~에 따라
We divided the work **according to** the project plan.
우리는 프로젝트 계획에 따라 일을 나누었다.

15 스크립트 🎧 T2_12_15

Fair point. Some people argue that small daily activities like walking instead of driving or taking stairs instead of elevators can be just as beneficial as planned exercise sessions at gyms. Do you agree that these small activities are as effective as structured workouts? Why or why not?

해석 일리있는 말이에요. 어떤 사람들은 운전 대신 걷기나 엘리베이터 대신 계단 이용하기와 같은 작은 일상 활동들이 체육관에서의 계획된 운동 세션만큼 도움이 될 수 있다고 주장합니다. 이러한 작은 활동들이 체계적인 운동만큼 효과적이라는 것에 동의하나요? 왜 그런가요, 혹은 왜 그렇지 않은가요?

브레인스토밍

> disagree 동의하지 않음
> 1. training plan → gradually increases difficulty 훈련 계획 → 점진적으로 난도를 증가시킴
>   - bodies need consistent challenges 신체는 끊임없는 도전이 필요함
> 2. set measurable goals & track progress 측정 가능한 목표를 설정함 & 진전을 추적함
>   - monitor how much weight I lift / how fast I run
>   내가 얼마나 많은 무게를 들어 올리는지 / 얼마나 빠르게 달리는지 모니터링함

모범 답안 🎧 T2_12_15

 I disagree that small daily activities are as effective as structured workouts.

First of all, gym workouts follow a training plan that gradually increases difficulty. This progression is crucial because bodies need consistent challenges to improve fitness levels over time.

In addition, structured exercises allow me to set measurable goals and track progress. For example, I can monitor how much weight I lift or how fast I run each week.

Therefore, planned workouts *provide better long-term fitness results than random daily activities.

해석 저는 작은 일상 활동들이 체계적인 운동만큼 효과적이라는 데 동의하지 않습니다.
우선, 체육관 운동은 점진적으로 난도를 증가시키는 훈련 계획을 따릅니다. 이러한 진행은 중요한데, 왜냐하면 시간이 지남에 따라 체력 수준을 향상시키기 위해, 신체는 끊임없는 도전이 필요하기 때문입니다.
게다가, 체계적인 운동은 제가 측정 가능한 목표를 설정하고 진전을 추적할 수 있게 해줍니다. 예를 들어, 저는 제가 매주 얼마나 많은 무게를 들어 올리는지 또는 얼마나 빠르게 달리는지 모니터링할 수 있습니다.

그러므로, 계획된 운동은 무작위 일상 활동보다 더 나은 장기적인 신체 단련 결과를 제공합니다.

어휘 **effective**[iféktiv] 효과적인 **workout**[wɔ́ːrkàut] 운동 **gradually**[grǽdʒuəli] 점진적으로 **progression**[prəgréʃən] 진행 **crucial**[krúːʃəl] 중요한 **challenge**[tʃǽlindʒ] 도전 **fitness level** 체력 수준 **measurable**[méʒərəbl] 측정 가능한 **progress**[prágres] 진전 **monitor**[mánətər] 모니터링하다, 추적 관찰하다

필수표현 *provide better A 더 나은 A를 제공하다

Green spaces in cities **provide better** living conditions for residents.
도시의 녹지 공간은 주민들에게 더 나은 생활 환경을 제공한다.

16 스크립트 🎧 T2_12_16

Good points. Lastly, I would like to ask about physical education classes in school. Some educators say they should remain a required subject as they are essential for students' health. Do you agree that schools should keep physical education classes mandatory? Why or why not?

해석 좋은 의견이네요. 마지막으로, 학교의 체육 수업에 대해 질문드리고 싶습니다. 일부 교육자들은 그것들이 학생들의 건강에 필수적이므로 필수 과목으로 남아있어야 한다고 말합니다. 학교가 체육 수업을 의무로 유지해야 한다는 데 동의하나요? 왜 그런가요, 혹은 왜 그렇지 않은가요?

브레인스토밍

> keep physical education mandatory 체육을 의무로 유지함
> 1. equal access to exercise 운동에 대한 평등한 접근
>   - proper facilities & guidance 적절한 시설 & 지도
> 2. structured group activities → social skills 체계적인 집단 활동 → 사회적 기술
>   - team sports → communicate & support & handle challenging situations
>   팀 스포츠 → 소통함 & 지원함 & 어려운 상황을 다룸

모범 답안 🎧 T2_12_16

 From my perspective, schools should keep physical education mandatory for all students.

First, PE guarantees equal access to exercise. Some students do not have enough places or equipment at home, so PE can provide them with proper facilities and guidance.

Second, PE develops essential social skills through structured group activities. For example, when students participate in team sports, they must communicate strategies, support weaker players, and learn to handle challenging situations.

To conclude, schools *ought to keep PE classes mandatory for every student.

해석 제 관점에서, 학교는 모든 학생들에게 체육을 의무로 유지해야 합니다.
첫째로, 체육은 운동에 대한 평등한 접근을 보장합니다. 일부 학생들은 집에 충분한 장소나 장비가 없으므로, 체육은 그들에게 적절한 시설과 지도를 제공할 수 있습니다.
둘째로, 체육은 체계적인 집단 활동을 통해 필수적인 사회적 기술을 키워줍니다. 예를 들어, 학생들이 팀 스포츠에 참여할 때, 그들은 전략을 소통하고, 약한 선수들을 지원하며, 어려운 상황을 다루는 방법을 배워야 합니다.
결론적으로, 학교는 모든 학생에게 체육 수업을 의무로 유지해야 합니다.

어휘 **mandatory**[mǽndətɔ̀ːri] 의무의 **guarantee**[gæ̀rəntíː] 보장하다 **equipment**[ikwípmənt] 장비 **facility**[fəsíləti] 시설 **guidance**[gáidns] 지도 **participate**[pɑːrtísəpèit] 참여하다 **communicate**[kəmjúːnəkèit] 소통하다 **challenging**[tʃǽlindʒiŋ] 어려운

필수표현 *ought to ~해야 한다

Employees **ought to** respect each other to maintain a positive workplace.
직원들은 긍정적인 직장을 유지하기 위해 서로를 존중해야 한다.

주제별 공략하기

I | 교육

HACKERS TEST
p.134

[01-04] 당신은 또래 튜터링 프로그램에 튜터로서 지원했습니다. 당신은 프로그램 담당자와 짧은 온라인 인터뷰를 진행할 것입니다. 담당자가 몇 가지 질문을 할 것입니다.

01 스크립트 🎧 T2_13_01

Thank you for taking the time to speak with me today. Many students benefit from tutoring. Have you or your friends ever received tutoring or helped someone else with their studies? Can you describe that experience?

해석 오늘 시간을 내어 저와 이야기해 주셔서 감사합니다. 많은 학생들이 튜터링을 통해 도움을 받습니다. 당신이나 당신의 친구가 튜터링을 받거나 다른 사람의 공부를 도와준 적이 있나요? 그 경험에 대해 설명해 줄 수 있나요?

브레인스토밍

> helped a classmate with English writing 영어 글쓰기로 반 친구를 도왔음
> 1. share effective writing methods 효과적인 글쓰기 방법을 공유함
>   - make a simple outline → express ideas more clearly 간단한 아웃라인을 작성함 → 생각을 더 명확하게 표현함
> 2. seeing improvement = very rewarding 발전하는 것을 보는 것 = 매우 보람참
>   - more confident, grades improved → tangible impact of tutoring
>   더 자신감이 생기고, 성적이 향상됨 → 튜터링의 실질적인 효과

모범 답안 🎧 T2_13_01

 I helped a classmate with English writing, and it was a very valuable experience.

First, I could share effective writing methods. To be specific, she struggled to organize her essays, so I taught her to make a simple outline, which helped her *express her ideas more clearly.

Second, seeing her improvement was very rewarding. To explain, she became more confident after several sessions and her grades improved, showing the tangible impact of tutoring.

As such, tutoring not only helped my classmate academically but also gave me valuable experience in supporting someone's learning.

해석 저는 영어 글쓰기로 동급생을 도와주었고, 그것은 매우 가치 있는 경험이었습니다.
첫째로, 저는 효과적인 글쓰기 방법을 공유할 수 있었습니다. 구체적으로, 그녀는 그녀의 에세이를 체계적으로 정리하는 데 어려움을 겪었기 때문에, 저는 간단한 아웃라인을 작성하는 방법을 알려주었고, 이는 그녀가 그녀의 생각을 더 명확하게 표현하도록 도왔습니다.
둘째로, 친구가 발전하는 것을 보는 것은 매우 보람찹니다. 설명하자면, 몇 번의 수업 후에 그녀는 더 자신감이 생겼고 성적도 향상되어, 튜터링의 실질적인 효과를 확인할 수 있었습니다.
이와 같이, 튜터링은 제 친구에게 학업적으로 도움을 주었을 뿐 아니라, 저에게도 누군가의 학습을 지원하는 소중한 경험을 제공했습니다.

어휘 valuable [vǽljuəbl] 가치 있는   confident [kάnfədənt] 자신감이 있는   tangible [tǽndʒəbl] 실질적인

필수표현 *express one's ideas ~의 생각을 표현하다
Students need various platforms to **express** their **ideas** effectively.
학생들은 자신의 생각을 효과적으로 표현하기 위해 다양한 플랫폼을 필요로 한다.

02 스크립트 🎧 T2_13_02

I see. When students get extra help, some prefer one-on-one tutoring, while others prefer learning in small groups. In your opinion, which type of tutoring do you think helps students learn more, one-on-one or small group tutoring? Why?

해석 그렇군요. 학생들이 추가적인 도움을 받을 때, 어떤 학생들은 일대일 튜터링을 선호하는 반면, 다른 학생들은 소규모 그룹으로 배우는 것을 선호합니다. 당신의 생각에는, 일대일 또는 소규모 그룹 튜터링 중에서 어느 형태의 튜터링이 학생들의 학습에 더 도움이 된다고 생각하나요? 그 이유는 무엇인가요?

브레인스토밍

individual tutoring 개인 튜터링

1. can ask questions more freely 질문을 더 자유롭게 할 수 있음
   - ask more questions & participate more actively 더 많은 질문을 함 & 더 적극적으로 참여함
2. adjust the lesson to each student's learning speed 수업을 각 학생의 학습 속도에 맞춰 조정함
   - personalized pacing → fully understand each topic & lead to better grades
   개인 맞춤된 수업 속도 → 주제를 완전히 이해함 & 더 좋은 성적으로 이어짐

모범 답안 🎧 T2_13_02

 I think individual tutoring helps students learn more than small group tutoring.

The first reason is that students can ask questions more freely during one-on-one sessions. In fact, studies show that students ask more questions and participate more actively in one-on-one tutoring sessions than in group ones.

Another reason is that a tutor can *adjust the lesson to each student's learning speed. Unlike in small group tutoring, the personalized pacing allows students to fully understand each topic, leading to better grades.

For these reasons, I believe that individual tutoring is more effective for learning.

해석 저는 개인 튜터링이 소그룹 튜터링보다 학습에 더 도움이 된다고 생각합니다.
첫 번째 이유는 학생들이 일대일 수업에서 질문을 더 자유롭게 할 수 있기 때문입니다. 실제로, 여러 연구는 학생들이 그룹 수업보다 일대일 튜터링 수업에서 더 많은 질문을 하고 더 적극적으로 참여하는 것을 보여줍니다.
또 다른 이유는 튜터가 수업을 각 학생의 학습 속도에 맞춰 조정할 수 있기 때문입니다. 소규모 그룹 튜터링에서와는 달리, 개인화된 수업 속도는 학생들이 각 주제를 완전히 이해하도록 하며, 결과적으로 더 좋은 성적으로 이어집니다.
이러한 이유들 때문에, 저는 개인 튜터링이 학습에 더 효과적이라고 생각합니다.

어휘 individual[ìndəvídʒuəl] 개인의 participate[pɑːrtísəpèit] 참여하다 personalized[pə́ːrsənəlàizd] 개인화된, 개인 맞춤형의

필수표현 *adjust A to B A를 B에 맞춰 조정하다
Good teachers **adjust** their teaching methods **to** different learning styles.
좋은 교사들은 그들의 교수법을 다양한 학습 스타일에 맞춰 조정한다.

03 스크립트 🎧 T2_13_03

Interesting. Some people say that a good tutor should have strong knowledge, while others think communication skills or the ability to identify students' problems are more important. If you had to choose, which of these qualities do you think is the most important for a tutor to have, and why?

해석 흥미롭네요. 어떤 사람들은 훌륭한 튜터는 강력한 지식을 갖춰야 한다고 말하는 반면, 다른 사람들은 의사소통 능력이나 학생의 문제점을 파악하는 능력이 더 중요하다고 생각합니다. 하나를 선택해야 한다면, 이 중 튜터가 가져야 할 가장 중요한 자질은 무엇이라고 생각하며, 그 이유는 무엇인가요?

브레인스토밍

> ability to identify students' weakness 학생의 약점을 파악하는 능력
> 1. foundation for effective teaching 효과적인 지도의 기반
>   - even the most knowledgeable tutor X help students improve
>   가장 지식이 풍부한 튜터라도 학생이 발전하도록 돕지 못할 수 있음
> 2. create a structured plan 체계적인 학습 계획을 세움
>   - focus on the topics a student struggles with → measurable academic progress
>   학생이 어려워하는 주제에 집중함 → 눈에 띄는 학업 향상

모범 답안 T2_13_03

> In my opinion, the most important quality for a tutor to have is the ability to identify students' weaknesses.
>
> This is mainly because understanding a student's weaknesses *is the foundation for effective teaching. Otherwise, even the most knowledgeable tutor may not be able to help students improve.
>
> Furthermore, identifying weaknesses allows the tutor to create a structured plan. As a result, a tutor can focus on the topics a student struggles with, leading to measurable academic progress.
>
> In this regard, I think the ability to identify students' weaknesses is the most important quality of a tutor.

해석 제 생각에는, 튜터가 가져야 하는 가장 중요한 자질은 학생의 약점을 파악하는 능력입니다.
이는 주로 학생의 약점을 이해하는 것이 효과적인 지도의 기반이 되기 때문입니다. 그렇지 않다면, 가장 지식이 풍부한 튜터라도 학생이 발전하도록 돕기 어려울 것입니다.
더욱이, 약점을 파악하는 것은 튜터가 체계적인 학습 계획을 세우게 합니다. 그 결과, 튜터는 학생이 어려워하는 주제에 집중할 수 있고, 이는 눈에 띄는 학업 향상으로 이어집니다.
이러한 점에서, 저는 학생의 약점을 파악하는 능력이 튜터의 가장 중요한 자질이라고 생각합니다.

어휘 identify [aidéntəfài] 파악하다 weakness [wíːknis] 약점 foundation [faundéiʃən] 기반 knowledgeable [nάːlidʒəbl] 지식이 풍부한

필수표현 *be the foundation for A A의 기반이 되다
Strong reading skills **are the foundation for** success in all academic subjects.
탄탄한 독해 능력은 모든 학업 과목에서 성공의 기반이 된다.

04 스크립트 T2_13_04

Good points. Lastly, some people say a tutor's main job is to help students prepare for their next test or assignment, while others think it's more important to help students build long-term study skills for future learning. Which do you believe is more important? Why?

해석 좋은 의견이네요. 마지막으로, 어떤 사람들은 튜터의 주요 역할이 학생들이 다음 시험이나 과제를 준비하도록 돕는 것이라고 말하는 반면, 다른 사람들은 학생들이 미래 학습을 위한 장기적인 학습 기술을 확립하도록 돕는 것이 더 중요하다고 생각합니다. 어느 것이 더 중요하다고 생각하나요? 그 이유는 무엇인가요?

브레인스토밍

> long-term study skills 장기적인 학습 기술
> 1. makes students independent & improves performance across all subjects
>   학생들을 독립적으로 만듦 & 모든 과목에 걸쳐 성적을 향상시킴
>   - plan & organize notes → study on my own for different classes
>   계획을 세우고 노트를 정리하는 방법 → 여러 다른 수업을 위해 스스로 공부함
> 2. short-term test preparation = X support future learning 단기적인 시험 대비 = 미래 학습에 도움이 되지 않음
>   - forget material after cramming for tests ↔ long-term skills: remember longer
>   시험을 위한 벼락치기 공부를 한 후 내용을 잊어버림 ↔ 장기적인 기술: 더 오래 기억함

모범 답안 T2_13_04

> I think it's more important for tutors to help students develop long-term study skills.
>
> To begin with, learning effective study methods makes students independent and improves performance *across all subjects. In fact, after my tutor taught me to plan and organize notes, I could study on my own for different classes.
>
> On top of that, focusing only on short-term test preparation does not support future learning. For one, I often forget material after cramming for tests, but developing long-term skills has helped me remember information longer.
>
> Overall, tutors should focus on helping students build long-term study skills.

해석 저는 튜터가 학생들이 장기적인 학습 기술을 기르도록 돕는 것이 더 중요하다고 생각합니다.
우선, 효과적인 학습 방법을 배우는 것은 학생들을 독립적이게 만들고, 모든 과목에 걸쳐 성적을 향상시킵니다. 실제로, 제 튜터가 계획을 세우고 노트를 정리하는 방법을 가르쳐준 후, 저는 여러 다른 수업을 위해 스스로 공부할 수 있었습니다.
그에 더하여, 단기적인 시험 대비에만 집중하는 것은 미래 학습에 도움이 되지 않습니다. 예를 들어, 저는 시험을 위한 벼락치기 공부를 한 후에는 종종 내용을 금방 잊어버리지만, 장기적인 기술을 기르는 것은 정보를 더 오래 기억하는 데 도움을 주었습니다.
전반적으로, 튜터는 학생들이 장기적인 학습 기술을 기르도록 돕는 데 초점을 두어야 합니다.

어휘 independent [ìndipéndənt] 독립적인   cram [kræm] 벼락치기 공부를 하다

필수표현 *across all A 모든 A에 걸쳐
Climate change impacts are visible **across all** continents and affect diverse ecosystems.
기후 변화의 영향은 모든 대륙에 걸쳐 보이며 다양한 생태계에 영향을 미친다.

[05-08] 당신은 온라인 강의에 관한 연구에 자원했습니다. 당신은 연구원과 짧은 온라인 인터뷰를 진행할 것입니다. 연구원이 몇 가지 질문을 할 것입니다.

05 스크립트   T2_14_05

Thank you for taking part in the study today. I want to ask you a few questions about online courses. First, could you tell me about an online course that you or someone you know took? Describe the experience in detail.

해석 오늘 연구에 참여해 주셔서 감사합니다. 온라인 강의에 대해 몇 가지 질문을 드리고 싶습니다. 먼저, 당신이나 당신이 아는 누군가가 수강했던 온라인 강의에 대해 말해줄 수 있나요? 그 경험을 자세히 설명해 주세요.

브레인스토밍

online programming course 온라인 프로그래밍 강의
1. incredibly convenient 믿을 수 없을 정도로 편리함
   - easier than traveling to school each day 매일 학교까지 이동하는 것보다 쉬움
2. was able to study at my own pace 나만의 속도로 학습할 수 있었음
   - rewatch recorded lectures on challenging topics 녹화된 어려운 주제의 강의를 다시 봄

모범 답안 T2_14_05

> I took an online programming course last month, and it was a positive experience.
>
> One reason was that it was incredibly convenient. To be specific, taking the classes at home was much easier than traveling to my school each day.
>
> Another reason was that I was able to study at my own pace. In particular, being able to rewatch recorded lectures on challenging topics was very helpful.
>
> Therefore, I *was satisfied with my experience of taking an online course.

해석 저는 지난달 온라인 프로그래밍 강의를 수강했는데, 그것은 긍정적인 경험이었습니다.
한 가지 이유는 그것이 믿을 수 없을 정도로 편리했다는 것입니다. 구체적으로, 집에서 수업을 듣는 것이 매일 학교까지 이동하는 것보다 훨

씬 쉬웠습니다.
또 다른 이유는 저만의 속도로 학습할 수 있었다는 것입니다. 특히, 녹화된 어려운 주제의 강의를 다시 볼 수 있는 것은 매우 도움이 되었습니다.
그러므로, 저는 온라인 강의를 수강한 경험에 만족했습니다.

어휘 incredibly [inkrédəbli] 믿을 수 없을 정도로　convenient [kənvíːnjənt] 편한　pace [peis] 속도　recorded [rikɔ́ːrdid] 녹화된
challenging [tʃǽlindʒiŋ] 어려운　satisfied [sǽtisfàid] 만족한

필수표현 *be satisfied with ~에 만족하다
She **wasn't satisfied with** her test results and decided to study harder.
그녀는 그녀의 시험 결과에 만족하지 않았고 더 열심히 공부하기로 결심했다.

06 스크립트 🎧 T2_14_06

I see. It has become increasingly common for universities to offer students the option of taking online or on-campus courses. Which type of learning environment do you prefer and why?

해석 그렇군요. 대학들이 학생들에게 온라인 또는 캠퍼스 내 강의를 선택할 수 있는 옵션을 제공하는 것이 점점 일반화되고 있습니다. 당신은 어떤 유형의 학습 환경을 선호하며 그 이유는 무엇인가요?

브레인스토밍

> on-campus course 캠퍼스 내 강의
>
> 1. interact with instructors and classmates 교수 및 동급생들과 상호작용함
>   - have fewer opportunities in online classes 온라인 강의에서는 기회가 더 적음
> 2. more motivated to do well 잘 하도록 더 동기부여가 됨
>   - fosters a competitive atmosphere that pushes me to excel
>   내가 뛰어나게 잘 하도록 독려하는 경쟁적인 분위기를 조성함

모범 답안 🎧 T2_14_06

In my opinion, an on-campus course is preferable to an online one.
I feel this way because an important part of the university experience is interacting with instructors and classmates. However, in online classes, I have fewer opportunities to do this in person.
In addition, I am more motivated to do well in an on-campus course. Specifically, being in a classroom with other students fosters a competitive atmosphere that *pushes me to excel.
For these reasons, I prefer to take on-campus courses.

해석 제 생각에는 캠퍼스 내 강의가 온라인 강의보다 선호할 만합니다.
제가 이렇게 느끼는 이유는 대학 경험의 중요한 부분이 교수 및 동급생들과 상호작용하는 것이기 때문입니다. 하지만, 온라인 강의에서는 이것을 직접 할 기회가 더 적습니다.
게다가, 저는 캠퍼스 내 강의에서 더 잘하도록 동기부여를 받습니다. 구체적으로, 다른 학생들과 함께 교실에 있는 것은 제가 뛰어나게 잘 하도록 독려하는 경쟁적인 분위기를 조성합니다.
이러한 이유들 때문에, 저는 캠퍼스 내 강의를 수강하는 것을 선호합니다.

어휘 preferable [préfrəbl] 선호할 만한　instructor [instrʌ́ktər] 교수　classmate [klǽsmeit] 동급생　opportunity [àpərtjúːnəti] 기회
foster [fɔ́ːstər] 조성하다, 만들다　competitive [kəmpétətiv] 경쟁적인　atmosphere [ǽtməsfìər] 분위기　excel [iksél] 뛰어나게 잘 하다

필수표현 *push one to excel ~를 뛰어나게 잘 하도록 독려하다
Having high standards **pushes** students **to excel** in their academic work.
높은 기준을 갖는 것은 학생들이 학업에서 뛰어나게 잘 하도록 독려한다.

07 스크립트 🎧 T2_14_07

Interesting. I have another question for you. A growing number of education experts believe that online courses will replace in-person ones in the near future. Do you agree? Why or why not?

해석 흥미롭네요. 또 다른 질문이 있습니다. 점점 더 많은 교육 전문가들이 온라인 강의가 가까운 미래에 대면 강의를 대체할 것이라고 믿고 있습니다. 동의하나요? 왜 그런가요, 혹은 왜 그렇지 않은가요?

브레인스토밍

disagree 동의하지 않음

1. less effective for young learners 어린 학습자들에게 덜 효과적임
   - younger brother had a hard time focusing 남동생이 집중하는 데 어려움을 겪었음
2. dependent on access to technology 기술에 대한 접근성에 의존적임
   - computers & Internet access 컴퓨터 & 인터넷 접속

모범 답안 T2_14_07

 I disagree with the claim that in-person courses will be replaced by online ones.

First, online courses are less effective for young learners. For example, my younger brother had a hard time focusing in an online math course even though he is usually a good math student.

Second, online courses *are dependent on students having access to technology. To be specific, many people around the world cannot afford computers and do not have reliable Internet access.

In conclusion, I don't think online courses will replace in-person ones.

해석 저는 대면 강의가 온라인 강의로 대체될 것이라는 주장에 동의하지 않습니다.
첫째로, 온라인 강의는 어린 학습자들에게 덜 효과적입니다. 예를 들어, 제 남동생은 평소에 수학을 잘하는 학생임에도 불구하고 온라인 수학 강의에서 집중하는 데 어려움을 겪었습니다.
둘째로, 온라인 강의는 학생들이 기술에 대한 접근성을 갖는 것에 의존합니다. 구체적으로, 전 세계 많은 사람들이 컴퓨터를 구입할 여유가 없고 신뢰할 만한 인터넷 접속이 없습니다.
결론적으로, 저는 온라인 강의가 대면 강의를 대체할 것이라고 생각하지 않습니다.

어휘 claim[kleim] 주장 effective[iféktiv] 효과적인 afford[əfɔ́:rd] ~할 여유가 있다 reliable[riláiəbl] 신뢰할 만한

필수표현 *be dependent on ~에 의존하다
Modern businesses **are dependent on** reliable Internet connections for daily operations.
현대 기업들은 매일의 운영을 위해 신뢰할 만한 인터넷 연결에 의존한다.

08 스크립트 T2_14_08

Good points. I have one last question for you. Educators are concerned that online courses have lower levels of student engagement than in-person ones. What are one or two ways to increase student engagement in online courses? Give reasons for your answer.

해석 좋은 의견이네요. 마지막 질문이 있습니다. 교육자들은 온라인 강의가 대면 강의보다 낮은 학생 참여도를 갖는다고 우려합니다. 온라인 강의에서 학생 참여도를 높이는 한두 가지 방법은 무엇인가요? 답변에 대한 이유를 제시해 주세요.

브레인스토밍

real-time activities & individual feedback 실시간 활동 & 개별 피드백

1. incorporate more real-time activities 더 많은 실시간 활동을 포함함
   - use video-chat apps for discussions 토론을 위해 화상 채팅 앱을 사용함
2. provide individual feedback on a regular basis 정기적으로 개별 피드백을 제공함
   - students feel their progress is closely monitored 학생들은 그들의 진행 상황이 면밀히 모니터링됨을 느낌

모범 답안 T2_14_08

 I believe real-time activities and individual feedback can increase student engagement in online courses.

To begin with, teachers should incorporate more real-time activities into their courses. For example, using video-chat apps for discussions would get students more involved.

Also, providing individual feedback to students *on a regular basis is important. This is because it makes students feel that their progress is being closely monitored by their instructor, motivating them to actively participate in the course.

In conclusion, these approaches are sure to increase student engagement.

해석 실시간 활동과 개별 피드백이 온라인 강의에서 학생 참여도를 높일 수 있다고 생각합니다.
우선, 교사들은 더 많은 실시간 활동을 그들의 강의에 포함해야 합니다. 예를 들어, 토론을 위해 화상 채팅 앱을 사용하는 것은 학생들을 더 참여하게 할 것입니다.
또한, 정기적으로 학생들에게 개별 피드백을 제공하는 것이 중요합니다. 이는 학생들로 하여금 그들의 진행 상황이 교수자에 의해 면밀히 모니터링되고 있다고 느끼게 하여, 그들이 강의에 적극적으로 참여하도록 동기를 부여하기 때문입니다.
결론적으로, 이러한 접근법들은 확실히 학생 참여도를 높일 것입니다.

어휘 individual[ìndəvídʒuəl] 개별의   engagement[ingéidʒmənt] 참여도   incorporate[inkɔ́ːrpərèit] 포함하다
involved[inválvd] 참여한   monitor[mánətər] 모니터링하다, 추적 관찰하다   motivate[móutəvèit] 동기를 부여하다

필수표현 *on a regular basis 정기적으로
Students should review their notes **on a regular basis** to retain information better.
학생들은 정보를 더 잘 기억하기 위해 정기적으로 필기 내용을 복습해야 한다.

[09-12] 당신은 협력학습에 관한 연구에 자원했습니다. 당신은 연구원과 짧은 온라인 인터뷰를 진행할 것입니다. 연구원이 몇 가지 질문을 할 것입니다.

09 스크립트 T2_15_09

Thank you for taking part in this study. Today, I'd like to ask you some questions about collaborative learning. To start with, think about the last time you worked together with classmates on a group assignment or project. How did you collaborate?

해석 이 연구에 참여해 주셔서 감사합니다. 오늘은 협력학습에 대해 몇 가지 질문을 드리고 싶습니다. 우선, 동급생들과 함께 그룹 과제나 프로젝트를 했던 마지막 경험을 떠올려 보세요. 어떻게 협력하셨나요?

브레인스토밍

biology class → dividing tasks & holding weekly meetings 생물학 수업 → 업무를 나눔 & 매주 모임을 함
1. assigned topics to each member 각 구성원에게 주제를 배정했음
   - skilled with numbers → data analysis & strong writer → writing the report
   숫자에 능함 → 데이터 분석 & 글을 잘쓰는 사람 → 보고서 작성
2. met every Tuesday → share progress 매주 화요일에 만났음 → 진행 상황 공유
   - discussed what we had accomplished & our goals for the next week
   우리가 달성한 것 & 다음 주 목표에 대해 논의했음

모범 답안 T2_15_09

   During a recent group project for our biology class, my team members and I collaborated by dividing tasks based on our strengths and holding weekly meetings.

First, we assigned different research topics to each member. For example, I handled the data analysis part because I *am skilled with numbers, while my classmate wrote the report because she is a strong writer.

In addition, we met every Tuesday to share our progress. To be specific, we discussed what we had accomplished and our goals for the next week.

For these reasons, dividing up tasks and holding regular group meetings made our project successful.

해석 저희의 생물학 수업을 위한 최근의 그룹 프로젝트에서 저의 팀 구성원들과 저는 저희의 강점에 따라 업무를 나누고 매주 모임을 가짐으로써 협력했습니다.
첫째로, 저희는 각 구성원에게 각기 다른 연구 주제를 배정했습니다. 예를 들어, 저는 숫자에 능하기 때문에 데이터 분석 부분을 맡았고, 제 반 친구는 글을 잘쓰는 사람이기 때문에 보고서를 작성했습니다.

게다가, 저희는 진행 상황을 공유하기 위해 매주 화요일에 만났습니다. 구체적으로, 저희는 달성한 것들과 그 다음 주 목표에 대해 논의했습니다. 이러한 이유들 때문에, 업무를 나누고 정기적인 그룹 모임을 갖는 것이 저희의 프로젝트를 성공적으로 만들었습니다.

어휘 strength[streŋkθ] 강점　analysis[ənǽləsis] 분석

필수표현　*be skilled with ~에 능하다
Teachers should **be skilled with** educational technology.
교사들은 교육 기술에 능해야 한다.

10 스크립트　🎧 T2_15_10

I see. When working on group projects, students can take different approaches. Some prefer to divide the work equally and complete their parts independently, while others like to work together on every part from start to finish. Which approach would you choose? Why?

해석　그렇군요. 그룹 프로젝트를 할 때 학생들은 다양한 접근 방식을 취할 수 있습니다. 어떤 학생들은 작업을 똑같이 나누어 독립적으로 그들의 부분을 완성하는 것을 선호하는 반면, 다른 학생들은 처음부터 끝까지 모든 부분을 함께 작업하는 것을 좋아합니다. 당신은 어떤 접근 방식을 선택하실 건가요? 그 이유는 무엇인가요?

브레인스토밍

divide the work equally & complete parts independently　작업을 똑같이 나눔 & 부분을 독립적으로 완성함
1. allows everyone to work at one's own pace & schedule　모든 사람이 자신만의 속도 & 일정에 맞춰 작업할 수 있게 해줌 　- working separately → more flexibility　따로 작업하는 것 → 더 많은 유연성 2. reduces conflicts　갈등을 줄임 　- prevents unnecessary arguments　불필요한 논쟁을 방지함

모범 답안　🎧 T2_15_10

 I prefer to divide the work equally and complete our parts independently rather than to work together on everything.

First of all, this approach allows everyone to work at their own pace and schedule. For example, some people work better in the morning while others prefer late nights, and working separately gives more flexibility.

Second, it *reduces conflicts between group members significantly. To be specific, different people have different working styles, so working separately prevents unnecessary arguments.

Therefore, dividing the work leads to better results and a more pleasant experience for everyone involved.

해석　저는 모든 것을 함께 작업하기보다는 작업을 똑같이 나누어 우리의 부분을 독립적으로 완성하기를 선호합니다.
　우선, 이 접근 방식은 모든 사람이 자신만의 속도와 일정에 맞춰 작업할 수 있게 해줍니다. 예를 들어, 어떤 사람들은 아침에 더 잘 일하는 반면 다른 사람들은 늦은 밤을 선호하며, 따로 작업하는 것은 더 많은 유연성을 제공합니다.
　둘째로, 그룹 구성원들 간의 갈등을 크게 줄여줍니다. 구체적으로, 서로 다른 사람들은 서로 다른 작업 스타일을 가지고 있으므로, 따로 작업하는 것이 불필요한 논쟁을 방지합니다.
　그러므로, 작업을 나누는 것이 관련된 모든 사람에게 더 나은 결과와 더 즐거운 경험을 가져옵니다.

어휘　independently[ìndipéndəntli] 독립적으로　flexibility[flèksəbíləti] 유연성　significantly[signífikəntli] 크게, 상당히

필수표현　*reduce conflict 갈등을 줄이다
Clear communication rules can **reduce conflict** in any relationship.
명확한 소통 규칙은 어떤 관계에서든 갈등을 줄일 수 있다.

11 스크립트　🎧 T2_15_11

Interesting. Some people believe that collaborative learning is more effective than individual learning because students can share ideas and learn from each other. Do you agree or disagree with this idea? Why?

해석　흥미롭네요. 어떤 사람들은 학생들이 아이디어를 공유하고 서로에게서 배울 수 있기 때문에 협력학습이 개별 학습보다 더 효과적이라고 생각합니다. 이 생각에 동의하나요, 동의하지 않나요? 그 이유는 무엇인가요?

브레인스토밍

agree 동의함

1. can share ideas & perspectives 아이디어 & 관점을 공유할 수 있음
   - teammates had creative solutions 팀원들이 창의적인 해결책을 가지고 있었음
2. can learn from other people's mistakes & successes 다른 사람들의 실수 & 성공으로부터 배울 수 있음
   - learned a better way to organize research notes 연구 노트를 정리하는 더 좋은 방법을 배웠음

모범 답안 🎧 T2_15_11

 I agree that collaborative learning is more effective than individual learning.

The first reason is that students can share different ideas and perspectives. To explain, when I worked on a business project, my teammates had creative solutions *I had never thought of.

On top of that, you can learn from other people's mistakes and successes. Personally, I learned a better way to organize research notes from my group members.

To sum up, collaborative learning definitely helps students learn more effectively.

해석 저는 협력학습이 개별 학습보다 더 효과적이라는 것에 동의합니다.
첫 번째 이유는 학생들이 서로 다른 아이디어와 관점을 공유할 수 있기 때문입니다. 설명하자면, 제가 한 비즈니스 프로젝트를 했을 때, 제 팀원들은 제가 전혀 생각하지 못했던 창의적인 해결책을 가지고 있었습니다.
그에 더하여, 다른 사람들의 실수와 성공으로부터 배울 수 있습니다. 개인적으로, 저는 그룹원들로부터 연구 노트를 정리하는 더 좋은 방법을 배웠습니다.
요약하자면, 협력학습은 확실히 학생들이 더 효과적으로 배우는 데 도움이 됩니다.

어휘 perspective[pərspéktiv] 관점

필수표현 *I had never thought of 내가 전혀 생각하지 못했다
My grandmother suggested using vinegar for cleaning, which **I had never thought of** before.
나의 할머니가 청소에 식초를 사용하라고 제안하셨는데, 이는 내가 전혀 생각하지 못했던 방법이었다.

12 스크립트 🎧 T2_15_12

Good points. Lastly, many students worry about fairness in group projects, such as when some members don't contribute equally but still receive the same grade. What do you think is one effective way to ensure fairness in collaborative learning? Give reasons for your answer.

해석 좋은 의견입니다. 마지막으로, 많은 학생들이 일부 구성원들이 동등하게 기여하지 않으면서도 같은 점수를 받는 경우와 같은 그룹 프로젝트의 공정성에 대해 걱정합니다. 협력학습에서 공정성을 보장하는 효과적인 한 가지 방법은 무엇이라고 생각하나요? 답변에 대한 이유를 제시해 주세요.

브레인스토밍

giving individual assignments within group projects 그룹 프로젝트 내에서 개별 과제를 주는 것

1. prevents free-riding behavior 무임승차 행동을 방지함
   - has their own specific tasks → can't sit back 각자의 특정 과제가 있음 → 방관하지 못 함
2. give teachers accurate information 선생님들에게 정확한 정보를 제공함
   - can see what each student accomplished 각 학생이 무엇을 성취했는지 볼 수 있음

모범 답안 🎧 T2_15_12

 I think giving individual assignments within group projects is the most effective way to ensure fairness in collaborative learning.

First, it prevents free-riding behavior, whereby some students rely on others to do all the work. In other words, when everyone has their own specific task to complete, lazy students can't sit back and let their teammates *carry the entire project load.

Also, it gives teachers accurate information to assign fair grades. To be specific, with separate assignments, they can see exactly what each student accomplished.

Therefore, having students accomplish individual tasks within a group ensures fairness.

해석 저는 그룹 프로젝트 내에서 개별 과제를 주는 것이 협력학습에서 공정성을 보장하는 가장 효과적인 방법이라고 생각합니다.
첫째로, 그것은 일부 학생들이 다른 사람들에게 의존하여 모든 작업을 하게 하는 무임승차 행동을 방지합니다. 다시 말해, 모든 사람이 완성해야 할 각자의 특정 과제를 가지고 있을 때, 게으른 학생들은 방관하며 그들의 팀원들이 전체 프로젝트 부담을 지게 하지 못합니다.
또한, 그것은 선생님들에게 공정한 점수를 매기기 위한 정확한 정보를 제공합니다. 구체적으로, 별개의 과제를 통해 그들은 각 학생이 정확히 무엇을 성취했는지 볼 수 있습니다.
그러므로, 학생들이 그룹 내에서 개별 과제를 완수하게 하는 것은 공정성을 보장합니다.

어휘 accomplish [əkάmpliʃ] 성취하다

필수표현 *carry the load 부담을 지다
In some tribes, women often **carry the load** of both household duties and income generation.
일부 부족에서는 여성들이 종종 가사 일과 소득 창출의 부담을 모두 진다.

[13-16] 당신은 교육 기회에 관한 연구에 자원했습니다. 당신은 연구원과 짧은 온라인 인터뷰를 진행할 것입니다. 연구원이 몇 가지 질문을 할 것입니다.

13 스크립트 🎧 T2_16_13
Thank you for taking part in this study. I'd like to ask you some questions about educational opportunities. First, what kind of educational support have you or your friends received? For example, have you had tutoring or any other type of academic help?

해석 이 연구에 참여해 주셔서 감사합니다. 교육 기회에 대해 몇 가지 질문을 드리고 싶습니다. 먼저, 당신이나 당신의 친구들은 어떤 종류의 교육 지원을 받아보셨나요? 예를 들어, 과외 또는 다른 종류의 학업적 도움을 받은 적이 있나요?

브레인스토밍

---

math tutoring 수학 과외

1. individual attention → helped identify specific problems 개별적인 관심 → 구체적인 문제들을 파악하는 데 도움이 되었음
   - struggled with fractions → created practice exercises 분수에 어려움을 겪었음 → 연습 문제를 만들어 주심
2. regular meetings → helped establish study habits 정기적인 만남 → 공부 습관을 확립하는 데 도움을 주었음
   - assigned me 20 practice exercises → review 내게 20개의 연습 문제를 냈음 → 복습함

모범 답안 🎧 T2_16_13

 During my elementary school years, I received math tutoring from a retired teacher at a community center.

First, receiving individual attention helped identify my specific problems. For example, she noticed that I understood addition and subtraction but *struggled with fractions, so she created practice exercises focusing only on those areas.

Second, taking part in regular meetings helped me establish good study habits. To be specific, she assigned me 20 practice exercises to complete at home each week, which I had to review with her in the following session.

As a result, personalized instruction and consistent practice significantly improved my mathematics grades.

해석 저는 초등학교 시절에 한 주민 센터에서 은퇴한 선생님으로부터 수학 과외를 받았습니다.
첫째로, 개별적인 관심을 받는 것이 제 구체적인 문제들을 파악하는 데 도움이 되었습니다. 예를 들어, 그녀는 제가 덧셈과 뺄셈은 이해하지만 분수에 어려움을 겪는다는 것을 알아차리셨고, 그래서 그 영역에만 초점을 맞춘 연습 문제를 만들어 주셨습니다.
둘째로, 정기적인 만남이 좋은 공부 습관을 확립하는 데 도움을 주었습니다. 구체적으로, 그녀는 제게 매주 집에서 완성해야 할 스무 개의 연습 문제를 내주셨고, 저는 다음 수업 시간에 그녀와 함께 복습해야 했습니다.

그 결과, 개인 맞춤 지도와 꾸준한 연습이 제 수학 성적을 크게 향상시켰습니다.

어휘 identify[aidéntəfài] 파악하다　specific[spisífik] 구체적인　fraction[frǽkʃən] 분수　consistent[kənsístənt] 꾸준한
significantly[signífikəntli] 크게

필수표현 *struggle with ~에 어려움을 겪다

Many international students **struggle with** academic writing in their second language during their first semester.
많은 국제 학생들이 첫 학기 동안 외국어로 학술적 글쓰기를 하는 데 어려움을 겪는다.

14 스크립트 🎧 T2_16_14

I see. Academic support can come in various forms to help bridge educational gaps. If you had to choose between providing free tutoring programs or giving students free access to digital learning devices, which approach would you prefer? Why?

해석 그렇군요. 학업적 지원은 교육 격차를 줄이는 데 도움이 되도록 다양한 형태로 나타날 수 있습니다. 무료 과외 프로그램을 제공하는 것과 학생들에게 디지털 학습 기기에 대한 무료 접근을 제공하는 것 중에서 선택해야 한다면, 당신은 어떤 접근법을 선호하나요? 그 이유는 무엇인가요?

브레인스토밍

free tutoring programs 무료 과외 프로그램
1. can be more motivating 더 동기 부여가 될 수 있음 　- personal attention / friendly competition 개인적인 관심 / 선의의 경쟁 2. can address educational inequality 교육 불평등을 해결할 수 있음 　- students need personalized guidance 학생들은 개인 맞춤 지도가 필요함

모범 답안 🎧 T2_16_14

> I prefer providing free tutoring programs to giving students digital devices.
>
> First of all, tutoring programs can be more motivating. This is because students can receive personal attention from their tutor or engage in friendly competition with fellow students.
>
> In addition, tutoring can address the *root causes of educational inequality more effectively. In fact, many students struggle not due to a lack of access to technology, but because they need personalized guidance to develop strong learning foundations.
>
> For these reasons, I believe tutoring programs are a better form of educational support.

해석 저는 학생들에게 디지털 기기를 제공하는 것보다 무료 과외 프로그램을 제공하는 것을 선호합니다.
　　우선, 과외 프로그램은 더 동기 부여가 될 수 있습니다. 이는 학생들이 튜터로부터 개인적인 관심을 받거나 동료 학생들과 선의의 경쟁을 할 수 있기 때문입니다.
　　게다가, 과외는 교육 불평등의 근본 원인을 더 효과적으로 해결할 수 있습니다. 실제로, 많은 학생들이 어려움을 겪는 것은 기술 접근성의 부족 때문이 아닌 견고한 학습 기반을 키우기 위한 개인 맞춤 지도가 필요하기 때문입니다.
　　이러한 이유들 때문에, 저는 과외 프로그램이 더 좋은 형태의 교육적 지원이라고 생각합니다.

어휘 inequality[ìnikwáːləti] 불평등　foundation[faundéiʃən] 기반

필수표현 *root cause 근본 원인

We need to find the **root causes** of poverty.
우리는 빈곤의 근본 원인을 찾아야 한다.

15 스크립트 🎧 T2_16_15

Interesting. Next, I'd like to get your opinion. Many educators believe that online learning can help reduce educational inequality by making quality instruction available to all students. Do you agree that online education can effectively address educational gaps? Why or why not?

해석 흥미롭네요. 다음으로, 당신의 의견을 듣고 싶습니다. 많은 교육자들은 온라인 학습이 모든 학생들에게 양질의 수업을 가능하게 함으로써 교육 불평등을 줄이는 데 도움이 될 수 있다고 믿습니다. 온라인 교육이 교육 격차를 효과적으로 해결할 수 있다는 것에 동의하나요? 왜 그런가요, 혹은 왜 그렇지 않은가요?

브레인스토밍

agree 동의함

1. online courses → access to skilled teachers 온라인 강의 → 숙련된 교사들에 대한 접근
   - students in rural areas → can watch lessons from top university instructors
     지방의 학생들 → 최고의 대학 강사들의 수업을 볼 수 있음
2. more affordable 더 저렴함
   - can take college-level courses without paying for tuition 등록금을 지불하지 않고도 대학 수준의 강의를 들을 수 있음

모범 답안 🎧 T2_16_15

 I agree that online education helps reduce educational gaps by making high-quality learning available to more students.

First, online courses *provide access to skilled teachers regardless of location. This is because students in rural areas can watch lessons from top university instructors in major cities, receiving the same quality education as urban students.

Second, online classes are far more affordable than traditional education. To be specific, students can take college-level courses without paying thousands of dollars for university tuition, making higher education affordable for low-income families.

Therefore, online learning provides equal opportunities by removing both distance and cost barriers to quality education.

해석 저는 온라인 교육이 더 많은 학생들에게 양질의 학습을 가능하게 함으로써 교육 격차를 줄이는 데 도움이 된다는 것에 동의합니다.
첫째로, 온라인 강의는 위치에 관계없이 숙련된 교사들에 대한 접근을 제공합니다. 이는 지방의 학생들이 주요 도시의 최고의 대학 강사들의 수업을 볼 수 있으며, 도시 학생들과 같은 양질의 교육을 받을 수 있기 때문입니다.
둘째로, 온라인 수업은 전통적인 교육보다 훨씬 더 저렴합니다. 구체적으로, 대학 등록금으로 수천 달러를 지불하지 않고도 학생들은 대학 수준의 강의를 들을 수 있어서, 저소득 가정들에게 고등교육을 저렴하게 만들어 줍니다.
그러므로, 온라인 학습은 양질의 교육에 대한 거리와 비용 장벽을 모두 제거함으로써 평등한 기회를 제공합니다.

어휘 instructor[instrʌ́ktər] 강사   urban[ə́:rbən] 도시의   tuition[tju:íʃən] 등록금   affordable[əfɔ́:rdəbl] 저렴한   barrier[bǽriər] 장벽

필수표현 *provide access to ~에 대한 접근을 제공하다
The new library **provides access to** digital resources.
새 도서관은 디지털 자료에 대한 접근을 제공한다.

16 스크립트 🎧 T2_16_16

Good points. Let me ask you one final question. Different communities have tried various strategies to address educational disparities, from scholarship programs to community learning centers. What do you think are one or two effective ways that individuals or local communities can help create equal educational opportunities? Give reasons for your answer.

해석 좋은 의견이네요. 마지막 질문을 하나 드리겠습니다. 다양한 지역사회들이 장학금 프로그램부터 지역사회 학습 센터까지 교육 격차를 해결하기 위한 여러 전략을 시도해 왔습니다. 개인이나 지역사회가 평등한 교육 기회를 만드는 데 도움이 될 수 있는 한두 가지 효과적인 방법이 무엇이라고 생각하나요? 답변에 대한 이유를 제시해주세요.

브레인스토밍

local libraries → free tutoring & study programs 지역 도서관들 → 무료 과외 & 학습 프로그램

1. have the necessary infrastructure 필요한 기반 시설을 갖추고 있음
   - computers & Internet access & printing services & quiet study rooms
     컴퓨터 & 인터넷 접속 & 인쇄 서비스 & 조용한 학습실
2. can offer individual guidance 개별화된 지도를 제공할 수 있음
   - educators & university students → donate time 교육자들 & 대학생들 → 시간을 기부함

모범 답안 🎧 T2_16_16

> 🎤 It seems to me that local libraries should expand their services by offering free tutoring and study programs for students who need academic support.
>
> To begin with, libraries already have the necessary infrastructure. To be specific, they *are equipped with computers, Internet access, printing services, and quiet study rooms that are not always available at home.
>
> Also, volunteer tutors can offer individualized guidance. For instance, experienced educators and university students could donate three hours per week helping students with homework, test preparation, and reading.
>
> In short, community libraries can become comprehensive educational centers that address educational disparities effectively.

해석 제 생각에는 지역 도서관들이 학업 지원이 필요한 학생들을 위해 무료 과외와 학습 프로그램을 제공함으로써 서비스를 확장해야 하는 것 같습니다.
우선, 도서관들은 이미 필요한 기반 시설을 갖추고 있습니다. 구체적으로, 그것들은 집에서는 항상 이용할 수 없는 컴퓨터, 인터넷 접속, 인쇄 서비스, 그리고 조용한 학습실들을 갖추고 있습니다.
또한, 자원봉사 튜터들이 개별화된 지도를 제공할 수 있습니다. 예를 들어, 경험이 풍부한 교육자들과 대학생들이 주당 3시간을 기부하여 학생들의 숙제, 시험 준비, 그리고 읽기를 도울 수 있습니다.
요컨대, 지역 도서관들은 교육 격차를 효과적으로 해결하는 종합 교육 센터가 될 수 있습니다.

어휘 infrastructure[ìnfrəstrʌ́ktʃər] 기반 시설 comprehensive[kɔ̀mprihénsiv] 종합적인

필수표현 *be equipped with ~을 갖추고 있다
The laboratory **is equipped with** modern research equipment.
그 실험실은 현대적인 연구 장비를 갖추고 있다.

II | 사회

HACKERS TEST
p.142

[01-04] 당신은 공공시설에 관한 연구에 자원했습니다. 당신은 연구원과 짧은 온라인 인터뷰를 진행할 것입니다. 연구원이 몇 가지 질문을 할 것입니다.

01 스크립트 🎧 T2_17_01

Thank you for speaking with me today. I have some questions about public facilities in your area. First, which public facilities do you or your family members use regularly? For example, do you use libraries, sports centers, or other types of facilities?

해석 오늘 저와 이야기해 주셔서 감사합니다. 당신의 지역 공공시설에 관해 몇 가지 질문이 있습니다. 먼저, 당신이나 당신의 가족들이 정기적으로 이용하는 공공시설은 무엇인가요? 예를 들어, 당신은 도서관, 스포츠센터, 또는 다른 종류의 시설을 이용하나요?

브레인스토밍

public library & local park 공공도서관 & 지역 공원

1. visit the library twice a week 일주일에 두 번 도서관을 방문함
   - quiet & resources → easier to concentrate 조용함 & 자료 → 집중하기 더 편함
2. community park → exercise & relaxation 지역 공원 → 운동 & 휴식
   - jogging & picnics 조깅 & 피크닉

모범 답안 🎧 T2_17_01

 My family and I regularly use the public library and the local park.

First, I visit the library at least twice a week to study. I *find it much easier to concentrate there than at home because it's quiet and has all the resources I need.

Second, we use the community park for exercise and relaxation. For example, I go jogging there every morning, and on weekends, my family often has picnics there.

Overall, these two public facilities have become essential parts of our daily life.

해석 저의 가족과 저는 공공도서관과 지역 공원을 정기적으로 이용합니다.
첫째로, 저는 공부하기 위해 적어도 일주일에 두 번은 도서관을 방문합니다. 저는 집보다 그곳에서 집중하기가 훨씬 더 쉽다고 생각하는데, 그곳은 조용하고 제게 필요한 모든 자료가 있기 때문입니다.
둘째로, 저희는 운동과 휴식을 위해 지역 공원을 이용합니다. 예를 들어, 저는 매일 아침 그곳에서 조깅을 하고, 주말에는 저희 가족이 종종 그곳에서 피크닉을 합니다.
전반적으로, 이 두 공공시설은 저희의 일상생활에 필수적인 부분이 되었습니다.

어휘 regularly[régjulərli] 정기적으로 concentrate[kánsəntrèit] 집중하다 essential[isénʃəl] 필수적인

필수표현 *find it much easier 훨씬 더 쉽다고 생각하다
I **find it much easier** to learn English through movies.
나는 영화를 통해 영어를 배우는 것이 훨씬 더 쉽다고 생각한다.

02 스크립트 🎧 T2_17_02

Thank you. Imagine you had a choice between a facility where you can be active, like a community sports center, or a facility where you can be focused, like a public library. Which would you choose, and why?

해석 감사합니다. 지역 스포츠센터처럼 활동적일 수 있는 시설과 공공도서관처럼 집중할 수 있는 시설 중에서 선택할 수 있다고 상상해 보세요. 당신은 어느 것을 선택할 것이며, 그 이유는 무엇인가요?

브레인스토밍

active 활동적

1. physical activities → release stress & recharge energy 신체 활동 → 스트레스 해소 & 에너지 재충전
   - basketball → feel refreshed 농구 → 상쾌함을 느낌
2. outdoor spaces → variety 야외 공간 → 다양성
   - can choose from walking / cycling / sitting under trees 걷기 / 사이클링 / 나무 아래 앉아 있기 중에서 선택할 수 있음

모범 답안 🎧 T2_17_02

 I would choose a facility where I can be active over one where I can be focused.

First, physical activities help me *release stress and recharge my energy. To be specific, when I play basketball, I feel much more refreshed for the upcoming week.

Furthermore, outdoor spaces offer variety that indoor environments cannot provide. In fact, I can choose from walking, cycling, or simply sitting under trees, while library activities are limited to reading and studying in confined spaces.

In conclusion, I prefer places where I can be active.

해석 저는 집중할 수 있는 시설보다는 활동적일 수 있는 시설을 선택하겠습니다.
첫째로, 신체 활동은 스트레스를 해소하고 에너지를 재충전하는 데 도움이 됩니다. 구체적으로, 주말에 농구를 할 때, 저는 다가올 한 주를 위해 훨씬 더 상쾌함을 느낍니다.
더욱이, 야외 공간은 실내 환경이 제공할 수 없는 다양성을 제공합니다. 실제로, 제가 걷기, 사이클링, 또는 단순히 나무 아래 앉아 있기 중에서 선택할 수 있는 반면, 도서관 활동은 제한된 공간에서 읽기와 공부에 국한되어 있습니다.
결론적으로, 저는 제가 활동적일 수 있는 곳을 선호합니다.

어휘 release[rilíːs] 해소하다 recharge[riːtʃáːrdʒ] 재충전하다 variety[vəráiəti] 다양성 confined[kənfáind] 제한된

필수표현 *release stress 스트레스를 해소하다
Many people **release stress** by listening to their favorite music.
많은 사람들은 그들의 가장 좋아하는 음악을 들으며 스트레스를 해소한다.

03 스크립트 🎧 T2_17_03

I see. Some people believe that local governments should invest more tax money in building new public facilities rather than maintaining existing ones. Do you agree or disagree with this approach? Why?

해석 그렇군요. 어떤 사람들은 지방 정부가 기존 것들을 유지하는 것보다 새로운 공공시설을 건설하는 데 더 많은 세금을 투자해야 한다고 생각합니다. 이러한 접근법에 동의하나요, 아니면 동의하지 않나요? 그 이유는 무엇인가요?

브레인스토밍

> disagree 동의하지 않음
> 1. renovating current facilities → more cost-effective 현재 시설을 개조하는 것 → 더 비용 효율적임
>   - saves money → address urgent needs 돈을 절약함 → 긴급한 요구 사항을 해결함
> 2. renovating existing infrastructure → faster results 기존 기반 시설을 개조하는 것 → 더 빠른 결과
>   - renovation → months, construction → years 개조 → 몇 달, 건설 → 몇 년

모범 답안 🎧 T2_17_03

 I disagree that governments should build new facilities over maintaining existing ones.

First of all, renovating current facilities is more cost-effective than constructing new ones. As a result, it saves a lot of money that can be used to address other urgent needs like providing education and healthcare.

Second, renovating existing infrastructure *delivers faster results than lengthy construction projects. To be specific, renovation projects typically take months to complete, while a construction project can take years.

Therefore, maintaining existing infrastructure is more beneficial.

해석 저는 정부가 기존 시설을 유지하는 것보다 새 시설을 건설해야 한다는 의견에 동의하지 않습니다.
우선, 현재 시설을 개조하는 것이 새 것들을 건설하는 것보다 더 비용 효율적입니다. 그 결과, 그것은 교육과 의료를 제공하는 것과 같은 다른 긴급한 요구 사항을 해결하는 데 쓰일 수 있는 많은 돈을 절약할 수 있습니다.
둘째로, 기존 기반 시설을 개조하는 것이 긴 건설 공사보다 더 빠른 결과를 제공합니다. 구체적으로, 개조 공사는 일반적으로 완료하는 데 몇 달이 걸리는 반면, 새로운 건설 공사는 몇 년이 걸릴 수 있습니다.
그러므로, 기존 기반 시설을 유지하는 것이 더 이롭습니다.

어휘 renovate[rénəvèit] 개조하다   cost-effective[kɔ̀ːstiféktiv] 비용 효율적인   urgent[ə́ːrdʒənt] 긴급한   lengthy[léŋθi] 긴

필수표현 *deliver faster results 더 빠른 결과를 제공하다
Simple exercise routines often **deliver faster results** than complex ones.
단순한 운동 루틴이 복잡한 것보다 종종 더 빠른 결과를 제공한다.

04 스크립트 🎧 T2_17_04

Good points. I just have one more question. Different communities prioritize different types of public facilities based on their residents' needs. What do you think are one or two types of public facilities that every community should have? Explain your answer.

해석 좋은 의견이네요. 질문이 하나 더 있습니다. 서로 다른 지역사회는 주민들의 필요에 따라 다른 종류의 공공시설에 우선순위를 둡니다. 모든 지역사회가 가져야 한다고 생각하는 한두 가지 종류의 공공시설은 무엇인가요? 답변을 설명해 주세요.

브레인스토밍

> libraries & healthcare centers 도서관 & 의료 센터
> 1. libraries → equal access to information & technology 도서관 → 정보 & 기술에 대한 평등한 접근
>   - Internet access & educational resources & study spaces 인터넷 접속 & 교육 자료 & 학습 공간

2. healthcare facilities → basic medical services 의료시설 → 기본적인 의료 서비스
  - elderly residents → no longer needed to visit distant hospitals 고령 주민들 → 더 이상 먼 병원을 방문할 필요가 없어짐

모범 답안 🎧 T2_17_04

I think libraries and healthcare centers are essential for every community.

First of all, libraries provide equal access to information and technology for residents. To be specific, they offer Internet access, educational resources, and study spaces for citizens *regardless of their economic background.

In addition, healthcare facilities ensure basic medical services are available locally. For instance, when my neighborhood clinic opened, elderly residents no longer needed to visit distant hospitals.

For these reasons, I would choose libraries and healthcare centers as fundamental public facilities.

해석 저는 도서관과 의료 센터가 모든 지역사회에 필수적이라고 생각합니다.
우선, 도서관은 주민들에게 정보와 기술에 대한 평등한 접근을 제공합니다. 구체적으로, 그것들은 그들의 경제적 배경에 관계없이 시민들에게 인터넷 접속, 교육 자료, 그리고 학습 공간을 제공합니다.
또한, 의료시설은 기본적인 의료 서비스를 지역에서 이용할 수 있도록 보장합니다. 예를 들어, 저희 동네 병원이 개원했을 때, 고령 주민들은 더 이상 먼 병원을 방문할 필요가 없어졌습니다.
이러한 이유들 때문에, 저는 필수적인 공공시설로 도서관과 의료 센터를 선택하겠습니다.

어휘 fundamental [fʌ̀ndəméntl] 필수적인, 기본적인

필수표현 *regardless of ~와 관계없이
Everyone deserves respect **regardless of** their social status.
모든 사람은 사회적 지위와 관계없이 존중받을 자격이 있다.

[05-08] 당신은 문화 경험에 관한 연구에 자원했습니다. 당신은 연구원과 짧은 온라인 인터뷰를 진행할 것입니다. 연구원이 몇 가지 질문을 할 것입니다.

05 **스크립트** 🎧 T2_18_05
Thank you for taking part in this study. I'd like to ask you some questions about your cultural experiences. First, what kind of cultural events do you or your friends usually enjoy? For example, do you like traditional food, music, or art festivals?

해석 이 연구에 참여해 주셔서 감사합니다. 당신의 문화 경험에 대해 몇 가지 질문을 드리고 싶습니다. 먼저, 당신이나 당신의 친구들은 보통 어떤 종류의 문화 행사를 즐기나요? 예를 들어, 당신은 전통 음식, 음악, 또는 예술 축제를 좋아하나요?

브레인스토밍

traditional food festivals 전통 음식 축제
1. like trying new & delicious foods 새롭고 맛있는 음식을 맛보는 것을 좋아함
  - can taste many dishes for the first time 많은 요리들을 처음으로 맛볼 수 있음
2. authentic cultural experience 진정한 문화 경험
  - original recipes & cooking methods 독창적인 조리법 & 요리 방식

모범 답안 🎧 T2_18_05

I prefer traditional food festivals over other cultural events.

First of all, I enjoy traditional food festivals simply because I like *trying new and delicious foods. To explain, I can taste many dishes for the first time at a traditional food festival.

In addition, they offer the most authentic cultural experience. For instance, I can watch local people preparing traditional dishes using their family's original recipes and cooking methods.

Therefore, food festivals are the type of cultural event I enjoy the most.

해석 저는 다른 문화 행사들보다 전통 음식 축제를 선호합니다.
우선, 저는 단순히 새롭고 맛있는 음식을 맛보는 것을 좋아하기 때문에 전통 음식 축제를 즐깁니다. 설명하자면, 저는 전통 음식 축제에서 많은 요리들을 처음으로 맛볼 수 있습니다.
게다가, 그것들은 가장 진정한 문화 체험을 제공합니다. 예를 들어, 저는 현지 사람들이 그들 가족의 독창적인 조리법과 요리 방식으로 전통 음식을 준비하는 모습을 볼 수 있습니다.
그러므로, 음식 축제는 제가 가장 즐기는 문화 행사의 유형입니다.

어휘 traditional[trədíʃənəl] 전통적인　authentic[ɔːθéntik] 진정한

필수표현 *try food 음식을 맛보다
Many tourists **try** local **food** when visiting foreign countries.
많은 관광객들은 외국을 방문할 때 현지 음식을 맛본다.

06 스크립트 🎧 T2_18_06

I see. When you experience a different culture, do you prefer to learn about it through direct interaction with people from that culture, or do you like to learn through books, movies, and online resources? Why?

해석 그렇군요. 당신은 다른 문화를 경험할 때, 그 문화 출신의 사람들과의 직접적인 상호작용을 통해 배우는 것을 선호하시나요, 아니면 책, 영화, 온라인 자료를 통해 배우는 것을 좋아하나요? 그 이유는 무엇인가요?

브레인스토밍

direct interaction 직접적인 상호작용
1. ask questions & get immediate answers 질문함 & 즉각적인 답변을 받음
   - roommate from the Netherlands → biking culture 네덜란드에서 온 룸메이트 → 자전거 타기 문화
2. understand emotional & cultural details 감정적 & 문화적 세부 사항을 이해함
   - see their facial expressions → feel their passion for heritage 그들의 표정을 봄 → 그들의 유산에 대한 열정을 느낌

모범 답안 🎧 T2_18_06

 I prefer to learn about different cultures through direct interaction with people from that culture.

First, I can ask questions and get immediate answers. In my case, I could ask my roommate from the Netherlands to explain how that country's widespread biking culture *came to be.

In addition, direct interaction helps me understand emotional and cultural details. To be specific, when people share their personal stories, I can see their facial expressions and feel their passion for their heritage.

Therefore, I believe that learning through conversation gives me a much deeper understanding of different cultures.

해석 저는 그 문화 출신의 사람들과의 직접적인 상호작용을 통해 다른 문화에 대해 배우는 것을 선호합니다.
첫째로, 저는 질문을 하고 즉각적인 답변을 받을 수 있습니다. 제 경우에는, 네덜란드에서 온 룸메이트에게 그 나라의 광범위한 자전거 타기 문화가 어떻게 생기게 되었는지 설명해 달라고 요청할 수 있었습니다.
게다가, 직접적인 상호작용은 감정적 그리고 문화적 세부 사항을 이해하는 데 도움을 줍니다. 구체적으로, 사람들이 그들의 개인적인 이야기를 공유할 때, 저는 그들의 표정을 볼 수 있고 그들의 유산에 대한 열정을 느낄 수 있습니다.
그러므로, 저는 대화를 통한 배움이 다른 문화에 대한 훨씬 더 깊은 이해를 제공한다고 믿습니다.

어휘 heritage[héritidʒ] 유산

필수표현 *come to be 생기게 되다
I wonder how this tradition **came to be** in our community.
나는 이 전통이 우리 지역사회에 어떻게 생기게 되었는지 궁금하다.

07 스크립트 🎧 T2_18_07

Interesting. Next, I'd like to get your opinion. Many schools now offer cultural exchange programs where students can interact with people from different countries. Do you think these programs help students become more open-minded? Why or why not?

해석 흥미롭네요. 다음으로, 당신의 의견을 듣고 싶습니다. 이제 많은 학교에서 학생들이 다른 나라 사람들과 상호작용할 수 있는 문화 교류 프로그램을 제공합니다. 이러한 프로그램이 학생들이 더 개방적인 마음을 갖게 되는 데 도움이 된다고 생각하나요? 왜 그런가요, 혹은 왜 그렇지 않은가요?

브레인스토밍

> become more open-minded 더 개방적인 마음을 갖게 됨
> 1. break down stereotypes & prejudices 고정관념 & 편견을 깨뜨림
>   - interact face-to-face → realize wrong assumptions & view as individuals
>   대면으로 상호작용함 → 잘못된 가정을 깨달음 & 개인으로서 봄
> 2. appreciate diversity & understand different perspectives 다양성을 인정함 & 다른 관점을 이해함
>   - engage in real conversations 실제 대화에 참여함

모범 답안 🎧 T2_18_07

 I think cultural exchange programs definitely help students become more open-minded.

To begin with, these programs break down stereotypes and prejudices that students might have about other countries. To explain, when students interact face-to-face with people from different backgrounds, they often realize that their assumptions were wrong and learn to view people as individuals instead of relying on generalizations.

Also, students learn to appreciate diversity and to understand different perspectives on life. Unlike when learning from textbooks, students engage in real conversations about values, beliefs, and lifestyles that *differ from their own.

In conclusion, these direct cultural interactions make students more accepting and understanding of global diversity.

해석 저는 문화 교류 프로그램이 분명히 학생들이 더 개방적인 마음을 갖게 되는 데 도움이 된다고 생각합니다.
우선, 이러한 프로그램들은 학생들이 다른 나라에 대해 가지고 있을 수 있는 고정관념과 편견을 깨뜨립니다. 설명하자면, 학생들이 다양한 배경에서 온 사람들과 대면으로 상호작용하면, 그들은 자신들의 가정이 종종 틀렸다는 것을 깨닫고 일반화에 의존하는 대신 사람들을 개인으로서 보는 것을 배웁니다.
또한, 학생들은 다양성을 인정하고 삶에 대한 다른 관점을 이해하는 법을 배웁니다. 교과서에서 배우는 때와 달리, 학생들은 자신들과 다른 가치관, 신념, 그리고 생활 방식에 대한 실제 대화에 참여합니다.
결론적으로, 이러한 직접적인 문화적 상호작용은 학생들을 세계적 다양성에 대해 더욱 수용적이고 이해력 있게 만듭니다.

어휘 stereotype[stériətaip] 고정관념 prejudice[prédʒudis] 편견 assumption[əsʌ́mpʃən] 가정
generalization[dʒènərəlizéiʃən] 일반화 appreciate[əpríːʃièit] 인정하다 perspective[pərspéktiv] 관점

필수표현 *differ from ~과 다르다
American culture **differs from** Korean culture in many ways.
미국 문화는 한국 문화와 여러 면에서 다르다.

08 스크립트 🎧 T2_18_08

Good points. Let me ask you one final question. Some think children should be exposed to cultural diversity from a very young age, while others believe adults can better appreciate cultural differences. When do you think is the ideal time for people to begin exploring different cultures? Explain your thoughts.

해석 좋은 의견이네요. 마지막 질문을 하나 드리겠습니다. 어떤 사람들은 아이들이 아주 어린 나이부터 문화적 다양성에 노출되어야 한다고 생각하는 반면, 다른 사람들은 성인이 문화적 차이를 더 잘 이해할 수 있다고 믿습니다. 당신은 사람들이 다른 문화를 탐구하기 시작하기에 이상적인 시기가 언제라고 생각하나요? 당신의 생각을 설명해 주세요.

브레인스토밍

adults 성인

1. have critical thinking skills 비판적 사고 능력을 가지고 있음
   - adults → reflect on why traditions exist & compare 성인 → 전통이 왜 존재하는지 고찰함 & 비교함
2. have enough life experience 충분한 인생 경험을 가지고 있음
   - business customs → see how this knowledge is applicable to professional lives
     비즈니스 관행 → 직업적 삶에 어떻게 적용될 수 있는지 알 수 있음

모범 답안 T2_18_08

> I think adults can better appreciate cultural differences than young children.
>
> First, older people have critical thinking skills. For example, adults can reflect on why certain traditions exist and compare them with their own cultural practices meaningfully.
>
> Second, adults have enough life experience to connect cultural learning with real-life situations. When adults learn about business customs in other countries, they can immediately see how this knowledge is *applicable to their professional lives.
>
> Therefore, I believe cultural exploration is most valuable when people are mature enough to truly understand it.

해석 저는 성인이 어린 아이들보다 문화적 차이를 더 잘 이해할 수 있다고 생각합니다.
첫째로, 나이가 많은 사람들은 비판적 사고 능력을 가지고 있습니다. 예를 들어, 성인들은 특정 전통이 왜 존재하는지 고찰하고 그것들을 자신들의 문화적 관행과 의미 있게 비교할 수 있습니다.
둘째로, 성인들은 문화적 학습을 실생활의 상황과 연결할 충분한 인생 경험을 가지고 있습니다. 성인들이 다른 나라의 비즈니스 관행에 대해 배울 때, 그들은 이 지식이 그들의 직업적 삶에 어떻게 적용될 수 있는지 즉시 알 수 있습니다.
그러므로, 저는 사람들이 진정으로 그것을 이해할 수 있을 만큼 성숙할 때 문화 탐구가 가장 가치 있다고 믿습니다.

어휘 custom[kʌ́stəm] 관행, 관습 exploration[èkspləréiʃən] 탐구 mature[mətjúər] 성숙한

필수표현 *applicable to ~에 적용될 수 있는
These safety rules are **applicable to** all workplace environments.
이러한 안전 규칙들은 모든 직장 환경에 적용될 수 있다.

[09-12] 당신은 다문화 경험에 관한 연구에 참여하기로 동의했습니다. 당신은 연구원과 짧은 온라인 인터뷰를 진행할 것입니다. 연구원이 몇 가지 질문을 할 것입니다.

09 스크립트 T2_19_09

Thank you for speaking with me today. I'm interested in learning about people's multicultural experiences. Can you tell me about a time when you or your friends interacted with someone from a different cultural background? What did you learn from that experience?

해석 오늘 저와 이야기해 주셔서 감사합니다. 저는 사람들의 다문화 경험에 대해 배우는 데 관심이 있습니다. 당신이나 당신의 친구들이 다른 문화적 배경을 가진 사람과 상호작용했던 때에 대해 말해줄 수 있나요? 당신은 그 경험에서 무엇을 배웠나요?

브레인스토밍

exchange student from Japan 일본에서 온 교환학생

1. different cultural perspectives on relationships 관계에 대한 다른 문화적 관점
   - how Japanese students show respect to teachers 일본 학생들이 선생님에게 존경을 표하는 방법
2. improved communication skills 의사소통 기술을 향상시켰음
   - speak more clearly & patiently 더 명확하게 & 인내심 있게 말함

모범 답안 🎧 T2_19_09

 Personally, I had a meaningful experience when I became friends with an exchange student from Japan at my university.

First, this friendship taught me about different cultural perspectives on relationships. For example, she explained how Japanese students *show respect to teachers in ways that were completely new to me.

Second, interacting with her improved my communication skills. In particular, I learned to speak more clearly and patiently when language barriers appeared, which helped me become a better communicator overall.

Therefore, this multicultural friendship was truly valuable for my personal growth.

해석 개인적으로, 저는 대학교에서 일본에서 온 교환학생과 친구가 되었을 때 의미 있는 경험을 했습니다.
첫째로, 이 우정은 제게 관계에 대한 다른 문화적 관점에 대해 가르쳐 주었습니다. 예를 들어, 그녀는 저에게는 완전히 새로운 방식으로 일본 학생들이 선생님에게 존경을 표하는 방법을 설명해 주었습니다.
둘째로, 그녀와 상호작용하는 것은 제 의사소통 기술을 향상시켰습니다. 특히, 저는 언어 장벽이 나타날 때 더 명확하고 인내심 있게 말하는 것을 배웠고, 이는 전반적으로 제가 더 나은 의사소통가가 되는 데 도움이 되었습니다.
그러므로, 이 다문화 우정은 제 개인적 성장에 정말로 가치가 있었습니다.

어휘 meaningful[míːniŋfəl] 의미 있는   exchange[ikstʃéindʒ] 교환   perspective[pərspéktiv] 관점   barrier[bǽriər] 장벽
valuable[vǽljuəbl] 가치가 있는, 소중한

필수표현 *show respect 존경을 표하다
Students should **show respect** to their classmates during group discussions.
학생들은 그룹 토론 중에 그들의 급우들에게 존경을 표해야 한다.

10 스크립트 🎧 T2_19_10

Great. When it comes to learning about other cultures, some people prefer reading books or watching documentaries, while others believe direct interaction with people is more valuable. Which approach do you think is more effective, and why?

해석 좋습니다. 다른 문화에 대해 배우는 것에 관해서, 어떤 사람들은 책을 읽거나 다큐멘터리를 보는 것을 선호하는 반면, 다른 사람들은 사람들과의 직접적인 상호작용이 더 가치 있다고 믿습니다. 어떤 접근법이 더 효과적이라고 생각하며, 그 이유는 무엇인가요?

브레인스토밍

direct interaction with people 사람들과의 직접적인 상호작용
1. practice language skills 언어 기술을 연습함
   - books / documentary: read / watch passively 책이나 다큐멘터리: 수동적으로 읽거나 시청함
2. create emotional connections 감정적 연결을 만들어 냄
   - understand emotions 감정을 이해함

모범 답안 🎧 T2_19_10

 I believe direct interaction with people is more valuable.

First of all, real conversations allow you to practice language skills. Unlike reading books or watching documentaries, which are passive activities, direct interaction allows you to practice speaking and get immediate responses to questions about cultural differences.

In addition, personal interactions create emotional connections. For example, when my British friend shared her homesickness while we were having a coffee, it *helped me understand her emotions in a way that no description could ever teach me.

For these reasons, direct contact is of great value.

해석   저는 사람들과의 직접적인 상호작용이 더 가치 있다고 생각합니다.
우선, 실제 대화는 언어 기술을 연습할 수 있게 해줍니다. 수동적인 활동인 책 읽기나 다큐멘터리 시청과는 달리, 직접적인 상호작용은 말하기를 연습하고 문화적 차이에 대한 질문에 즉각적인 반응을 얻을 수 있게 해줍니다.
게다가, 개인적인 상호작용은 감정적 연결을 만들어 냅니다. 예를 들어, 제 영국인 친구가 저희가 커피를 마시고 있을 때 그녀의 향수병을 털어놓았을 때, 그것은 어떤 묘사로도 가르쳐줄 수 없는 방식으로 제가 그녀의 감정을 이해하는 것을 도와주었습니다.
이러한 이유들 때문에, 직접적인 접촉은 큰 가치가 있습니다.

어휘   passively [pǽsivli] 수동적으로   immediate [imíːdiət] 즉각적인   emotional [imóuʃənəl] 감정적인
homesickness [hóumsìknis] 향수병

필수표현 *help A understand A가 ~를 이해하는 것을 돕다
Visual aids **help** audiences **understand** presentations better.
시각 자료는 청중이 발표를 더 잘 이해하는 것을 돕는다.

11 스크립트 🎧 T2_19_11

That makes sense. Some people think that neighborhoods with people of many different cultures are interesting because of the variety of restaurants, shops, and activities. Do you agree that living in a multicultural area has advantages? Why or why not?

해석   이해가 되네요. 어떤 사람들은 다양한 문화를 가진 사람들이 있는 동네가 다양한 식당, 상점, 그리고 활동들 때문에 더 흥미롭다고 생각합니다. 당신은 다문화 지역에서 사는 것이 장점을 가진다는 것에 동의하나요? 왜 그런가요, 혹은 왜 그렇지 않은가요?

브레인스토밍

agree 동의함
1. like the variety in food 음식의 다양성을 좋아함
   - makes every meal an adventure 매 식사를 모험으로 만들어 줌
2. opportunities to learn other languages 다른 언어를 배울 수 있는 기회
   - various languages → learned basic greetings 다양한 언어들 → 기본 인사말을 배움

모범 답안 🎧 T2_19_11

> I agree that living in a multicultural area has advantages.
>
> First of all, I like the variety in food. For example, in my neighborhood, I can try authentic Thai curry, Italian pasta, and Mexican tacos all *within walking distance, which makes every meal an adventure.
>
> Second, these areas provide opportunities to learn other languages. For instance, I often hear people speaking various languages, and I've learned basic greetings in several languages just by listening.
>
> Therefore, multicultural neighborhoods definitely offer more interesting and enriching experiences.

해석   저는 다문화 지역에서 사는 것이 장점을 가진다는 것에 동의합니다.
우선, 저는 음식의 다양성을 좋아합니다. 예를 들어, 제 동네에서는 걸어서 갈 수 있는 거리 내에서 정통 태국 카레, 이탈리아 파스타, 그리고 멕시코 타코를 모두 시도해 볼 수 있어서, 매 식사를 모험으로 만들어 줍니다.
둘째로, 이러한 지역들은 다른 언어를 배울 수 있는 기회를 제공합니다. 예를 들어, 저는 종종 사람들이 다양한 언어를 말하는 것을 듣고, 단지 들음으로써 여러 언어의 기본 인사말을 배웠습니다.
그러므로, 다문화 동네는 분명히 더 흥미롭고 풍요로운 경험을 제공합니다.

어휘   variety [vəráiəti] 다양성   neighborhood [néibərhùd] 동네   authentic [ɔːθéntik] 정통의   opportunity [àpərtjúːnəti] 기회
greeting [gríːtiŋ] 인사(말)   enriching [inrítʃiŋ] 풍요로운

필수표현 *within walking distance 걸어서 갈 수 있는 거리 내에(서)
The school is **within walking distance** of my house.
학교는 나의 집에서 걸어서 갈 수 있는 거리 내에 있다.

12 스크립트 🎧 T2_19_12

Good points. Let me ask you one final question. Today, due to the increasing number of multicultural families and globalization, more people from different cultural backgrounds are present in schools and workplaces. What do you think are one or two different ways to get along well with people from other cultures? Give reasons for your answer.

해석 좋은 의견이네요. 마지막 질문을 하나 드리겠습니다. 오늘날, 증가하는 다문화 가정의 수와 세계화로 인해, 다른 문화적 배경을 가진 더 많은 사람들이 학교와 직장에 있습니다. 다른 문화 출신의 사람들과 잘 지내는 한두 가지 다른 방법이 무엇이라고 생각하나요? 답변에 대한 이유를 제시해주세요.

브레인스토밍

> cultural openness & patience 문화적 개방성 & 인내심
> 1. showing genuine interest → build good relationships 진정한 관심을 보이는 것 → 좋은 관계를 구축함
>   - ask about traditions or food → appreciate & share more 전통이나 음식에 대해 물어봄 → 고마워함 & 더 공유함
> 2. being patient with communication 의사소통에 인내심을 갖는 것
>   - makes them feel comfortable talking with me 그들이 나와 이야기하는 것을 편안하게 느끼게 만들어 줌

모범 답안 🎧 T2_19_12

 I believe building strong relationships with people from other countries requires cultural openness and patience.

First, *showing a genuine interest in their culture helps build good relationships. For example, when I ask my foreign classmates about their traditions or food, they really appreciate it and often share more about their background.

Second, being patient with communication is important. To explain, my exchange student friends sometimes struggle with Korean, but I listen carefully and help them express their ideas. This makes them feel comfortable talking with me.

These approaches have helped me make many friends from different countries.

해석 저는 다른 나라 사람들과 좋은 관계를 맺기 위해서는 문화적 개방성과 인내심이 필요하다고 생각합니다.
첫째로, 그들의 문화에 진정한 관심을 보이는 것이 좋은 관계를 구축하는 데 도움이 됩니다. 예를 들어, 제가 외국인 동급생들에게 그들의 전통이나 음식에 대해 물어볼 때, 그들은 정말로 고마워하고 종종 그들의 배경에 대해 더 많이 공유합니다.
둘째로, 의사소통에 인내심을 갖는 것이 중요합니다. 설명하자면, 제 교환학생 친구들은 때때로 한국어에 어려움을 겪지만, 저는 주의 깊게 듣고 그들이 그들의 생각을 표현하도록 도와줍니다. 이것은 그들이 저와 이야기하는 것을 편안하게 느끼게 만들어 줍니다.
이러한 접근법들이 제가 다른 나라 출신의 많은 친구들을 사귀는 데 도움이 되었습니다.

어휘 genuine[dʒénjuin] 진정한 appreciate[əprí:ʃièit] 고마워하다 patient[péiʃənt] 인내심 있는 struggle[strʌ́gl] 어려움을 겪다
express[iksprés] 표현하다 comfortable[kʌ́mfərtəbl] 편안한

필수표현 *show a genuine interest in ~에 진정한 관심을 보이다
Showing a genuine interest in customers' needs helps build brand loyalty.
고객의 요구에 진정한 관심을 보이는 것은 브랜드 충성도 구축에 도움이 된다.

[13-16] 당신은 봉사 활동에 관한 연구에 참여하기로 동의했습니다. 당신은 연구원과 짧은 온라인 인터뷰를 진행할 것입니다. 연구원이 몇 가지 질문을 할 것입니다.

13 스크립트 🎧 T2_20_13

Thank you for taking part in this study today. I have a few questions to ask you about volunteering. First, can you describe a type of volunteer work that you or someone you know has done?

해석 오늘 이 연구에 참여해 주셔서 감사합니다. 봉사 활동에 대해 몇 가지 질문을 드리겠습니다. 먼저, 당신이나 당신이 아는 누군가가 해본 봉사 활동의 유형을 설명해 주실 수 있나요?

브레인스토밍

volunteer teaching art to the elderly 노인들에게 미술 가르치는 봉사 활동을 함

1. benefits older people 노인들에게 도움이 됨
   - socialize & express themselves 사교활동 & 자신을 표현함
2. helps me too 나에게도 도움이 됨
   - stops me from focusing too much on myself & problems 내가 내 자신과 문제에 너무 집중하는 것을 막아줌

모범 답안 🎧 T2_20_13

 In my case, I volunteer teaching art to the elderly.

First of all, it benefits older people. To be specific, it provides them with a chance to socialize and express themselves through art, which *keeps their minds and hands active.

Another reason I do it is because volunteering helps me too. To explain, helping other people stops me from focusing too much on myself and my problems.

To sum up, when I volunteer, I feel like I'm making the world a better place and helping myself at the same time.

해석 제 경우에는, 노인들에게 미술을 가르치는 봉사 활동을 합니다.
우선, 그것은 노인들에게 도움이 됩니다. 구체적으로, 이는 그들에게 미술을 통해 사교활동을 하고 자신을 표현할 기회를 제공하며, 그들의 정신과 손을 활발하게 유지시켜 줍니다.
제가 그것을 하는 또 다른 이유는 봉사 활동을 하는 것이 저에게도 도움이 되기 때문입니다. 설명하자면, 다른 사람들을 돕는 것은 제가 제 자신과 저의 문제에 너무 집중하는 것을 막아줍니다.
요약하자면, 제가 자원봉사를 할 때, 저는 제가 세상을 더 나은 곳으로 만들고 동시에 저 자신을 돕고 있다고 느낍니다.

어휘 socialize[sóuʃəlàiz] 사교활동을 하다 express[iksprés] 표현하다

필수표현 *keep A active A를 활발하게 유지시키다
Regular reading and discussion **keep** students' critical thinking skills **active**.
정기적인 독서와 토론은 학생들의 비판적 사고 능력을 활발하게 유지시킨다.

14 스크립트 🎧 T2_20_14
Interesting. Some schools make it mandatory for students to do a certain amount of volunteer work each year. Do you think this is a good way to encourage young people to become involved in their communities? Why or why not?

해석 흥미롭네요. 일부 학교에서는 학생들이 매년 일정량의 봉사 활동을 하는 것을 의무화합니다. 이것이 젊은 사람들이 지역사회에 참여하도록 격려하는 좋은 방법이라고 생각하나요? 왜 그런가요, 혹은 왜 그렇지 않은가요?

브레인스토밍

oppose 반대함

1. forced to volunteer → don't view it as meaningful 자원봉사를 강요받음 → 그것을 의미 있는 활동으로 보지 않음
   - see it as a chore 그것을 잡일로 봄
2. a lot of demands on their time → unfair 시간에 대한 많은 요구 → 불공평함
   - hours doing homework & preparing for exams → burden 숙제하기 & 시험 준비하기에 몇 시간 → 부담

모범 답안 🎧 T2_20_14

 I oppose making it mandatory for students to volunteer.

First, people who are forced to volunteer don't view it as a meaningful activity. Instead, they see it as a chore to be avoided whenever possible.

In addition, students already have a lot of demands on their time, so it is unfair to make them volunteer. For example, they spend hours each week doing homework and preparing for exams, so volunteering could *become a burden for them.

To conclude, I don't think making volunteering mandatory is a good way to motivate young people.

해석 저는 학생들이 봉사 활동하는 것을 의무화하는 것에 반대합니다.
첫째로, 자원봉사를 강요받는 사람들은 그것을 의미 있는 활동으로 보지 않습니다. 대신, 그들은 그것을 가능할 때마다 피해야 할 잡일로 봅니다.
게다가, 학생들은 이미 시간에 대한 많은 요구가 있으므로, 그들이 봉사 활동을 하게 하는 것은 불공평합니다. 예를 들어, 그들은 매주 숙제를 하고 시험을 준비하는 데 몇 시간을 보내므로, 봉사 활동은 그들에게 부담이 될 수 있습니다.
결론적으로, 저는 자원봉사를 의무화하는 것이 젊은 사람들에게 동기를 부여하는 좋은 방법이라고 생각하지 않습니다.

어휘 mandatory[mǽndətɔ̀ːri] 의무적인   chore[tʃɔːr] 잡일   demand[dimǽnd] 요구   burden[báːrdn] 부담
motivate[móutəvèit] 동기를 부여하다

필수표현 *become a burden 부담이 되다
Excessive homework assignments can **become a burden** that hinders creative learning.
과도한 숙제는 창의적 학습을 방해하는 부담이 될 수 있다.

15 스크립트 🎧 T2_20_15

I see. Some people prefer to donate money rather than time to the organizations they support. They feel that providing financial support is more effective. Do you agree with this approach? Why or why not?

해석 그렇군요. 어떤 사람들은 자신이 지원하는 단체에 시간보다는 돈을 기부하는 것을 선호합니다. 그들은 재정적 지원을 제공하는 것이 더 효과적이라고 느낍니다. 이런 접근법에 동의하나요? 왜 그런가요, 혹은 왜 그렇지 않은가요?

브레인스토밍

> better to donate time 시간을 기부하는 것이 더 나음
>
> 1. more passionate about an issue 문제에 대해 더 열정적임
>   - volunteered for an environmental group → major in environmental law
>   환경 단체를 위해 봉사 활동을 했음 → 환경법을 전공함
> 2. pick up social skills 사회적 기술을 습득함
>   - working with elderly → learn how to be patient 노인들과 함께 일함 → 인내심을 갖는 법을 배움

모범 답안 🎧 T2_20_15

 I think it's better to donate one's time.

One reason is that volunteering can make you more passionate about an issue. For instance, my father volunteered for an environmental group in university and *was inspired by his experience to major in environmental law.

Additionally, volunteering in person lets you pick up new social skills. To explain, I learn how to be patient with people from working with the elderly.

Consequently, I try to volunteer my time whenever I can.

해석 저는 시간을 기부하는 것이 더 낫다고 생각합니다.
한 가지 이유는 자원봉사가 문제에 대해 더 열정적으로 만들 수 있기 때문입니다. 예를 들어, 제 아버지는 대학교에서 환경 단체를 위해 자원봉사를 하였고 그 경험에서 영감을 받아 환경법을 전공하게 되었습니다.
게다가, 직접 자원봉사를 하는 것은 새로운 사회적 기술을 습득하게 해줍니다. 설명하자면, 저는 노인들과 함께 일하면서 사람들에게 인내심을 갖는 법을 배웁니다.
따라서, 저는 할 수 있을 때마다 제 시간을 봉사 활동에 쓰려고 노력합니다.

어휘 donate[dóuneit] 기부하다   passionate[pǽʃənət] 열정적인   environmental[invàiərənméntl] 환경의   inspire[inspáiər] 영감을 주다
major[méidʒər] 전공하다   patient[péiʃənt] 인내심 있는

필수표현 *be inspired by ~에서 영감을 받다
Many modern architects **are inspired by** traditional cultural designs when creating buildings.
많은 현대 건축가들이 건물을 만들 때 전통 문화적 설계에서 영감을 받는다.

16 스크립트 🎧 T2_20_16

That is a great point. I have one final question to ask. Researchers have noted a significant decline in both the number of volunteers and the amount of time people spend volunteering. What do you think is the cause of this decline? Explain your answer.

해석 아주 좋은 의견이네요. 마지막 질문을 하나 드리겠습니다. 연구자들은 봉사자 수와 사람들이 봉사 활동에 보내는 시간 모두에서 상당한 감소에 주목했습니다. 이러한 감소의 원인이 무엇이라고 생각하나요? 당신의 답변을 설명해 주세요.

브레인스토밍

lack of time & change in values 시간 부족 & 가치관의 변화
1. work & family & personal responsibilities demand significant time 직장 & 가족 & 개인적 책임이 상당한 시간을 요구함
   - rising living costs → take multiple jobs 상승하는 생활비 → 여러 직업을 가짐
2. values have changed 가치관이 바뀌었음
   - individual achievement → personal gains 개인의 성취 → 개인적 이익

모범 답안 🎧 T2_20_16

 In my opinion, a lack of time and a change in values are the main reasons why people do not volunteer as much as before.

First, work, family, and personal responsibilities demand significant time. Research shows that rising living costs force people to take multiple jobs, *leaving no spare time for community activities.

Second, I think values have changed. In fact, modern culture emphasizes individual achievement, making people focus on personal gains over helping others.

Therefore, busy schedules and shifting values explain why fewer individuals engage in volunteer work nowadays.

해석 제 생각에는, 시간 부족과 가치관의 변화가 사람들이 예전만큼 봉사 활동을 하지 않는 주요 이유입니다.
첫째로, 직장, 가족, 그리고 개인적 책임이 상당한 시간을 요구합니다. 연구에 따르면 상승하는 생활비가 사람들로 하여금 여러 직업을 가지게 하면서, 지역사회 활동을 위한 여유 시간을 남기지 않습니다.
둘째로, 저는 가치관이 바뀌었다고 생각합니다. 실제로, 현대 문화는 개인의 성취를 강조하여, 사람들이 타인을 돕는 것보다 개인적 이익에 집중하게 만듭니다.
그러므로, 바쁜 일정과 변화하는 가치관이 요즘 더 적은 사람들이 봉사 활동에 참여하는 이유를 설명합니다.

어휘 responsibility[rispɑ̀nsəbíləti] 책임 spare[spɛər] 여유의 achievement[ətʃíːvmənt] 성취

필수표현 *leave no spare time for ~을 위한 여유 시간을 남기지 않다
Part-time jobs **leave no spare time for** students' hobbies.
아르바이트는 학생들의 취미를 위한 여유 시간을 남기지 않는다.

III | 환경

HACKERS TEST p.150

[01-04] 당신은 플라스틱 사용에 관한 연구에 자원하였습니다. 당신은 연구원과 짧은 온라인 인터뷰를 진행할 것입니다. 연구원이 몇 가지 질문을 할 것입니다.

01 스크립트 🎧 T2_21_01

Thank you for taking part in this study. I'd like to ask you some questions about plastic use. First, what kind of plastic items do you or your family use most often? For example, do you use plastic bags, water bottles, or food containers?

해석 이 연구에 참여해 주셔서 감사합니다. 플라스틱 사용에 대해 몇 가지 질문을 드리고 싶습니다. 먼저, 당신이나 당신의 가족이 가장 자주 사용하는 플라스틱 제품은 어떤 종류인가요? 예를 들어, 당신은 비닐봉지, 물병, 또는 음식 용기를 사용하나요?

브레인스토밍

plastic food containers 플라스틱 음식 용기
1. store leftovers 남은 음식을 보관함
   - cook too much → put in plastic containers & enjoy them the next day
   너무 많이 요리함 → 플라스틱 용기에 넣음 & 다음 날 그것들을 먹음
2. convenient for packing lunches 점심 도시락을 싸는 데 편리함
   - take sandwiches & snacks to school 학교에 샌드위치 & 간식을 가져감

모범 답안 T2_21_01

My family uses plastic food containers the most.

First, we use them to store leftovers from meals because they keep food fresh for several days. For example, when my mom cooks too much rice or soup, we put the leftovers in plastic containers and enjoy them the next day.

Second, these containers are very *convenient for packing lunches for school and work. For instance, my sister and I take our homemade sandwiches and snacks to school in small plastic containers each day.

Therefore, plastic food containers are the most essential plastic items in our household.

해석 저희 가족은 플라스틱 음식 용기를 가장 많이 사용합니다.
첫째로, 그것들은 음식을 며칠 동안 신선하게 유지해 주기 때문에 저희는 식사 후 남은 음식을 보관하는 데 그것들을 사용합니다. 예를 들어, 저의 어머니가 밥이나 국을 너무 많이 요리했을 때, 저희는 남은 음식을 플라스틱 용기에 넣고 다음 날 먹습니다.
둘째로, 이러한 용기들은 학교와 직장을 위한 점심 도시락을 싸는 데 매우 편리합니다. 예를 들어, 제 여동생과 저는 매일 작은 플라스틱 용기에 집에서 만든 샌드위치와 간식을 넣어 학교에 가져갑니다.
그러므로, 플라스틱 음식 용기는 저희 집에서 가장 없어서는 안 될 플라스틱 제품입니다.

어휘 container[kəntéinər] 용기 leftover[léftouvər] 남은 음식 essential[isénʃəl] 없어서는 안 될 household[háushòuld] 가정

필수표현 *convenient for ~하는 데 편리한
This app is **convenient for** ordering food late at night.
이 앱은 늦은 밤에 음식을 주문하는 데 편리하다.

02 스크립트 T2_21_02

I see. When you go shopping, you can choose between using plastic bags provided by the store or bringing your own reusable bags from home. Which option do you prefer, and why?

해석 그렇군요. 당신이 쇼핑을 갈 때, 당신은 상점에서 제공하는 비닐봉지를 사용하거나 집에서 당신의 재사용할 수 있는 가방을 가져오는 것 중에서 선택할 수 있습니다. 당신은 어떤 선택을 선호하며, 그 이유는 무엇인가요?

브레인스토밍

bringing my own reusable bag 나의 재사용할 수 있는 가방 가져가기
1. stronger & can hold heavier items 더 튼튼함 & 더 무거운 물건들을 들 수 있음
   - canvas bag → 10 books 캔버스 가방 → 책 10권
2. save money 돈을 절약함
   - avoid extra costs 추가 비용을 피할 수 있음

모범 답안 T2_21_02

> 🎙️ I prefer bringing my own reusable bags when I go shopping.
>
> First of all, reusable bags are much stronger and can hold heavier items. To illustrate, I carried 10 books in my canvas bag without any problems last month, whereas a plastic bag would have torn easily.
>
> Second, using reusable bags allows me to save money *in the long run. Since many stores now charge a fee for plastic bags, I can avoid this extra cost by bringing my own bag.
>
> In conclusion, reusable bags are both more practical and economical.

해석 저는 쇼핑을 갈 때 저의 재사용할 수 있는 가방을 가져가는 것을 선호합니다.
우선, 재사용할 수 있는 가방은 훨씬 더 튼튼하고 더 무거운 물건들을 들 수 있습니다. 설명하자면, 지난달에 저는 제 캔버스 가방에 책 10권을 아무 문제 없이 들고 다닌 반면, 비닐봉지였다면 쉽게 찢어졌을 것입니다.
둘째로, 재사용할 수 있는 가방을 사용하는 것은 제가 장기적으로 돈을 절약하도록 합니다. 많은 상점들이 이제 비닐봉지에 대해 요금을 부과하므로, 저는 제 가방을 가져감으로써 이러한 추가 비용을 피할 수 있습니다.
결론적으로, 재사용할 수 있는 가방은 더 실용적이고 경제적입니다.

어휘 tear[tɛər] 찢다 economical[èkənámikəl] 경제적인

필수표현 *in the long run 장기적으로
Investing in quality tools may cost more initially, but it saves money **in the long run**.
양질의 도구에 투자하는 것은 처음에는 더 비쌀 수 있지만, 장기적으로는 돈을 절약한다.

03 스크립트 T2_21_03

Interesting. Some people argue that the convenience of plastic products outweighs the environmental concerns. Do you agree that convenience should be prioritized over environmental impact? Why or why not?

해석 흥미롭네요. 어떤 사람들은 플라스틱 제품의 편의성이 환경적 우려보다 더 중요하다고 주장합니다. 편의성이 환경적 영향보다 우선시되어야 한다는 것에 동의하나요? 왜 그런가요, 혹은 왜 그렇지 않은가요?

브레인스토밍

disagree 동의하지 않음
1. environmental damage → affects everyone's future 환경 피해는 모든 사람의 미래에 영향을 미침
   - plastics are a direct contributor to global warming 플라스틱은 지구 온난화에 직접적으로 기여하는 요인임
2. convenient alternatives 편리한 대안들
   - reusable water bottles & shopping bags 재사용 가능한 물병과 쇼핑백

모범 답안 🎧 T2_21_03

> 🎙️ I disagree that convenience should be prioritized over environmental concerns.
>
> To begin with, the environmental damage from plastic waste affects everyone's future quality of life. To be specific, plastics are a direct contributor to global warming, which will lead to a number of serious problems in the near future.
>
> What's more, there are many convenient alternatives that don't harm the environment. For example, reusable water bottles and shopping bags are lightweight, affordable, and widely available, so people can easily replace single-use plastics without sacrificing convenience.
>
> Overall, we should *choose environmentally friendly options over those that provide convenience.

해석 저는 편의성이 환경적 우려보다 우선시되어야 한다는 것에 동의하지 않습니다.
우선, 플라스틱 폐기물로 인한 환경 피해는 모든 사람의 미래 삶의 질에 영향을 미칩니다. 구체적으로, 플라스틱은 지구 온난화에 직접적으로 기여하는 요인이며, 이는 가까운 미래에 많은 심각한 문제들을 초래할 것입니다.
더욱이, 환경에 해를 끼치지 않는 편리한 대안들이 많이 있습니다. 예를 들어, 재사용 가능한 물병과 쇼핑백은 가볍고 저렴하며 널리 구할

수 있기 때문에, 사람들은 편의성을 희생하지 않으면서 일회용 플라스틱을 쉽게 교체할 수 있습니다.
전반적으로, 저희는 편의성을 제공하는 것들보다 환경친화적인 선택지를 택해야 합니다.

어휘 **convenience**[kənvíːnjəns] 편의성 **prioritize**[praiɔ́ːrətàiz] 우선시하다 **damage**[dǽmidʒ] 피해 **alternative**[ɔːltə́ːrnətiv] 대안

필수표현 *choose A over B B보다 A를 택하다
Students should **choose** courses that match their interests **over** those that seem easier but boring.
학생들은 더 쉬워 보이지만 지루한 과목보다는 자신의 관심사에 맞는 과목을 택해야 한다.

04 스크립트 🎧 T2_21_04

Good points. Lastly, many governments are now considering policies such as plastic bag fees or bans on single-use plastics to encourage people to change their habits. Do you think these government measures are effective, or do you believe there are better ways to reduce plastic waste? Explain your thoughts.

해석 좋은 의견이네요. 마지막으로, 많은 정부들은 이제 사람들이 습관을 바꾸도록 격려하기 위해 비닐봉지 요금이나 일회용 플라스틱 금지법과 같은 정책들을 고려하고 있습니다. 당신은 이러한 정부 조치들이 효과적이라고 생각하나요, 아니면 플라스틱 폐기물을 줄이는 더 나은 방법들이 있다고 생각하나요? 당신의 생각을 설명해 주세요.

브레인스토밍

---
effective & necessary 효과적임 & 필요함
1. change people's behavior 사람들의 행동을 바꿈
   - charge for plastic bags → bring their own bags 비닐봉지에 대한 요금 부과 → 그들의 가방을 가져옴
2. fund environmental programs & education 환경 프로그램 & 교육에 자금을 지원함
   - government → teach about recycling & support research 정부 → 재활용에 대해 가르침 & 연구를 지원함

모범 답안 🎧 T2_21_04

 I believe government measures like plastic bag fees are effective and necessary.

First of all, these policies immediately change people's behavior. To explain, when stores started *charging for plastic bags in my city, I noticed that most customers began bringing their own bags within just a few weeks.

Furthermore, the money collected from these fees can fund environmental programs and education. In other words, the government can use this revenue to teach people about recycling and support research for better alternatives.

To conclude, government policies create both immediate behavior change and long-term environmental benefits.

해석 저는 비닐봉지 요금과 같은 정부 조치들이 효과적이고 필요하다고 믿습니다.
우선, 이러한 정책들은 즉시 사람들의 행동을 바꿉니다. 설명하자면, 제가 사는 도시에서 상점들이 비닐봉지에 대해 요금을 부과하기 시작했을 때, 저는 대부분의 고객들이 단 몇 주 내에 그들의 가방을 가져오기 시작하는 것을 알아차렸습니다.
더욱이, 이러한 요금에서 징수된 돈은 환경 프로그램과 교육에 자금을 지원할 수 있습니다. 다시 말해서, 정부는 이 수익을 사람들에게 재활용에 대해 가르치고 더 나은 대안을 위한 연구를 지원하는 데 사용할 수 있습니다.
결론적으로, 정부 정책은 즉각적인 행동 변화와 장기적인 환경적 혜택을 모두 만들어 냅니다.

어휘 **measure**[méʒər] 조치 **policy**[páləsi] 정책 **immediately**[imíːdiətli] 즉시 **behavior**[bihéivjər] 행동 **revenue**[révənjùː] 수익

필수표현 *charge for ~에 대해 요금을 부과하다
The cleaning company **charges for** additional tasks such as washing windows or cleaning carpets.
그 청소 회사는 창문 닦기나 카펫 청소와 같은 추가 작업에 대해 요금을 부과한다.

[05-08] 당신은 전기 자동차에 관한 연구에 참여하기로 동의했습니다. 당신은 연구원과 짧은 온라인 인터뷰를 진행할 것입니다. 연구원이 몇 가지 질문을 할 것입니다.

05 스크립트 🎧 T2_22_05

Thank you for participating in this study. Today, I'd like to ask you some questions about electric vehicles. First, have you or someone you know ever driven an electric car? What was that experience like?

해석 이 연구에 참여해 주셔서 감사합니다. 오늘 전기 자동차에 대해 몇 가지 질문을 드리고 싶습니다. 먼저, 당신이나 당신이 아는 사람이 전기 자동차를 운전해 본 적이 있나요? 그 경험은 어땠나요?

브레인스토밍

uncle bought an electric car → had the chance to drive it 삼촌이 전기 자동차를 샀음 → 그것을 운전해 볼 기회가 있었음

1. drive → quiet & smooth 운전 → 조용함 & 부드러움
  - almost silent when starting & accelerating 시동 걸 때 & 가속할 때 거의 조용함
2. technology features = very impressive 기술적 특징들이 매우 인상적임
  - touchscreen → control & monitor 터치스크린 → 조절함 & 모니터링함

모범 답안 🎧 T2_22_05

🎤 Yes. My uncle recently bought an electric car, and I had the chance to drive it last month.

First, the drive was incredibly quiet and smooth. Unlike a regular car that has engine noise and vibrations, the electric vehicle was almost silent when starting and accelerating.

Second, the technological features were very impressive. In particular, the car had a large touchscreen that controlled everything from navigation to air conditioning, and I could monitor the battery level *in real time.

Overall, driving an electric vehicle was a fascinating experience.

해석 네. 제 삼촌이 최근에 전기 자동차를 샀고, 저는 지난달에 그것을 운전해 볼 기회가 있었습니다.
첫째로, 운전이 믿을 수 없을 정도로 조용하고 부드러웠습니다. 엔진 소음과 진동이 있는 일반 자동차와 달리, 전기 자동차는 시동을 걸고 가속할 때 거의 조용했습니다.
둘째로, 기술적 특징들이 매우 인상적이었습니다. 특히, 그 차는 내비게이션부터 에어컨까지 모든 것을 조절하는 큰 터치스크린이 있었고, 저는 실시간으로 배터리 수준을 모니터링할 수 있었습니다.
전반적으로, 전기 자동차를 운전하는 것은 매혹적인 경험이었습니다.

어휘 incredibly[inkrédəbli] 믿을 수 없을 정도로 vibration[vaibréiʃən] 진동 accelerate[æksélərèit] 가속하다
monitor[mánətər] 모니터하다, 추적 관찰하다 fascinating[fǽsənèitiŋ] 매혹적인

필수표현 *in real time 실시간으로
The stock trading app allows investors to track market changes **in real time** throughout the day.
주식 거래 앱은 투자자들이 하루 종일 시장 변화를 실시간으로 추적할 수 있게 해준다.

06 스크립트 🎧 T2_22_06

I see. When choosing a new vehicle, would you prefer an electric one that is environmentally friendly but may cost more, or a conventional one that is more harmful to the environment but less expensive? Why?

해석 그렇군요. 새로운 차량을 선택할 때, 환경친화적이지만 비용이 더 많이 들 수 있는 전기차를 선호하나요, 아니면 환경에는 더 해롭지만 가격이 저렴한 기존 차량을 선호하나요? 그 이유는 무엇인가요?

브레인스토밍

environmentally friendly vehicle 환경친화적인 차량

1. protect the environment 환경을 보호함
  - harmful emissions X → reduce air pollution 유해한 배출가스 없음 → 대기 오염을 줄임
2. lower operating costs 더 낮은 운전 비용
  - save money on fuel & routine maintenance 연료 & 정기 보수에서 돈을 절약함

모범 답안 T2_22_06

🎤 I prefer an environmentally friendly vehicle even if it costs more.

First, protecting the environment is extremely important for future generations. To explain, electric cars produce no harmful emissions, so they help reduce air pollution in our cities and neighborhoods.

On top of that, eco-friendly vehicles often have lower operating costs in the long run. This is because owners save money on fuel and routine maintenance, despite the higher initial cost.

Therefore, choosing a green vehicle *not only protects the environment but also provides economic benefits over time.

해석 저는 더 비싸더라도 환경친화적인 차량을 선호합니다.
첫째로, 환경을 보호하는 것이 미래 세대를 위해 극도로 중요합니다. 설명하자면, 전기 자동차는 유해한 배출가스를 생산하지 않으므로, 우리 도시와 동네의 대기 오염을 줄이는 데 도움이 됩니다.
그에 더하여, 친환경 차량은 장기적으로 더 낮은 운전 비용을 갖는 경우가 많습니다. 이는 더 높은 초기 가격에도 불구하고, 소유자들이 연료와 정기 보수에서 돈을 절약하기 때문입니다.
그러므로, 친환경 차량을 선택하는 것은 환경을 보호할 뿐만 아니라 시간이 지나면서 경제적 이익도 제공합니다.

어휘 emission[imíʃən] 배출가스 maintenance[méintənəns] 보수, 정비

필수표현 *not only A but also B A뿐만 아니라 B도
The new museum **not only** displays historical artifacts **but also** offers interactive learning experiences.
새로운 박물관은 역사적 유물을 전시할 뿐만 아니라 상호작용적인 학습 경험도 제공한다.

07 스크립트 T2_22_07

Interesting. Next, I'd like to get your opinion. Some people are resistant to the idea of switching to electric vehicles. Do you think vehicles powered by fossil fuels will continue to be used in the future? Why or why not?

해석 흥미롭네요. 다음으로, 당신의 의견을 듣고 싶습니다. 어떤 사람들은 전기차로 바꾸는 것에 대해 거부감을 가지고 있습니다. 화석연료로 구동되는 차량들이 미래에도 계속 사용될 것이라고 생각하나요? 왜 그런가요, 혹은 왜 그렇지 않은가요?

브레인스토밍

electric cars → will replace traditional vehicles 전기 자동차들 → 전통적인 차량을 대체할 것임

1. stricter environmental regulations 더 엄격한 환경 규제
   - plans to ban sales of cars that use fossil fuels → focus on electric alternatives
   화석 연료를 사용하는 자동차의 판매를 금지하겠다는 계획 → 전기를 이용하는 대안에 집중
2. battery technology is rapidly improving 배터리 기술이 빠르게 개선되고 있음
   - batteries → last longer & charge faster 배터리 → 더 오래 지속되고 더 빠르게 충전됨

모범 답안 T2_22_07

🎤 I believe electric cars will eventually replace traditional vehicles in the future.

First, governments worldwide are implementing stricter environmental regulations *to combat climate change. In fact, many countries have already announced plans to ban sale of cars that use fossil fuels by 2040, which will make manufacturers focus on electric alternatives.

Second, battery technology is rapidly improving. For example, Tesla and other companies are building better batteries that last longer and charge faster than before.

In conclusion, both policy changes and technological advances will drive the complete transition to electric vehicles.

해석 저는 전기 자동차가 미래에 결국 대부분의 전통적인 차량을 대체할 것이라고 믿습니다.
첫째로, 전 세계 정부들이 기후 변화에 맞서기 위해 더 엄격한 환경 규제를 시행하고 있습니다. 실제로, 많은 국가들이 2040년까지 화석 연

료를 사용하는 자동차의 판매를 금지하겠다는 계획을 발표했고, 이는 제조업체들이 전기를 이용하는 대안에 집중하게 만들 것입니다. 둘째로, 배터리 기술이 빠르게 개선되고 있습니다. 예를 들어, Tesla와 다른 회사들은 이전보다 더 오래 지속되고 더 빠르게 충전되는 더 나은 배터리를 만들고 있습니다.

결론적으로, 정책 변화와 기술적 진보 모두가 전기 차량으로의 완전한 전환을 이끌 것입니다.

어휘 implement [ímpləmènt] 시행하다 alternative [ɔːltə́ːrnətiv] 대안 transition [trænzíʃən] 전환

필수표현 *to combat ~에 맞서기 위해
Doctors are working hard **to combat** the spread of infectious diseases.
의사들은 전염병 확산에 맞서기 위해 열심히 노력하고 있다.

08 스크립트 🎧 T2_22_08

Good points. I just have one more question. Some people believe that government support is necessary to encourage people to adopt electric vehicles. Do you agree with this idea? Explain your answer.

해석 좋은 의견이네요. 질문이 하나 더 있습니다. 어떤 사람들은 사람들이 전기 자동차를 채택하도록 격려하기 위해 정부 지원이 필요하다고 믿습니다. 이 생각에 동의하나요? 답변을 설명해 주세요.

브레인스토밍

> agree 동의함
> 1. cost more 더 비쌈
>   - tax discounts → make these cars more affordable 세금 할인 → 이 자동차를 더 저렴하게 만듦
> 2. government support → establish charging infrastructure faster 정부 지원 → 더 빠르게 충전 기반 시설을 확립함
>   - more people will be motivated to consider buying an electric car
>   더 많은 사람들이 전기차 구매를 고려하도록 동기부여를 받을 것임

모범 답안 🎧 T2_22_08

> I agree that government support is necessary to encourage people to use electric cars.
>
> To begin with, electric cars often cost more than regular cars. Nevertheless, tax discounts help make these cars more affordable for average families who want to go green but have limited budgets.
>
> Also, government support can establish charging infrastructure faster. As a result, more people will be motivated to consider buying an electric car because it *comes at no cost to their convenience.
>
> In short, I think government help is essential for encouraging the transition to electric vehicles.

해석 저는 사람들이 전기 자동차를 사용하도록 격려하기 위해 정부 지원이 필요하다는 것에 동의합니다.
우선, 전기 자동차는 종종 일반 자동차보다 더 비쌉니다. 그럼에도 불구하고, 세금 할인은 친환경을 원하지만 예산이 제한된 일반 가정들에게 이 자동차를 더 저렴하게 만드는 데 도움이 됩니다.
또한, 정부 지원은 더 빠르게 충전 기반 시설을 확립할 수 있습니다. 그 결과, 전기차가 더 이상 그들의 편의성을 희생시키지 않기 때문에 더 많은 사람들이 전기차 구매를 고려하도록 동기부여를 받을 것입니다.
요컨대, 저는 전기 자동차로의 전환을 격려하기 위해 정부 도움이 필수적이라고 생각합니다.

어휘 affordable [əfɔ́ːrdəbl] 저렴한 budget [bʌ́dʒit] 예산 essential [isénʃəl] 필수적인

필수표현 *come at a cost to ~을 희생시키다
Healthy eating should not **come at a cost to** taste.
건강한 식사는 맛을 희생시키면 안 된다.

[09-12] 당신은 대기 오염에 관한 연구에 참여하기로 동의했습니다. 당신은 연구원과 짧은 온라인 인터뷰를 진행할 것입니다. 연구원이 몇 가지 질문을 할 것입니다.

09 스크립트 🎧 T2_23_09

Thank you for participating in this study today. I would like to ask you a few questions about air pollution. First, have you or anyone you know ever experienced health problems due to air pollution? Provide as many details as possible.

해석 오늘 이 연구에 참여해 주셔서 감사합니다. 대기 오염에 대해 몇 가지 질문을 드리고 싶습니다. 먼저 당신이나 당신이 아는 누군가가 대기 오염으로 인해 건강 문제를 경험한 적이 있나요? 가능한 한 자세히 설명해주세요.

브레인스토밍

a number of health problems 여러 건강 문제

1. respiratory issues 호흡기 문제
   - bad air → coughing & sneezing 나쁜 공기 → 기침 & 재채기
2. negative effect on mental well-being 정신 건강에 부정적인 영향
   - checking fine dust concentration & worrying about air pollution → stressed & anxious
     미세먼지 농도를 확인하는 것 & 대기 오염에 대해 걱정하는 것 → 스트레스 받음 & 불안함

모범 답안 🎧 T2_23_09

In my case, I have experienced a number of health problems due to air pollution.

To begin with, I sometimes *suffer from respiratory issues. For instance, the air was really bad when I walked to work last Friday, so I kept coughing and sneezing all day.

Also, the poor air quality has had a negative effect on my mental well-being. To be specific, checking the fine dust concentration on my phone every morning and worrying about air pollution makes me feel stressed and anxious.

All things considered, air pollution is a significant health concern for me.

해석 제 경우에는, 대기 오염으로 인해 여러 건강 문제를 경험했습니다.
우선, 저는 때때로 호흡기 문제로 고생합니다. 예를 들어, 지난 금요일에 걸어서 출근할 때 공기가 정말 나빴기 때문에, 저는 하루 종일 계속 기침을 하고 재채기를 했습니다.
또한, 나쁜 대기질이 제 정신 건강에 부정적인 영향을 미쳤습니다. 구체적으로, 휴대폰으로 매일 아침 미세먼지 농도를 확인하며, 대기 오염에 대해 걱정하는 것은 저를 스트레스 받고 불안하게 만듭니다.
모든 것을 고려할 때, 대기 오염은 저에게 아주 큰 건강상의 우려입니다.

어휘 respiratory[réspərətɔ̀ːri] 호흡기의 anxious[ǽŋkʃəs] 불안한 significant[signífikənt] 아주 큰, 중요한

필수표현 *suffer from ~으로 고생하다
Many office workers **suffer from** back pain because of prolonged sitting.
많은 사무직 직장인들이 장시간 앉아있는 것 때문에 요통으로 고생한다.

10 스크립트 🎧 T2_23_10

I see. Many cities are considering restricting vehicle access to downtown areas in an effort to improve air quality. Do you think policies such as these are a reasonable way to address this problem? Why or why not?

해석 그렇군요. 많은 도시들이 대기질을 개선하기 위해 시내 중심가로의 차량 접근을 제한하는 것을 고려하고 있습니다. 이러한 정책들이 이 문제를 해결하는 합리적인 방법이라고 생각하나요? 왜 그런가요, 혹은 왜 그렇지 않은가요?

브레인스토밍

not a reasonable way 합리적인 방법이 아님

1. not fair 공정하지 않음
   - should not face special restrictions 특별한 제한에 직면해서는 안 됨
2. unlikely to be effective 효과적일 가능성이 낮음
   - many areas experience traffic congestion → won't significantly reduce air pollution
     많은 지역에서 교통 체증을 겪음 → 대기 오염을 크게 줄이지 못할 것임

모범 답안 🎧 T2_23_10

From my perspective, restricting vehicle access to downtown areas is not *a reasonable way to improve air quality.

This is because it is not fair to some city residents. To be specific, people who work and live downtown should not face special restrictions.

Furthermore, this type of policy is unlikely to be effective. To illustrate, many areas of my city experience severe traffic congestion, so reducing the number of vehicles downtown won't significantly reduce air pollution.

So, I don't think this is a good approach to this problem.

해석 제 관점으로는, 시내 중심가로의 차량 접근을 제한하는 것이 대기질을 개선하는 합리적인 방법이 아닙니다.
이는 일부 시민들에게 공정하지 않기 때문입니다. 구체적으로, 시내에서 일하고 거주하는 사람들이 특별한 제한에 직면해서는 안 됩니다.
더욱이, 이러한 유형의 정책은 효과적일 가능성이 낮습니다. 설명하자면, 제가 사는 도시의 많은 지역에서 심각한 교통 체증을 겪고 있기 때문에, 시내에 있는 차량 수를 줄이는 것이 대기 오염을 크게 줄이지는 못할 것입니다.
그래서, 저는 이것이 이 문제에 대한 좋은 접근법이라고 생각하지 않습니다.

어휘 restrict[ristríkt] 제한하다　reasonable[ríːzənəbl] 합리적인　resident[rézədənt] 주민　restriction[ristríkʃən] 제한
effective[iféktiv] 효과적인　severe[səvíər] 심각한　congestion[kəndʒéstʃən] 체증, 혼잡

필수표현 *a reasonable way 합리적인 방법
Taking public transportation is **a reasonable way** to reduce your carbon footprint.
대중교통을 이용하는 것은 탄소 발자국을 줄이는 합리적인 방법이다.

11 스크립트 🎧 T2_23_11

Interesting. Many health experts recommend that people limit their exposure to air pollution. What do you think are one or two ways that people can do this? Give reasons for your answer.

해석 흥미롭네요. 많은 건강 전문가들이 사람들이 대기 오염에 대한 노출을 제한할 것을 권장합니다. 사람들이 이를 할 수 있는 한두 가지 방법이 무엇이라고 생각하나요? 답변에 대한 이유를 제시해 주세요.

브레인스토밍

a face mask and an air purifier　마스크와 공기 청정기
1. wearing a face mask outside = essential　밖에서 마스크를 착용하는 것 = 필수적임
   - prevent up to 95 percent of fine particles　미세 입자의 최대 95퍼센트까지 방지함
2. using an air purifier at home = helpful　집에서 공기 청정기를 사용하는 것 = 도움이 됨
   - eliminate pollutants　오염 물질을 제거함

모범 답안 🎧 T2_23_11

 I believe that wearing a face mask and using an air purifier can reduce exposure to air pollution.

First, wearing a face mask when you go outside is essential. A study showed that a high-quality face mask can prevent *up to 95 percent of fine particles in the air from entering the lungs.

Second, using an air purifier at home can be helpful. In fact, this type of device can eliminate pollutants that enter your home when you open your doors or windows.

Overall, these simple steps can greatly limit exposure to air pollution.

해석 저는 마스크를 착용하는 것과 공기 청정기를 사용하는 것이 대기 오염에 대한 노출을 줄일 수 있다고 생각합니다.
첫째로, 외출할 때 마스크를 착용하는 것이 필수적입니다. 연구에 따르면 고품질 마스크는 공기 중 미세 입자의 최대 95퍼센트까지 폐로 들어가는 것을 방지할 수 있습니다.
둘째로, 집에서 공기 청정기를 사용하는 것이 도움이 될 수 있습니다. 실제로, 이러한 유형의 기기는 문이나 창문을 열 때 집으로 들어오는 오염 물질을 제거할 수 있습니다.
전반적으로, 이러한 간단한 조치들이 대기 오염에 대한 노출을 크게 제한할 수 있습니다.

어휘 exposure[ikspóuʒər] 노출　particle[páːrtikəl] 입자　air purifier 공기 청정기　pollutant[pəlúːtnt] 오염 물질

필수표현 *up to (최대) ~까지
This elevator can carry **up to** 10 people at a time.
이 엘리베이터는 한 번에 최대 10명까지 태울 수 있다.

12 스크립트 🎧 T2_23_12

Great points. Lastly, given that urban and industrial areas are constantly growing, many people believe that air quality will continue to decline. Do you agree or disagree with this assessment? Why?

해석 좋은 의견이네요. 마지막으로, 도시와 산업 지역이 지속적으로 성장하고 있는 것을 고려할 때, 많은 사람들이 대기질이 계속 악화될 것이라고 믿고 있습니다. 이러한 평가에 동의하나요, 아니면 동의하지 않나요? 그 이유는 무엇인가요?

브레인스토밍

disagree 동의하지 않음

1. governments are taking steps 정부가 조치를 취하고 있음
   - convert coal power plants to natural gas plants → produce less pollution
     석탄 발전소를 천연가스 발전소로 전환함 → 오염을 덜 일으킴
2. new technologies to improve air quality 대기질을 개선하기 위한 새로운 기술들
   - devices that limit harmful emissions from factories 공장으로부터 나온 해로운 배출물을 제한하는 기기들

모범 답안 🎧 T2_23_12

 I disagree that air quality will get worse.

One reason is that governments are already taking steps to deal with this issue. For instance, my government is *converting coal power plants to natural gas plants, which produce less pollution.

In addition, new technologies are likely to be developed to improve air quality. To illustrate, researchers are developing devices that limit harmful emissions from factories, with greater advancements made every year.

In short, I am optimistic that air quality will improve in the future.

해석 저는 대기질이 악화될 것이라는 의견에 동의하지 않습니다.
한 가지 이유는 정부가 이미 이 문제를 해결하기 위한 조치를 취하고 있기 때문입니다. 예를 들어, 제 정부는 석탄 발전소를 천연가스 발전소로 전환하고 있는데, 이는 오염을 덜 일으킵니다.
또한, 대기질을 개선하기 위한 새로운 기술들도 개발될 가능성이 높습니다. 설명하자면, 연구자들이 공장으로부터 나온 해로운 배출물을 제한하는 장치를 개발 중이며, 매년 더 큰 진전이 이루어지고 있습니다.
요컨대, 저는 미래에는 대기질이 개선될 것이라고 낙관적으로 생각합니다.

어휘 convert[kənvə́:rt] 전환하다 coal[koul] 석탄 power plant 발전소 harmful[há:rmfəl] 해로운 emission[imíʃən] 배출물
advancement[ædvǽnsmənt] 진전 optimistic[à:ptəmístik] 낙관적인

필수표현 *convert A to B A를 B로 전환하다
The company is **converting** its traditional paper filing system **to** a digital database.
그 기업은 그곳의 전통적인 종이 서류 시스템을 디지털 데이터베이스로 전환하고 있다.

[13-16] 당신은 친환경 제품에 관한 연구에 참여하기로 동의했습니다. 당신은 연구원과 짧은 온라인 인터뷰를 진행할 것입니다. 연구원이 몇 가지 질문을 할 것입니다.

13 스크립트 🎧 T2_24_13

Thank you for taking part in this study. First, when you buy personal care products like soap or toothpaste, do you usually look at the ingredients? For example, do you check if products include only natural ingredients? Why or why not?

해석 이 연구에 참여해 주셔서 감사합니다. 먼저, 당신이 비누나 치약과 같은 개인 위생용품을 살 때, 보통 성분을 살펴보나요? 예를 들어, 당신은 제품이 천연 재료만 포함하는지 확인하나요? 왜 그런가요, 혹은 왜 그렇지 않은가요?

브레인스토밍

check ingredients 성분을 확인함

1. want to make sure the products are safe 제품이 안전한지 확인하고 싶음
   - have sensitive skin → avoid products with strong chemicals
     민감한 피부를 가지고 있음 → 강한 화학물질이 들어간 제품을 피함

2. natural ingredients = better for the environment 천연 성분 = 환경에 더 좋음
   - look for products that X contain harmful chemicals that pollute water systems
   수계를 오염시키는 유해한 화학물질이 들어있지 않은 제품을 찾음

모범 답안 T2_24_13

I usually check ingredients when buying personal care products.

First, I want to *make sure the products are safe for my skin. To be specific, I have sensitive skin, so I always avoid products with strong chemicals that might cause irritation.

Second, I prefer natural ingredients because they are better for the environment. For instance, when I buy shampoo, I look for products that don't contain harmful chemicals that pollute water systems.

Therefore, I believe checking the ingredients helps me make better choices for both my health and the planet.

해석 저는 개인 위생용품을 살 때 보통 성분을 확인합니다.
첫째로, 저는 제품이 제 피부에 안전한지 확인하고 싶습니다. 구체적으로, 저는 민감한 피부를 가지고 있어서, 자극을 일으킬 수 있는 강한 화학물질이 들어간 제품은 항상 피합니다.
둘째로, 저는 천연 성분을 선호하는데 그것들이 환경에 더 좋기 때문입니다. 예를 들어, 제가 샴푸를 살 때는, 수계를 오염시키는 유해한 화학물질이 들어있지 않은 제품을 찾습니다.
그러므로, 저는 성분을 확인하는 것이 제 건강과 지구 모두를 위해 더 나은 선택을 하는 데 도움이 된다고 믿습니다.

어휘 ingredient [ingríːdiənt] 성분 sensitive [sénsətiv] 민감한 chemical [kémikəl] 화학물질 irritation [ìrətéiʃən] 자극

필수표현 *make sure 확인하다
Students should **make sure** they understand the teacher's instructions.
학생들은 그들의 교사의 지시사항을 이해했는지 확인해야 한다.

14 스크립트 T2_24_14

I see. When you shop, do you prefer to buy eco-friendly products that cost more, or do you prefer regular products that are cheaper? Why?

해석 그렇군요. 당신은 쇼핑할 때, 더 비싼 친환경 제품을 사는 것을 선호하나요, 아니면 더 저렴한 일반 제품을 선호하나요? 그 이유는 무엇인가요?

브레인스토밍

eco-friendly products even if they cost more 더 비싸더라도 친환경 제품
1. save time & effort in the long run 장기적으로 시간 & 노력을 절약해 줌
   - need to be replaced less often → spend ↓ time shopping 덜 자주 교체되어도 됨 → 쇼핑에 시간을 덜 씀
2. usually very durable 보통 내구성이 매우 우수함
   - last much longer than single-use alternatives 일회용 대체품들보다 훨씬 더 오래 지속됨

모범 답안 T2_24_14

I prefer to buy eco-friendly products even if they cost more than regular ones.

The first reason is that they save time and effort in the long run. In fact, reusable products need to be replaced less often, so we spend less time shopping.

Second, these products are usually very durable. To explain, reusable items, like metal water bottles and cloth bags, last much longer than single-use alternatives.

In conclusion, paying more for eco-friendly products *is worthwhile because it is durable and saves time.

해석 저는 일반 것들보다 비싸더라도 친환경 제품을 사는 것을 선호합니다.

첫 번째 이유는 그것들이 장기적으로 시간과 노력을 절약해주기 때문입니다. 실제로, 재사용할 수 있는 제품들은 덜 자주 교체되어도 돼서, 저희가 쇼핑에 시간을 덜 씁니다.

둘째로, 이러한 제품들은 보통 내구성이 매우 우수합니다. 설명하자면, 금속 물병과 천 가방과 같은 재사용할 수 있는 제품들은 일회용 대체품들보다 훨씬 더 오래 지속됩니다.

결론적으로, 친환경 제품에 더 많은 돈을 지불하는 것은 내구성이 있고 시간을 절약하기 때문에 가치가 있습니다.

어휘 reusable[rijúːzəbl] 재사용할 수 있는 durable[djúərəbl] 내구성이 있는 worthwhile[wəːrθwáil] 가치 있는

필수표현 *be worthwhile 가치가 있다
Learning foreign languages **is worthwhile** for careers.
외국어를 배우는 것은 진로를 위해 가치가 있다.

15 스크립트 🎧 T2_24_15

I see. Next, I'd like to get your opinion. More companies are making eco-friendly products. Do you think that in the future most people will choose eco-friendly products over regular ones? Why or why not?

해석 그렇군요. 다음으로, 당신의 의견을 듣고 싶습니다. 더 많은 회사들이 친환경 제품을 만들고 있습니다. 당신은 미래에 대부분의 사람들이 일반 제품보다 친환경 제품을 선택할 것이라고 생각하나요? 왜 그런가요, 혹은 왜 그렇지 않은가요?

브레인스토밍

> most people will choose eco-friendly products 대부분의 사람들이 친환경 제품을 선택할 것임
> 1. environmental awareness is increasing 환경 인식이 증가하고 있음
>   - carry reusable bottles & choose eco-friendly products 재사용할 수 있는 병을 들고 다님 & 친환경 제품을 선택함
> 2. eco-friendly products are becoming more affordable 친환경 제품들이 더 저렴해지고 있음
>   - cheaper & more accessible 더 저렴함 & 접근성이 향상됨

모범 답안 🎧 T2_24_15

 I think most people will choose eco-friendly products over regular ones in the future.

First, environmental awareness is increasing among the younger generations. In fact, many of my friends now carry reusable water bottles instead of using disposable ones, and they choose eco-friendly products to reduce waste.

Second, eco-friendly products are becoming more affordable as production increases. As a result, these products are cheaper and more accessible in stores.

Therefore, I believe eco-friendly products will *become the mainstream choice within the next decade.

해석 저는 미래에 대부분의 사람들이 일반 제품보다 친환경 제품을 선택할 것이라고 생각합니다.
첫째로, 젊은 세대들 사이에서 환경 인식이 증가하고 있습니다. 실제로, 제 친구들 중 다수가 이제 일회용품을 사용하는 대신 재사용할 수 있는 물병을 들고 다니며, 폐기물을 줄이기 위해 친환경 제품을 선택합니다.
둘째로, 생산량이 증가함에 따라 친환경 제품들이 더 저렴해지고 있습니다. 그 결과, 이러한 제품들은 더 저렴하고 상점에서 접근성이 향상되었습니다.
그러므로, 저는 친환경 제품이 향후 10년 내에 주류 선택이 될 것이라고 믿습니다.

어휘 awareness[əwéərnis] 인식 generation[dʒènəréiʃən] 세대 disposable[dispóuzəbəl] 일회용의 affordable[əfɔ́ːrdəbl] 저렴한
       production[prədʌ́kʃən] 생산 accessible[æksésəbl] 접근할 수 있는 mainstream[méinstriːm] 주류의 decade[dékeid] 10년

필수표현 *become the mainstream choice 주류 선택이 되다
Digital payments **became the mainstream choice** recently.
전자 결제가 최근 주류 선택이 되었다.

16 스크립트 🎧 T2_24_16

Good points. I just have one more question. Some people believe that using eco-friendly products is the best way to address environmental problems like pollution. Do you agree with this idea, or do you think government and company policies are more important? Explain your thoughts.

해석 좋은 의견이네요. 질문이 하나 더 있습니다. 어떤 사람들은 친환경 제품을 사용하는 것이 오염과 같은 환경 문제를 해결하는 최선의 방법이라고 믿습니다. 이 생각에 동의하나요, 아니면 정부 및 회사의 정책이 더 중요하다고 생각하나요? 당신의 생각을 설명해 주세요.

브레인스토밍

> disagree 동의하지 않음
> 1. large-scale actions → much bigger impact 대대적인 조치 → 훨씬 더 큰 영향
>   - governments ban single-use plastics → millions of people are affected at once
>   정부가 일회용 플라스틱을 금지함 → 수백만 명의 사람들이 한꺼번에 영향을 받음
> 2. companies are responsible for most pollution 기업들이 대부분의 오염에 책임이 있음
>   - factory adopts cleaner production methods / reduces emissions → prevent far more waste
>   공장이 더 깨끗한 생산 방법을 채택함 / 배출을 줄임 → 훨씬 더 많은 폐기물을 방지함

모범 답안 🎧 T2_24_16

> I disagree that choosing eco-friendly products is the best way to address environmental problems.
>
> First, large-scale actions have a much greater impact. For instance, when governments ban single-use plastics, millions of people are affected at once, immediately reducing waste.
>
> In addition, companies *are responsible for most pollution. In fact, if a factory adopts cleaner production methods or reduces emissions, it can prevent far more waste than thousands of individual consumers choosing eco-friendly products.
>
> Overall, systemic changes from governments and corporations are more effective for environmental protection.

해석 저는 친환경 제품을 선택하는 것이 환경 문제를 해결하는 최선의 방법이라는 것에 동의하지 않습니다.
첫째로, 대대적인 조치가 훨씬 더 큰 영향을 미칩니다. 예를 들어, 정부가 일회용 플라스틱을 금지할 때, 수백만 명의 사람들이 한꺼번에 영향을 받아 즉시 폐기물이 감소합니다.
게다가, 기업들이 대부분의 오염에 책임이 있습니다. 실제로, 공장이 더 깨끗한 생산 방법을 채택하거나 배출을 줄인다면, 그것은 수천 명의 개인 소비자들이 친환경 제품을 선택하는 것보다 훨씬 더 많은 폐기물을 방지할 수 있습니다.
전반적으로, 정부와 기업의 체계적 변화가 환경 보호에 더 효과적입니다.

어휘 ban[bæn] 금지하다 emission[imíʃən] 배출 protection[prətékʃən] 보호

필수표현 *be responsible for ~에 대해 책임이 있다
Parents **are responsible for** their children's school attendance.
부모들은 그들의 자녀의 학교 출석에 대해 책임이 있다.

IV | 과학기술

HACKERS TEST   p.158

[01-04] 당신은 인공지능에 관한 연구에 자원했습니다. 당신은 연구원과 짧은 온라인 인터뷰를 진행할 것입니다. 연구원이 몇 가지 질문을 할 것입니다.

01 스크립트 🎧 T2_25_01

Thank you for taking part in this study. Today, I'd like to ask you some questions about artificial intelligence in daily life. First, in what areas do you and your friends most commonly encounter AI technology? For example, do you see it in entertainment, education, shopping, or other areas?

해석 이 연구에 참여해 주셔서 감사합니다. 오늘, 일상생활에서의 인공지능에 대해 몇 가지 질문을 드리고 싶습니다. 먼저, 당신과 당신의 친구들이 AI 기술을 가장 흔히 접하는 영역은 어디인가요? 예를 들어, 당신은 엔터테인먼트, 교육, 쇼핑, 또는 다른 영역에서 그것을 보나요?

브레인스토밍

entertainment & education areas 엔터테인먼트 & 교육 영역

1. streaming platforms & social media 스트리밍 플랫폼 & 소셜 미디어
   - Netflix suggests movies & YouTube recommends videos Netflix는 영화를 제안함 & YouTube는 동영상을 추천함
2. educational tools 교육 도구
   - AI-powered language learning app → provides personalized feedback & helps practice pronunciation
     AI 기반 언어 학습 앱 → 개인화된 피드백을 제공함 & 발음 연습을 도움

모범 답안 🎧 T2_25_01

 My friends and I mostly come across AI in entertainment and education areas.

First of all, we frequently see AI recommendations on streaming platforms and social media. For instance, Netflix suggests movies based on our viewing history, and YouTube recommends videos that match our interests perfectly.

In addition, we notice AI *being integrated into our educational tools. To be specific, our school recently introduced an AI-powered language learning app that provides personalized grammar feedback and helps us practice pronunciation.

Overall, AI has become a regular part of both our entertainment and learning experiences.

해석 제 친구들과 저는 주로 엔터테인먼트와 교육 영역에서 AI를 접합니다.
우선, 저희는 스트리밍 플랫폼과 소셜 미디어에서 AI 추천을 자주 봅니다. 예를 들어, Netflix는 저희의 시청 기록을 바탕으로 영화를 제안하고, YouTube는 우리의 관심사와 완벽하게 일치하는 동영상을 추천합니다.
게다가, 저희는 AI가 교육 도구에 통합되고 있는 것을 알아챕니다. 구체적으로, 저희 학교는 최근 개인화된 문법 피드백을 제공하고 발음 연습을 도와주는 AI 기반 언어 학습 앱을 도입했습니다.
전반적으로, AI는 저희의 엔터테인먼트와 학습 경험의 일상적인 부분이 되었습니다.

어휘 artificial intelligence 인공지능 recommendation[rèkəmendéiʃən] 추천 suggest[səɡdʒést] 제안하다 viewing history 시청 기록 interest[íntərəst] 관심사 perfectly[pə́ːrfiktli] 완벽하게 integrate[íntəɡrèit] 통합하다 educational[èdʒukéiʃənəl] 교육적인 introduce[ìntrədjúːs] 도입하다 personalized[pə́ːrsənəlàizd] 개인화된 pronunciation[prənʌnsiéiʃən] 발음 regular[réɡjulər] 일상적인

필수표현 *be integrated into ~에 통합되다
Renewable energy sources are **being integrated into** the national power grid to reduce carbon emissions.
탄소 배출을 줄이기 위해 재생 에너지원들이 국가 전력망에 통합되고 있다.

02 스크립트 🎧 T2_25_02

I see. Imagine you choose something like a movie to watch or a book to read. Would you follow AI recommendations, or would you discover and choose things on your own? Why?

해석 그렇군요. 당신이 볼 영화나 읽을 책을 선택한다고 상상해 보세요. 당신은 AI 추천을 따를 것인가요, 아니면 스스로 발견하고 선택할 건가요? 그 이유는 무엇인가요?

브레인스토밍

discover & choose things on my own 스스로 발견 & 선택하기

1. enjoy finding something unexpected 예상치 못한 것을 찾는 것을 즐김
   - randomly picked a book → discovered a fantastic novel 무작위로 책을 골랐음 → 환상적인 소설을 발견했음
2. limit exposure to diverse content 다양한 콘텐츠에 대한 노출을 제한함
   - only follow AI suggestions → miss the chance to broaden my perspective & explore new interests
     AI 제안만 따름 → 관점을 넓히고 새로운 관심사를 탐구할 기회를 놓침

모범 답안 🎧 T2_25_02

 I prefer to discover and choose things on my own rather than relying on AI recommendations.

First, I enjoy the excitement of finding something unexpected. For instance, when I randomly picked a book from the library shelf, I discovered a fantastic novel that AI probably wouldn't have recommended based on my usual reading preferences.

Second, I worry that AI recommendations might limit my exposure to diverse content. If I only follow AI suggestions based on my past choices, I might miss the chance to *broaden my perspective and explore new interests.

For these reasons, I prefer making my own discoveries.

해석 저는 AI 추천에 의존하기보다는 스스로 발견하고 선택하는 것을 선호합니다.
첫째로, 저는 예상치 못한 것을 찾는 흥미진진함을 즐깁니다. 예를 들어, 도서관 책장에서 무작위로 책을 골랐을 때, AI가 제 평소 독서 선호도를 바탕으로 추천하지 않았을 환상적인 소설을 발견했습니다.
둘째로, 저는 AI 추천이 다양한 콘텐츠에 대한 제 노출을 제한할 수 있는 것을 걱정합니다. 제가 제 이전 선택들을 바탕으로 한 AI 제안만 따른다면, 저는 제 관점을 넓히고 새로운 관심사를 탐구할 기회를 놓칠 수 있습니다.
이러한 이유들 때문에, 제가 스스로 발견하는 것을 선호합니다.

어휘 excitement[iksáitmənt] 흥미진진함 unexpected[ʌ̀nikspéktid] 예상치 못한 randomly[rǽndəmli] 무작위로 novel[nάvəl] 소설 preference[préfərəns] 선호도 diverse[dáivə:rs] 다양한 suggestion[səɡdʒéstʃən] 제안 discovery[diskʌ́vəri] 발견

필수표현 *broaden one's perspective ~의 관점을 넓히다
Reading books from different cultures and time periods helps **broaden** your **perspective** on human nature and society.
다른 문화와 시대의 책들을 읽는 것은 인간 본성과 사회에 대한 관점을 넓히는 데 도움이 된다.

03 스크립트 🎧 T2_25_03

Interesting. Next, I'd like to get your opinion. Many experts predict that AI and humans will work together more closely in the future rather than AI replacing humans completely. Do you think this collaborative approach will be successful? Why or why not?

해석 흥미롭네요. 다음으로, 당신의 의견을 듣고 싶습니다. 많은 전문가들은 AI가 인간을 완전히 대체하기보다는 미래에 AI와 인간이 더 긴밀하게 협력할 것이라고 예측합니다. 이러한 협력적 접근법이 성공적일 것이라고 생각하나요? 왜 그런가요, 혹은 왜 그렇지 않은가요?

브레인스토밍

successful 성공적

1. complementary strengths 상호 보완적인 강점
   - AI: process data & humans: creativity & emotional understanding AI: 데이터 처리 & 인간: 창의성 & 감정적 이해
2. addresses concerns about job replacement 일자리 대체에 대한 우려를 해결함
   - AI can help humans → become more efficient & complete tasks effectively
     AI가 인간을 도울 수 있음 → 더 효율적이 됨 & 업무를 효과적으로 완료함

모범 답안 🎧 T2_25_03

 I believe AI-human collaboration will be very successful in the future.

First of all, AI and humans have complementary strengths that work well together. To be specific, AI can process large amounts of data quickly, while humans provide creativity and emotional understanding.

In addition, this collaborative approach *addresses people's concerns about job replacement. Instead of eliminating human workers, AI can help humans become more efficient and complete tasks effectively.

Therefore, I'm optimistic about AI-human partnerships.

해석 저는 AI와 인간의 협력이 미래에 매우 성공적일 것이라고 믿습니다.
우선, AI와 인간은 함께 잘 작동하는 상호 보완적인 강점을 가지고 있습니다. 구체적으로, AI는 대량의 데이터를 빠르게 처리할 수 있는 반면, 인간은 창의성과 감정적 이해를 제공합니다.
게다가, 이러한 협력적 접근법은 일자리 대체에 대한 사람들의 우려를 해결합니다. 인간 근로자들을 제거하는 대신, AI는 인간이 더 효율적으로 되고 업무를 효과적으로 완료하도록 도울 수 있습니다.
그러므로, 저는 AI와 인간의 파트너십에 대해 낙관적입니다.

어휘 complementary[kà:mpləméntəri] 상호 보완적인 process[práses] 처리하다 amount[əmáunt] 양 creativity[krì:eitívəti] 창의성
emotional[imóuʃənəl] 감정적인 understanding[ʌ̀ndərstǽndiŋ] 이해 replacement[ripléismənt] 대체
eliminate[ilímənèit] 제거하다 efficient[ifíʃənt] 효율적인 effectively[iféktivli] 효과적으로 optimistic[à:ptəmístik] 낙관적인

필수표현 *address one's concerns ~의 우려를 해결하다
The new transportation policy **addresses** people's **concerns** about air pollution and traffic congestion in urban areas.
새로운 교통 정책은 도시 지역의 대기 오염과 교통 체증에 대한 사람들의 우려를 해결한다.

04 스크립트 🎧 T2_25_04

Good points. I just have one more question. Some people believe that everyone should receive basic education about how AI works and its limitations. Do you agree that AI literacy should be taught in schools, or do you think it's not necessary for everyone? Explain your answer.

해석 좋은 의견이네요. 한 가지 질문만 더 드리겠습니다. 어떤 사람들은 모든 사람이 AI의 작동 방법과 그것의 한계에 대한 기본적인 교육을 받아야 한다고 생각합니다. AI 소양이 학교에서 가르쳐져야 한다고 동의하나요, 아니면 모든 사람에게 필요하지 않다고 생각하나요? 답변을 설명해 주세요.

브레인스토밍

agree 동의함
1. understanding AI → essential for success AI를 이해하는 것 → 성공을 위해 필수적임
   - future careers in business & healthcare 비즈니스와 의료에서의 미래 직업
2. better decisions 더 나은 결정
   - better evaluate the reliability of online information 온라인 정보의 신뢰성을 더 잘 평가함

모범 답안 🎧 T2_25_04

I agree that AI literacy should be taught in schools to all students.

First of all, understanding AI is becoming essential for success in almost every field. To explain, *just like computer skills became necessary in previous decades, AI knowledge will be crucial for future careers in business, healthcare, and many other areas.

In addition, AI literacy helps people make better decisions as consumers and citizens. In fact, when people understand how AI algorithms work, they can better evaluate the reliability of online information.

Therefore, AI education should be included in school curriculums to prepare students for the future.

해석 저는 모든 학생들에게 AI 소양이 학교에서 가르쳐져야 한다는 데 동의합니다.
우선, AI를 이해하는 것은 거의 모든 분야에서의 성공을 위해 필수가 되고 있습니다. 설명하자면, 지난 수십 년 동안 컴퓨터 기술이 필요하게 된 것처럼, AI 지식은 비즈니스, 의료, 및 기타 여러 분야의 미래 직업에 중요할 것입니다.
게다가, AI 소양은 사람들이 소비자이자 시민으로서 더 나은 결정을 내리는 데 도움이 됩니다. 실제로, 사람들이 AI 알고리즘이 어떻게 작동하는지 이해할 때, 그들은 온라인 정보의 신뢰성을 더 잘 평가할 수 있습니다.
그러므로, 학생들을 미래에 대비시키기 위해 AI 교육이 학교 교육과정에 포함되어야 합니다.

어휘 literacy[lítərəsi] 소양 essential[isénʃəl] 필수적인 decade[dékeid] 10년 crucial[krú:ʃəl] 중요한 evaluate[ivǽljuèit] 평가하다
reliability[rilàiəbíləti] 신뢰성 curriculum[kəríkjuləm] 교육과정

필수표현 *just like ~처럼
Just like my mother, I enjoy painting in my free time.
나는 나의 엄마처럼 자유 시간에 그림 그리기를 즐긴다.

[05-08] 당신은 자율주행차에 관한 연구에 참여하기로 동의했습니다. 당신은 연구원과 짧은 온라인 인터뷰를 진행할 것입니다. 연구원이 몇 가지 질문을 할 것입니다.

05 스크립트 🎧 T2_26_05

Thank you for participating in this study. I'd like to ask you some questions about autonomous vehicles. Have you or someone you know ever seen or come across self-driving cars? For example, have you seen them on roads, in the news, or other situations?

해석 이 연구에 참여해 주셔서 감사합니다. 자율주행차에 대해 몇 가지 질문을 드리고 싶습니다. 당신이나 당신이 아는 누군가가 자율주행차를 본 적이 있거나 접해본 적이 있나요? 예를 들어, 당신은 도로에서, 뉴스에서, 또는 다른 상황에서 그것을 본 적이 있나요?

브레인스토밍

learned about self-driving cars through media sources 미디어 출처를 통해 자율주행차에 대해 배웠음

1. read technology news articles on autonomous cars 자율주행사에 관한 기술 뉴스 기사를 읽음
   - explain how vehicles use artificial intelligence & help me understand basic principles
     차량들이 인공지능을 어떻게 사용하는지 설명함 & 내가 기본 원리를 이해하는 데 도움을 줌
2. watched YouTube videos YouTube 영상을 시청했음
   - demonstrate how the cars actually perform in real traffic situations
     실제 교통 상황에서 자동차가 실제로 어떻게 작동하는지 보여줌

모범 답안 🎧 T2_26_05

 While I have learned about self-driving cars through various media sources, I haven't experienced them directly.

First, I regularly read technology news articles on autonomous cars. In particular, they explain how these vehicles use artificial intelligence to make driving decisions and help me understand the *basic principles behind the technology.

Second, I have watched several YouTube videos showing real autonomous vehicles being tested. For example, these videos demonstrate how the cars actually perform in real traffic situations with other drivers.

Overall, my knowledge comes mainly from educational content rather than personal experience.

해석 저는 다양한 미디어 출처를 통해 자율주행차에 대해 배웠지만, 그것들을 직접 경험해 본 적은 없습니다.
첫째로, 저는 자율주행차에 관한 기술 뉴스 기사를 정기적으로 읽습니다. 특히, 그것들은 이러한 차량들이 운전 결정을 내리기 위해 인공지능을 어떻게 사용하는지 설명하고, 제가 기술 뒤에 숨긴 기본 원리를 이해하는 데 도움을 줍니다.
둘째로, 저는 실제 자율주행차가 테스트되는 모습을 보여주는 여러 YouTube 영상을 시청했습니다. 예를 들어, 이러한 영상들은 다른 운전자들이 있는 실제 교통 상황에서 자동차가 실제로 어떻게 작동하는지 보여줍니다.
전반적으로, 제 지식은 개인적인 경험보다는 주로 교육 콘텐츠에서 나옵니다.

어휘 autonomous [ɔːtánəməs] 자율적인　principle [prínsəpl] 원리　demonstrate [démənstrèit] 보여주다　perform [pərfɔ́ːrm] 작동하다　traffic [trǽfik] 교통　educational [èdʒukéiʃənəl] 교육적인

필수표현 *basic principles behind ~의 기본 원리
Physics classes teach students the **basic principles behind** how electricity works in everyday appliances.
물리학 수업은 학생들에게 일상 가전제품에서 전기가 작동하는 기본 원리를 가르친다.

06 스크립트 🎧 T2_26_06

I see. As this technology develops, people have different preferences about vehicle control. If you could choose between owning a fully autonomous car that drives itself completely, or a semi-autonomous car where you can take control when needed, which would you prefer, and why?

해석 그렇군요. 이 기술이 발전함에 따라, 사람들은 차량 제어에 대해 서로 다른 선호도를 가지고 있습니다. 당신이 완전히 스스로 운전하는 완전 자율주행차를 소유하는 것과 필요할 때 당신이 제어할 수 있는 반자율주행차를 소유하는 것 중에서 선택할 수 있다면, 당신은 어느 것을 선호할 것이며, 그 이유는 무엇인가요?

브레인스토밍

semi-autonomous car 반자율주행 자동차

1. want to retain some control 어느 정도의 제어권 유지하고 싶음
   - enjoy controlling the vehicle 차량을 제어하는 느낌을 즐김
2. additional layer of safety 추가적인 안전층
   - construction zones / unusual road conditions → handle the situation
     공사 구역 / 비정상적인 도로 상황 → 상황을 처리함

모범 답안 🎧 T2_26_06

 I would prefer a semi-autonomous car to a fully autonomous car so that I can take control when necessary.

One reason is that I want to retain some control over the driving experience. In particular, I enjoy the feeling of controlling the vehicle myself, especially during weekend trips or scenic drives.

Another reason is that it provides an additional layer of safety in case the technology malfunctions or encounters unexpected situations. For instance, if the car comes across construction zones or unusual road conditions, I could *step in to handle the situation.

Therefore, semi-autonomous cars offer the best balance between convenience and safety.

해석 저는 필요할 때 직접 제어할 수 있기 위해 완전 자율주행 자동차보다 반자율주행 자동차를 선호합니다.
한 가지 이유는 제가 운전 경험에 대한 어느 정도의 제어권을 유지하고 싶기 때문입니다. 특히, 저는 주말여행이나 경치 좋은 드라이브를 하는 동안 직접 차량을 제어하는 느낌을 즐깁니다.
또 다른 이유는 그것이 기술이 오작동하거나 예상치 못한 상황에 직면할 경우 추가적인 안전층을 제공하기 때문입니다. 예를 들어, 차량이 공사 구역이나 비정상적인 도로 상황에 직면할 경우, 제가 개입하여 상황을 처리할 수 있습니다.
그러므로, 반자율주차는 편의성과 안전성 사이 최고의 균형을 제공합니다.

어휘 semi-autonomous[sèmiːtɑ́nəməs] 반자율적인   scenic[síːnik] 경치 좋은   malfunction[mælfʌ́ŋkʃən] 오작동하다
encounter[inkáuntər] 직면하다   construction[kənstrʌ́kʃən] 공사   convenience[kənvíːnjəns] 편의성

필수표현 *step in ~에 개입하다
Sometimes, a teacher has to **step in** when students are having trouble understanding the lesson.
때때로, 학생들이 수업을 이해하는 데 어려움을 겪고 있을 때 교사가 개입해야 한다.

07 스크립트 🎧 T2_26_07

Interesting. Many technology experts argue that autonomous vehicles will significantly reduce traffic accidents caused by human error and make roads much safer for everyone. Do you agree that self-driving cars will improve transportation safety? Why or why not?

해석 흥미롭네요. 많은 기술 전문가들은 자율주행차가 인간의 실수로 인한 교통사고를 크게 줄이고 모든 사람에게 도로를 훨씬 더 안전하게 만들 것이라고 주장합니다. 자율주행차가 교통안전을 향상시킬 것이라고 동의하나요? 왜 그런가요, 혹은 왜 그렇지 않은가요?

브레인스토밍

agree 동의함

1. eliminate errors 실수를 제거함
   - free from drunk driving & texting while driving & falling asleep at the wheel
     음주 운전 & 운전 중 문자 보내기 & 운전 중 졸음으로부터 자유로움
2. have advanced sensors 첨단 센서를 가지고 있음
   - react faster & see obstacles 더 빠르게 반응함 & 장애물을 봄

모범 답안 🎧 T2_26_07

 I agree that autonomous vehicles will significantly improve road safety.

First, they eliminate errors caused by human drivers. Particularly, autonomous cars are *free from factors like drunk driving, texting while driving, and falling asleep at the wheel, which cause most traffic accidents today.

Second, these cars have advanced sensors. In other words, they can react faster than humans and see obstacles that people might miss, especially at night or in bad weather.

In conclusion, self-driving technology will definitely make our roads much safer.

해석 저는 자율주행차가 도로 안전을 크게 향상시킬 것이라는 것에 동의합니다.
첫째로, 그것들은 인간 운전자로부터 일어나는 실수를 제거합니다. 특히, 자율주행차는 오늘날 대부분의 교통사고를 일으키는 음주 운전, 운전 중 문자 보내기, 그리고 운전 중 졸음과 같은 요인들로부터 자유롭습니다.
둘째로, 이러한 자동차는 첨단 센서를 가지고 있습니다. 다시 말해, 그것들은 인간보다 더 빠르게 반응할 수 있고 특히 밤이나 악천후에 사람들이 놓칠 수 있는 장애물을 볼 수 있습니다.
결론적으로, 자율주행 기술은 분명히 우리의 도로를 훨씬 더 안전하게 만들 것입니다.

어휘 eliminate[ilímənèit] 제거하다　particularly[pərtíkjulərli] 특히　factor[fǽktər] 요인　advanced[ədvǽnst] 첨단의　react[riǽkt] 반응하다　obstacle[ɑ́bstəkl] 장애물　definitely[séfdʒéstʃən] 분명히

필수표현 *free from ~으로부터 자유로운
This lotion is **free from** chemicals that can irritate sensitive skin.
이 로션은 민감한 피부를 자극할 수 있는 화학물질로부터 자유롭다.

08 스크립트 🎧 T2_26_08

Good points. Lastly, how do you think people's daily routines and lifestyles will change when self-driving cars become widely available? Give reasons for your answer.

해석 좋은 의견이네요. 마지막으로, 자율주행차가 보편화되면, 사람들의 일상적인 루틴과 생활 방식이 어떻게 달라질 것이라고 생각하나요? 답변에 대한 이유를 제시해 주세요.

브레인스토밍

make daily life more flexible 일상생활을 더 유연하게 만듦
1. use commute time productively 통근 시간을 생산적으로 활용함 　- read books / work on laptops / take online classes 책 읽기/ 노트북으로 작업하기 / 온라인 수업 듣기
2. freedom in choosing where to live 거주지를 선택할 때의 자유 　- autonomous cars → more affordable / comfortable areas 자율주행차 → 더 저렴하거나 편안한 지역

모범 답안 🎧 T2_26_08

 I think that autonomous cars will make daily life more flexible.

First of all, people will *be able to use their commute time more productively. For example, they can read books, work on laptops, or take online classes on their way to work.

In addition, people will have freedom in choosing where to live. In fact, many people decide on housing mainly based on the distance to their workplace. With autonomous cars, people can choose homes in more affordable or comfortable areas.

In this sense, autonomous cars will help people achieve flexibility by making travel time useful and expanding housing options.

해석 저는 자율주행차가 사람들의 일상생활을 더 유연하게 만들 것이라고 생각합니다.
우선, 사람들은 통근 시간을 더 생산적으로 활용할 수 있게 될 것입니다. 예를 들어, 그들은 출근길에 책을 읽거나, 노트북으로 작업을 하거나, 온라인 수업을 들을 수 있습니다.

게다가, 사람들은 거주지를 선택할 때 자유를 갖게 될 것입니다. 실제로, 많은 사람들이 직장까지의 거리를 주된 기준으로 주거지를 결정합니다. 자율주행차가 있으면, 사람들은 더 저렴하거나 편안한 지역에 있는 집을 선택할 수 있습니다.

이러한 점에서, 자율주행차는 이동 시간을 유용하게 만들고 주거 선택의 폭을 넓혀줌으로써 사람들이 더 유연성을 달성할 수 있도록 도울 것입니다.

어휘 flexible[brɔ́:dn] 유연한 expand[pərspéktiv] 넓히다

필수표현 *be able to ~할 수 있다

I will **be able to** finish the project by tomorrow if I stay focused and work late tonight.
오늘 밤 집중을 유지해서 늦게까지 일하면 나는 내일까지 프로젝트를 끝낼 수 있을 것이다.

[09-12] 당신은 온라인 뱅킹에 관한 연구에 참여하기로 동의했습니다. 당신은 연구원과 짧은 온라인 인터뷰를 진행할 것입니다. 연구원이 몇 가지 질문을 할 것입니다.

09 스크립트 🎧 T2_27_09

Thank you for taking part in the study today. I have a few questions about online banking. First, could you describe a recent situation in which you or your family used online banking? What did you use it for and why?

해석 오늘 연구에 참여해 주셔서 감사합니다. 온라인 뱅킹에 대해 몇 가지 질문이 있습니다. 먼저, 최근에 당신이나 당신의 가족이 온라인 뱅킹을 사용한 상황을 설명해 줄 수 있나요? 당신은 무엇을 위해 그것을 사용했으며 그 이유가 무엇인가요?

브레인스토밍

to pay deposit 보증금을 지불하기 위해
1. safe method 안전한 방법   - using a check / cash → could be lost / stolen 수표 / 현금 사용 → 분실되거나 도난당할 수 있음
2. permanent record is created 영구적인 기록이 생성되다   - X chance of misunderstanding 오해의 소지 없음

모범 답안 🎧 T2_27_09

 In my case, I recently used online banking to pay a large deposit for an apartment I wanted to rent.

This was mainly because online banking is a safe method to transfer funds. To be specific, using a check or cash would have made me nervous because it could have been lost or stolen.

Also, a permanent record is created of every online transaction. So, *there is no chance of misunderstanding about how much money my landlord received.

For these reasons, online banking was my best option.

해석 제 경우에는, 최근에 임대하고 싶었던 아파트의 큰 보증금을 지불하기 위해 온라인 뱅킹을 사용했습니다.
이는 주로 온라인 뱅킹이 자금을 이체하는 안전한 방법이기 때문이었습니다. 구체적으로, 수표나 현금을 사용하는 것은 분실되거나 도난당할 수 있기 때문에 저를 불안하게 만들었을 것입니다.
또한, 모든 온라인 거래의 영구적인 기록이 생성됩니다. 따라서, 집주인이 얼마의 돈을 받았는지에 대한 오해의 소지가 없습니다.
이러한 이유들 때문에, 온라인 뱅킹이 제 최선의 선택이었습니다.

어휘 deposit[dispázit] 보증금 transfer[trænsfɔ́:r] 이체하다 fund[fʌnd] 자금 permanent[pɔ́:rmənənt] 영구적인
transaction[trænzǽkʃən] 거래 misunderstanding[mìsʌndərstǽndiŋ] 오해 landlord[lǽndlɔ̀:rd] 집주인

필수표현 *There is no chance of ~이 일어날 가능성이 전혀 없다

If you follow the safety protocols correctly, **there is no chance of** accidents occurring in the laboratory.
안전 규정을 올바르게 따른다면 실험실에서 사고가 일어날 가능성은 전혀 없다.

10 스크립트 🎧 T2_27_10

I see. Many people have switched to online-only banks that have no physical branches. These types of financial institutions offer benefits such as higher interest rates for savings accounts to attract customers. Would you be interested in using this type of bank? Why or why not?

해석 그렇군요. 많은 사람들이 오프라인 지점이 없는 온라인 전용 은행으로 바꾸었습니다. 이러한 유형의 금융 기관은 고객을 유치하기 위해 저축 계좌에 더 높은 이자율과 같은 혜택을 제공합니다. 당신은 이런 유형의 은행을 사용하는 데 관심이 있나요? 왜 그런가요, 혹은 왜 그렇지 않은가요?

브레인스토밍

not ideal 이상적이지 않음
1. technical issues → occasionally unavailable 기술적 문제 → 가끔 이용이 불가능함
   - X branch → unable to access money 지점이 없음 → 돈에 접근할 수 없음
2. in-person customer service is superior 대면 고객 서비스가 더 우수함
   - checked right away → fixed the issue 바로 확인함 → 문제를 해결해 주었음

모범 답안 🎧 T2_27_10

 As far as I'm concerned, online-only banks are not ideal.

First, online banking services are occasionally unavailable due to technical issues. In these situations, online-only bank customers are unable to access their money because there is no branch to visit.

Second, in-person customer service *is usually superior to other forms. For example, when I had a problem with my account, the phone representative couldn't help me because I had to show my identification, but the teller at the branch checked it right away and fixed the issue.

All things considered, I prefer to avoid online-only banks.

해석 제 입장에서는 온라인 전용 은행은 이상적인 선택이 아닙니다.
첫째로, 온라인 뱅킹 서비스는 가끔 기술적인 문제로 인해 이용이 불가능할 때가 있습니다. 이러한 상황에서는, 방문할 수 있는 지점이 없기 때문에 온라인 전용 은행 고객들은 그들의 돈에 접근할 수 없습니다.
둘째로, 대면 고객 서비스가 보통 다른 형태의 서비스보다 더 우수합니다. 예를 들어, 제가 계좌 문제를 겪었을 때, 전화 상담원은 신분증을 직접 보여야 한다는 이유로 도와줄 수 없었지만, 지점의 창구 직원은 바로 그것을 확인하고 문제를 해결해 주었습니다.
모든 것을 고려할 때, 저는 온라인 전용 은행을 이용하지 않는 편을 선호합니다.

어휘 ideal[aidíːəl] 이상적인 occasionally[əkéiʒənəli] 가끔 superior[supíəriər] 우수한 identification[aidèntəfikéiʃən] 신분증

필수표현 *A is superior to B B보다 A가 우수하다
Face-to-face tutoring **is** usually **superior to** online tutoring for young children who need more attention and guidance.
더 많은 관심과 지도가 필요한 어린 아이들에게는 보통 온라인 과외보다 대면 과외가 우수하다.

11 스크립트 🎧 T2_27_11

Interesting. Some experts are concerned that the elderly are struggling to use online banking because they are less technologically proficient than younger people. What do you think are one or two steps that can be taken to address this problem? Give reasons for your answers.

해석 흥미롭네요. 어떤 전문가들은 노인들이 젊은 사람들보다 기술적으로 덜 능숙하기 때문에 온라인 뱅킹 사용에 어려움을 겪고 있다고 우려하고 있습니다. 이 문제를 해결하기 위해 취할 수 있는 한두 가지 조치가 무엇이라고 생각하나요? 답변에 대한 이유를 제시해 주세요.

브레인스토밍

two ways to help the elderly use online banking 노인들이 온라인 뱅킹을 사용하도록 돕는 두 가지 방법
1. online banking classes 온라인 뱅킹 수업
   - grandmother → confident using this service 할머니 → 이 서비스를 사용하는 데 자신이 있음
2. design apps with older people in mind 노인들을 염두에 두고 앱을 설계함
   - large fonts & clear instructions 큰 폰트 & 명확한 지침

모범 답안 🎧 T2_27_11

 I can think of two ways to help the elderly use online banking.

To begin with, they should be encouraged to take online banking classes. For instance, my grandmother participated in an online banking course at a community center, and now she is very confident using this service.

In addition, banks should design their apps *with older people in mind. Specifically, the inclusion of large fonts and clear instructions in nontechnical language would be helpful.

In conclusion, these steps will help the elderly become more comfortable with online banking.

해석 저는 노인들이 온라인 뱅킹을 사용하도록 돕는 두 가지 방법을 생각할 수 있습니다.
우선, 그들은 온라인 뱅킹 수업을 듣도록 격려받아야 합니다. 예를 들어, 제 할머니는 지역 센터에서 온라인 뱅킹 과정에 참여하셨고, 이제 이 서비스를 사용하는 데 매우 자신이 있으십니다.
게다가, 은행들은 노인들을 염두에 두고 그들의 앱을 설계해야 합니다. 구체적으로, 큰 폰트와 기술적이지 않은 언어로 된 명확한 지침의 포함이 도움이 될 것입니다.
결론적으로, 이러한 단계들은 노인들이 온라인 뱅킹에 더 편안해지도록 도울 것입니다.

어휘 encourage[inkɔ́:ridʒ] 격려하다 participate[pɑːrtísəpèit] 참여하다 confident[kánfədənt] 자신감 있는 inclusion[inklú:ʒən] 포함
instruction[instrʌ́kʃən] 지침 nontechnical[nɑ̀ntéknikəl] 기술적이지 않은

필수표현 *with A in mind A를 염두에 두고
The architect designed the building **with** disabled people **in mind**, including ramps and wide doorways.
건축가는 장애인을 염두에 두고 경사로와 넓은 출입구를 포함하여 건물을 설계했다.

12 스크립트 🎧 T2_27_12

Good points. I have one final question. Given the increasing popularity of online banking and other electronic methods of payment, the use of actual money has significantly declined. Do you think the transition to a cashless society is a positive or negative trend? Why?

해석 좋은 의견이네요. 마지막 질문이 있습니다. 온라인 뱅킹과 다른 전자 결제 방법의 증가하는 인기로 인해 실제 돈의 사용이 크게 감소했습니다. 당신은 현금이 없는 사회로의 전환이 긍정적인 추세라고 생각하나요, 아니면 부정적인 추세라고 생각하나요? 그 이유는 무엇인가요?

브레인스토밍

```
positive trend  긍정적인 추세
1. more convenient  더 편리함
   - mobile application → quick & efficient  모바일 앱 → 빠르고 효율적임
2. tax transparency → higher government revenues  세금 투명성 → 더 높은 정부 수입
   - electronic payments → impossible to avoid taxes  전자 결제 → 세금 납부를 피하는 것이 불가능함
```

모범 답안 🎧 T2_27_12

 In my opinion, the transition to a cashless society is a positive trend.

The first reason is that using online payment systems is much more convenient for shoppers. In particular, being able to pay at a store using a mobile application is quick and efficient.

Furthermore, this trend enhances tax transparency, which results in higher government revenues. In fact, it is almost *impossible for companies to avoid paying taxes with electronic payments.

To conclude, I feel that the transition to a cashless society offers many advantages.

해석 제 생각에는, 현금이 없는 사회로의 전환은 긍정적인 추세입니다.
첫 번째 이유는 온라인 결제 시스템을 사용하는 것이 구매자들에게 훨씬 더 편리하기 때문입니다. 특히, 모바일 애플리케이션을 사용하여 상점에서 결제할 수 있는 것은 빠르고 효율적입니다.
더욱이, 이러한 추세는 세금 투명성을 향상시켜 더 높은 정부 수입을 가져옵니다. 실제로, 기업들이 전자 결제에 대한 세금 납부를 피하는 것은 거의 불가능합니다.

결론적으로, 현금이 없는 사회로의 전환은 많은 장점을 제공한다고 생각합니다.

어휘 transition[trænzíʃən] 전환 cashless[kǽʃlis] 현금이 없는 convenient[kənví:njənt] 편리한 efficient[ifíʃənt] 효율적인 enhance[inhǽns] 향상시키다 transparency[trænspǽərənsi] 투명성 revenue[révənjù:] 수입 advantage[ædvǽntidʒ] 장점

필수표현 *impossible for A to A가 ~하는 것은 불가능하다
It is **impossible for** students **to** complete the assignment without proper research materials.
학생들이 적절한 연구 자료 없이 과제를 완성하는 것은 불가능하다.

[13-16] 당신은 디지털 결제에 관한 연구에 참여하기로 동의했습니다. 당신은 연구원과 짧은 온라인 인터뷰를 진행할 것입니다. 연구원이 몇 가지 질문을 할 것입니다.

13 스크립트 🎧 T2_28_13
Thank you for joining the study. I'd like to ask you some questions about digital payments. First, can you describe your experience with different payment methods, such as cash, credit cards, or mobile payment apps? Which methods do you or people you know use most frequently, and why?

해석 연구에 참여해 주셔서 감사합니다. 디지털 결제에 대해 몇 가지 질문을 드리고 싶습니다. 먼저, 현금, 신용카드, 또는 모바일 결제 앱과 같은 다양한 결제 방법에 대한 당신의 경험을 설명해 줄 수 있나요? 당신이나 당신이 아는 사람들이 가장 자주 사용하는 방법은 무엇이고, 그 이유는 무엇인가요?

브레인스토밍

mobile payment apps 모바일 결제 앱
1. convenient 편리함
   - scanning a QR code QR 코드를 스캔하는 것
2. faster 더 빠름
   - complete transaction in a few seconds 몇 초 만에 거래를 완료함

모범 답안 🎧 T2_28_13

  In my case, I use mobile payment apps most frequently in my daily life.

First of all, they are extremely convenient because I don't need to carry cash or credit cards anymore. For example, I can pay for everything from coffee to groceries just by scanning a QR code with my phone.

Second, mobile payments are much faster than traditional methods. As a result, I can *complete a transaction in just a few seconds, which saves time especially when there are long lines at stores.

Therefore, mobile payment apps have become my preferred choice because of their convenience and speed.

해석 제 경우에는 일상생활에서 모바일 결제 앱을 가장 자주 사용합니다.
우선, 그것들은 제가 더 이상 현금이나 신용카드를 가지고 다닐 필요가 없기 때문에 매우 편리합니다. 예를 들어, 휴대폰으로 QR 코드를 스캔하는 것만으로 저는 커피부터 식료품까지 모든 비용을 결제할 수 있습니다.
둘째로, 모바일 결제는 전통적인 방법들보다 훨씬 빠릅니다. 그 결과, 저는 단 몇 초 만에 거래를 완료할 수 있으며, 이는 특히 매장에 긴 줄이 있을 때 시간을 절약해 줍니다.
그러므로, 모바일 결제 앱은 그것들의 편리함과 속도 때문에 제가 선호하는 선택지가 되었습니다.

어휘 payment[péimənt] 결제 extremely[ikstrí:mli] 매우, 극도로 convenient[kənví:njənt] 편리한 grocery[gróusəri] 식료품 complete[kəmplí:t] 완료하다 transaction[trænzǽkʃən] 거래

필수표현 *complete a transaction 거래를 완료하다
Customers can **complete a transaction** online without visiting physical store locations.
고객들은 실제 매장을 방문하지 않고 온라인으로 거래를 완료할 수 있다.

14 스크립트 🎧 T2_28_14
Interesting. When choosing digital payment services, some people prioritize privacy and prefer platforms

that collect minimal personal data, while others prioritize convenience and don't mind sharing information for personalized features and faster transactions. Which aspect is more important to you when selecting a payment service? Why?

해석 흥미롭네요. 디지털 결제 서비스를 선택할 때, 어떤 사람들은 사생활을 우선시하며 최소한의 개인 데이터를 수집하는 플랫폼을 선호하는 반면, 다른 사람들은 편의성을 우선시하며 개인 맞춤 기능과 더 빠른 거래를 위해 정보를 공유하는 것을 신경 쓰지 않습니다. 결제 서비스를 선택할 때 어떤 측면이 당신에게 더 중요한가요? 그 이유는 무엇인가요?

브레인스토밍

> convenience 편리함
> 1. simplify money management → reduce daily stress 돈 관리를 간편화시킴 → 일상 스트레스를 줄여줌
>   - quickly split bills / pay utility fees 빠르게 비용을 나누거나 공과금을 납부함
> 2. personalized features → improve user experience 개인 맞춤형 기능 → 사용자 경험을 향상시킴
>   - payment apps → recommend services / send discount offers 결제 앱 → 서비스를 추천해주거나 할인 혜택을 보내줌

모범 답안 🎧 T2_28_14

> I think convenience is more important than privacy when choosing a payment service.
>
> First, convenient systems reduce daily stress by simplifying money management. For example, I can quickly split bills with friends or pay utility fees online without *dealing with cash or paperwork.
>
> Second, personalized features improve the overall user experience. To explain, payment apps that recognize my spending habits can recommend useful services or send me discount offers for places I visit often.
>
> Therefore, I prefer convenient payment services because they make my life easier and more efficient.

해석 저는 결제 서비스를 선택할 때 편리함이 개인정보보다 더 중요하다고 생각합니다.
첫째로, 편리한 시스템은 돈 관리를 간편화함으로써 일상적인 스트레스를 줄여줍니다. 예를 들어, 저는 현금이나 서류 작업 처리 없이 친구들과 빠르게 비용을 나누거나 공과금을 온라인으로 납부할 수 있습니다.
둘째로, 개인 맞춤형 기능은 전반적인 사용자 경험을 향상시킵니다. 설명하자면, 제 소비 습관을 인식하는 결제 앱은 저에게 유용한 서비스를 추천해 주거나 제가 자주 가는 장소에 대한 할인 혜택을 보내줄 수 있습니다.
그러므로, 저는 제 생활을 더 쉽고 효율적으로 만들어주기 때문에 편리한 결제 서비스를 선호합니다.

어휘 simplify [símpləfài] 간편화하다 utility fee 공과금 paperwork [péipərwèrk] 서류 작업

필수표현 *deal with ~을 처리하다
The manager had to **deal with** several customer complaints today.
매니저는 오늘 여러 고객 불만을 처리해야 했다.

15 스크립트 🎧 T2_28_15

I see. Some people believe that digital payments like mobile apps and credit cards are safer than carrying cash because they can be tracked and protected. Do you agree that digital payments are more secure than cash? Why or why not?

해석 그렇군요. 어떤 사람들은 모바일 앱과 신용카드 같은 디지털 결제가 추적되고 보호받을 수 있기 때문에 현금을 가지고 다니는 것보다 더 안전하다고 믿습니다. 디지털 결제가 현금보다 더 안전하다는 것에 동의하나요? 왜 그런가요, 혹은 왜 그렇지 않은가요?

브레인스토밍

> disagree 동의하지 않음
> 1. vulnerable to hacking & cyberattacks 해킹 & 사이버 공격에 취약함
>   - data breaches → steal information from thousands of people 데이터 유출 → 수천 명으로부터 정보를 훔침
> 2. disrupted by technical failures 기술적 오류로 인해 중단됨
>   - power outages / natural disasters → disable electronic transactions 정전 / 자연재해 → 전자 거래를 마비시킴

모범 답안 T2_28_15

 I disagree that digital payments are more secure than cash.

To begin with, electronic systems are vulnerable to hacking and cyberattacks. In fact, recent data breaches at payment companies show criminals can steal information from thousands of people, which is much more severe compared to the limited scale and amount of damage that can occur with cash theft.

What's more, digital payments can *be disrupted by technical failures. For instance, power outages or natural disasters can temporarily disable electronic transactions, while cash remains unaffected by such problems.

In this regard, physical money offers better security and reliability.

해석 저는 디지털 결제가 현금보다 더 안전하다는 것에 동의하지 않습니다.
우선, 전자 시스템은 해킹과 사이버 공격에 취약합니다. 실제로, 최근 결제 회사에서 발생한 데이터 유출 사례들은 범죄자들이 수천 명으로부터 정보를 훔칠 수 있다는 것을 보여주고, 이는 현금 도난으로 발생할 수 있는 피해의 제한된 규모나 양보다 훨씬 심각합니다.
더욱이, 디지털 결제는 기술적 오류로 인해 중단될 수도 있습니다. 예를 들어, 정전이나 자연재해는 전자 거래를 일시적으로 마비시킬 수 있는 반면, 현금은 이러한 문제의 영향을 받지 않습니다.
이런 점에서, 실물 화폐가 더 나은 보안성과 신뢰성을 제공합니다.

어휘 vulnerable[vʌ́lnərəbl] 취약한 breach[bri:tʃ] 유출 severe[səvíər] 심각한 theft[θeft] 도난 power outage 정전
natural disaster 자연재해 temporarily[tèmpərérəli] 일시적으로 reliability[rilàiəbíləti] 신뢰성

필수표현 *be disrupted by ~에 의해 중단되다
International flights can **be disrupted by** severe weather conditions and air traffic control issues.
국제 항공편은 심한 기상 조건과 항공 교통 관제 문제에 의해 중단될 수 있다.

16 스크립트 T2_28_16

Good points. Let me ask you one final question. As society moves toward cashless transactions, some people worry that certain groups, such as elderly individuals or those without smartphones, might be excluded from participating fully in the economy. What solutions do you think would help ensure that digital payment systems remain accessible to everyone?

해석 좋은 의견이네요. 마지막 질문을 하나 드리겠습니다. 사회가 현금이 없는 거래로 나아가면서, 어떤 사람들은 노인이나 스마트폰이 없는 사람들과 같은 특정 집단이 경제에 완전히 참여하는 것에서 배제될 수도 있다고 우려합니다. 당신은 디지털 결제 시스템이 모든 사람에게 접근 가능하도록 보장하는 데 도움이 될 해결책은 무엇이라고 생각하나요?

브레인스토밍

simplified interfaces & support systems → improve access 간소화된 인터페이스 & 지원 시스템 → 접근성을 향상시킴

1. easy-to-use apps 쉽게 사용할 수 있는 앱
   - large buttons & voice assistance 큰 버튼 & 음성 안내
2. help centers → free & personal guidance 지원 센터 → 무료 & 개인 맞춤형 도움
   - call centers 콜센터

모범 답안 T2_28_16

 In my opinion, society should focus on creating simplified interfaces and support systems to improve access to digital payments.

First, companies should develop easy-to-use apps that are accessible for elderly users and people with disabilities. For instance, features like large buttons and voice assistance can help them navigate payment apps more easily.

Second, banks should set up help centers to provide free, personal guidance for the elderly. To be specific, call centers *dedicated to assisting those unfamiliar with, or who do not own, a smartphone could be extremely useful.

Overall, combining intuitive design with human support can help ensure equal access to online payment systems.

해석 제 생각에, 사회는 디지털 결제 접근성을 향상시키기 위해 간소화된 인터페이스와 지원 시스템 구축에 집중해야 합니다.
첫째로, 기업들은 노인 사용자들이나 장애를 가진 사람들에게 접근 가능한 쉽게 사용할 수 있는 앱을 개발해야 합니다. 예를 들어, 큰 버튼과 음성 안내와 같은 기능들은 그들이 결제 앱을 더 쉽게 이용할 수 있도록 돕습니다.
둘째로, 은행은 노인들을 위해 무료로 개인 맞춤형 도움을 제공하는 지원 센터를 세워야 합니다. 구체적으로, 스마트폰에 익숙하지 않거나 소유하지 않은 사람들을 돕는 것에 전념하는 콜센터는 매우 유용할 수 있을 것입니다.
전반적으로, 직관적인 디자인을 인간적인 지원과 결합하는 것은 온라인 결제 시스템에 대한 동등한 접근을 보장하는 데 도움이 될 수 있습니다.

어휘 disability [dìsəbíləti] 장애   feature [fíːtʃər] 기능   unfamiliar [ʌ̀nfəmíliər] 익숙하지 않은   intuitive [intjúːətiv] 직관적인

필수표현 *be dedicated to ~에 전념하다
This hospital **is dedicated to** helping children with rare diseases.
이 병원은 희귀 질환을 가진 아이들을 돕는 데 전념한다.

Ⅴ | 진로

HACKERS TEST
p.166

[01-04] 당신은 아르바이트 경험에 관한 연구에 자원했습니다. 당신은 연구원과 짧은 온라인 인터뷰를 진행할 것입니다. 연구원이 몇 가지 질문을 할 것입니다.

01 스크립트 🎧 T2_29_01

Thank you for speaking with me today. I'm conducting a study about part-time work experience. First, do you think it is important for students to have part-time work experience? Why?

해석 오늘 저와 이야기해 주셔서 감사합니다. 저는 아르바이트 경험에 관한 연구를 진행하고 있습니다. 먼저, 학생들이 아르바이트 경험을 갖는 것이 중요하다고 생각하나요? 그 이유는 무엇인가요?

브레인스토밍

part-time work experience is essential 아르바이트 경험은 필수적임
1. develop time management skills 시간 관리 기술을 개발함
   - worked at a café in the morning & studied in the afternoon → organize daily schedule effectively
     오전에는 카페에서 일했음 & 오후에는 공부를 했음 → 일일 일정을 효과적으로 조직함
2. discover personal working styles & preferences 개인의 업무 스타일 & 선호도를 발견함
   - identify preferred communication methods & work pace 선호하는 의사소통 방법 & 업무 속도를 파악함

모범 답안 🎧 T2_29_01

 I believe that part-time work experience is essential for students.

First, these jobs help develop time management skills. In my case, I worked at a local café in the morning and studied in the afternoon, which taught me how to organize my daily schedule effectively.

Second, part-time employment *offers chances to discover personal working styles and preferences. In fact, research demonstrates that early work experiences help individuals identify their preferred communication methods and work pace before entering permanent careers.

Therefore, I strongly believe students need part-time work experience.

해석 저는 아르바이트 경험이 학생들에게 필수적이라고 믿습니다.

첫째로, 이러한 일자리들은 시간 관리 기술을 개발하는 데 도움이 됩니다. 제 경우에, 저는 오전에는 지역 카페에서 일하고 오후에는 공부했는데, 이것이 제게 일일 일정을 효과적으로 조직하는 방법을 가르쳐 주었습니다.

둘째로, 아르바이트 근무는 개인적인 업무 스타일과 선호도를 발견할 기회를 제공합니다. 실제로, 연구는 초기 업무 경험이 사람들이 영구적인 직업에 들어가기 전에 선호하는 의사소통 방법과 업무 속도를 파악하는 데 도움이 된다는 것을 보여줍니다.

그러므로, 저는 학생들이 아르바이트 경험이 필요하다고 강력하게 믿습니다.

어휘 essential[isénʃəl] 필수적인 effectively[iféktivli] 효과적으로 employment[implɔ́imənt] 근무, 고용 preference[préfərəns] 선호도 demonstrate[démənstrèit] 보여주다 individual[ìndəvídʒuəl] 사람, 개인 identify[aidéntəfài] 파악하다 pace[peis] 속도 permanent[pə́ːrmənənt] 영구적인 career[kəríər] 직업

필수표현 *offer a chance to ~할 기회를 제공한다
Volunteering **offers a chance to** meet new people.
자원봉사는 새로운 사람들을 만날 기회를 제공한다.

02 스크립트 🎧 T2_29_02

Good points. Some prefer regular, long-term jobs with consistent hours, while others choose short-term work only when they need extra money. Which would you prefer, and why?

해석 좋은 의견이네요. 어떤 사람들은 일정한 근무 시간이 있는 정기적이고 장기적인 일자리를 선호하는 반면, 다른 사람들은 추가적인 돈이 필요할 때만 단기적인 업무를 선택합니다. 당신은 어느 것을 선호하며, 그 이유는 무엇인가요?

브레인스토밍

short-term work 단기적인 업무
1. diverse experiences 다양한 경험
   - bookstore → customer service skills & local festival → event management skills
     서점 → 고객 서비스 기술 & 지역 축제 → 행사 관리 기술
2. give me more personal time 나에게 더 많은 개인적인 시간을 줌
   - read books & pursue hobbies & spend time with friends 책 읽기 & 취미 추구하기 & 친구들과 시간을 보내기

모범 답안 🎧 T2_29_02

 I prefer short-term work only when I need extra money to regular long-term jobs.

The first reason is that this *allows me to gain diverse experiences across different industries. I personally learned customer service skills while working at a bookstore and acquired event management skills while working at a local festival.

Another reason is that short-term work gives me more personal time. To explain, when I'm not working, I can read books, pursue hobbies, or spend time with my friends.

Therefore, I believe temporary work offers more opportunities for learning and personal growth.

해석 저는 정기적인 장기 일자리보다 추가적인 돈이 필요할 때만 하는 단기적인 업무를 선호합니다.
첫 번째 이유는 이것이 제가 다양한 산업 분야에 걸친 다양한 경험을 쌓을 수 있게 해주기 때문입니다. 저는 개인적으로 서점에서 일하면서 고객 서비스 기술을 배웠고 지역 축제에서 일하면서 행사 관리 기술을 습득했습니다.
또 다른 이유는 단기적인 업무가 저에게 더 많은 개인적인 시간을 주기 때문입니다. 설명하자면, 일하지 않을 때 저는 책을 읽거나, 취미를 추구하거나, 제 친구들과 시간을 보낼 수 있습니다.
그러므로, 저는 임시적인 업무가 학습과 개인적 성장을 위한 더 많은 기회를 제공한다고 믿습니다.

어휘 regular[régjulər] 정기적인 pursue[pərsúː] 추구하다 temporary[témpərèri] 임시의 opportunity[àpərtjúːnəti] 기회 growth[grouθ] 성장

필수표현 *allow A to ~ A로 하여금 ~할 수 있게 해주다
Travel **allows** you **to** gain diverse experiences across different cultures.
여행은 당신으로 하여금 다양한 문화들에 걸쳐 다양한 경험을 얻을 수 있게 해준다.

03 스크립트 🎧 T2_29_03

OK. Students consider various factors when selecting part-time jobs. Would you prefer a part-time job related to your field of study, or would you prefer one in a completely different area? Why?

해석 알겠습니다. 학생들은 아르바이트를 선택할 때 다양한 요소들을 고려합니다. 당신은 당신의 전공 분야와 관련된 아르바이트를 선호하나요, 아니면 완전히 다른 분야의 아르바이트를 선호하나요? 그 이유는 무엇인가요?

브레인스토밍

different area 다른 분야

1. different field → broader perspective 다른 분야 → 더 넓은 관점
   - when I only work in my major field → miss out on other interests & career paths
     내가 내 전공 분야에서만 일하는 경우 → 다른 관심사 & 진로를 놓침
2. make me more adaptable & flexible 나를 더 적응력 있고 유연하게 만듦
   - various situations & different business areas 다양한 상황 & 다른 비즈니스 분야

모범 답안 🎧 T2_29_03

 I would choose a part-time job in a completely different area over one related to my field of study.

First, working in a different field gives me a broader perspective. To explain, when I only work in my major field, I might *miss out on discovering other interests and potential career paths.

Second, different work experiences make me more adaptable and flexible. To be specific, these skills are valuable because companies prefer employees who can work in various situations and understand different business areas.

Overall, I believe diverse work experiences are better because they provide a wide perspective and make me more adaptable.

해석 저는 제 전공 분야와 관련된 아르바이트보다 완전히 다른 분야의 아르바이트를 선택하겠습니다.
첫째로, 다른 분야에서 일하는 것은 저에게 더 넓은 관점을 줍니다. 설명하자면, 제가 제 전공 분야에서만 일하면, 다른 관심사와 잠재적 진로를 발견하는 것을 놓칠 수 있습니다.
둘째로, 다양한 업무 경험은 저를 더 적응력 있고 유연하게 만듭니다. 구체적으로, 이러한 기술들은 가치 있는데, 기업들이 다양한 상황에서 일할 수 있고 다른 비즈니스 분야를 이해할 수 있는 직원들을 선호하기 때문입니다.
전반적으로, 저는 다양한 업무 경험이 더 좋다고 믿는데, 그것들이 넓은 관점을 제공하고 저를 더 적응력 있게 만들기 때문입니다.

어휘 completely[kəmplíːtli] 완전히 perspective[pərspéktiv] 관점 potential[pəténʃəl] 잠재적인 career path 진로
adaptable[ədǽptəbl] 적응력 있는 flexible[fléksəbl] 유연한 valuable[vǽljuəbl] 가치 있는 various[vέəriəs] 다양한
overall[óuvərɔːl] 전반적으로

필수표현 *miss out on ~을 놓치다

If you don't try new foods, you might **miss out on** discovering your favorites.
새로운 음식을 시도하지 않으면, 당신은 좋아하는 음식을 발견할 기회를 놓칠 수도 있다.

04 스크립트 🎧 T2_29_04

Good points. I just have one more question. When choosing a part-time job, some students focus on salary, while others consider factors like location, schedule flexibility, or learning opportunities. What do you think are the two most important factors students should consider when selecting a part-time job? Give reasons for your answer.

해석 좋은 의견이네요. 질문이 하나 더 있습니다. 아르바이트를 선택할 때, 어떤 학생들은 급여에 집중하는 반면, 다른 학생들은 위치, 일정 유연성, 또는 학습 기회와 같은 요소들을 고려합니다. 당신은 학생들이 아르바이트를 선택할 때 고려해야 할 가장 중요한 두 가지 요소는 무엇이라고 생각하나요? 답변에 대한 이유를 제시해 주세요.

브레인스토밍

salary & work environment 급여 & 업무 환경

1. primary motivation 주요 동기
   - cover tuition & living costs 등록금 & 생활비를 충당함
2. positive work environment → enjoyable 긍정적인 업무 환경 → 즐거움
   - supportive colleagues & managers → create comfortable atmosphere
     지지해주는 동료들 & 관리자들 → 편안한 분위기를 조성함

모범 답안 T2_29_04

> I think that the two most important factors are salary and work environment.
>
> One reason is that salary *serves as the primary motivation for most students. In fact, research shows that earning money is the main reason why students seek part-time employment, as it helps them cover essential expenses like tuition and daily living costs.
>
> Another reason is that a positive work environment makes the experience more enjoyable. In particular, supportive colleagues and managers create a comfortable atmosphere where workers do not get stressed out.
>
> In conclusion, students should prioritize financial benefits and positive workplace atmosphere when selecting part-time work.

해석 저는 가장 중요한 두 가지 요소가 급여와 업무 환경이라고 생각합니다.
한 가지 이유는 급여가 대부분의 학생들에게 주요 동기로 작용하기 때문입니다. 실제로, 연구는 돈을 버는 것이 학생들이 아르바이트를 찾는 주된 이유라는 것을 보여주는데, 그것이 등록금과 일상 생활비와 같은 필수 비용을 충당하는 데 도움이 되기 때문입니다.
또 다른 이유는 긍정적인 업무 환경이 그 경험을 더 즐겁게 만들기 때문입니다. 특히, 지지해 주는 동료들과 관리자들은 근로자들이 스트레스를 받지 않는 편안한 분위기를 조성합니다.
결론적으로, 학생들은 아르바이트를 선택할 때 금전적 이익과 긍정적인 직장 분위기를 우선시해야 합니다.

어휘 salary[sǽləri] 급여 work environment 업무 환경 primary[práiməri] 주요한 motivation[mòutəvéiʃən] 동기
essential[isénʃəl] 필수적인 expense[ikspéns] 비용 tuition[tju:íʃən] 등록금 living cost 생활비 positive[pá:zətiv] 긍정적인
enjoyable[indʒɔ́iəbl] 즐거운 supportive[səpɔ́:rtiv] 지지하는 colleague[ká:li:g] 동료 manager[mǽnidʒər] 관리자
comfortable[kʌ́mfərtəbl] 편안한 atmosphere[ǽtməsfìər] 분위기 stressed out 스트레스를 받는
prioritize[praiɔ́:rətàiz] 우선시하다 financial benefit 금전적 이익 workplace[wə́:rkpleis] 직장

필수표현 *serve as ~의 역할을 하다
The painting will **serve as** the centerpiece of the exhibition.
그 그림은 전시회의 중심 작품 역할을 할 것이다.

[05-08] 당신은 진로 개발에 관한 연구에 참여하기로 동의했습니다. 당신은 연구원과 짧은 온라인 인터뷰를 진행할 것입니다. 연구원이 몇 가지 질문을 할 것입니다.

05 스크립트 T2_30_05

Thank you for taking part in this study. Today, I'd like to ask you some questions about career development. First, when you want to learn about different careers or jobs, what methods do you or your friends generally use? For example, do you search online, talk to professionals, or attend career events?

해석 이 연구에 참여해 주셔서 감사합니다. 오늘 진로 개발에 대해 몇 가지 질문을 드리고 싶습니다. 먼저, 당신이 다양한 진로나 일자리에 대해 알고 싶을 때, 당신이나 당신의 친구들은 일반적으로 어떤 방법을 사용하나요? 예를 들어, 당신은 온라인으로 검색하거나, 전문가들과 이야기하거나, 혹은 진로 행사에 참석하나요?

브레인스토밍

use online research 온라인 조사를 사용함
1. provides fast & comprehensive information 빠르고 포괄적인 정보를 제공함 　- can read about job descriptions & salary ranges & required qualifications within minutes 　몇 분 안에 직무 설명 & 급여 범위 & 필수 자격 요건에 대해 읽을 수 있음
2. offer real advice from professionals 전문가들로부터 실제 조언을 제공함 　- LinkedIn → connect with people & ask questions directly LinkedIn을 통해 사람들과 연결 & 직접 질문을 함

모범 답안 T2_30_05

> My friends and I generally use online research to learn about different careers and jobs.
>
> First, the Internet provides fast and comprehensive information. To be specific, we can read about job descriptions, salary ranges, and *required qualifications on career websites within minutes.

Second, online platforms offer real advice from professionals. For example, LinkedIn allows me to connect with people working in fields I am interested in and ask them questions directly.

Overall, online research is the most convenient and accessible method for career exploration.

해석 제 친구들과 저는 일반적으로 다양한 진로와 일자리에 대해 알아보기 위해 온라인 조사를 사용합니다.
첫째로, 인터넷은 빠르고 포괄적인 정보를 제공합니다. 구체적으로, 저희는 몇 분 안에 진로 웹사이트에서 직무 설명, 급여 범위, 그리고 필수 자격 요건에 대해 읽을 수 있습니다.
둘째로, 온라인 플랫폼은 전문가들로부터 실제 조언을 제공합니다. 예를 들어, LinkedIn은 제가 관심 있는 분야에서 일하는 사람과 연결하고 그들에게 직접 질문할 수 있게 해줍니다.
전반적으로, 온라인 조사는 진로 탐색을 위한 가장 편리하고 접근 가능한 방법입니다.

어휘 **generally** [dʒénərəli] 일반적으로 **comprehensive** [kɔ̀mprihénsiv] 포괄적인 **job description** 직무 설명 **salary range** 급여 범위
qualification [kwɑ̀:ləfikéiʃən] 자격 요건 **advice** [ədváis] 조언 **convenient** [kənví:njənt] 편리한 **accessible** [æksésəbl] 접근 가능한

필수표현 *required qualifications 필수 자격 요건
The graduate program clearly lists **required qualifications** including previous work experience and academic background.
그 대학원 프로그램은 이전 업무 경험과 학업 배경을 포함한 필수 자격 요건을 명확하게 나열한다.

06 스크립트 🎧 T2_30_06

I see. Some students choose their major based on job security and career prospects, while others choose subjects they are passionate about. When selecting your field of study, would you prefer to choose a major with good job opportunities, or would you prefer to study something you find personally interesting? Why?

해석 그렇군요. 어떤 학생들은 직업 안정성과 진로 전망을 바탕으로 그들의 전공을 선택하는 반면, 다른 학생들은 그들이 열정을 가지고 있는 과목을 선택합니다. 전공 분야를 선택할 때, 당신은 좋은 취업 기회가 있는 전공을 선택하는 것을 선호하겠나요, 아니면 개인적으로 흥미를 느끼는 것을 공부하는 것을 선호하겠나요? 그 이유는 무엇인가요?

브레인스토밍

prefer a major that I find interesting 내가 흥미를 느끼는 전공을 선호함

1. better academic performance & career satisfaction 더 나은 학업 성취 & 직업 만족도
   - enjoy biology → read articles & do extra experiments 생물학을 즐김 → 기사를 읽음 & 추가적인 실험을 함
2. personal interests play a crucial role in sustaining motivation 개인적인 흥미는 동기부여를 유지하는 데 중요한 역할을 함
   - biology exam → classmates struggled but I got through it 생물학 시험 → 동급생들은 어려움을 겪었지만 나는 버텨 냄

모범 답안 🎧 T2_30_06

 I would prefer a major that I find interesting rather than one that only provides job opportunities.

This is mainly because passion leads to better academic performance and career satisfaction. To be specific, if I enjoy biology, I am motivated to read articles and do extra experiments, which helps me get better grades.

Also, personal interests play a crucial role in sustaining motivation during challenging periods. For example, I was preparing for a biology exam that covered a lot of material. My classmates struggled to study, but I was able to *get through it.

In conclusion, pursuing my interests will lead to more long-term success than just focusing on job security.

해석 저는 취업 기회만 제공하는 전공보다는, 제가 흥미를 느끼는 전공을 선호하겠습니다.
이는 주로 열정은 더 나은 학업 성취와 직업 만족도로 이어지기 때문입니다. 구체적으로, 제가 생물학을 즐긴다면, 기사를 읽고 추가적인 실험을 하려는 동기부여가 되며, 이는 더 좋은 성적을 얻는 데 도움이 됩니다.
또한, 개인적인 흥미는 어려운 시기에도 동기부여를 유지하는 데 중요한 역할을 합니다. 예를 들어, 공부해야 할 양이 많은 생물학 시험을 준비한 적이 있었습니다. 제 동급생들은 공부에 어려움을 겪었지만, 저는 버텨 낼 수 있었습니다.

결론적으로, 단순히 직업 안정성만을 추구하는 것보다 흥미를 따르는 것이 더 장기적인 성공으로 이어질 것입니다.

어휘 satisfaction[sæ̀tisfǽkʃən] 만족도　experiment[ikspérəmənt] 실험

필수표현 *get through 버텨 내다

He **got through** the hard times with the support of his family.
그는 가족의 지원 덕분에 힘든 시기를 버텨 냈다.

07 스크립트 🎧 T2_30_07

Great. Many schools are now developing programs to help students explore different careers, such as career fairs, job shadowing, and internship opportunities. Would programs like this affect your interest in choosing a particular career path? Why or why not?

해석 좋습니다. 많은 학교들이 현재 진로 박람회, 직업 체험, 그리고 인턴십 기회와 같이 학생들이 다양한 직업을 탐색할 수 있도록 돕는 프로그램을 개발하고 있습니다. 이런 프로그램들이 특정 진로를 선택하는 데 있어 당신의 관심에 영향을 미칠까요? 왜 그런가요, 혹은 왜 그렇지 않은가요?

브레인스토밍

> influence my interest in choosing a career path 진로를 선택하는 데 있어 나의 관심에 영향을 미침
> 1. reveal realities 현실을 드러냄
>   - job shadowed a veterinarian → spent most of her time doing paperwork
>   수의사를 직업 체험함 → 서류 작업을 하는 데 그녀의 대부분의 시간을 보냈음
> 2. identify personal work preferences 개인적인 업무 선호도를 파악함
>   - bank internship → realized I preferred analyzing data
>   은행 인턴십 → 내가 데이터를 분석하는 것을 선호한다는 것을 깨달았음

모범 답안 🎧 T2_30_07

Career exploration programs would definitely influence my interest in choosing a career path.

To begin with, they reveal unexpected realities about professions. For instance, when I *job shadowed a veterinarian, I discovered she spent most of her time doing paperwork rather than treating animals, as I had imagined.

Furthermore, direct experience helps identify personal work preferences. In particular, during my bank internship, I realized I preferred analyzing data over meeting customers because I work better independently.

Therefore, these programs are essential tools for making informed career decisions based on real experience.

해석 진로 탐색 프로그램들은 확실히 진로를 선택하는 데 있어 제 관심에 영향을 미칠 것입니다.
우선, 그것들은 직업에 대한 예상치 못한 현실을 드러냅니다. 예를 들어, 제가 수의사를 직업 체험했을 때, 저는 그녀가 제가 상상했던 것처럼 동물을 치료하는 것보다 서류 작업을 하는 것에 그녀의 대부분의 시간을 보낸다는 것을 발견했습니다.
더욱이, 직접적인 경험은 개인적인 업무 선호도를 파악하는 데 도움이 됩니다. 특히, 은행 인턴십 동안, 저는 독립적으로 일하는 것을 더 잘하기 때문에 고객을 만나는 것보다 데이터를 분석하는 것을 선호한다는 것을 깨달았습니다.
따라서, 이러한 프로그램들은 실제 경험에 기반하여 정보에 입각한 진로 결정을 내리기 위한 필수적인 도구입니다.

어휘 definitely[défənitli] 확실히　career path 진로　reveal[rivíːl] 드러내다　profession[prəféʃən] 직업
veterinarian[vètərənéəriən] 수의사　paperwork[péipərwə̀rk] 서류 작업　identify[aidéntəfài] 파악하다
preference[préfərəns] 선호도　analyze[ǽnəlàiz] 분석하다　independently[ìndipéndəntli] 독립적으로　essential[isénʃəl] 필수적인
informed[infɔ́ːrmd] 정보에 입각한　decision[disíʒən] 결정

필수표현 *job shadowing 직업 체험

Many hospitals encourage **job shadowing** for nursing students to help them experience real patient care.
많은 병원은 간호 학생들이 실제 환자 관리를 경험할 수 있도록 직업 체험을 장려한다.

08 스크립트 🎧 T2_30_08

Good points. Lastly, looking to the future, many experts say that people will change careers multiple times throughout their lives, rather than staying in one job forever. Do you think this trend toward career flexibility will benefit workers, or do you think it might create more challenges? Explain your thoughts.

해석 좋은 의견이네요. 마지막으로, 미래를 내다보면서, 많은 전문가들은 사람들이 한 직업에 영원히 머물기보다는 평생에 걸쳐 여러 번 직업을 바꿀 것이라고 말합니다. 당신은 이러한 직업 유연성으로의 경향이 근로자들에게 도움이 될 것이라고 생각하나요, 아니면 더 많은 어려움을 만들어낼 수 있을 것이라고 생각하나요? 당신의 생각을 설명해 주세요.

브레인스토밍

> benefit workers 근로자들에게 도움이 됨
> 1. develop diverse skills & experiences 다양한 기술 & 경험 개발
>   - adapt to changing job markets & find new opportunities 변화하는 취업 시장에 적응함 & 새로운 기회를 찾음
> 2. prevents feeling trapped in unsatisfying jobs 만족스럽지 못한 직업에 갇혀 있다고 느끼는 것을 방지함
>   - discover passion → pursue it 열정을 발견함 → 그것을 추구함

모범 답안 🎧 T2_30_08

 I think the trend toward career flexibility will benefit workers more than create challenges.

First, multiple career changes allow people to develop diverse skills and experiences. As a result, workers can adapt to changing job markets and find new opportunities in case their current field becomes less relevant.

Second, career flexibility prevents people from feeling trapped in unsatisfying jobs. In particular, if someone discovers their passion later in life, they can pursue it without *feeling stuck.

Therefore, having the freedom to change careers multiple times may benefit workers.

해석 저는 직업 유연성으로의 경향이 어려움을 만드는 것보다 근로자들에게 더 많은 도움이 될 것이라고 생각합니다.
첫째로, 여러 번의 직업 변화는 사람들이 다양한 기술과 경험을 개발할 수 있게 해줍니다. 그 결과, 근로자들은 변화하는 취업 시장에 적응하고 그들의 현재 분야가 덜 관련성이 있게 될 경우에 새로운 기회를 찾을 수 있습니다.
둘째로, 직업 유연성은 사람들이 만족스럽지 못한 직업에 갇혀 있다고 느끼는 것을 방지합니다. 특히, 누군가가 인생에서 늦게 자신의 열정을 발견한다면, 그들은 막막함을 느끼지 않고 그것을 추구할 수 있습니다.
그러므로, 여러 번 직업을 바꿀 자유를 갖는 것은 근로자들에게 도움이 될 것입니다.

어휘 career flexibility 직업 유연성 benefit[bénəfit] 도움이 되다 challenge[tʃǽlindʒ] 어려움 diverse[dáivəːrs] 다양한
adapt[ədǽpt] 적응하다 unsatisfying[ʌnsǽtisfàiiŋ] 만족스럽지 못한 passion[pǽʃən] 열정 pursue[pərsúː] 추구하다

필수표현 *feel stuck 막막함을 느끼다
I **feel stuck** in my current job because there's no opportunity for promotion.
나는 승진할 기회가 없어서 현재 직장에서 막막하다.

[09-12] 당신은 진로 선택에 관한 연구에 참여하기로 동의했습니다. 당신은 연구원과 짧은 온라인 인터뷰를 진행할 것입니다. 연구원이 몇 가지 질문을 할 것입니다.

09 스크립트 🎧 T2_31_09

Thank you for taking the time to speak with me today. I'd like to ask you some questions about career options. First, some people prefer to have a clear, long-term career plan from early on, while others believe it's better to explore different career options and be flexible about their future. Which approach do you think is better? Why?

해석 오늘 시간을 내어 저와 이야기해 주셔서 감사합니다. 진로 선택에 대해 몇 가지 질문을 드리고 싶습니다. 먼저, 어떤 사람들은 일찍부터 명확하고 장기적인 진로 계획을 세우는 것을 선호하는 반면, 다른 사람들은 다양한 진로 선택을 탐색하고 미래에 대해 유연함을 갖는 것이 더 낫다고 믿습니다. 당신은 어떤 접근법이 더 낫다고 생각하나요? 그 이유는 무엇인가요?

브레인스토밍

explore different career options & stay flexible 다양한 진로 선택을 탐색함 & 유연함을 유지함

1. job market changes rapidly 취업 시장이 빠르게 변화함
   - social media marketing: wasn't even a real career option → now a huge field with many opportunities
     소셜 미디어 마케팅: 실제 진로 선택지가 아니었음 → 지금은 많은 기회가 있는 거대한 분야임
2. discover true interests & strengths 진정한 관심사 & 강점 발견
   - various internships during college → realized I was more interested in marketing than my college major
     대학 시절의 다양한 인턴십 → 내가 내 전공보다 마케팅에 더 관심이 있다는 것을 깨달음

모범 답안   T2_31_09

> I believe that it's better to explore different career options and stay flexible about the future.
>
> The primary reason is that the job market *changes rapidly with new technologies and industries emerging constantly. For example, ten years ago, social media marketing wasn't even a real career option, but now it's a huge field with many opportunities.
>
> On top of that, exploring different paths helps you discover your true interests and strengths. To explain, when I tried various internships during college, I realized I was more interested in marketing than my college major.
>
> Overall, flexibility allows you to adapt and find the career that truly fits you.

해석 저는 다양한 진로 선택을 탐색하고 미래에 대해 유연함을 유지하는 것이 더 낫다고 믿습니다.
주된 이유는 취업 시장이 새로운 기술과 산업이 지속적으로 등장하면서 빠르게 변화하기 때문입니다. 예를 들어, 10년 전에는, 소셜 미디어 마케팅이 실제 진로 선택지가 아니었지만, 지금은 많은 기회가 있는 거대한 분야입니다.
그에 더하여, 다양한 길을 탐색하는 것은 진정한 관심사와 강점을 발견하는 데 도움이 됩니다. 설명하자면, 제가 대학 시절에 다양한 인턴십을 해보았을 때, 저는 제 대학 전공보다 마케팅에 더 관심이 있다는 것을 깨달았습니다.
전반적으로, 유연성은 적응하고 정말로 자신에게 맞는 진로를 찾을 수 있게 해줍니다.

어휘 career[kəríər] 진로 flexible[fléksəbl] 유연한 emerge[imə́ːrdʒ] 등장하다 constantly[kánstəntli] 지속적으로 huge[hjuːdʒ] 거대한 opportunity[ὰpərtjúːnəti] 기회 discover[diskʌ́vər] 발견하다 strength[streŋkθ] 강점 realize[ríːəlàiz] 깨닫다 major[méidʒər] 전공 adapt[ədǽpt] 적응하다

필수표현 *change rapidly 빠르게 변화하다
Technology **changes rapidly** in modern society.
현대 사회에서 기술은 빠르게 변화한다.

10 스크립트 T2_31_10

I see. If you had to choose between a job that offers high salary but isn't very fulfilling, or a job that provides great personal fulfillment but lower pay, which would you choose, and why?

해석 그렇군요. 높은 급여를 제공하지만 그다지 만족스럽지 않은 직업과 개인적 만족감을 제공하지만 낮은 급여를 주는 직업 중에서 선택해야 한다면, 당신은 어느 것을 선택할 것이고, 그 이유는 무엇인가요?

브레인스토밍

a job that provides great personal fulfillment 큰 개인적 만족감을 제공하는 직업

1. job satisfaction → overall happiness & mental health 직업 만족도 → 전반적인 행복 & 정신 건강
   - if you hate what you do every day → extra money X make up for the stress & unhappiness
     매일 하는 일을 싫어한다면 추가 수입이 스트레스 & 불행을 보상해주지 못함
2. high-paying jobs = expected to meet higher standards 급여가 높은 직업 = 더 높은 기준을 충족시키도록 요구됨
   - enormous pressure & leaves little time for family / personal interests
     엄청난 압박 & 가족 / 개인적 관심사를 위한 시간을 거의 남기지 않음

모범 답안 T2_31_10

> I would choose a job that provides great personal fulfillment even with lower pay.
>
> To begin with, job satisfaction directly affects your overall happiness and mental health. To explain, if you hate what you do every day, the extra money won't *make up for the stress and unhappiness you'll feel.
>
> Also, employees at high-paying jobs are expected to meet higher standards constantly, and sometimes they have to work longer hours. As a result, this creates enormous pressure and leaves little time for family or personal interests.
>
> To sum up, choosing fulfillment over money leads to better overall well-being.

해석 저는 낮은 급여일지라도 큰 개인적 만족감을 제공하는 직업을 선택하겠습니다.
우선, 직업 만족도는 전반적인 행복과 정신 건강에 직접적으로 영향을 미칩니다. 설명하자면, 매일 하는 일을 싫어한다면, 추가 수입이 느끼게 될 스트레스와 불행을 보상해 주지 못할 것입니다.
또한, 급여가 높은 직업의 직원들은 지속적으로 더 높은 기준을 충족시키도록 요구되며, 때로는 더 긴 시간 일해야 합니다. 그 결과, 이는 엄청난 압박을 만들어내고 가족이나 개인적 관심사를 위한 시간을 거의 남기지 않습니다.
요약하자면, 돈보다 만족감을 선택하는 것이 더 나은 전반적인 행복으로 이어집니다.

어휘 fulfillment[fulfílmənt] 만족감 satisfaction[sæ̀tisfǽkʃən] 만족도 directly[diréktli] 직접적으로 mental[méntl] 정신의
extra[ékstrə] 추가의 unhappiness[ʌnhǽpinis] 불행 constantly[kánstəntli] 지속적으로 enormous[inɔ́ːrməs] 엄청난
pressure[préʃər] 압박 personal[pə́ːrsənl] 개인적인

필수표현 *make up for ~을 보상해주다
High scores won't **make up for** poor attendance.
높은 점수는 낮은 출석률을 보상해주지 못할 것이다.

11 스크립트 T2_31_11

Interesting. Many job seekers today believe that working for large corporations provides better career advancement opportunities compared to working at smaller companies. They argue that big companies offer more resources, training programs, and promotion possibilities. Do you agree or disagree with this view? Why?

해석 흥미롭네요. 오늘날 많은 구직자들은 대기업에서 일하는 것이 소규모 회사에서 일하는 것과 비교하여 더 나은 진로 발전 기회를 제공한다고 믿습니다. 그들은 대기업이 더 많은 자원, 교육 프로그램, 그리고 승진 가능성을 제공한다고 주장합니다. 이러한 생각에 동의하나요, 혹은 동의하지 않나요? 그 이유는 무엇인가요?

브레인스토밍

agree 동의함
1. offer systematic training programs 체계적인 교육 프로그램을 제공함
   - language courses & leadership workshops 언어 수업 & 리더십 워크숍
2. offer better networking opportunities with industry professionals 업계 전문가들과의 더 나은 네트워킹 기회를 제공함
   - meet senior executives → get job recommendation & career opportunities
     고위 경영진을 만남 → 취업 추천 & 진로 기회를 받음

모범 답안 T2_31_11

> I agree that large companies provide better career growth opportunities.
>
> First, they usually offer systematic training programs, so workers can improve their skills more effectively. For example, I know many global firms that offer language courses and leadership workshops.
>
> Second, large corporations offer better networking opportunities with industry professionals. This is because employees can often meet senior executives and get job recommendations and career opportunities that *are rarely available in small companies.

> As such, I believe working for large corporations offers many more opportunities for professional advancement.

해석 저는 대기업이 더 나은 진로 성장 기회를 제공한다는 것에 동의합니다.
첫째로, 그들은 보통 체계적인 교육 프로그램을 제공하므로, 근로자들이 더 효과적으로 기술을 향상시킬 수 있습니다. 예를 들어, 저는 언어 수업과 리더십 워크숍을 제공하는 많은 글로벌 기업들을 알고 있습니다.
둘째로, 대기업은 업계 전문가들과의 더 나은 네트워킹 기회를 제공합니다. 이는 직원들이 종종 고위 경영진을 만날 수 있고 소기업에서는 거의 이용할 수 없는 취업 추천과 진로 기회를 얻을 수 있기 때문입니다.
이와 같이, 저는 대기업에서 일하는 것이 전문적 발전을 위한 훨씬 더 많은 기회를 제공한다고 믿습니다.

어휘 systematic[sìstəmǽtik] 체계적인   firm[fəːrm] 기업   professional[prəféʃənl] 전문가   senior executive 고위 경영진
recommendation[rèkəmendéiʃən] 추천   advancement[ædvǽnsmənt] 발전

필수표현 *be rarely available 거의 이용할 수 없는
Good parking spots **are rarely available** during rush hours.
혼잡한 시간에는 좋은 주차 공간을 거의 이용할 수 없다.

12 스크립트 🎧 T2_31_12

Good points. Let me ask you one final question. When employers are hiring new employees, they look for people with different skills and qualities. What do you think are one or two of the most important qualities that job seekers should have to be successful in their careers? Give reasons for your answer.

해석 좋은 의견이네요. 마지막 질문 하나 더 드리겠습니다. 고용주들이 새로운 직원을 채용할 때, 그들은 다양한 기술과 자질을 가진 사람들을 찾습니다. 당신은 구직자들이 그들의 진로에서 성공하기 위해 가져야 할 가장 중요한 자질 중 한두 가지가 무엇이라고 생각하나요? 답변에 대한 이유를 제시해 주세요.

브레인스토밍

---
adaptability & strong communication skills 적응력 & 강한 의사소통 능력

1. adaptability = crucial because industries & job requirements change constantly
   적응력 = 산업과 직업 요건이 지속적으로 변화하므로 중요함
   - learn new technologies / adjust to different roles → stay relevant in the market
     새로운 기술을 배우거나 다양한 역할에 적응 → 시장에서 적합성을 유지
2. communication skills = work efficiently & express ideas clearly
   의사소통 능력 = 효율적으로 일함 & 아이디어를 명확하게 표현함
   - even if you have great technical abilities, X succeed if you can't collaborate with others / present your work properly
     훌륭한 기술적 능력을 가지고 있더라도, 다른 사람들과 협력 / 자신의 일을 적절히 제시하지 못한다면 성공하지 못함

모범 답안 🎧 T2_31_12

 I think that the two most important qualities for career success are adaptability and strong communication skills.

First, adaptability is crucial because industries and job requirements change constantly. To be specific, workers who can learn new technologies or adjust to different roles will *stay relevant in the market.

Second, communication skills help you work effectively with colleagues and express your ideas clearly. Even if you have great technical abilities, you won't succeed if you can't collaborate with others or present your work properly.

In conclusion, adaptability and communication skills ensure long-term career success in any field.

해석 저는 진로 성공을 위한 가장 중요한 두 가지 자질이 적응력과 강한 의사소통 능력이라고 생각합니다.
첫째로, 적응력은 산업과 직업 요건이 지속적으로 변화하기 때문에 중요합니다. 구체적으로, 새로운 기술을 배우거나 다양한 역할에 적응할 수 있는 근로자들이 시장에서 적합성을 유지할 것입니다.

둘째로, 의사소통 능력은 동료들과 효율적으로 일하고 자신의 아이디어를 명확하게 표현하는 데 도움이 됩니다. 훌륭한 기술적 능력을 가지고 있더라도, 다른 사람들과 협력할 수 없거나 자신의 일을 적절히 제시할 수 없다면 성공할 수 없을 것입니다.
결론적으로, 적응력과 의사소통 능력은 어떤 분야에서든 장기적인 진로 성공을 보장합니다.

어휘 adaptability[ədæptəbíləti] 적응력 crucial[krúːʃəl] 중요한 requirement[rikwáiərmənt] 요건 adjust[ədʒʌ́st] 적응하다
relevant[réləvənt] 적합한 colleague[káliːɡ] 동료 express[iksprés] 표현하다 collaborate[kəlǽbərèit] 협력하다
present[prizént] 제시하다 properly[prápərli] 적절히 ensure[inʃúər] 보장하다

필수표현 *stay relevant 적합성을 유지하다
Traditional bookstores must embrace digital marketing to **stay relevant** in modern society.
전통적인 서점들은 현대 사회에서 적합성을 유지하기 위해 디지털 마케팅을 받아들여야 한다.

[13-16] 당신은 의사결정 과정에 관한 연구에 자원했습니다. 당신은 연구원과 짧은 온라인 인터뷰를 진행할 것입니다. 연구원이 몇 가지 질문을 할 것입니다.

13 스크립트 🎧 T2_32_13

Thank you for participating. Today, I'd like to ask you some questions about your decision-making processes. First, think back to a recent important decision you made. What was that decision, and what was the main factor you considered when making it?

해석 참여해 주셔서 감사합니다. 오늘은 당신의 의사결정 과정에 대해 몇 가지 질문을 드리고 싶습니다. 먼저, 당신이 최근에 내린 중요한 결정을 떠올려 보세요. 그 결정은 무엇이었고, 그것을 내릴 때 당신이 고려한 주요 요인은 무엇이었나요?

브레인스토밍

> change major → from business to computer science 전공을 바꿈 → 경영학에서 컴퓨터 과학으로
>
> 1. personal interest 개인적인 관심
>   - first programming class → work for hours without getting bored
>   첫 프로그래밍 수업 → 지루해하지 않고 몇 시간 동안 작업함
> 2. genuine interest → better academic performance & career satisfaction
>   진정한 관심 → 더 나은 학업 성과 & 직업 만족도

모범 답안 🎧 T2_32_13

 Recently, I made an important decision to change my major from business to computer science.

The main factor was my personal interest in the subject. To explain, when I took my first programming class, I *found myself working on projects for hours without getting bored, which never happened with business courses.

On top of that, following my genuine interest would lead to better academic performance and career satisfaction. In fact, I tend to perform better when I study something I truly enjoy.

In this sense, changing my major was the right decision for me.

해석 최근에, 저는 전공을 경영학에서 컴퓨터 과학으로 바꾸는 중요한 결정을 내렸습니다.
주요 요인은 그 과목에 대한 개인적인 관심이었습니다. 설명하자면, 제가 저의 첫 번째 프로그래밍 수업을 들었을 때, 지루해하지 않고 몇 시간 동안 프로젝트를 하고 있는 자신을 발견했는데, 이는 경영학 과목에서는 결코 일어나지 않았던 일입니다.
그에 더하여, 진정한 관심을 따르는 것이 더 나은 학업 성과와 직업 만족도로 이어질 것입니다. 실제로, 저는 제가 진심으로 즐기는 걸 공부할 때 성과가 더 좋은 경향이 있습니다.
이러한 점에서, 전공을 바꾸는 것이 저에게 올바른 결정이었습니다.

어휘 genuine[dʒénjuin] 진정한 academic[ækədémik] 학업의 performance[pərfɔ́ːrməns] 성과 satisfaction[sæ̀tisfǽkʃən] 만족도

필수표현 *found myself -ing ~하고 있는 자신을 발견했다
I **found myself staying** up all night reading the book.
나는 밤새도록 책을 읽고 있는 자신을 발견했다.

14 스크립트 🎧 T2_32_14

I see. When facing difficult decisions, some people prefer to make decisions independently, relying on their own judgment and research. Others like to seek advice from family, friends, or experts before deciding. Which approach do you prefer when making important decisions, and why?

해석 그렇군요. 어려운 결정에 직면할 때, 어떤 사람들은 자신의 판단과 조사에 의존하여 독립적으로 결정을 내리는 것을 선호합니다. 다른 사람들은 결정하기 전에 가족, 친구, 또는 전문가들로부터 조언을 구하는 것을 좋아합니다. 당신은 중요한 결정을 내릴 때 어떤 접근법을 선호하고, 그 이유는 무엇인가요?

브레인스토밍

> seek advice 조언을 구함
>
> 1. different perspectives → see aspects I might have missed 다양한 관점 → 내가 놓쳤을 수도 있는 관점을 봄
>   - multiple viewpoints → reveal important factors 다수의 관점들 → 중요한 요인들을 드러냄
> 2. experienced people provide wisdom 경험이 풍부한 사람들은 지혜를 제공함
>   - offer practical insights ↔ I only have theoretical knowledge
>   실용적인 통찰을 제공함 ↔ 나는 이론적 지식만 가지고 있음

모범 답안 🎧 T2_32_14

 I prefer to seek advice from others when making important decisions rather than deciding independently.

To begin with, getting different perspectives helps me see aspects I might have missed on my own. To be specific, multiple viewpoints can reveal important factors that I wouldn't consider when thinking alone.

What's more, experienced people provide wisdom that I lack. To explain, they can offer practical insights based on real experience, whereas I only have theoretical knowledge about many life situations.

Therefore, *seeking advice leads to better decision-making outcomes.

해석 저는 중요한 결정을 내릴 때 독립적으로 결정하기보다는 다른 사람들로부터 조언을 구하는 것을 선호합니다.
우선, 다양한 관점을 얻는 것은 제가 혼자서는 놓쳤을 수도 있는 관점을 보는 데 도움이 됩니다. 구체적으로, 다수의 관점들은 제가 혼자 생각할 때는 고려하지 않았을 중요한 요인들을 드러낼 수 있습니다.
더욱이, 경험이 풍부한 사람들은 제게 부족한 지혜를 제공합니다. 설명하자면, 그들은 실제 경험에 기반한 실용적인 통찰력을 제공할 수 있는 반면, 저는 많은 인생 상황에 대해 이론적인 지식만 가지고 있습니다.
그러므로, 조언을 구하는 것이 더 나은 의사결정 결과로 이어집니다.

어휘 independently[ìndipéndəntli] 독립적으로 perspective[pərspéktiv] 관점 viewpoint[vjúːpɔint] 관점 reveal[rivíːl] 드러내다
experienced[ikspíəriənst] 경험이 풍부한 wisdom[wízdəm] 지혜 practical[præktikəl] 실용적인 insight[ínsàit] 통찰력
theoretical[θìːərétikəl] 이론적인 outcome[áutkʌ̀m] 결과

필수표현 *seek advice 조언을 구하다
I often **seek advice** from my older sister about dealing with academic stress.
나는 학업 스트레스를 다루는 것에 대해 언니에게 자주 조언을 구한다.

15 스크립트 🎧 T2_32_15

Interesting. In today's fast-paced world, many business leaders argue that quick decision-making is essential for success. They believe that making decisions quickly leads to better outcomes than taking too much time to deliberate. Do you agree or disagree with this idea? Why?

해석 흥미롭네요. 오늘날의 빠르게 변화하는 세상에서, 많은 비즈니스 리더들은 빠른 의사결정이 성공에 필수적이라고 주장합니다. 그들은 결정을 빠르게 내리는 것이 숙고하는 데 너무 많은 시간을 투자하는 것보다 더 나은 결과를 가져온다고 믿습니다. 이 생각에 동의하나요, 아니면 동의하지 않나요? 그 이유는 무엇인가요?

브레인스토밍

disagree 동의하지 않음

1. rush important decisions → serious mistakes & regrets 중요한 결정을 서두름 → 심각한 실수 & 후회
   - choose major too quickly → realize later that they picked the wrong field
     전공을 너무 빨리 고름 → 나중에 그들이 잘못된 분야를 선택했다는 것을 깨달음
2. take time → gather information & consider options 시간을 가짐 → 정보를 수집함 & 선택지를 고려함
   - investment decision → spend weeks researching 투자 결정 → 몇 주 동안 조사를 함

모범 답안 🎧 T2_32_15

 I disagree that quick decision-making always leads to better outcomes.

First of all, rushing important decisions often *results in serious mistakes and regrets. For example, students who choose majors too quickly sometimes realize later that they picked the wrong field.

What's more, taking time allows people to gather more information and consider all options carefully. In fact, successful investors spend weeks researching before making investment decisions.

As I have mentioned, careful decision-making tends to produce more stable and satisfying outcomes.

해석 저는 빠른 의사결정이 항상 더 나은 결과를 가져온다는 것에 동의하지 않습니다.
우선, 중요한 결정을 서두르는 것은 종종 심각한 실수와 후회를 초래합니다. 예를 들어, 전공을 너무 빨리 선택하는 학생들은 때때로 나중에 그들이 잘못된 분야를 선택했다는 것을 깨닫습니다.
더욱이, 시간을 갖는 것은 사람들이 더 많은 정보를 수집하고 모든 선택지를 신중하게 고려할 수 있게 해줍니다. 실제로, 성공한 투자자들은 투자 결정을 내리기 전에 몇 주 동안 조사를 합니다.
앞서 언급했던 바와 같이, 신중한 의사결정은 더 안정적이고 만족스러운 결과를 만드는 경향이 있습니다.

어휘 gather[gǽðər] 수집하다 investor[invéstər] 투자자

필수표현 *result in ~을 초래하다, ~의 결과를 가져오다
Poor time management often **results in** missed deadlines and stress.
잘못된 시간 관리는 종종 마감일 놓침과 스트레스를 초래한다.

16 스크립트 🎧 T2_32_16

Good points. Lastly, effective decision-making is a skill that many people want to improve. Based on your own experience and observations, what do you think are one or two different ways people can make better decisions in their personal or professional lives? Give reasons for your answer.

해석 좋은 의견이네요. 마지막으로, 효과적인 의사결정은 많은 사람들이 향상시키고 싶어 하는 기술입니다. 스스로의 경험과 관찰에 기반하여, 당신은 사람들이 개인적 또는 직업적 삶에서 더 나은 결정을 내릴 수 있는 한두 가지 다른 방법은 무엇이라고 생각하나요? 답변에 대한 이유를 제시해 주세요.

브레인스토밍

research & learning from past experiences → improve decision-making skills
연구 & 과거 경험으로부터 배우는 것 → 의사결정 능력을 향상시킴

1. gather information → avoid mistakes 정보를 수집함 → 실수를 피함
   - detailed knowledge → understand risks & benefits 자세한 지식 → 위험 & 이점을 이해
2. reflecting on previous experiences → better judgment 이전 경험을 돌이켜봄 → 더 나은 판단력
   - analyze successes & failures → recognize patterns & track what worked
     성공 & 실패를 분석 → 패턴을 인식 & 무엇이 효과가 있었는지 추적

모범 답안 🎧 T2_32_16

 I think that people can improve their decision-making skills through deep research and learning from past experiences.

> First, gathering information through research helps avoid costly mistakes. This is because having detailed knowledge about all options allows people to understand potential risks and benefits before making a choice.
>
> Second, *reflecting on previous experiences builds better judgment over time. To explain, analyzing past successes and failures helps people recognize patterns and track what worked and what did not.
>
> Therefore, combining careful research with experience-based learning leads to superior decision-making abilities.

해석 저는 사람들이 심도 있는 조사와 과거 경험으로부터 배우는 것을 통해 의사결정 기술을 향상시킬 수 있다고 생각합니다.
첫째로, 조사를 통해 정보를 수집하는 것은 값비싼 실수를 피하는 데 도움이 됩니다. 이는 모든 선택지에 대한 자세한 지식을 갖는 것이 사람들로 하여금 선택하기 전에 잠재적인 위험과 이익을 이해할 수 있게 해주기 때문입니다.
둘째로, 이전 경험을 돌이켜보는 것은 시간이 지남에 따라 더 나은 판단력을 기릅니다. 설명하자면, 과거의 성공과 실패를 분석하는 것은 사람들이 패턴을 인식하고 무엇이 효과가 있었고 무엇이 그렇지 않았는지 추적하는 데 도움이 됩니다.
그러므로, 신중한 조사와 경험 기반 학습을 결합하는 것은 우수한 의사결정 능력으로 이어집니다.

어휘 costly[kɔ́stli] 값비싼 detailed[díːteild] 자세한 potential[pəténʃəl] 잠재적인 reflect[riflékt] 성찰하다 judgment[dʒʌ́dʒmənt] 판단력 analyze[ǽnəlàiz] 분석하다 failure[féiljər] 실패 recognize[rékəgnàiz] 인식하다 combine[kəmbáin] 결합하다 experience-based[ikspíəriənsbeist] 경험 기반의 superior[supíəriər] 우수한

필수표현 *reflect on ~을 돌이켜보다, 성찰하다
Students should **reflect on** their study methods to improve academic performance.
학생들은 학업 성과를 향상시키기 위해 자신의 학습 방법을 돌이켜봐야 한다.

Ⅵ | 일상

HACKERS TEST   p.174

[01-04] 당신은 스트레스 관리에 관한 연구에 참여하기로 동의했습니다. 당신은 연구원과 짧은 온라인 인터뷰를 진행할 것입니다. 연구원이 몇 가지 질문을 할 것입니다.

01 스크립트 🎧 T2_33_01
Thank you for taking part in this study. Today, I'd like to ask you some questions on stress management. Can you think of a recent situation that caused you stress? How did you try to manage or reduce that stress?

해석 이 연구에 참여해 주셔서 감사합니다. 오늘, 스트레스 관리에 대해 몇 가지 질문을 드리고 싶습니다. 최근에 당신의 스트레스를 유발한 상황을 떠올려 볼 수 있나요? 당신은 그 스트레스를 관리하거나 줄이기 위해 어떻게 노력했나요?

브레인스토밍

three important exams in the same week 같은 주에 세 개의 중요한 시험

1. create a detailed study schedule 상세한 학습 일정을 만듦
   - divided each subject into smaller topics & assigned specific hours for each one
     각 과목을 더 작은 주제로 나누었음 & 각각에 특정 시간을 할당했음
2. take breaks 휴식을 취함
   - study for two hours → take a 15-minute walk to clear my mind
     두 시간을 공부함 → 마음을 정리하기 위해 15분간 산책함

모범 답안 T2_33_01

🎙 I recently experienced stress when I had to prepare for three important exams in the same week.

To begin with, I tried to create a detailed study schedule. In particular, I divided each subject into smaller topics and assigned specific hours for each one, which helped me feel more *in control of my study time.

Furthermore, I made sure to take breaks. For example, I would study for two hours, then take a 15-minute walk to clear my mind.

Overall, having a clear plan and regular breaks was key to managing my exam stress effectively.

해석 저는 최근에 같은 주에 세 개의 중요한 시험을 준비해야 했을 때 스트레스를 경험했습니다.
우선, 저는 상세한 학습 일정을 만들려고 노력했습니다. 특히, 각 과목을 더 작은 주제로 나누고 각각에 특정 시간을 할당했는데, 이것이 제 학습 시간을 더 통제하고 있다고 느끼는 데 도움이 되었습니다.
게다가, 저는 휴식을 취하는 것을 확실히 했습니다. 예를 들어, 저는 두 시간을 공부한 후, 마음을 정리하기 위해 15분간 산책을 하곤 했습니다.
전반적으로, 명확한 계획과 규칙적인 휴식을 가지는 것이 제 시험 스트레스를 효과적으로 관리하는 핵심이었습니다.

어휘 detailed[díːteild] 상세한   assign[əsáin] 할당하다   specific[spisífik] 특정한

필수표현 *in control of ~을 통제하는
Regular exercise helps people stay **in control of** their weight and overall health.
규칙적인 운동은 사람들이 체중과 전반적인 건강을 통제하는 데 도움을 준다.

02 스크립트 T2_33_02

I see. When dealing with stressful situations, some people prefer to handle stress on their own, while others find it more helpful to seek support from family or friends. Which would you choose, and why?

해석 그렇군요. 스트레스가 많은 상황을 다룰 때, 어떤 사람들은 혼자서 스트레스를 처리하는 것을 선호하는 반면, 다른 사람들은 가족이나 친구들로부터 도움을 구하는 것이 더 도움이 된다고 생각합니다. 당신은 어느 쪽을 선택할 것이며, 그 이유는 무엇인가요?

브레인스토밍

---
seek support from family & friends 가족과 친구들로부터 도움을 구함
1. see my problems from different perspectives 문제를 다른 관점에서 바라봄
   - practical advice or solutions that I hadn't considered before 이전에 고려하지 못했던 실용적인 조언이나 해결책
2. makes me feel less alone 내가 덜 외롭게 느끼게 함
   - my family reminded me of my strengths → boosted my confidence
     가족이 나의 강점을 상기시켜 주었음 → 내 자신감을 높여 주었음

모범 답안 T2_33_02

🎙 I prefer to seek support from family and friends in stressful situations.

First, talking to others helps me see my problems from different perspectives. To explain, when I *share my concerns with my close friends, they often offer practical advice or solutions that I hadn't considered before.

Second, emotional support from loved ones makes me feel less alone. For instance, when I was preparing for a job interview, my family reminded me of my strengths, which boosted my confidence.

Therefore, I believe that talking with others is more effective than handling stress on my own.

해석 저는 스트레스가 많은 상황에서 가족과 친구들로부터 도움을 구하는 것을 선호합니다.
첫째로, 다른 사람들과 이야기하는 것은 제가 문제를 다른 관점에서 바라보는 데 도움이 됩니다. 설명하자면, 가까운 친구들과 제 걱정을 나눌 때, 그들은 종종 제가 이전에 고려하지 못했던 실용적인 조언이나 해결책을 제공합니다.
둘째로, 사랑하는 사람들로부터의 정서적 지지는 저를 덜 외롭게 느끼게 합니다. 예를 들어, 취업 면접을 준비하고 있었을 때, 제 가족들이

제 강점을 상기시켜 주었고, 이것이 제 자신감을 높여주었습니다.
그러므로, 저는 다른 사람들과 이야기하는 것이 혼자서 스트레스를 처리하는 것보다 더 효과적이라고 믿습니다.

어휘 seek[si:k] 구하다 perspective[pərspéktiv] 관점 concern[kənsə́:rn] 걱정 practical[prǽktikəl] 실용적인
consider[kənsídər] 고려하다 emotional[imóuʃənəl] 정서적인 remind[rimáind] 상기시키다 strength[streŋkθ] 강점
boost[bu:st] 높이다 confidence[kɑ́nfədəns] 자신감

필수표현 *share one's concerns ~의 걱정을 나누다
Students **shared** their **concerns** about increasing tuition costs.
학생들은 증가하는 등록금에 대한 그들의 걱정을 나눴다.

03 스크립트 🎧 T2_33_03

Interesting. Some people argue that traditional stress relief methods like meditation and deep breathing exercises are more effective than modern digital approaches such as using relaxation apps or watching videos online. Do you agree or disagree with this view? Why?

해석 흥미롭네요. 어떤 사람들은 명상이나 심호흡 운동과 같은 전통적인 스트레스 해소 방법이 휴식 앱을 사용하거나 온라인 영상을 시청하는 것과 같은 현대적인 디지털 접근법보다 더 효과적이라고 주장합니다. 이러한 견해에 동의하나요, 아니면 동의하지 않나요? 그 이유는 무엇인가요?

브레인스토밍

> disagree 동의하지 않음
> 1. digital tools = more accessible & convenient for busy people
>   디지털 도구 = 바쁜 사람들에게 더 접근하기 쉬움 & 편리함
>   - meditation app / listen to calming music anywhere & anytime 언제 어디서나 명상 앱 / 차분한 음악 듣기
> 2. personalized solutions based on individual needs 개인의 필요에 기반한 맞춤형 해결책
>   - some apps track stress levels & suggest specific exercises that work best
>   어떤 앱들은 스트레스 수준을 추적 & 가장 효과적인 특정 운동을 제안함

모범 답안 🎧 T2_33_03

I disagree that traditional methods are more effective than digital approaches.

One reason is that digital tools are more accessible and convenient for busy people. To be specific, anyone can use a meditation app during a break or listen to calming music while traveling, so stress relief becomes possible anywhere and anytime.

Another reason is that technology provides personalized solutions based on individual needs. For example, some apps track your stress levels and suggest specific exercises that *work best for you.

In conclusion, digital approaches offer accessibility and flexibility that can be more effective for stress management.

해석 저는 전통적인 방법이 디지털 접근법보다 더 효과적이라는 것에 동의하지 않습니다.
한 가지 이유는 디지털 도구가 바쁜 사람들에게 더 접근하기 쉽고 편리하기 때문입니다. 구체적으로, 누구나 휴식 시간에 명상 앱을 사용하거나 여행하는 동안 차분한 음악을 들을 수 있어서, 스트레스 해소가 언제 어디서나 가능해집니다.
또 다른 이유는 기술이 개인의 필요에 기반한 맞춤형 해결책을 제공하기 때문입니다. 예를 들어, 어떤 앱들은 스트레스 수준을 추적하고 가장 효과적인 특정 운동을 제안합니다.
결론적으로, 디지털 접근법은 스트레스 관리에 더 효과적일 수 있는 접근성과 유연성을 제공합니다.

어휘 accessible[æksésəbl] 접근하기 쉬운 convenient[kənví:njənt] 편리한 meditation[mèditéiʃən] 명상 calming[kɑ́:miŋ] 차분한
personalized[pə́:rsənəlàizd] 맞춤형의 accessibility[æksèsəbíləti] 접근성 flexibility[flèksəbíləti] 유연성

필수표현 *work best for A A에게 가장 효과적이다
Find study methods that **work best for you**.
당신에게 가장 효과적인 학습 방법을 찾아라.

04 스크립트 🎧 T2_33_04

Good points. Schools and workplaces are now offering stress management programs or mental health group activities for students and employees. Do you agree or disagree that participation in mental health programs should be mandatory? Why?

해석 좋은 의견이네요. 학교와 직장에서는 이제 학생들과 직원들을 위한 스트레스 관리 프로그램이나 정신 건강 그룹 활동을 제공하고 있습니다. 정신 건강 프로그램 참여가 의무적이어야 한다는 것에 동의하나요, 아니면 동의하지 않나요? 그 이유는 무엇인가요?

브레인스토밍

disagree 동의하지 않음

1. forcing people to join → create more stress 사람들을 강제로 참여시키는 것 → 더 많은 스트레스를 만듦
   - some people may feel uncomfortable sharing personal information in groups
     어떤 사람들은 그룹에서 개인 정보를 공유하는 것을 불편하게 느낄 수 있음
2. different ways of dealing with stress 스트레스를 다루는 서로 다른 방법
   - physical exercise / creative activities 신체 운동 / 창의적 활동

모범 답안 🎧 T2_33_04

 I disagree that mental health programs should be mandatory.

First, forcing people to join might create more stress. In fact, some people may feel uncomfortable sharing personal information in groups, so forcing them to participate could make them feel pressured.

Second, people have different ways of dealing with stress. Some people prefer physical exercise like running, while others *find relief through creative activities like painting. If people cannot choose what works best for them, the health programs may not be effective.

Therefore, mental health programs should be optional rather than mandatory.

해석 저는 정신 건강 프로그램이 의무적이어야 한다는 것에 동의하지 않습니다.
첫째로, 사람들을 강제로 참여시키는 것은 더 많은 스트레스를 만들 수 있습니다. 실제로, 어떤 사람들은 그룹에서 개인 정보를 공유하는 것을 불편하게 느낄 수 있으므로, 그들을 강제로 참여시키는 것은 그들에게 압박감을 느끼게 할 수 있습니다.
둘째로, 사람들은 스트레스를 다루는 서로 다른 방법을 가지고 있습니다. 어떤 사람들은 달리기와 같은 신체 운동을 선호하는 반면, 다른 사람들은 그림 그리기와 같은 창의적 활동을 통해 위안을 찾습니다. 사람들이 자신에게 가장 효과적인 것을 선택할 수 없다면, 건강 프로그램이 효과적이지 않을 수 있습니다.
그러므로, 정신 건강 프로그램은 의무적이기보다는 선택적이어야 합니다.

어휘 mandatory[mǽndətɔ̀:ri] 의무적인 uncomfortable[ʌnkʌ́mfətəbl] 불편한 pressure[préʃər] 압박감을 주다 physical[fízikəl] 신체의
creative[kriéitiv] 창의적인 optional[ɑ́pʃənəl] 선택적인

필수표현 *find relief through ~을 통해 위안을 찾다
Many people **find relief through** meditation and relaxation.
많은 사람들이 명상과 휴식을 통해 위안을 찾는다.

[05-08] 당신은 하루 일과에 관한 연구에 자원했습니다. 당신은 연구원과 짧은 온라인 인터뷰를 진행할 것입니다. 연구원이 몇 가지 질문을 할 것입니다.

05 스크립트 🎧 T2_34_05

Thank you for participating. I'm going to ask you a few questions about daily routines. First, can you tell me one or two parts of your daily routine? Make sure to explain why they are important to you.

해석 참여해 주셔서 감사합니다. 하루 일과에 대해 몇 가지 질문을 드리겠습니다. 먼저, 당신의 하루 일과 중 한두 가지 부분을 말씀해 주실 수 있나요? 그것들이 왜 당신에게 중요한지 설명해 주세요.

브레인스토밍

important parts of daily routine 일과에서 중요한 부분들

1. exercise for 30 minutes right after I wake up 일어나자마자 30분 운동을 함
  - start the day feeling fresh 상쾌한 기분으로 하루를 시작함
2. make time to read in the evening 저녁에 독서할 시간을 만듦
  - relax before it is time for bed 잠자리에 들 시간이 되기 전에 휴식을 취함

모범 답안   T2_34_05

In my case, there are a couple of parts of my daily routine that are very important to me.

To begin with, I exercise for 30 minutes right after I wake up. In fact, I *find that this helps me start the day feeling fresh.

In addition, I make time to read for a couple of hours in the evening. As a result, I am able to relax before it is time for bed.

In short, both exercising and reading form important parts of my daily routine.

해석 제 경우에는 저에게 매우 중요한 하루 일과의 몇 가지 부분이 있습니다.
우선, 저는 일어나자마자 30분 동안 운동을 합니다. 실제로, 저는 이것이 상쾌한 기분으로 하루를 시작하는 데 도움이 된다는 것을 알게 되었습니다.
게다가, 저는 저녁에 몇 시간 동안 독서할 시간을 만듭니다. 그 결과, 저는 잠자리에 들 시간이 되기 전에 휴식을 취할 수 있습니다.
요컨대, 운동과 독서 모두 제 하루 일과의 중요한 부분을 이룹니다.

어휘 daily routine 하루 일과   form [fɔːrm] 이루다

필수표현 *find that ~ ~을 알게 되다
We **find that** teamwork leads to better results.
우리는 팀워크가 더 좋은 결과로 이어진다는 것을 알게 되었다.

06 스크립트   T2_34_06

I see. Some people prefer to carefully plan their activities for each day well in advance, while others prefer to be more spontaneous. Which approach do you prefer and why?

해석 그렇군요. 어떤 사람들은 매일의 활동을 미리 신중하게 계획하는 것을 선호하는 반면, 다른 사람들은 더 즉흥적인 것을 선호합니다. 당신은 어떤 접근법을 선호하고, 그 이유는 무엇인가요?

브레인스토밍

planning in advance 미리 계획하는 것

1. more productive 더 생산적임
  - follow a set schedule → accomplish more 정해진 일정을 따름 → 더 많은 것을 달성함
2. people who X plan in advance → forget important events 미리 계획하지 않는 사람들 → 중요한 행사를 잊어버림
  - my sister = has a hard time remembering appointments 나의 여동생 = 약속을 기억하는 데 어려움을 겪음

모범 답안   T2_34_06

I have a strong preference for planning my daily activities in advance.

This is mainly because it makes me more productive. Specifically, I am able to accomplish a lot more each day by following a set schedule.

Furthermore, people who do not plan in advance tend to forget important events. For example, my sister is not really a planner, and she has a hard time remembering appointments.

For these reasons, I think *it is best to plan my activities for each day beforehand.

해석 저는 일상 활동을 미리 계획하는 것을 강하게 선호합니다.
이는 주로 저를 더 생산적으로 만들기 때문입니다. 구체적으로, 정해진 일정을 따름으로써 저는 매일 훨씬 더 많은 것을 성취할 수 있습니다.

더욱이, 미리 계획하지 않는 사람들은 중요한 행사를 잊어버리는 경향이 있습니다. 예를 들어, 제 여동생은 그다지 계획을 세우는 사람이 아니어서, 약속을 기억하는 데 어려움을 겪습니다.

이러한 이유들 때문에, 저는 매일의 활동을 미리 계획하는 것이 가장 좋다고 생각합니다.

어휘 productive[prədʌ́ktiv] 생산적인　accomplish[əkámpliʃ] 성취하다　appointment[əpɔ́intmənt] 약속
beforehand[bifɔ́:rhǽnd] 미리

필수표현 *it is best to ~ ~하는 것이 가장 좋다

It is best to ask for help when you don't understand something.
무언가 이해가 되지 않을 때는 도움을 요청하는 것이 가장 좋다.

07 스크립트 🎧 T2_34_07

That's interesting. Some people believe maintaining the same routine each day offers mental health benefits. Do you agree that following a daily routine is beneficial in this regard? Why or why not?

해석 그거 흥미롭네요. 어떤 사람들은 매일 같은 일과를 유지하는 것이 정신 건강상의 이점을 제공한다고 믿습니다. 이러한 측면에서 하루 일과를 따르는 것이 이롭다는 것에 동의하나요? 왜 그런가요, 혹은 왜 그렇지 않은가요?

브레인스토밍

positive impact on mental health　정신 건강에 긍정적인 영향을 미침
1. gives confidence　자신감을 줌
    - complete a task on my schedule → feel good　일정에 있는 과제를 완료함 → 기분이 좋아짐
2. reduces stress　스트레스가 감소함
    - stick to plan → X have to worry　계획을 고수함 → 걱정할 필요가 없음

모범 답안 🎧 T2_34_07

 I agree that following a daily routine has a positive impact on mental health.

First, I find that it gives me confidence. In fact, I feel very good about myself each time I successfully complete a task on my schedule.

Second, following a routine reduces my stress. To be specific, I don't have to worry about what I should be doing at each point of the day if I *stick to my plan.

All things considered, following a routine each day has a positive impact on my mental well-being.

해석 저는 하루 일과를 따르는 것이 정신 건강에 긍정적인 영향을 미친다고 동의합니다.
첫째로, 저는 그것이 저에게 자신감을 준다는 것을 알게 되었습니다. 실제로, 저는 일정에 있는 과제를 성공적으로 완료할 때마다 저 자신에 대해 매우 좋게 느낍니다.
둘째로, 루틴을 따르는 것은 제 스트레스를 줄입니다. 구체적으로, 제 계획을 고수한다면 저는 하루 중 각 시점에서 무엇을 해야 하는지에 대해 걱정할 필요가 없습니다.
모든 것을 고려해 보면, 매일 일과를 따르는 것은 제 정신 건강에 긍정적인 영향을 미칩니다.

어휘 positive[pá:zətiv] 긍정적인　confidence[kánfədəns] 자신감　successfully[səksésfəli] 성공적으로　complete[kəmplí:t] 완료하다
task[tæsk] 과제　reduce[ridjú:s] 줄이다

필수표현 *stick to ~을 고수하다

The company decided to **stick to** their original marketing strategy despite the criticism.
그 기업은 비판에도 불구하고 그들의 기존 마케팅 전략을 고수하기로 결정했다.

08 스크립트 🎧 T2_34_08

Great points. I have one final question. Many people struggle to maintain healthy daily habits like doing regular exercise, having proper meals, or getting adequate sleep. What do you think are two effective strategies that can help people stick to positive daily routines?

해석 좋은 의견이네요. 마지막 질문이 하나 있습니다. 많은 사람들이 규칙적인 운동하기, 적절한 식사하기, 또는 충분한 수면 취하기와 같은 건강한 일상 습관을 유지하는 데 어려움을 겪습니다. 당신은 사람들이 긍정적인 하루 일과를 고수하는 데 도움이 될 수 있는 두 가지 효과적인 전략은 무엇이라고 생각하나요?

브레인스토밍

setting specific goals & starting small 구체적인 목표를 설정하는 것 & 작게 시작하는 것

1. specific goals → stay focused 구체적인 목표 → 집중을 유지함
   - "I'll walk 30 minutes daily" → clear direction & measurable progress
     "난 매일 30분 걸을 거야" → 명확한 방향 & 측정 가능한 진전
2. starting with small changes → prevents feeling overwhelmed
   작은 변화로 시작하는 것 → 압도되는 기분을 느끼는 것을 방지함
   - 10 minutes of exercise daily → build lasting habits 매일 10분 간 운동 → 오래 지속되는 습관을 만듦

모범 답안 🎧 T2_34_08

 I believe that setting specific goals and starting small are two effective strategies for maintaining healthy daily habits.

First of all, setting specific goals helps people stay focused. For example, saying "I'll walk 30 minutes daily" instead of "I'll exercise more" provides clear direction and measurable progress.

Also, starting with small changes prevents feeling overwhelmed. To be specific, beginning with just 10 minutes of exercise daily *makes it easier to build lasting habits gradually.

Therefore, combining clear objectives with gradual progress creates sustainable healthy routines.

해석 저는 구체적인 목표를 설정하는 것과 작게 시작하는 것이 건강한 일상 습관을 유지하는 두 가지 효과적인 전략이라고 믿습니다.
우선, 구체적인 목표를 설정하는 것은 사람들이 집중을 유지하는 데 도움이 됩니다. 예를 들어, "난 더 운동할거야" 대신 "난 매일 30분 걸을 거야"라고 말하는 것은 명확한 방향과 측정 가능한 진전을 제공합니다.
또한, 작은 변화로 시작하는 것은 압도되는 기분을 느끼는 것을 방지합니다. 구체적으로, 매일 단지 10분의 운동으로 시작하는 것은 점진적으로 지속적인 습관을 만드는 것을 더 쉽게 만듭니다.
그러므로, 명확한 목표와 점진적인 진전을 결합하는 것은 지속 가능한 건강한 루틴을 만듭니다.

어휘 specific[spisífik] 구체적인 strategy[strǽtədʒi] 전략 measurable[méʒərəbl] 측정 가능한 prevent[privént] 방지하다
overwhelmed[òuvərhwélmd] 압도된 lasting[lǽstiŋ] 지속적인 objective[əbdʒéktiv] 목표 gradual[grǽdʒuəl] 점진적인
sustainable[səstéinəbl] 지속 가능한

필수표현 *make it easier to ~하는 것을 더 쉽게 만들다
Using a planner **makes it easier** to organize your daily tasks and appointments.
플래너를 사용하는 것은 일상 업무와 약속을 정리하는 것을 더 쉽게 만든다.

[09-12] 당신은 수면 습관에 관한 연구에 자원했습니다. 당신은 연구원과 짧은 온라인 인터뷰를 진행할 것입니다. 연구원이 몇 가지 질문을 할 것입니다.

09 스크립트 🎧 T2_35_09

Thank you for taking part in this study. Today, I'd like to ask you some questions about sleeping habits. First, can you describe what you typically do before going to sleep? For example, do you read, listen to music, or have other bedtime routines?

해석 이 연구에 참여해 주셔서 감사합니다. 오늘, 수면 습관에 대해 몇 가지 질문을 드리고 싶습니다. 먼저, 잠자리에 들기 전에 보통 무엇을 하는지 설명해 줄 수 있나요? 예를 들어, 당신은 책을 읽거나, 음악을 듣거나, 아니면 다른 취침 일과가 있나요?

브레인스토밍

bedtime routine → relax completely 취침 일과 → 완전히 휴식을 취함

1. take a shower 샤워를 함
   - hot water → washes away stress & makes muscles feel loose & prepares for sleep
     뜨거운 물 → 스트레스를 씻어냄 & 근육을 느슨하게 만듦 & 잠들 준비를 시킴
2. read a book 책을 읽음
   - read for about 30 minutes → calms mind & forget work stress
     약 30분 간 책을 읽음 → 마음을 진정시킴 & 업무 스트레스를 잊음

모범 답안 T2_35_09

🎤 Personally, I have a simple bedtime routine that helps me relax completely.

First, I take a shower. To be specific, the hot water *washes away all the stress from my day and makes my muscles feel loose, which naturally prepares my body for sleep.

Second, I read a book. From my personal experience, reading for about thirty minutes calms my mind and helps me forget about work stress. This quiet activity creates a peaceful transition into sleep mode.

Overall, taking a shower and reading a book effectively prepare me for restful and deep sleep.

해석 개인적으로, 저는 완전히 휴식을 취하는 데 도움이 되는 간단한 취침 일과가 있습니다.
첫째로, 저는 샤워를 합니다. 구체적으로, 뜨거운 물이 하루의 모든 스트레스를 씻어내고 제 근육을 느슨하게 만들어서, 자연스럽게 제 몸을 잠들 준비를 시킵니다.
둘째로, 저는 책을 읽습니다. 제 개인적인 경험으로 보면, 약 30분 동안 독서하는 것은 제 마음을 진정시키고 업무 스트레스를 잊는 데 도움이 됩니다. 이 조용한 활동은 수면 모드로의 평화로운 전환을 만듭니다.
전반적으로, 샤워하기와 책 읽기는 편안하고 깊은 잠이 들도록 효과적으로 저를 준비시킵니다.

어휘 completely[kəmplíːtli] 완전히 muscle[mʌ́sl] 근육 loose[luːs] 느슨한 calm[kɑːm] 진정시키다 peaceful[píːsfəl] 평화로운 transition[trænzíʃən] 전환 restful[réstfəl] 편안한

필수표현 *wash away 씻어내다, 없애다
Listening to music helps **wash away** my stress after a long day.
음악을 듣는 것은 긴 하루를 보낸 뒤 나의 스트레스를 씻어내는 데 도움이 된다.

10 스크립트 T2_35_10

OK. I have another question. In order to get a good night's sleep, some people need complete darkness and silence. Others find they can sleep well in an environment that has a little light and noise. Which do you prefer? Why?

해석 알겠습니다. 또 다른 질문이 있습니다. 숙면을 취하기 위해, 어떤 사람들은 완전한 어둠과 정적이 필요합니다. 다른 사람들은 약간의 빛과 소음이 있는 환경에서도 잘 잘 수 있다고 생각합니다. 당신은 어느 쪽을 선호하나요? 그 이유는 무엇인가요?

브레인스토밍

dark & quiet 어둡고 조용한 것
1. fall asleep faster 더 빨리 잠듦
   - small noises → keep me awake 작은 소음 → 나를 깨어 있게 함
2. sleep more deeply 더 깊게 잠을 잠
   - dark & silent → wake up more refreshed 어둡고 조용함 → 더 상쾌하게 일어남

모범 답안 T2_35_10

🎤 I prefer it to be dark and quiet when I go to bed.

One reason is that I fall asleep faster in quiet environments. From my personal experience, even small noises like a ticking clock can *keep me awake.

Second, I sleep more deeply without distractions. As a result, when my bedroom is completely dark and silent, I wake up feeling more refreshed the next morning compared to when I sleep in a noisy environment.

For these reasons, complete darkness and silence create the best conditions for quality sleep.

해석 저는 잠자리에 들 때 어둡고 조용한 것을 선호합니다.
한 가지 이유는 제가 조용한 환경에서 더 빨리 잠에 들기 때문입니다. 제 개인적인 경험으로는, 시계가 째깍거리는 소리와 같은 작은 소음도 저를 깨어 있게 할 수 있습니다.

둘째로, 저는 방해 요소 없이 더 깊게 잠을 잡니다. 그 결과, 저는 제 침실이 완전히 어둡고 조용할 때, 시끄러운 환경에서 잘 때에 비해 다음 날 아침에 더 상쾌한 기분으로 일어납니다.

이러한 이유들 때문에, 완전한 어둠과 정적이 양질의 수면을 위한 최고의 조건을 만듭니다.

어휘 fall asleep 잠에 들다 ticking [tíkiŋ] 째깍거리는 distraction [distrǽkʃən] 방해 요소 silent [sáilənt] 조용한 refreshed [rifréʃt] 상쾌한 noisy [nɔ́izi] 시끄러운 quality [kwάləti] 양질의

필수표현 *keep A awake A를 깨어 있게 하다
Drinking too much tea in the evening **keeps** me **awake** for hours, and I usually regret it the next morning.
저녁에 차를 너무 많이 마시는 것은 몇 시간 동안 나를 깨어 있게 하고, 나는 보통 다음 날 아침에 그것을 후회한다.

11 스크립트 🎧 T2_35_11

I see. Sleep schedules can vary greatly from person to person. If you had to choose, would you prefer to go to bed early and wake up early, or go to bed late and wake up late? Why?

해석 그렇군요. 수면 일정은 사람마다 크게 다를 수 있습니다. 만약 당신이 선택해야 한다면, 당신은 일찍 잠자리에 들고 일찍 일어나는 것을 선호하나요, 아니면 늦게 잠자리에 들고 늦게 일어나는 것을 선호하나요? 그 이유는 무엇인가요?

브레인스토밍

go to bed early & wake up early 일찍 잠자리에 들고 일찍 일어나는 것
1. more productive in the morning 아침에 더 생산적임
   - mind is fresh → accomplish tasks better 정신이 맑음 → 일을 더 잘 해냄
2. feel healthier 더 건강하다고 느낌
   - go to bed early → rest properly & more energy 일찍 잠자리에 듦 → 제대로 휴식을 취함 & 더 많은 에너지

모범 답안 🎧 T2_35_11

 I prefer to go to bed early and wake up early rather than to stay up late.

First of all, I am more productive in the morning. From my personal experience, my mind is fresh during the early hours, so I accomplish tasks *like studying or exercising much better than at night.

Furthermore, I feel healthier when I go to sleep earlier. In fact, going to bed early helps my body rest properly and gives me more energy for the next day.

Overall, going to bed early and waking up early support both my productivity and physical wellness.

해석 저는 늦게까지 깨어있는 것보다 일찍 잠자리에 들고 일찍 일어나는 것을 선호합니다.
우선, 저는 아침에 더 생산적입니다. 제 개인적인 경험으로 보면, 이른 시간 동안 제 정신이 맑기 때문에 공부나 운동 같은 일을 밤보다 훨씬 더 잘 해냅니다.
더욱이, 저는 더 일찍 잠자리에 들면 더 건강하다고 느낍니다. 실제로, 일찍 잠자리에 드는 것은 제 몸이 제대로 휴식을 취하도록 도와주고 다음 날을 위해 더 많은 에너지를 줍니다.
전반적으로, 일찍 잠자리에 들고 일찍 일어나는 것은 제 생산성과 신체적 건강을 모두 도와줍니다.

어휘 wake up 일어나다 productive [prədʌ́ktiv] 생산적인 properly [prάpərli] 제대로 physical [fízikəl] 신체적인 wellness [wélnis] 건강

필수표현 *like A or B A나 B와 같은 것들
I enjoy outdoor activities **like** hiking **or** cycling on weekends.
나는 주말마다 하이킹이나 사이클링 같은 야외 활동을 즐긴다.

12 스크립트 🎧 T2_35_12

Excellent. I have one last thing to ask you about. Modern life presents many challenges that can affect sleep quality, such as stress, technology use, and busy schedules. What do you think are two effective ways people can improve their sleep quality? Give reasons for your answer.

해석 훌륭하네요. 마지막으로 한 가지 더 묻고 싶은 것이 있습니다. 현대의 삶은 스트레스, 기술 사용, 바쁜 일정과 같이 수면의 질에 영향을 줄 수 있는 많은 어려움들을 제시합니다. 당신은 사람들이 수면의 질을 향상시킬 수 있는 두 가지 효과적인 방법이 무엇이라고 생각하나요? 답변에 대한 이유를 제시해 주세요.

브레인스토밍

stay away from phones & write down tasks → enhance sleep quality
휴대폰을 멀리함 & 할 일을 적어둠 → 수면의 질을 향상시킴

1. avoid electronic devices → improve sleep patterns 전자 기기를 피함 → 수면 패턴이 개선됨
   - blue light & melatonin production → hard to fall asleep naturally
     블루라이트 & 멜라토닌 생성 → 자연스럽게 잠드는 것이 어려움
2. write down tomorrow's tasks 내일의 할 일을 적어둠
   - to-do list → prevents my mind from racing & worrying 할 일 목록 → 내 마음이 분주한 것과 걱정하는 것을 방지함

모범 답안 🎧 T2_35_12

 I think that *staying away from phones and writing down tasks can enhance sleep quality in our modern lives.

First, avoiding electronic devices before bedtime improves sleep patterns. In fact, blue light from smartphones and tablets interferes with melatonin production, making it much harder to fall asleep naturally at night.

Second, writing down tomorrow's tasks can assist better sleep. In particular, keeping a to-do list for tomorrow prevents my mind from racing and worrying about work.

In conclusion, eliminating digital devices and clearing mental worries through writing create optimal conditions for a good night's sleep.

해석 저는 휴대폰을 멀리하고 할 일을 적어두는 것이 현대의 삶에서 수면의 질을 향상시킬 수 있다고 생각합니다.
첫째로, 취침 전 전자 기기를 피하는 것은 수면 패턴을 개선합니다. 실제로, 스마트폰과 태블릿의 블루라이트는 멜라토닌 생성을 방해하여 밤에 자연스럽게 잠드는 것을 훨씬 더 어렵게 만듭니다.
둘째로, 내일의 할 일을 적어두는 것은 더 나은 수면에 도움이 될 수 있습니다. 특히, 내일의 할 일 목록을 작성하는 것은 제 마음이 분주한 것과 일에 대해 걱정하는 것을 방지합니다.
결론적으로, 디지털 기기를 없애고 글쓰기를 통해 정신적 걱정을 해소하는 것은 숙면을 위한 최적의 조건을 만듭니다.

어휘 enhance [inhǽns] 향상시키다 production [prədʌ́kʃən] 생성 prevent [privént] 방지하다 mental [méntl] 정신적인
optimal [ɑ́ptəməl] 최적의

필수표현 *stay away from ~ ~을 멀리하다
Staying away from fast food helps maintain a healthy weight.
패스트푸드를 멀리하는 것은 건강한 체중 유지에 도움이 된다.

[13-16] 당신은 집 청소 습관에 관한 연구에 자원했습니다. 당신은 연구원과 짧은 온라인 인터뷰를 진행할 것입니다. 연구원이 몇 가지 질문을 할 것입니다.

13 스크립트 🎧 T2_36_13

Thank you for taking part in the study today. I'd like to ask you some questions about your house cleaning habits. First, do you think it is necessary to keep your living space tidy? Why or why not?

해석 오늘 연구에 참여해 주셔서 감사합니다. 집 청소 습관에 대해 몇 가지 질문을 드리고 싶습니다. 먼저, 당신은 생활 공간을 깔끔하게 유지하는 것이 필요하다고 생각하나요? 왜 그런가요, 혹은 왜 그렇지 않은가요?

브레인스토밍

tidy living space 깔끔한 생활 공간

1. messy environment → hard to focus 지저분한 환경 → 집중하기 어려움
   - disorganized room → distracted by random objects 정리되지 않은 방 → 여기저기 있는 물건들로 인해 주의가 산만해짐
2. organized space → saves time 정리된 공간 → 시간을 절약해 줌
   - proper place → locate wallet / school materials quickly 제자리 → 지갑이나 학교 자료를 빨리 찾음

모범 답안 🎧 T2_36_13

 I think that having a tidy living space is necessary.

The reason is that *I find it very hard to focus in a messy environment. For instance, when I try to prepare for an important exam in a disorganized room, I constantly get distracted by random objects that catch my eye.

Furthermore, an organized space saves me valuable time every day. To be specific, when everything is in its proper place, I can quickly locate my wallet or school materials without wasting time searching through piles of stuff.

All things considered, maintaining a tidy living space is essential for both my productivity and daily efficiency.

해석 저는 깔끔한 생활 공간을 갖는 것이 필요하다고 생각합니다.
그 이유는 제가 지저분한 환경에서는 집중하기가 매우 어렵다는 것을 알게 되었기 때문입니다. 예를 들어, 제가 정리되지 않은 방에서 중요한 시험을 준비하려고 할 때, 저는 지속적으로 시선을 끄는 여기저기 있는 물건들로 인해 주의가 산만해집니다.
더욱이, 정리된 공간은 매일 소중한 시간을 절약해 줍니다. 구체적으로, 모든 것이 제자리에 있을 때, 저는 지갑이나 학교 자료를 쌓여 있는 물건들 사이에서 찾느라 시간을 낭비하지 않고 빠르게 찾을 수 있습니다.
모든 것을 고려해 보면, 깔끔한 생활 공간을 유지하는 것은 제 생산성과 일상적 효율성 모두에 필수적입니다.

어휘 tidy[táidi] 깔끔한 messy[mési] 지저분한 disorganized[disɔ́:rɡənàizd] 정리되지 않은 constantly[kánstəntli] 지속적으로 distracted[distræktid] 주의가 산만해진 valuable[væljuəbl] 소중한

필수표현 *I find it (very) hard to 나는 ~하는 것이 (매우) 어렵다고 느낀다
I find it very hard to wake up early during winter mornings.
나는 겨울 아침에 일찍 일어나는 것이 매우 어렵다고 느낀다.

14 스크립트 🎧 T2_36_14

Thank you. Some people like to do all of their house cleaning at once. Others prefer to spread their cleaning tasks out over multiple days. Which approach do you prefer? Why?

해석 감사합니다. 어떤 사람들은 집 청소를 한 번에 모두 하는 것을 좋아합니다. 다른 사람들은 청소 작업을 여러 날에 걸쳐 나누어서 하는 것을 선호합니다. 당신은 어떤 방식을 선호하나요? 그 이유는 무엇인가요?

브레인스토밍

spread over multiple periods 여러 기간에 걸쳐 나눔

1. prevents me from becoming overwhelmed 내가 압도당하는 것을 방지함
   - all cleaning tasks on weekends → exhausted 주말에 모든 청소 → 지침
2. divide the work → easier to maintain consistent habits 작업을 나눔 → 일관된 습관을 유지하는 것이 더 쉬움
   - clean in a day → skip weeks 하루에 청소를 하려고 함 → 몇 주를 빼먹음

모범 답안 🎧 T2_36_14

 I prefer to spread my housework tasks over multiple periods rather than to complete everything at once.

One reason is that, it *prevents me from becoming overwhelmed. For instance, when I attempted to tackle all my cleaning tasks on weekends, I was exhausted and couldn't enjoy my leisure time properly.

Another reason is that, dividing the work makes it much easier to maintain consistent habits. In contrast, when I tried doing all my cleaning in a day, I often skipped weeks because it felt too much work to start.

For these reasons, spreading cleaning tasks across several days works better for my lifestyle.

해석 저는 모든 것을 한 번에 완료하기보다는 집안일을 여러 기간에 걸쳐 나누어서 하는 것을 선호합니다.
한 가지 이유는 이것이 제가 압도되는 것을 방지해주기 때문입니다. 예를 들어, 제가 주말에 모든 청소 작업을 해결하려고 시도했을 때, 저는 지쳐서 여가 시간을 제대로 즐길 수 없었습니다.
또 다른 이유는 작업을 나누는 것은 일관된 습관을 유지하는 것을 훨씬 더 쉽게 만들어주기 때문입니다. 반면에, 제가 하루에 모든 청소를 하려고 했을 때, 저는 시작하기에는 너무 많은 일처럼 느껴져서 종종 몇 주를 건너뛰었습니다.
이러한 이유들 때문에, 청소 작업을 며칠에 걸쳐 분산시키는 것이 제 생활 방식에 더 잘 맞습니다.

어휘 housework[háuswə:rk] 집안일   overwhelmed[òuvərhwélmd] 압도된   tackle[tǽkl] 해결하다   exhausted[igzɔ́:stid] 지친
properly[prápərli] 제대로

필수표현 *prevent A from ~ A가 ~하는 것을 방지하다
Wearing sunscreen **prevents** your skin **from** getting damaged by UV rays.
자외선 차단제를 바르는 것은 당신의 피부가 자외선에 손상되는 것을 방지한다.

15 스크립트 🎧 T2_36_15

Interesting. Professional cleaning services are becoming popular these days. Many people feel that paying to have someone clean their home is worthwhile because it results in more free time. Do you think this is a good idea? Why or why not?

해석 흥미롭네요. 전문 청소 서비스가 요즘 인기를 얻고 있습니다. 많은 사람들이 누군가에게 그들의 집 청소를 맡기기 위해 돈을 지불하는 것은 더 많은 자유 시간을 얻을 수 있기 때문에 가치가 있다고 느낍니다. 당신은 이것이 좋은 생각이라고 생각하나요? 왜 그런가요, 혹은 왜 그렇지 않은가요?

브레인스토밍

paying to have your home cleaned → not a good idea 집을 청소하기 위해 돈을 지불하는 것 → 좋은 생각이 아님
1. not worth the cost 비용만큼의 가치가 없음   - not thorough → complain 철저하지 않음 → 불평함

2. too personal → feel uncomfortable 너무 개인적임 → 불편함을 느낌
  - tidy up a mess / go through personal things → embarrassing
    지저분한 것을 정리하거나 개인적인 물건을 살핌 → 부끄러움

모범 답안 🎧 T2_36_15

 I think that paying to have your home cleaned is not a good idea for most people.

First, most cleaning services are *not worth the cost. For example, my mother's friend uses one, and she often complains about spending so much money because the results are not as thorough as she expects.

Second, I would feel uncomfortable because it's too personal. To be specific, I would be embarrassed when I saw them tidying up a mess I made or going through my personal things.

Therefore, I believe using professional cleaning services is both expensive and uncomfortable.

해석 저는 집 청소를 맡기기 위해 돈을 지불하는 것은 대부분의 사람들에게 좋은 생각이 아니라고 생각합니다.
첫째로, 대부분의 청소 서비스는 비용만큼의 가치가 없습니다. 예를 들어, 제 어머니의 친구가 한 곳을 이용하는데, 그녀는 결과가 그녀의 기대만큼 철저하지 않기 때문에 그렇게 많은 돈을 쓰는 것에 대해 자주 불평합니다.
둘째로, 저는 그것이 너무 개인적이기 때문에 불편함을 느낄 것입니다. 구체적으로, 저는 제가 만든 지저분한 것을 그들이 정리하거나 제 개인적인 물건을 살펴보는 것을 볼 때 부끄러울 것입니다.
그러므로, 저는 전문 청소 서비스를 이용하는 것은 비싸고 불편하다고 생각합니다.

어휘 thorough[θə́:rou] 철저한   embarrassed[imbǽrəst] 부끄러운

필수표현 *[not] worth the cost 비용만큼의 가치가 있다[없다]
Premium gym memberships are **not worth the cost** if you only exercise twice a month.
프리미엄 헬스장 회원권은 한 달에 두 번만 운동한다면 비용만큼의 가치가 없다.

16 스크립트 🎧 T2_36_16

Good points. I have one final question. Do you think new technologies will change how we clean our homes in the future? Explain your thoughts.

해석 좋은 의견이네요. 마지막 질문이 하나 있습니다. 새로운 기술들이 미래에 우리가 집을 청소하는 방식을 바꿀 것이라고 생각하나요? 당신의 생각을 설명해 주세요.

브레인스토밍

> new technologies → will make it easier to clean 신기술 → 청소를 더 쉽게 만들어 줄 것임
> 1. major advances 큰 발전
>   - self-cleaning ovens & robot vacuum cleaners 자동 청소 오븐 & 로봇청소기
> 2. more sophisticated cleaning robots 더 정교한 청소 로봇
>   - smart devices → most housework 스마트 기기들 → 대부분의 집안일

모범 답안 🎧 T2_36_16

 I think that new technologies will make it much easier to clean our homes in the future.

To begin with, there have already been major advances. For example, self-cleaning ovens and robot vacuum cleaners show us what's possible when technology handles routine cleaning tasks without human intervention.

What's more, *I expect even more sophisticated cleaning robots will be developed. If this trend continues, we may one day own many smart devices that do most of the housework we currently do ourselves.

Therefore, I believe technology will transform how we maintain our homes in the future.

해석 저는 새로운 기술들이 미래에 저희의 집 청소를 훨씬 더 쉽게 만들어 줄 것이라고 생각합니다.
우선, 이미 주요한 발전들이 있었습니다. 예를 들어, 자동 청소 오븐과 로봇청소기는 기술이 인간의 개입 없이 일상적인 청소 작업을 처리할 때 무엇이 가능한지 보여줍니다.
더욱이, 저는 훨씬 더 정교한 청소 로봇들이 개발될 것이라고 예상합니다. 이러한 추세가 계속된다면, 언젠가 저희는 현재 저희가 직접 하는 대부분의 집안일을 해주는 많은 스마트 기기들을 소유하게 될 것입니다.
그러므로, 저는 기술이 미래에 저희가 집을 유지하는 방식을 변화시킬 것이라고 믿습니다.

어휘 advance[ædvǽns] 발전 intervention[intərvénʃən] 개입 sophisticated[səfístəkèitid] 정교한
transform[trænsfɔ́ːrm] 변화시키다 maintain[meintéin] 유지하다

필수표현 *I expect ~ 나는 ~을 예상한다
I expect more user-friendly language learning apps will be developed to help beginners.
나는 초보자들을 돕기 위해 더 사용자 친화적인 언어 학습 앱이 개발될 것이라고 예상한다.

VII 여가

HACKERS TEST
p.182

[01-04] 당신은 야외 활동에 관한 연구에 자원했습니다. 당신은 연구원과 짧은 온라인 인터뷰를 진행할 것입니다. 연구원이 몇 가지 질문을 할 것입니다.

01 스크립트 🎧 T2_37_01

Thank you for participating in this study today. Many people enjoy spending time outside for various reasons, such as exercise, relaxation, or socializing. Can you tell me about a recent outdoor activity you participated in? What did you do and what made it enjoyable for you?

해석 오늘 이 연구에 참여해 주셔서 감사합니다. 많은 사람들이 운동, 휴식, 또는 사교 활동 등 다양한 이유로 야외에서 시간을 보내는 것을 즐깁니다. 최근에 참여한 야외 활동에 대해 말해 줄 수 있나요? 무엇을 했고 무엇이 당신을 즐겁게 만들었나요?

브레인스토밍

hiking 하이킹

1. sense of accomplishment 성취감
   - push myself → felt proud & stronger 스스로를 밀어붙임 → 자랑스럽고 더 강해진 느낌이 듦
2. relaxation 휴식
   - summit → breathtaking views 정상 → 숨 막히는 경치

모범 답안 🎧 T2_37_01

In my case, I went hiking with my family at a nearby mountain trail last weekend, which I found pleasant.

First, the physical challenge gave me a strong sense of accomplishment. To be specific, the trail had steep paths that took about two hours to climb, and because I had to *push myself to maintain endurance, I felt proud and stronger once I reached the top.

Second, the beautiful scenery provided great relaxation. In particular, from the summit, we enjoyed breathtaking views of the valley below.

In conclusion, the hiking experience was both physically rewarding and emotionally refreshing for me.

해석 제 경우에는, 지난 주말에 가족과 함께 근처 산길에서 하이킹을 했는데 즐거웠습니다.
첫째로, 신체적 도전이 저에게 강한 성취감을 주었습니다. 구체적으로, 그 길은 오르는 데 약 두 시간이 걸리는 가파른 길이었고, 저는 지구력을 유지하기 위해 스스로를 밀어붙여야 했기 때문에, 정상에 도달했을 때 자랑스럽고 더 강해진 느낌이 들었습니다.
둘째로, 아름다운 경치가 훌륭한 휴식을 제공했습니다. 특히, 정상에서 우리는 아래에 있는 계곡의 숨 막히는 경치를 즐겼습니다.
결론적으로, 하이킹 경험은 저에게 신체적으로는 보람 있고 정서적으로는 상쾌한 것이었습니다.

어휘 trail[treil] 길 challenge[tʃǽlindʒ] 도전 accomplishment[əkʌ́mpliʃmənt] 성취감 steep[sti:p] 가파른 path[pæθ] 길
endurance[indjúərəns] 지구력 scenery[sí:nəri] 경치 relaxation[rìːlækséiʃən] 휴식 summit[sʌ́mit] 정상
breathtaking[bréθtèikiŋ] 숨 막히는 valley[vǽli] 계곡 rewarding[riwɔ́:rdiŋ] 보람 있는 emotionally[imóuʃənəli] 정서적으로

필수표현 *push oneself 스스로를 밀어붙이다
Even though he was exhausted, he **pushed himself** to finish the marathon, determined not to give up halfway.
그는 지쳐 있음에도 불구하고, 중도에 포기하지 않겠다는 결심으로, 마라톤을 완주하기 위해 스스로를 밀어붙였다.

02 스크립트 T2_37_02

Great. People have different preferences when it comes to outdoor activities. Would you rather participate in competitive outdoor sports like tennis or cycling, or non-competitive activities like hiking or gardening? Why?

해석 좋습니다. 사람들은 야외 활동에 관해서 서로 다른 선호도를 가지고 있습니다. 당신은 테니스나 사이클링 같은 경쟁적인 야외 스포츠에 참여할 건가요, 아니면 하이킹이나 원예 같은 비경쟁적인 활동에 참여할 건가요? 그 이유는 무엇인가요?

브레인스토밍

non-competitive activities 비경쟁적인 활동들

1. less stressful 스트레스가 덜함
   - garden at home → work at my own pace 집에서 원예를 함 → 나만의 속도로 함
2. focus on personal improvement 개인적 향상에 집중함
   - set my own goals 나만의 목표를 설정함

모범 답안 🎧 T2_37_02

I prefer non-competitive activities like hiking or gardening to competitive sports.

The primary reason is that they are less stressful than competitive activities. For instance, when I garden at home, I can work *at my own pace without worrying about winning or losing against others.

Furthermore, non-competitive activities allow me to focus on personal improvement. To be specific, without the pressure of being evaluated by others, I can set my own goals for achievement.

Overall, non-competitive outdoor activities provide both mental relaxation and opportunities for personal growth.

해석 저는 경쟁적인 스포츠보다 하이킹이나 원예 같은 비경쟁적인 활동들을 더 선호합니다.
주된 이유는 이런 활동들이 경쟁적인 활동보다 스트레스가 덜하기 때문입니다. 예를 들어, 집에서 원예를 할 때는 다른 사람과 이기거나 지는 것을 걱정하지 않고 저만의 속도로 할 수 있습니다.
더욱이, 비경쟁적인 활동들은 개인적 향상에 집중할 수 있게 해줍니다. 구체적으로, 다른 사람의 평가에 대한 압박이 없기 때문에, 저는 성취를 위한 저만의 목표를 설정할 수 있습니다.
전반적으로, 비경쟁적인 야외 활동들은 정신적인 휴식과 개인적 성장의 기회를 모두 제공합니다.

어휘 competitive[kəmpétətiv] 경쟁적인 pressure[préʃər] 압박 evaluate[ivǽljuèit] 평가하다

필수표현 *at my own pace 나만의 속도로
At the gym, I always exercise **at my own pace** to avoid injuries and stay consistent.
체육관에서 나는 부상을 피하고 꾸준히 하기 위해 항상 나만의 속도로 운동한다.

03 스크립트 🎧 T2_37_03

Interesting. Some experts argue that spending time outdoors significantly improves both physical fitness and mental well-being compared to indoor alternatives. Do you agree that outdoor activities provide greater health benefits than indoor activities? Why or why not?

해석 흥미롭네요. 어떤 전문가들은 야외에서 시간을 보내는 것이 실내 대안들과 비교했을 때 신체적 건강과 정신적 건강을 현저히 향상시킨다고 주장합니다. 야외 활동이 실내 활동보다 더 큰 건강상의 이익을 제공한다는 것에 동의하나요? 왜 그런가요, 혹은 왜 그렇지 않은가요?

브레인스토밍

agree 동의함
1. fresh air & sunlight 신선한 공기 & 햇빛
   - get vitamin D 비타민 D를 얻음
2. involve more varied movements 더 다양한 움직임을 포함함
   - ↑ overall strength & stability 전반적인 힘 & 안정성 향상

모범 답안 🎧 T2_37_03

I agree with the statement that outdoor activities provide greater health benefits than indoor alternatives.

This is mainly because outdoor activities offer fresh air and natural sunlight. To be specific, when I exercise outside, I get vitamin D from the sun, which is impossible to get from indoor workouts at the gym.

Also, outdoor activities usually involve more varied movements. In fact, when different muscle groups are used together, the body avoids overworking a single area and instead improves overall strength and stability.

Therefore, outdoor activities definitely *offer superior health advantages over indoor options.

해석 저는 야외 활동이 실내 대안들보다 더 큰 건강상의 이익을 제공한다는 진술에 동의합니다.

이는 주로 야외 활동이 신선한 공기와 자연적인 햇빛을 제공하기 때문입니다. 구체적으로, 밖에서 운동할 때는, 햇빛으로부터 비타민 D를 얻는데, 이는 체육관에서의 실내 운동으로는 얻기 불가능한 것입니다.

또한, 야외 활동은 일반적으로 더 다양한 움직임을 포함합니다. 실제로, 서로 다른 근육군들이 함께 사용될 때, 몸은 단일 부위를 과도하게 사용하는 것을 피하고 대신 전반적인 힘과 안정성을 향상시킵니다.

그러므로, 야외 활동은 분명히 실내 선택지들보다 우수한 건강상의 이점들을 제공합니다.

어휘 benefit[bénəfit] 이익 alternative[ɔːltə́ːrnətiv] 대안 workout[wə́ːrkaut] 운동 movement[múːvmənt] 움직임
overwork[òuvərwə́ːrk] 과도하게 사용하다 stability[stəbíləti] 안정성 definitely[défənitli] 분명히 superior[supíəriər] 우수한

필수표현 *offer advantages 이점을 제공하다

Living in a rural area **offers advantages** like cleaner air and a slower, more peaceful lifestyle.
시골 지역에서 사는 것은 더 깨끗한 공기와 더 느리고 평화로운 생활 방식 같은 이점을 제공한다.

04 스크립트 🎧 T2_37_04

Fair point. Lastly, urban development often reduces the amount of natural space available for outdoor activities. What do you think are two important steps communities can take to preserve outdoor recreational opportunities for residents? Give reasons for your answer.

해석 일리 있는 말이에요. 마지막으로, 도시 개발은 종종 야외 활동을 위해 사용 가능한 자연 공간의 양을 줄입니다. 지역사회가 주민들을 위한 야외 여가 활동 기회를 보존하기 위해 취할 수 있는 두 가지 중요한 조치는 무엇이라고 생각하나요? 답변에 대한 이유를 제시해 주세요.

브레인스토밍

protecting natural green zones & involving volunteers 자연 녹지 구역을 보호하기 & 자원봉사자들을 참여시키기

1. local government: set aside protected green zones 지방 정부: 녹지 보호 구역을 따로 지정함
   - prevents building on parks & natural spaces 공원 & 자연 공간에 짓는 것을 방지함
2. involve residents 주민들을 참여시키기
   - tree planting / park cleanup 나무 심기 / 공원 청소

모범 답안 🎧 T2_37_04

 It seems to me that communities can preserve outdoor recreational opportunities by protecting natural green zones and involving volunteers.

First, local governments can *set aside protected green zones. In particular, this prevents developers from building shopping centers or apartments on parks and natural spaces.

Second, communities should involve residents in conservation efforts through volunteer programs. For example, people can participate in tree planting events or park cleanup activities to maintain these areas.

To sum up, protected green zones and the expansion of volunteer programs will ensure that citizens have access to outdoor recreational opportunities.

해석 제 생각에는 지역사회가 자연 녹지 구역을 보호하고 자원봉사자들을 참여시킴으로써 야외 여가 활동 기회를 보존할 수 있을 것 같습니다.
첫째로, 지방 정부가 녹지 보호 구역을 따로 지정할 수 있습니다. 특히, 이것은 개발업자들이 공원과 자연 공간에 쇼핑센터나 아파트를 짓는 것을 방지합니다.
둘째로, 지역사회는 자원봉사 프로그램을 통해 주민들을 보존 노력에 참여시켜야 합니다. 예를 들어, 사람들은 이러한 지역들을 유지하기 위해 나무 심기 행사나 공원 청소 활동에 참여할 수 있습니다.
요약하자면, 녹지 보호 구역과 자원봉사 프로그램의 확장은 시민들이 야외 여가 활동 기회에 접근할 수 있도록 보장할 것입니다.

어휘 involve[inválv] 참여시키다 government[gʌ́vərnmənt] 정부 conservation[kànsərvéiʃən] 보존 effort[éfərt] 노력
planting[plǽntiŋ] 심기 cleanup[klíːnʌp] 청소 maintain[meintéin] 유지하다 ensure[inʃúər] 보장하다 access[ǽkses] 접근

필수표현 *set aside 따로 지정하다

A portion of the budget was **set aside** for emergency expenses.
예산의 일부는 긴급 지출을 위해 따로 지정되었다.

[05-08] 당신은 온라인 구매에 관한 연구에 참여하기로 동의했습니다. 당신은 연구원과 짧은 온라인 인터뷰를 진행할 것입니다. 연구원이 몇 가지 질문을 할 것입니다.

05 스크립트 🎧 T2_38_05

Thank you for speaking with me today. I'd like to ask you some questions about online shopping. First of all, could you describe the last time you or someone you know purchased something online? What did you buy, and why did you decide to purchase it online?

해석 오늘 저와 이야기해 주셔서 감사합니다. 온라인 구매에 대해 몇 가지 질문을 드리고 싶습니다. 우선, 당신이나 당신이 아는 사람이 마지막으로 온라인에서 무언가를 구매했던 때를 설명해 줄 수 있나요? 당신은 무엇을 구매했고, 그것을 온라인에서 구매하기로 결정한 이유가 무엇인가요?

브레인스토밍

> swimming goggles 수경
> 1. reasonable price 합리적인 가격
>   - annual sale 연례 세일
> 2. could view many brands & models 많은 브랜드 & 모델을 볼 수 있었음
>   - over 200 different pairs of goggles 200가지가 넘는 서로 다른 수경

모범 답안 🎧 T2_38_05

 In my case, I ordered a pair of swimming goggles online last week.

One reason I decided to order this item online was its reasonable price. To be specific, the online shopping mall was having an annual sale, and all swimming accessories were 40 percent off.

In addition, I could view many brands and models online *without having to travel from store to store. In fact, the online shopping mall I used had over 200 different pairs of goggles to choose from.

For these reasons, I chose to purchase my goggles online.

해석 제 경우에는, 지난주에 수경을 온라인으로 주문했습니다.
이 물건을 온라인으로 주문하기로 결정한 한 가지 이유는 합리적인 가격이었습니다. 구체적으로, 온라인 쇼핑몰이 연례 세일을 하고 있었고, 모든 수영용품이 40퍼센트 할인되었습니다.
게다가, 저는 매장을 돌아다니지 않고도 온라인에서 많은 브랜드와 모델을 볼 수 있었습니다. 실제로, 제가 이용한 온라인 쇼핑몰에는 선택할 수 있는 200가지가 넘는 서로 다른 수경이 있었습니다.
이러한 이유들 때문에, 저는 수경을 온라인에서 구매하기로 선택했습니다.

어휘 swimming goggles 수경, 물안경 purchase [pə́ːrtʃəs] 구매하다

필수표현 *without having to ~할 필요 없이
He explained everything clearly **without having to** repeat himself.
그는 같은 말을 반복할 필요 없이 모든 것을 명확하게 설명했다.

06 스크립트 🎧 T2_38_06

I see. Some people think that ordering groceries online is preferable because of the convenience. Others think that it is better to visit a supermarket so that they can be sure of getting high-quality items. Would you prefer to shop for groceries online or in an actual store? Why?

해석 그렇군요. 어떤 사람들은 편리함 때문에 온라인으로 식료품을 주문하는 것이 더 좋다고 생각합니다. 다른 사람들은 고품질 상품을 확실히 얻을 수 있도록 슈퍼마켓을 직접 방문하는 것이 더 좋다고 생각합니다. 당신은 식료품을 온라인에서 구매하는 것과 실제 매장에서 구매하는 것 중 어느 것을 선호하나요? 그 이유는 무엇인가요?

브레인스토밍

> shop in an actual store 실제 매장에서 구매
> 1. check quality of products 제품의 품질을 확인함
>   - touch & see if they are fresh and ripe 만져보고 신선하고 잘 익었는지 확인함

2. get groceries immediately 즉시 식료품을 얻음
   - X worry about delayed shipments / damaged items 배송 지연이나 상품 손상에 대해 걱정하지 않아도 됨

모범 답안 🎧 T2_38_06

 Personally, I prefer to shop in an actual store rather than online.

First of all, I can check the quality of products directly before buying them. To be specific, when I buy fruits or vegetables, I can touch them and see if they are fresh and ripe.

In addition, I can get my groceries immediately without waiting for delivery. In particular, this means I don't have to worry about delayed shipments or damaged items during transport.

Therefore, shopping in stores for groceries *gives me more control over what I buy.

해석 개인적으로, 저는 온라인보다는 실제 매장에서 구매하는 것을 선호합니다.
우선, 구매하기 전에 제품의 품질을 직접 확인할 수 있습니다. 구체적으로, 저는 과일이나 채소를 살 때, 그것들을 직접 만져보고 신선하고 잘 익었는지 확인할 수 있습니다.
게다가, 저는 배송을 기다리지 않고 즉시 저의 식료품을 얻을 수 있습니다. 특히, 이것은 배송 지연이나 운송 중 상품 손상에 대해 걱정하지 않아도 된다는 것을 의미합니다.
그러므로, 매장에서 식료품을 구매하는 것은 제가 구매하는 것에 대해 더 많은 통제권을 줍니다.

어휘 ripe[raip] 잘 익은   grocery[gróusəri] 식료품   shipment[ʃípmənt] 배송   transport[trǽnspɔ:rt] 운송

필수표현 *give more control over ~에 대한 더 많은 통제권을 주다
Working from home **gives** me **more control over** my schedule and helps me maintain better work-life balance.
집에서 근무하는 것은 내게 나의 일정에 대한 더 많은 통제권을 주고 더 나은 일과 삶의 균형을 유지하는 데 도움이 된다.

07 스크립트 🎧 T2_38_07

That's interesting. Online retailers often send personalized advertisements and product recommendations based on customers' previous purchases and browsing history. Some people believe that these personalized marketing strategies are helpful because they save time by showing relevant products. Do you agree or disagree with this viewpoint? Why?

해석 그거 흥미롭네요. 온라인 소매업체들은 종종 고객들의 이전 구매 내역과 검색 기록을 바탕으로 개인 맞춤형 광고와 상품 추천을 보냅니다. 어떤 사람들은 이러한 개인 맞춤형 마케팅 전략이 관련 있는 제품을 보여줌으로써 시간을 절약해 주기 때문에 도움이 된다고 믿습니다. 당신은 이 견해에 동의하나요, 아니면 동의하지 않나요? 그 이유는 무엇인가요?

브레인스토밍

personalized marketing strategies are helpful 개인 맞춤형 마케팅 전략은 도움이 됨
1. save time 시간을 절약해줌
   - match my interests & needs 내 관심사 & 필요에 맞음
2. discover new products I might like 내가 좋아할 만한 새로운 제품을 발견함
   - found a perfectly suited book 완벽하게 적합한 책을 발견함

모범 답안 🎧 T2_38_07

 I agree with the statement that personalized marketing strategies are helpful for customers.

To begin with, they save a lot of time by showing relevant products. To be specific, I only see things that match my interests and needs instead of *looking through hundreds of items.

On top of that, these recommendations help me discover new products I might like. For example, I found a perfectly suited book through personalized suggestions that I wouldn't have found otherwise.

Overall, personalized ads make shopping both faster and more customized.

해석   저는 개인 맞춤형 마케팅 전략이 고객들에게 도움이 된다는 진술에 동의합니다.
우선, 그것들은 관련 있는 제품을 보여줌으로써 많은 시간을 절약해 줍니다. 구체적으로, 저는 수백 개의 상품을 살펴보는 대신 제 관심사와 필요에 맞는 것들만 보게 됩니다.
그에 더하여, 이러한 추천은 제가 좋아할 만한 새로운 제품을 발견하는 데 도움을 줍니다. 예를 들어, 저는 개인 맞춤형 제안을 통해 그렇지 않았다면 찾지 못했을 완벽하게 적합한 책을 발견했습니다.
전반적으로, 개인 맞춤형 광고는 구매를 더 빠르고 더 맞춤형으로 만듭니다.

어휘   **personalized**[pə́:rsənəlàizd] 개인 맞춤형의   **relevant**[réləvənt] 관련 있는   **suggestion**[səgdʒéstʃən] 제안

필수표현   *look through ~을 살펴보다
I spent hours **looking through** old photo albums to find pictures from my graduation.
나는 졸업 사진들을 찾기 위해 오래된 사진첩들을 살펴보는 데 몇 시간을 보냈다.

08 스크립트 🎧 T2_38_08

Good points. Lastly, given that the technology behind online shopping is constantly improving, some people think it will completely replace traditional shopping. Do you think that people will eventually stop shopping in physical stores altogether? Why or why not?

해석   좋은 의견이네요. 마지막으로, 온라인 구매 뒤의 기술이 지속적으로 발전하고 있다는 점을 고려할 때, 어떤 사람들은 그것이 전통적인 구매를 완전히 대체할 것이라고 생각합니다. 당신은 사람들이 결국 실제 매장에서의 구매를 완전히 중단할 것이라고 생각하나요? 왜 그런가요, 혹은 왜 그렇지 않은가요?

브레인스토밍

disagree 동의하지 않음
1. difficult to judge a product 제품을 판단하기 어려움
   - try on new clothes before buying 구매하기 전 새 옷을 입어봄
2. struggle with online payment systems 온라인 결제 시스템에 어려움을 겪음
   - register card → complicated 카드 등록 → 복잡함

모범 답안 🎧 T2_38_08

 I disagree with the idea that online shopping platforms will completely replace physical stores.

First, it can be difficult to properly judge a product online. For instance, I like to *try on new clothes before I buy them to make sure they fit me well, which is something I cannot do online.

Second, there are those who struggle with online payment systems. To illustrate, my grandfather once spent over 30 minutes trying to register his credit card because he found the whole process so complicated.

Consequently, people will probably keep visiting physical stores in the future.

해석   저는 온라인 쇼핑 플랫폼이 물리적인 매장을 완전히 대체할 것이라는 생각에 동의하지 않습니다.
첫째로, 온라인에서는 제품을 제대로 판단하는 것이 어려울 수 있습니다. 예를 들어, 저는 잘 맞는지 확인하기 위해 옷을 사기 전에 입어보는 것을 좋아하는데, 이는 온라인에서 할 수 없는 것입니다.
둘째로, 온라인 결제 시스템에 어려움을 겪는 사람들도 있습니다. 설명하자면, 저희 할아버지는 전체적인 과정이 너무 복잡하다고 느꼈기 때문에 신용카드를 등록하려고 30분 넘게 시도했던 적이 있습니다.
따라서, 사람들은 앞으로도 물리적인 매장을 방문할 가능성이 높습니다.

어휘   **physical**[fízikəl] 물리적인   **judge**[dʒʌdʒ] 판단하다   **register**[rédʒistər] 등록하다   **complicated**[kámpləkèitid] 복잡한

필수표현   *try on 입어보다
I always **try on** new clothes in the fitting room because sizes can vary between different brands.
브랜드마다 사이즈가 다를 수 있기 때문에 나는 항상 탈의실에서 새 옷을 입어본다.

[09-12] 당신은 영화에 관한 연구에 참여하기로 동의했습니다. 당신은 연구원과 짧은 온라인 인터뷰를 진행할 것입니다. 연구원이 몇 가지 질문을 할 것입니다.

09 스크립트 🎧 T2_39_09

Thank you for speaking with me today. I'd like to ask you some questions about movies. First of all, what is your favorite movie genre? Why do you enjoy it so much?

해석 오늘 저와 이야기해 주셔서 감사합니다. 영화에 대해 몇 가지 질문을 드리고 싶습니다. 우선, 당신이 가장 좋아하는 영화 장르는 무엇인가요? 그것을 그렇게 좋아하는 이유가 무엇인가요?

브레인스토밍

science fiction 공상과학

1. escape from daily life 일상생활로부터의 탈출
   - imaginary worlds & creatures → X worry about day-to-day responsibilities
     상상의 세계 & 생물 → 일상적인 책임에 대해 걱정하지 않음
2. thought-provoking content 생각을 자극하는 내용
   - ethical issues related to the development of artificial intelligence 인공지능 개발과 관련된 윤리적 문제들

모범 답안 🎧 T2_39_09

 Personally, my favorite genre of movie is science fiction.

The first reason is that watching this type of movie provides an escape from my daily life. To be specific, I can spend a couple of hours thinking about imaginary worlds and creatures rather than worrying about my day-to-day responsibilities.

In addition, science-fiction movies often include *thought-provoking content. For example, one I recently watched explored the ethical issues related to the development of artificial intelligence.

For these reasons, the movie genre I like the most is science fiction.

해석 개인적으로, 제가 가장 좋아하는 영화 장르는 공상과학입니다.
첫번째 이유는 이런 종류의 영화를 보는 것이 제 일상생활로부터의 탈출을 제공하기 때문입니다. 구체적으로, 저는 저의 일상적인 책임에 대해 걱정하기보다는 상상의 세계와 생물들에 대해 생각하며 몇 시간을 보낼 수 있습니다.
게다가, 공상과학 영화는 종종 생각을 자극하는 내용을 포함합니다. 예를 들어, 제가 최근에 본 영화 중 하나는 인공지능 개발과 관련된 윤리적 문제들을 탐구했습니다.
이러한 이유들 때문에, 제가 가장 좋아하는 영화 장르는 공상과학입니다.

어휘 imaginary [imǽdʒəneri] 상상의   creature [kríːtʃər] 생물   ethical [éθikəl] 윤리적인   artificial intelligence 인공지능

필수표현 *thought-provoking 생각을 자극하는
The documentary contained **thought-provoking** content about climate change that made me reconsider my daily habits.
그 다큐멘터리는 기후 변화에 대한 생각을 자극하는 내용을 담고 있어서 나의 일상 습관을 재고하게 만들었다.

10 스크립트 🎧 T2_39_10

I see. Some people prefer to watch movies in theaters because it is easier to appreciate the visual and audio effects. Others find it more enjoyable to watch films at home using streaming services. Which option do you prefer, and why?

해석 그렇군요. 어떤 사람들은 시각적 및 청각적 효과를 더 쉽게 감상할 수 있기 때문에 극장에서 영화를 보는 것을 선호합니다. 다른 사람들은 스트리밍 서비스를 이용하여 집에서 영화를 보는 것이 더 즐겁다고 생각합니다. 당신은 어느 쪽을 선호하고, 그 이유는 무엇인가요?

브레인스토밍

watching movies in theaters 극장에서 영화를 보는 것

1. large screens & advanced sound systems 큰 화면 & 첨단 음향 시스템
   - made me feel like I was part of the story ↔ seeing it at home
     내가 이야기 속에 있는 것처럼 느끼게 만듦 ↔ 집에서 보는 것

2. provide opportunities for special moments 특별한 순간의 기회를 제공함
   - tradition of going to movies every weekend → bond & share thoughts
     매 주말마다 영화를 보러 가는 전통 → 유대감을 쌓음 & 생각을 나눔

모범 답안 🎧 T2_39_10

 Watching movies in theaters is preferable to watching at home.

To begin with, the technical quality is significantly better with large screens and advanced sound systems. For instance, when I watched the latest action movie last month, the visual and audio effects made me feel like I was part of the story, in contrast to when I saw it again at home.

What's more, theaters provide opportunities for special moments. In fact, my family and I *have a tradition of going to movies together every weekend, and these outings give us time to bond and share our thoughts about the films.

In short, this combination of immersive technology and family activity makes theaters my preferred choice.

해석 극장에서 영화를 보는 것이 집에서 보는 것보다 낫습니다.
우선, 큰 화면과 첨단 음향 시스템 덕분에 기술적 품질이 훨씬 뛰어납니다. 예를 들어, 지난달 제가 최신 액션 영화를 관람했을 때, 영상과 음향 효과가 마치 제가 이야기 속에 있는 것처럼 느끼게 만들었는데, 이는 제가 그것을 집에서 다시 봤을 때와는 대조적이었습니다.
더욱이, 극장은 특별한 순간의 기회를 제공합니다. 실제로, 저와 가족은 매주 주말마다 함께 영화를 보러 가는 전통이 있는데, 이러한 외출은 저희가 유대감을 쌓고 영화에 대한 생각을 나누는 기회가 됩니다.
요컨대, 이러한 몰입감 있는 기술과 가족 활동의 결합은 극장을 제가 선호하는 선택으로 만듭니다.

어휘 outing[áutiŋ] 외출 bond[bɑnd] 유대감을 쌓다 immersive[imə́ːrsiv] 몰입감 있는

필수표현 *have a tradition of ~하는 전통이 있다
Our neighborhood **has a tradition of** organizing a barbecue party every summer to strengthen community bonds.
우리 동네는 지역사회 유대감을 강화하기 위해 매년 여름마다 바비큐 파티를 계획하는 전통이 있다.

11 스크립트 🎧 T2_39_11

That's interesting. In many countries, the number of people who go to theaters has been dropping year after year. There is even concern that this may lead to fewer movies being released. What do you think are one or two reasons for this trend? Give reasons for your answer.

해석 그거 흥미롭네요. 많은 국가에서 극장에 가는 사람들의 수가 해마다 줄어들고 있습니다. 이것이 개봉되는 영화 수 감소로 이어질 수도 있다는 우려까지 있습니다. 당신은 이러한 추세의 한두 가지 이유가 무엇이라고 생각하나요? 답변에 대한 이유를 제시해 주세요.

브레인스토밍

home entertainment systems → convenient & easily accessible 자택 엔터테인먼트 시스템 → 편리함 & 쉽게 접근 가능함

1. improved in recent years 최근 몇 년 사이 개선됨
   - big TVs & good sound systems 큰 TV & 좋은 음향 시스템
2. people are busier & want more convenience 사람들이 더 바쁨 & 더 많은 편리함을 원함
   - perfer to relax at home 집에서 쉬는 것을 선호함

모범 답안 🎧 T2_39_11

 I think that fewer people go to theaters these days because home entertainment systems are convenient and *easily accessible.

The first reason is that home theater systems have improved a lot in recent years. In fact, many people have big TVs and good sound systems that make watching movies at home almost as good as theaters.

> Another reason is that people are busier than before and want more convenience. To explain, many people prefer to relax at home after a long day instead of going out.
>
> To sum up, improved home entertainment and busy lifestyles are leading more people to choose watching movies at home over theaters.

해석 저는 요즘 더 적은 사람들이 극장에 가는 이유는 자택 엔터테인먼트 시스템이 편리하고 쉽게 접근할 수 있기 때문이라고 생각합니다.
첫 번째 이유는 최근 몇 년 사이 자택 극장 시스템이 많이 개선되었기 때문입니다. 실제로, 많은 사람들이 집에서 영화를 보는 것을 거의 극장에서 보는 것만큼 이나 훌륭하게 해주는 큰 TV와 좋은 음향 시스템을 갖추고 있습니다.
또 다른 이유는 사람들이 예전보다 더 바쁘고 더 많은 편리함을 원하기 때문입니다. 설명하자면, 많은 사람들이 긴 하루를 마친 후 외출하기보다는 집에서 쉬는 것을 선호합니다.
요약하자면, 향상된 자택 엔터테인먼트와 바쁜 생활 방식이 더 많은 사람들을 극장보다는 집에서 영화를 보는 것을 선택하도록 이끌고 있습니다.

어휘 lead[liːd] 이끌다

필수표현 *easily accessible 쉽게 접근할 수 있는
Online courses are **easily accessible** to students who live in remote areas and cannot attend traditional classes.
온라인 강의는 외진 지역에 살며 전통적인 수업에 참석할 수 없는 학생들에게 쉽게 접근할 수 있다.

12 스크립트 🎧 T2_39_12

Great points. I have one final question. Some people argue that the government should use tax revenues to support the local film industry. Do you think this is a good use of public money? Why or why not?

해석 좋은 의견이네요. 마지막 질문이 있습니다. 어떤 사람들은 정부가 세수입을 이용해서 지역 영화 산업을 지원해야 한다고 주장합니다. 당신은 이것이 공적 자금의 좋은 사용이라고 생각하나요? 왜 그런가요, 혹은 왜 그렇지 않은가요?

브레인스토밍

---
agree with the idea of using tax revenues to support the film industry
세수입을 이용해 영화 산업을 지원한다는 의견에 동의함
1. thriving film industry = good for the economy 활발한 영화 산업 = 경제에 도움이 됨
    - creates numerous jobs from actors to theater employees 배우부터 극장 직원에 이르기까지 많은 일자리를 창출함
2. increase a country's international profile 국가의 국제적 위상을 높임
    - Korean movie *Parasite* = first non-English-language film to win the Academy Award for Best Picture → sparked global interest
    한국 영화 '기생충' = 아카데미 시상식에서 작품상을 수상한 최초의 비영어권 영화 → 전 세계적인 관심을 불러일으켰음

모범 답안 🎧 T2_39_12

> I agree with the idea of using tax revenues to support the film industry.
>
> One reason is that a thriving film industry is good for the economy. In fact, it creates numerous jobs for everyone from actors to theater employees.
>
> Another reason is that films can increase a country's international profile. To illustrate, when the Korean movie *Parasite* became the first non-English-language film to win the Academy Award for Best Picture, it *sparked global interest in Korean films.
>
> Therefore, the government should provide financial support to the film industry.

해석 저는 세수입을 이용해 영화 산업을 지원한다는 의견에 동의합니다.
한 가지 이유는, 활발한 영화 산업이 경제에 도움이 되기 때문입니다. 실제로, 그것은 배우부터 극장 직원에 이르기까지 모두에게 많은 일자리를 창출합니다.
또 다른 이유는 영화가 국가의 국제적 위상을 높일 수 있기 때문입니다. 예를 들어, 한국 영화 '기생충'이 아카데미 시상식에서 작품상을 수상한 최초의 비영어권 영화가 되었을 때, 이는 한국 영화에 대한 전 세계적인 관심을 불러일으켰습니다.
그러므로, 정부는 영화 산업에 재정적 지원을 제공해야 합니다.

어휘 revenue[révənjùː] 수입 thriving[θráiviŋ] 활발한 international[ìntərnǽʃənl] 국제적인

필수표현 *spark interest in ~에 대한 관심을 불러일으키다
The successful Mars rover mission **sparked** global **interest in** space exploration and science education.
성공적인 화성 탐사 임무는 우주 탐사와 과학 교육에 대한 전 세계적 관심을 불러일으켰다.

[13-16] 당신은 독서 습관에 관한 연구에 자원했습니다. 당신은 연구원과 짧은 온라인 인터뷰를 진행할 것입니다. 연구원이 몇 가지 질문을 할 것입니다.

13 스크립트 🎧 T2_40_13

Thank you for agreeing to speak with me today. I'm conducting a study about people's reading habits. First, can you tell me about one genre of books you especially enjoy reading these days? Why do you find this genre interesting?

해석 오늘 저와 이야기해 주시기로 해주셔서 감사합니다. 저는 사람들의 독서 습관에 관한 연구를 진행하고 있습니다. 먼저, 요즘 당신이 특히 즐겨 읽는 한 가지 책 장르에 대해 말해 줄 수 있나요? 왜 이 장르가 흥미롭다고 여기시나요?

브레인스토밍

> mystery novels 추리 소설
> 1. mysteries make reading exciting 미궁의 사건이 읽는 것을 재미 있게 만듦
>   - try to solve the case before the detective does 탐정보다 먼저 사건을 해결하려고 노력함
> 2. stories help me focus & think more deeply 이야기들이 집중하고 더 깊게 생각하는 것을 도움
>   - read each line carefully & try to connect all the details
>   문장 하나하나를 꼼꼼히 읽음 & 모든 세부 사항을 연결하려고 노력함

모범 답안 🎧 T2_40_13

 In my case, mystery novels are the genre I enjoy reading the most these days.

One reason is that mysteries make reading exciting. For example, when I read *Sherlock Holmes*, I often try to *solve the case before the detective does, continuously guessing who the culprit is.

Another reason is that these stories help me focus and think more deeply. Specifically, I read each line carefully so as not to miss even a small clue, and I try to connect all the details.

For these reasons, I enjoy reading mystery novels these days.

해석 제 경우에는, 요즘 가장 즐겨 읽는 장르는 추리 소설입니다.
한 가지 이유는 미궁의 사건이 읽는 것을 재미 있게 만들기 때문입니다. 예를 들어, '셜록 홈즈'를 읽을 때, 저는 탐정보다 먼저 사건을 해결하려고 노력하며, 범인이 누구일지 계속 추리합니다.
또 다른 이유는 이 이야기들이 제가 집중하고 더 깊게 생각하는 것을 도와 주기 때문입니다. 구체적으로, 저는 작은 단서 하나도 놓치지 않기 위해 문장 하나하나를 꼼꼼히 읽고, 모든 세부 사항을 연결하려고 노력합니다.
이러한 이유들 때문에, 저는 요즘 추리 소설을 읽는 것을 즐깁니다.

어휘 **case**[keis] 경우, 사건 **detective**[ditéktiv] 탐정 **culprit**[kʌ́lprit] 범인 **clue**[kluː] 단서

필수표현 *solve the case 사건을 해결하다
Different police departments worked together to **solve the case** quickly.
서로 다른 경찰국들이 사건을 빠르게 해결하기 위해 협력했다.

14 스크립트 🎧 T2_40_14

I see. Nowadays, people read both e-books and traditional paper books. If you had time to read either, which would you prefer? Why?

해석 그렇군요. 요즘 사람들은 전자책과 전통적인 종이책을 모두 읽습니다. 만약 당신이 둘 중 한 가지를 읽을 시간이 있다면, 어떤 것을 읽고 싶나요? 그 이유는 무엇인가요?

브레인스토밍

paper books 종이책

1. easier on my eyes 눈이 더 편안함
   - after spending all day using my laptop → real book feels more comfortable
   하루 종일 노트북을 사용한 후 → 실제 책이 훨씬 편안하게 느껴짐
2. make reading experience more engaging 독서 경험을 더 몰입감 있게 해줌
   - feeling of turning pages & the smell of paper 책장을 넘기는 느낌 & 종이 냄새

모범 답안 🎧 T2_40_14

 In my opinion, paper books are preferable to e-books.

To begin with, paper books are *easier on my eyes because I do not need to look at a screen. In particular, after spending all day using my laptop, reading a real book feels more comfortable.

On top of that, paper books make reading experience more engaging. For example, I can enjoy the feeling of turning pages and the smell of the paper while reading.

To sum up, I find paper books more comfortable and satisfying to read.

해석 제 생각에는 종이책이 전자책보다 낫습니다.
우선, 종이책은 화면을 보지 않아도 되어 제 눈이 더 편안합니다. 특히, 하루 종일 노트북을 사용한 후에는 실제 책을 읽는 것이 훨씬 편안하게 느껴집니다.
그에 더하여, 종이책은 독서 경험을 더 몰입감 있게 해줍니다. 예를 들어, 저는 책을 읽으면서 책장을 넘기는 느낌과 종이 냄새를 즐길 수 있습니다.
요약하자면, 저는 종이책이 읽기에 더 편안하고 만족스럽다고 생각합니다.

어휘 engaging [ingéidʒiŋ] 몰입감 있는, 남의 마음을 끄는   satisfying [sǽtisfàiiŋ] 만족스러운

필수표현 *easier on one's eyes ~의 눈에 더 편안한
Setting my smartphone to dark mode is **easier on** my **eyes**.
스마트폰을 다크 모드로 설정하는 것이 내 눈에 더 편안하다.

15 스크립트 🎧 T2_40_15

Interesting. Some people believe that e-books are better for the environment. They would argue, for example, that e-books save paper and other resources. Do you agree that e-books are better for the environment? Why or why not?

해석 흥미롭네요. 어떤 사람들은 전자책이 환경에 더 좋다고 생각합니다. 예를 들어, 그들은 전자책은 종이와 기타 자원을 절약한다고 주장합니다. 전자책이 환경에 더 좋다는 의견에 동의하나요? 왜 그런가요, 혹은 왜 그렇지 않은가요?

브레인스토밍

agree 동의함

1. X require cutting down many trees 많은 나무를 베지 않아도 됨
   - if more people read e-books → less demand for paper 더 많은 사람들이 전자책을 읽음 → 종이에 대한 줄어든 수요
2. can be stored & shared easily → reduces pollution 쉽게 저장 & 공유될 수 있음 → 오염을 줄임
   - instead of visiting a store / receiving a package → can download several books at once
   가게에 가는 것 / 책을 배송받는 것 대신 한 번에 여러 권을 다운로드할 수 있음

모범 답안 🎧 T2_40_15

 I agree with the statement that e-books are better for the environment because they use fewer natural resources.

First of all, making e-books does not require *cutting down many trees, which helps protect forests. As a result, if more people read e-books, there will be less demand for paper.

> In addition, e-books can be stored and shared easily without transportation, which reduces pollution. Instead of visiting a store or receiving a package, I can download several books at once.
>
> Overall, using e-books can help the environment in multiple ways.

해석 저는 전자책이 자연 자원을 덜 사용하기 때문에 그것들이 환경에 더 좋다는 진술에 동의합니다.
우선, 전자책을 만드는 것은 많은 나무를 베지 않아도 되어 숲 보호에 도움이 됩니다. 그 결과, 더 많은 사람들이 전자책을 읽으면, 종이에 대한 수요가 줄어들 것입니다.
게다가, 전자책은 운송 없이 쉽게 저장하고 공유될 수 있는데, 이는 오염을 줄입니다. 가게에 가거나 책을 배송받는 대신, 저는 한 번에 여러 권의 책을 다운로드할 수 있습니다.
전반적으로, 전자책 사용은 여러 면에서 환경을 도울 수 있습니다.

어휘 resource[risɔ́ːrs] 자원 demand[dimǽnd] 수요 store[stɔːr] 저장하다 transportation[trænspərtéiʃən] 운송

필수표현 *cut down trees 나무를 베다
Cutting down trees contributes significantly to climate change problems.
나무를 베는 것은 기후 변화 문제에 크게 기여한다.

16 스크립트 🎧 T2_40_16

Good points. Let me ask you one final question. There is a discussion in some schools about using e-books as the main textbooks for students. Do you agree this would be helpful for students' learning? Why or why not?

해석 좋은 의견이네요. 마지막 질문을 하나 드리겠습니다. 일부 학교에서는 학생들의 주요 교재로 전자책을 사용하는 것에 관한 논의가 있습니다. 이것이 학생들의 학습에 도움이 된다는 것에 동의하나요? 왜 그런가요, 혹은 왜 그렇지 않은가요?

브레인스토밍

> X think using e-books would be helpful for students' learning
> 전자책을 사용하는 것이 학생들의 학습에 도움이 될 것이라고 생각하지 않음
> 1. looking at screens for long hours → make students feel tired / even cause headaches
>   오랜 시간 화면을 바라보는 것 → 학생들이 피로를 느끼게 만듦 / 심지어 두통을 유발하기도 함
> 2. can be distracting 주의 집중을 방해할 수 있음
>   - tempted to check messages / social media 메시지나 소셜 미디어를 확인하고 싶은 유혹을 받음

모범 답안 🎧 T2_40_16

 I do not think using e-books would be helpful for students' learning.

The first reason is that looking at screens for long hours can make students feel tired or even cause headaches. As a result, their ability to focus decreases and studying becomes less effective.

The second reason is that e-books can be distracting. Since they are used on digital devices, students may *be tempted to check messages or social media, which lowers the quality of their study time.

To conclude, schools should not rely on e-books as the main textbooks.

해석 저는 전자책을 사용하는 것이 학생들의 학습에 도움이 될 것이라고 생각하지 않습니다.
첫 번째 이유는 오랜 시간 화면을 바라보는 것은 학생들이 피로를 느끼게 만들거나 심지어 두통을 유발하기도 하기 때문입니다. 그 결과, 그들의 집중력이 떨어지고 공부 효율이 낮아집니다.
두 번째 이유는 전자책이 주의 집중을 방해할 수 있기 때문입니다. 그것들이 디지털 기기에서 사용되기 때문에, 학생들은 메시지나 소셜 미디어를 확인하고 싶은 유혹을 받을 수 있는데, 이는 그들이 공부 시간의 질을 낮춥니다.
결론적으로, 학교는 전자책을 주요 교재로 의존해서는 안 됩니다.

어휘 distracting[distrǽktiŋ] 방해되는 rely on 의존하다

필수표현 *be tempted to ~하고 싶은 유혹을 받다
Students may **be tempted to** cheat during difficult exams.
학생들은 어려운 시험 중에 부정행위를 하고 싶은 유혹을 받을 수 있다.

POWER TEST 1

p.186

[01-04] 당신은 교육 장학금에 지원했습니다. 장학금 심사 위원이 당신의 학업 배경과 목표에 대해 몇 가지 질문을 할 것입니다.

01 스크립트 🎧 PT_1_01

Thank you for applying to our scholarship program. I'd like to ask you some questions about your educational experiences. First, what kind of academic subjects do you find most challenging? For example, do you struggle more with mathematics, science, languages, or other areas?

해석 저희 장학금 프로그램에 지원해 주셔서 감사합니다. 당신의 교육 경험에 대해 몇 가지 질문을 드리고자 합니다. 먼저, 당신이 가장 어렵다고 느끼는 학문 과목은 어떤 것인가요? 예를 들어, 당신은 수학, 과학, 언어, 또는 다른 영역들 중 어느 것을 더 어려워하나요?

브레인스토밍

> science 과학
> 1. requires memorizing complex terms & processes 복잡한 용어와 과정을 암기하는 것을 필요로 함
>   - had difficulty remembering all the parts of a cell & how they work together
>   세포의 모든 부분과 그것들이 어떻게 함께 작용하는지 외우는 데 어려움을 겪음
> 2. involves understanding cause and effect relationships 인과관계를 이해하는 것을 포함함
>   - struggled to connect → comprehending the result = difficult
>   연결하는 데 어려움을 겪음 → 결과를 이해하는 것이 어려웠음

모범 답안 🎧 PT_1_01

 From my experience, science is the most challenging academic subject.

First, it requires memorizing many complex terms and processes. For example, when I was studying biology in high school, I had difficulty remembering all the parts of a cell and how they work together.

Second, science *involves understanding cause and effect relationships. To be specific, I struggled to connect how one process leads to another, which made comprehending the result difficult.

This is why I consider science my most challenging subject.

해석 제 경험으로 보면, 가장 어려운 학문 과목은 과학입니다.
첫째로, 그것은 많은 복잡한 용어와 과정들을 암기하는 것을 필요로 합니다. 예를 들어, 제가 고등학교에서 생물학을 공부할 때, 저는 세포의 모든 부분과 그것들이 어떻게 함께 작용하는지 외우는 데 어려움을 겪었습니다.
둘째로, 과학은 인과관계를 이해하는 것을 포함합니다. 구체적으로, 저는 한 과정이 다른 것으로 이어지는 방식을 연결하는 데 어려움을 느껴서, 결과를 이해하기가 어려웠습니다.
이것이 제가 과학을 가장 어려운 과목이라고 생각하는 이유입니다.

어휘 challenging[tʃǽlindʒiŋ] 어려운 complex[kəmpléks] 복잡한 term[tə:rm] 용어 process[práses] 과정
biology[baiɑ́:lədʒi] 생물학 cell[sel] 세포 comprehend[kɑ̀:mprihénd] 이해하다

필수표현 *Involve 포함하다
Training for a marathon **involves** gradually increasing running distance and maintaining proper nutrition.
마라톤을 위해 훈련하는 것은 점진적으로 달리기 거리를 늘리고 적절한 영양을 유지하는 것을 포함한다.

02 스크립트 🎧 PT_1_02

Thank you. When you study difficult material, do you prefer to work alone or do you like to study with classmates or friends? Why?

해석 감사합니다. 당신은 어려운 내용을 공부할 때, 혼자 공부하는 것을 선호하나요, 아니면 동급생들이나 친구들과 함께 공부하는 것을 좋아하나요? 그 이유는 무엇인가요?

브레인스토밍

> study with friends 친구들과 함께 공부함
> 1. different perspectives 다양한 관점들
>   - friends explain things in their own words → makes more sense than just reading textbooks
>   친구들이 그들의 말로 설명함 → 교과서를 읽을 때보다 더 쉽게 이해됨
> 2. motivated 동기 부여가 됨
>   - chemistry exam → help from study group & X give up 화학 시험 → 스터디 그룹의 도움 & 포기하지 않음

모범 답안 🎧 PT_1_02

 I prefer to study difficult material with friends rather than alone.

The first reason is that group study helps me understand concepts from different perspectives. In particular, when my friends explain things in their own words, it often makes more sense than just reading textbooks by myself.

On top of that, studying with others keeps me motivated. For instance, last semester when I was preparing for my chemistry exam, my study group helped me *stay on track and not give up when it got hard.

Therefore, I believe collaborative studying is more effective for challenging subjects.

해석 저는 혼자 공부하기보다 친구들과 함께 어려운 내용을 공부하는 것을 선호합니다.
첫 번째 이유는 그룹 스터디를 하면 다양한 관점에서 개념을 이해하는 데 도움이 되기 때문입니다. 특히, 제 친구들이 그들의 말로 설명해줄 때, 그것이 혼자 교과서를 읽을 때보다 더 쉽게 이해되는 경우가 많습니다.
그에 더하여, 함께 공부하면 동기 부여가 유지됩니다. 예를 들어, 지난 학기에 화학 시험을 준비할 때, 스터디 그룹이 제가 계획대로 진행하고, 상황이 어려워졌을 때도 포기하지 않게 도와주었습니다.
그러므로, 함께하는 공부가 어려운 과목을 학습할 때 더 효과적이라고 생각합니다.

어휘 chemistry [kémǝstri] 화학 collaborative [kǝlǽbǝrèitiv] 함께하는

필수표현 *stay on track 계획대로 진행하다
Using a fitness app helps runners **stay on track** with their daily exercise goals and monitor progress.
피트니스 앱을 사용하는 것은 러너들이 일일 운동 목표를 계획대로 진행하고 진척 상황을 모니터링하는 데 도움이 된다.

03 스크립트 🎧 PT_1_03

Interesting. Next, I'd like to get your opinion. Some people believe that students learn best when they are challenged with complex material that pushes their limits. Others think that students should focus on subjects they already find interesting and enjoyable. Which approach do you think leads to better learning outcomes? Why?

해석 흥미롭네요. 다음으로, 당신의 의견을 듣고 싶습니다. 어떤 사람들은 학생들이 자신의 한계를 넘어서는 복잡한 학습 내용을 통해 가장 효과적으로 배운다고 믿습니다. 다른 사람들은 학생들이 이미 흥미를 느끼고 즐기는 과목에 집중해야 한다고 생각합니다. 당신은 어떤 접근 방식이 더 나은 학습 결과를 가져온다고 생각하나요? 그 이유는 무엇인가요?

브레인스토밍

> subjects they already find interesting & enjoyable 이미 흥미를 느끼고 즐기는 과목들
> 1. interest motivates students to spend more time studying
>   흥미는 학생들이 더 많은 시간을 공부에 투자하도록 동기 부여함
>   - read books & watch documentaries → deeper knowledge 책을 읽고 다큐멘터리를 시청함 → 더 깊은 지식
> 2. develop better study habits 더 나은 학습 습관을 형성함
>   - vocabulary journal → study method just right for the subject 어휘 노트 → 과목에 딱 맞는 공부 방법

모범 답안 🎧 PT_1_03

 I think that students learn best when they focus on subjects they already find interesting and enjoyable.

To begin with, interest motivates students to spend more time studying voluntarily. For example, students who enjoy history often read extra books and watch documentaries outside of class, which gives them deeper knowledge than students who only complete required assignments.

Also, focusing on enjoyable subjects helps students develop better study habits. In fact, when I studied literature in high school, I learned to keep a vocabulary journal for new words, creating a study method *just right for the subject.

Overall, I believe interest-based learning produces better educational outcomes.

해석 저는 학생들이 이미 흥미를 느끼고 즐기는 과목에 집중할 때 가장 효과적으로 학습할 수 있다고 생각합니다.
우선, 흥미는 학생들이 자발적으로 더 많은 시간을 공부에 투자하도록 동기를 부여합니다. 예를 들어, 역사를 좋아하는 학생들은 수업 외에도 책을 더 읽거나 다큐멘터리를 시청하며, 단순히 요구된 과제만 하는 학생들보다 더 깊은 지식을 쌓게 됩니다.
또한, 즐기는 과목에 집중하는 것은 학생들이 더 좋은 학습 습관을 형성하는 데 도움이 됩니다. 실제로, 제가 고등학교에서 문학을 공부할 때, 저는 새로운 단어를 위한 어휘 노트를 쓰는 것을 배웠고, 그 과목에 딱 맞는 공부법이 되었습니다.
전반적으로, 저는 흥미 기반의 학습이 더 나은 교육적 결과를 만들어낸다고 생각합니다.

어휘 voluntarily[váləntèrəli] 자발적으로　knowledge[nά:lidʒ] 지식　assignment[əsáinmənt] 과제　outcome[áutkʌ̀m] 결과

필수표현 *just right 딱 맞는
I spent hours adjusting the water temperature and adding bubbles until it was **just right** for a relaxing bath after a long day.
긴 하루를 마치고 편안한 목욕에 딱 맞게 될 때까지 나는 물 온도를 맞추고 거품을 넣는 데 몇 시간을 보냈다.

04 스크립트 🎧 PT_1_04

Good points. I just have one more question. Some people believe that scholarship recipients have a responsibility to help their communities after graduation. Do you agree with this idea? Explain why you think so.

해석 좋은 의견이네요. 한 가지 질문만 더 드리겠습니다. 어떤 사람들은 장학금을 받은 학생들은 졸업 후 지역사회에 기여할 책임이 있다고 믿습니다. 이 생각에 동의하나요? 그렇게 생각하는 이유를 설명해 주세요.

브레인스토밍

```
should help communities after graduation  졸업 후 지역사회에 도움을 주어야 함

1. benefits should be returned  혜택은 되돌려져야 함
   - taxes & donations → graduates should solve local issues  세금 & 기부금 → 졸업생들은 지역 문제를 해결해야 함
2. remain & contribute → improve service  남아서 기여함 → 서비스 수준을 향상시킴
   - recipient who become a teacher → relate better to the local students
     장학금을 받고 교사가 된 사람 → 그 지역 학생들을 더 잘 이해함
```

모범 답안 🎧 PT_1_04

 I agree with the idea that scholarship recipients should help their communities after graduation.

First, scholarships *come from community resources, so the benefits should be returned to the community. To explain, local taxes and donations fund these programs, so graduates should use their skills to solve local issues in areas such as education and healthcare.

Second, when scholarship awardees remain in the local community and contribute, they improve services. For example, a scholarship recipient who becomes a teacher can relate better to the local students, which enriches the learning experience.

This is why I believe community service is a reasonable requirement for scholarship recipients.

해석 저는 장학금을 받은 학생들이 졸업 후 지역사회에 도움을 주어야 한다는 의견에 동의합니다.

첫째로, 장학금은 지역사회의 자원에서 나오므로, 그 혜택은 다시 지역사회로 되돌려져야 합니다. 설명하자면, 지역 세금이나 기부금이 이런 프로그램에 자금을 공급하기 때문에, 졸업생들은 교육이나 보건 등의 분야에서 지역 문제를 해결하기 위해 그들의 능력을 활용해야 합니다.

둘째로, 장학생이 지역사회에 남아 기여할 때, 그들은 서비스 수준을 향상시킵니다. 예를 들어, 장학금을 받고 교사가 된 사람은 그 지역 학생들을 더 잘 이해할 수 있으며, 이는 학습 경험을 더욱 풍부하게 만듭니다.

이것이 제가 장학금을 받은 사람들에게 지역사회 봉사가 합리적인 의무라고 생각하는 이유입니다.

어휘 recipient[risípiənt] 받는 사람 graduation[grædʒuéiʃən] 졸업 resource[risɔ́ːrs] 자원 healthcare[hélθkɛər] 보건
scholarship awardee 장학생 reasonable[ríːzənəbl] 합리적인

필수표현 *come from ~에서 나오다

The fresh vegetables in the farmers market **come from** organic farms within a fifty-mile radius of the city.
농산물 시장의 신선한 채소들은 도시 반경 50마일 내의 유기농 농장에서 나온다.

POWER TEST 2

p.188

[01-04] 당신은 구매 결정에 관한 연구에 자원했습니다. 당신은 연구원과 짧은 온라인 인터뷰를 진행할 것입니다. 연구원이 몇 가지 질문을 할 것입니다.

01 스크립트 🎧 PT_2_01

Thank you for taking the time to speak with me. I'd like to ask you some questions about purchase decisions. First, what factors do you consider most important when buying products? For example, do you focus on price, brand reputation, quality, or other aspects?

해석 시간을 내어 저와 이야기해주셔서 감사합니다. 구매 결정과 관련된 몇 가지 질문을 드리겠습니다. 먼저, 제품을 구매할 때 가장 중요하게 고려하는 요소는 무엇인가요? 예를 들어, 당신은 가격, 브랜드 평판, 품질 또는 다른 요소에 중점을 두나요?

브레인스토밍

quality 품질
1. better value over time 시간이 흐를수록 더 나은 가치
- model with better components → still operates 부품이 더 좋은 모델 → 아직도 작동함
2. better customer service & warranties 더 나은 고객 서비스와 보증
- poor warranty terms → refuse to fix 허술한 보증 조건 → 수리를 거부함

모범 답안 🎧 PT_2_01

 I think that quality is the most important factor *when making purchase decisions.

First, high-quality products provide better value over time. To be specific, when I bought my laptop six years ago, I chose a more expensive model with better components, and it still operates without any problems.

Second, quality products usually come with better customer service and warranties. For example, my sister purchased a cheap phone that broke after six months, but the company refused to fix it because of poor warranty terms.

Therefore, I always prioritize quality to avoid disappointment and additional costs later.

해석 저는 구매 결정을 할 때 품질을 가장 중요한 요소라고 생각합니다.

첫째로, 고품질 제품은 시간이 흐를수록 더 나은 가치를 제공합니다. 구체적으로, 제가 6년 전에 노트북을 살 때, 저는 더 비싸지만 부품이 좋은 모델을 선택했는데, 그것은 아직도 아무 문제없이 작동하고 있습니다.

둘째로, 품질이 좋은 제품은 대체로 더 나은 고객 서비스와 보증을 제공합니다. 예를 들어, 제 여동생은 6개월 만에 고장이 난 저렴한 휴대

폰을 샀지만, 허술한 보증 조건에 의해 회사에서 수리를 거부했습니다.
그러므로, 실망이나 이후의 추가 비용을 피하기 위해 저는 항상 품질을 우선시합니다.

어휘 component[kəmpóunənt] 부품 operate[άpərèit] 작동하다 warranty[wɔ́ːrənti] 보증 prioritize[praiɔ́ːrətàiz] 우선시하다
disappointment[dìsəpɔ́intmənt] 실망

필수표현 *when making ~ decision ~ 결정을 할 때

You should always think about long-term consequences **when making** important financial **decisions**, such as investing in stocks or buying a house.
주식 투자나 집 구입과 같은 중요한 재정 결정을 할 때는 항상 장기적인 결과를 생각해야 한다.

02 스크립트 🎧 PT_2_02

I see. When making purchases, do you prefer prioritizing the reputation of a product label or a product's functionality? Why?

해석 그렇군요. 제품을 구매할 때, 당신은 제품 라벨의 평판을 우선시하는 것과 제품의 기능을 우선시하는 것 중 어느 것을 선호하나요? 그 이유는 무엇인가요?

브레인스토밍

> a product's functionality 제품의 기능
> 1. fulfills needs 필요를 충족시킴
>   - fit & cleaned efficiently → bought from a lesser-known brand
>   꼭 맞고 효율적으로 청소함 → 덜 알려진 브랜드에서 구매함
> 2. prioritizing a product label → excessive spending 브랜드 라벨을 우선시하는 것 → 과도한 지출
>   - similar functions → higher price 비슷한 기능 → 더 높은 가격

모범 답안 🎧 PT_2_02

 I prefer prioritizing a product's functionality rather than the reputation of a product label.

To begin with, focusing on features ensures the product actually fulfills my needs. For example, I bought a small, lightweight vacuum from a lesser-known brand because it fit my apartment and cleaned corners efficiently, while a popular brand's model was too large and heavy.

Also, prioritizing a product label can encourage excessive spending. In fact, many well-known manufacturers *tend to sell their goods at a higher price despite having similar functions as lower-priced models.

Therefore, I prioritize functionality over labels to make purchases that are both practical and cost-effective.

해석 저는 제품 라벨의 평판보다 제품의 기능을 우선시하는 것을 선호합니다.
우선, 기능에 집중하는 것은 제품이 실제로 제 필요를 충족하도록 보장할 수 있습니다. 예를 들어, 저는 유명 브랜드의 모델이 너무 크고 무거웠던 반면에, 덜 알려진 브랜드의 작고 가벼운 청소기가 제 아파트에 꼭 맞고 구석까지 효율적으로 청소해주었기 때문에 그것을 구매했습니다.
또한, 브랜드 라벨을 우선시하는 것은 과도한 지출을 유도할 수 있습니다. 실제로, 많은 유명 제조사는 저가의 모델들과 기능이 비슷함에도 불구하고 더 높은 가격에 제품을 판매하는 경향이 있습니다.
그러므로, 저는 실용적이고 비용 효율적으로 구매하기 위해 라벨보다 기능을 우선시합니다.

어휘 functionality[fʌ̀ŋkʃənǽləti] 기능 reputation[rèpjutéiʃən] 평판 fulfill[fulfíl] 충족하다 lightweight[láitwèit] 가벼운
excessive[iksésiv] 과도한 manufacturer[mæ̀njufǽktʃərər] 제조사 practical[prǽktikəl] 실용적인

필수표현 *tend to ~하는 경향이 있다

People **tend to** spend more money when they pay with credit cards.
사람들은 신용카드로 결제할 때 돈을 더 많이 쓰는 경향이 있다.

03 스크립트 🎧 PT_2_03

Interesting. Next, I'd like to get your opinion. With numerous online shopping platforms and detailed customer reviews, consumers now have much more product information than before. Do you think brand names are becoming less important in purchase decisions as a result? Why or why not?

해석 흥미롭네요. 다음으로, 당신의 의견을 듣고 싶습니다. 많은 온라인 쇼핑 플랫폼과 상세한 고객 리뷰 덕분에, 소비자들은 예전보다 훨씬 더 많은 제품 정보를 접할 수 있습니다. 당신은 그 결과로 브랜드 이름이 구매 결정에서 덜 중요해지고 있다고 생각하나요? 왜 그런가요, 혹은 왜 그렇지 않은가요?

브레인스토밍

> less important 덜 중요함
> 1. detailed reviews from other users 다른 사용자들로부터의 상세한 리뷰
>   - browse customer reviews → pick one that performs better 고객 리뷰를 훑어봄 → 성능이 더 좋은 것을 선택함
> 2. gap in product quality → reduced 제품 품질 격차 → 줄어듦
>   - reflect features of well-known brands at a lower price → fewer customers willing to pay
>   더 싼 가격에 유명 브랜드의 기능을 반영함 → 지불 의향이 있는 고객이 적어짐

모범 답안 🎧 PT_2_03

 I think that brand names are becoming less important due to increased access to information online.

This is mainly because customers can now read detailed reviews from other users. To explain, when I buy products, I always browse customer reviews on different websites to pick one that performs better instead of just trusting the brand.

Furthermore, the gap in product quality between big companies and smaller ones has been reduced significantly. Nowadays, smaller businesses sell products that reflect the features of well-known brands at a lower price, which has led to fewer consumers willing to pay premium prices.

This is why I believe consumers are focusing more on actual product features than *brand recognition.

해석 저는 온라인에서 정보 접근성이 높아지면서 브랜드 이름의 중요성이 줄어들고 있다고 생각합니다.
이는 주로 소비자들이 이제 다른 사용자들로부터의 상세한 리뷰를 읽을 수 있기 때문입니다. 설명하자면, 저는 제품을 살 때, 단순히 브랜드를 믿는 대신, 다양한 웹사이트에서 고객 리뷰를 훑어보고, 성능이 더 좋은 제품을 선택합니다.
더욱이, 대기업과 소규모 기업 간의 제품 품질 격차가 크게 줄어들었습니다. 요즘은 작은 업체들도 유명 브랜드 제품과 비슷한 기능을 나타내는 제품을 더 저렴하게 판매하고 있으며, 이는 프리미엄 가격을 지불 의향이 있는 고객들이 적어지는 결과를 초래했습니다.
이것이 제가 소비자들이 브랜드 인지도보다 실제 제품 기능에 더 중점을 두고 있다고 생각하는 이유입니다.

어휘 browse[brauz] 훑어보다

필수표현 *brand recognition 브랜드 인지도
Start-up companies struggle with **brand recognition** in competitive markets dominated by established firms.
스타트업 기업들은 기존 기업들이 지배하는 경쟁 시장에서 브랜드 인지도에 있어 어려움을 겪는다.

04 스크립트 🎧 PT_2_04

Good points. I just have one more question. Some people believe that premium brands are worth the extra cost because they offer better quality and service. Do you agree with this idea? Explain why you think so.

해석 좋은 의견이네요. 한 가지 질문만 더 드리겠습니다. 어떤 사람들은 프리미엄 브랜드가 더 나은 품질과 서비스를 제공하므로 추가 비용을 지불할 가치가 있다고 믿습니다. 이 생각에 동의하나요? 그렇게 생각하는 이유를 설명해 주세요.

브레인스토밍

disagree 동의하지 않음

1. materials → nothing special 소재 → 특별하지 않음
   - pay twice as much → same material 두 배 가격에 삼 → 같은 소재
2. mid-range alternatives perform better 중간급의 대안들이 성능이 더 나음
   - ranked higher in a blind taste test 블라인드 맛 평가에서 더 높은 점수를 받았음

모범 답안 PT_2_04

 I disagree with the idea that premium brands are always worth their high prices because they do not guarantee better quality.

First, the materials used by expensive brands are often *nothing special. For example, my friend paid twice as much for designer jeans that were made of the same material as regular ones.

Second, there are instances where mid-range alternatives perform better. For instance, wine that costs significantly less ranked higher in a blind taste test than widely recognized wines with higher prices.

In short, I believe consumers should focus on actual product specifications rather than premium brand labels.

해석 저는 프리미엄 브랜드가 더 나은 품질을 보장하지 않기 때문에 항상 높은 가격만큼의 가치가 있다는 의견에 동의하지 않습니다.
첫째로, 비싼 브랜드에서 사용하는 소재가 특별하지 않은 경우가 많습니다. 예를 들어, 제 친구는 일반 청바지와 같은 소재로 만든 디자이너 청바지를 두 배 가격에 샀습니다.
둘째로, 중간급의 대안들이 더 나은 성능을 보이는 경우도 있습니다. 예를 들어, 가격이 훨씬 더 낮은 와인이 가격이 더 높은 널리 인정된 와인들보다 블라인드 맛 평가에서 더 높은 점수를 받았습니다.
요컨대, 저는 소비자들이 프리미엄 브랜드 라벨보다 실제 제품 사양에 집중해야 한다고 생각합니다.

어휘 guarantee[gæ̀rəntíː] 보장하다 mid-range[mídreindʒ] 중간급의 specification[spèsəfikéiʃən] 사양

필수표현 *nothing special 특별하지 않다
Celebrity-endorsed products are often **nothing special** compared to regular alternatives.
유명인이 홍보하는 제품들은 종종 일반적인 대안들과 비교해서 특별할 것이 없다.

ACTUAL TEST 1

p.192

[01-07] 당신은 학생들이 음악 연습실을 이용하는 것을 돕는 것을 교육받고 있습니다. 당신의 교육 담당자의 말을 듣고 그대로 따라 말하세요. 한 번만 따라 말하세요.

스크립트 🎧 AT_1

01 Let me check your student ID.
02 Recording booths can be found on your right side.
03 The group practice room is temporarily unavailable for use.
04 We also have two piano rooms equipped with digital keyboards.
05 Emergency contact numbers for technical issues are posted on the doors.
06 Please make sure the doors are securely shut to prevent noise leaking out.
07 If you want to extend your session, check with staff before your time expires.

해석 01 학생증을 확인해 보겠습니다.
       02 녹음 부스는 오른쪽에 있습니다.
       03 그룹 연습실은 일시적으로 사용할 수 없습니다.
       04 디지털 키보드를 갖춘 피아노실도 두 개 있습니다.
       05 기술적인 문제가 있을 시를 대비하여 긴급 연락처가 문에 게시되어 있습니다.
       06 소음이 새지 않도록 문을 단단히 닫아 주세요.
       07 세션을 연장하려면, 시간이 만료되기 전에 직원에게 문의하세요.

어휘 temporarily[tèmpərérəli] 일시적으로   leak out 새다   extend[iksténd] 연장하다   expire[ikspáiər] 만료되다

[08-11] 당신은 휴일에 관한 연구에 자원했습니다. 당신은 연구원과 짧은 온라인 인터뷰를 진행할 것입니다. 연구원이 몇 가지 질문을 할 것입니다.

08 스크립트 🎧 AT_2_08

I would like to thank you for taking part in this study. Today, I'm going to ask you some questions about holidays. To begin, could you tell me about the last holiday you celebrated and why you enjoyed it?

해석 이 연구에 참여해 주셔서 감사합니다. 오늘은 휴일에 관한 몇 가지 질문을 드리겠습니다. 먼저, 가장 최근에 보낸 휴일과 그 휴일이 즐거웠던 이유를 말해줄 수 있나요?

브레인스토밍

> New Year's Eve 새해 전야제
> 1. chance to have fun with all my friends 내 모든 친구들과 함께 즐길 수 있는 기회
>   - everyone stayed out late → made the night very exciting
>   모두가 늦게까지 밖에 있었음 → 그 밤을 매우 신나게 만들었음
> 2. there were many public events held that night 그날 밤에는 많은 공공 행사들이 열렸음
>   - special concert with famous pop stars performing 유명한 팝스타들이 출연하는 특별 콘서트

모범 답안 🎧 AT_2_08

 The last holiday I celebrated was New Year's Eve, and I enjoyed it a lot.

This was because it *gave me the chance to have fun with all my friends. To be specific, everyone stayed out late to celebrate, which made the night very exciting.

In addition, there were many public events held that night. For example, my city organized a special concert with famous pop stars performing. Thousands of people came to enjoy the music.

For these reasons, I really enjoyed celebrating New Year's Eve.

해석 제가 가장 최근에 보낸 휴일은 새해 전야제였고, 저는 정말 즐거운 시간을 보냈습니다.
이는 그것이 제게 제 모든 친구들과 함께 즐길 수 있는 기회를 주었기 때문입니다. 구체적으로, 모두가 축하하기 위해 늦게까지 밖에 있었고, 그것은 그 밤을 매우 신나게 만들었습니다.
게다가, 그날 밤에는 많은 공공 행사들이 열렸습니다. 예를 들어, 제가 사는 도시는 유명한 팝스타들이 출연하는 특별 콘서트를 개최했습니다. 수천 명의 사람들이 음악을 즐기기 위해 몰려들었습니다.
이러한 이유들 때문에, 저는 새해 전야제를 보내는 것을 정말 즐겼습니다.

어휘 holiday[háːlədèi] 휴일

필수표현 *give A the chance to ~ A에게 ~할 기회를 주다
The scholarship **gave** me **the chance to** study abroad without worrying about financial costs.
장학금은 나에게 재정적 비용을 걱정하지 않고 해외에서 공부할 기회를 주었다.

09 스크립트 🎧 AT_2_09

I see. Some people think that the holidays are a chance for fun activities with friends or family members. Others think it is best to stay home alone and relax. What do you think and why?

해석 그렇군요. 어떤 사람들은 휴일이 친구나 가족과 함께 즐거운 활동을 할 수 있는 기회라고 생각합니다. 다른 사람들은 집에서 혼자 머무르며 쉬는 것이 가장 좋다고 생각합니다. 당신은 어떻게 생각하며 그 이유는 무엇인가요?

브레인스토밍

fun activities 즐거운 활동
1. rarely have free time 여유가 거의 없음
   - work schedule is hectic → too busy to socialize 업무 일정이 빡빡함 → 너무 바빠서 사람들과 어울릴 수 없음
2. would get bored staying home alone 집에 혼자 있으면 지루해질 것임
   - try to have as much fun as possible 가능한 한 많이 즐겁게 시간을 보내려고 함

모범 답안 🎧 AT_2_09

 For me, the holidays are a chance to do lots of fun activities with my friends or family members.

One reason is that I rarely have free time for this. Specifically, my work schedule is hectic, so I'm usually *too busy to socialize with anyone.

Furthermore, I would get bored staying home alone on the holidays. So, I try to have as much fun as possible with the people I care about.

All things considered, I like to do things with my friends or family members on the holidays.

해석 저에게 휴일은 제 친구나 가족들과 함께 즐거운 활동을 많이 할 수 있는 기회입니다.
한 가지 이유는 제가 이런 시간을 가질 여유가 거의 없기 때문입니다. 구체적으로, 제 업무 일정은 빡빡하기 때문에, 저는 평소에 너무 바빠서 다른 사람들과 어울릴 수 없습니다.
더욱이, 저는 휴일에 집에 혼자 있으면 지루해질 것입니다. 그래서, 저는 소중한 사람들과 가능한 한 많이 즐겁게 시간을 보내려고 합니다.
모든 것을 고려해 보면, 저는 휴일에 제 친구나 가족들과 함께 무언가를 하는 것을 좋아합니다.

어휘 hectic[héktik] 빡빡한, 정신없이 바쁜 socialize[sóuʃəlàiz] (사람들과) 어울리다

필수표현 *too busy to ~ 너무 바빠서 ~할 수 없다
Many people today are **too busy to** spend time on hobbies or meeting friends.
요즘날 많은 사람들은 너무 바빠서 취미를 하거나 친구를 만나는 데 시간을 쓸 수 없다.

10 스크립트 🎧 AT_2_10

Very interesting. There is growing concern that some traditional holidays are becoming less popular and that they may even disappear eventually. What do you think is the best way to preserve traditional holidays and why?

해석 매우 흥미롭네요. 요즘에는 일부 전통적인 휴일의 점점 인기가 줄어들고, 결국 사라질 수도 있다는 우려가 커지고 있습니다. 당신은 전통적인 휴일을 보존하기 위한 가장 좋은 방법이 무엇이라고 생각하며 그 이유는 무엇인가요?

브레인스토밍

modernize 현대화함
1. make them more appealing 그것들을 더 매력적으로 만듦
   - Buddha's Birthday → parade vehicles and a drone show 석가탄신일 → 퍼레이드 차량과 드론 쇼
2. young people will be interested in them 젊은 사람들이 그것들에 관심을 가질 것임
   - involving the next generation → continue 다음 세대를 포함시키는 것 → 계속 이어짐

모범 답안 AT_2_10

 I think that the best way to preserve traditional holidays is to modernize them.

First, this would make them more appealing. To illustrate, the festival celebrating Buddha's Birthday in my country attracts large crowds because it features many exciting parade vehicles and a drone show.

Also, modernizing traditional holidays ensures that young people will *be interested in them. In fact, it is only by involving the next generation in these holidays that we can be sure they will continue.

Overall, making traditional holidays more modern is the key to preserving them.

해석 저는 전통적인 휴일을 보존하는 가장 좋은 방법은 그것들을 현대화하는 것이라고 생각합니다.
첫째로, 이것이 그것들을 더 매력적으로 만들 것입니다. 예를 들면, 우리나라의 석가탄신일을 기념하는 축제는 많은 신나는 퍼레이드 차량과 드론 쇼를 포함하기 때문에 많은 사람들을 끌어모읍니다.
또한, 전통적인 휴일을 현대화하는 것은 젊은 사람들이 그것들에 관심을 갖는 것을 보장합니다. 실제로, 다음 세대를 이러한 휴일들에 포함시키는 것만이 그것들이 계속 이어지도록 보장하는 유일한 방법입니다.
전반적으로, 전통적인 휴일을 더 현대적으로 만드는 것이 그것들을 보존하는 핵심입니다.

어휘 preserve [prizə́ːrv] 보존하다   modernize [mάːdərnaiz] 현대화하다   appealing [əpíːliŋ] 매력적인   generation [dʒènəréiʃən] 세대

필수표현 *be interested in ~에 관심을 가지다
More students **are interested in** environmental science due to climate change concerns.
기후 변화에 대한 우려 때문에 더 많은 학생들이 환경 과학에 관심을 가지고 있다.

11 스크립트 AT_2_11

That is an excellent point. I have one last question for you. Some experts argue that people spend too much of their time at work. Do you think the government should create more national holidays? Why or why not?

해석 훌륭한 의견이네요. 한 가지 마지막 질문을 드리겠습니다. 어떤 전문가들은 사람들이 일에 너무 많은 시간을 쓴다고 주장합니다. 당신은 정부가 공휴일을 더 많이 만들어야 한다고 생각하나요? 왜 그런가요, 혹은 왜 그렇지 않은가요?

브레인스토밍

more national holidays 더 많은 공휴일
1. do not have enough free time to truly enjoy their lives 삶을 진정으로 즐길 만큼의 여가 시간이 충분하지 않음
   - work long hours at company → appreciate national holidays & would benefit greatly
     회사에서 긴 시간 동안 근무함 → 공휴일을 정말 감사히 여김 & 크게 덕을 보게 될 것임
2. boost the economy 경제를 활성화시킴
   - go out to restaurants & theaters 식당 & 극장으로 나감

모범 답안 AT_2_11

 I support the idea of creating more national holidays.

One reason is that people currently do not have enough free time to truly enjoy their lives. For example, my uncle works long hours at his company. So, he really appreciates national holidays and would benefit greatly if more were created.

Another reason is that national holidays boost the economy. To be specific, many people go out to restaurants, theaters, *and so on during these holidays.

For these reasons, I think the government should create more national holidays.

해석 저는 더 많은 공휴일을 만든다는 생각을 지지합니다.
한 가지 이유는 현재 사람들은 삶을 진정으로 즐길 만큼의 여가 시간이 충분하지 않기 때문입니다. 예를 들어, 제 삼촌은 그의 회사에서 긴 시간 동안 근무합니다. 그래서, 그는 공휴일을 정말 감사히 여기고 공휴일이 더 많아진다면 크게 덕을 보게 될 것입니다.
또 다른 이유는 공휴일이 경제를 활성화시킨다는 것입니다. 구체적으로, 많은 사람들이 이러한 공휴일 동안 식당, 극장, 기타 등등으로 나갑니다.
이러한 이유들 때문에, 저는 정부가 더 많은 공휴일을 만들어야 한다고 생각합니다.

어휘 appreciate[əpríːʃièit] 감사히 여기다   boost[buːst] 활성화하다

필수표현 *and so on 기타 등등
I prefer to spend my free time doing creative activities such as painting, writing, listening to music, **and so on**.
나는 여가 시간을 그림 그리기, 글쓰기, 음악 듣기, 기타 등등의 창의적인 활동을 하며 보내는 것을 좋아한다.

ACTUAL TEST 2

p.196

[01-07] 당신은 낚시터로의 방문객을 맞이하는 것을 배우고 있습니다. 화자의 말을 듣고 그대로 따라 말하세요. 한 번만 따라 말하세요.

스크립트 🎧 AT_3

01 Are you new to lake fishing?

02 The best spots are near the main dock.

03 You can also try the shaded areas by the forest.

04 The east pier is temporarily closed for maintenance work.

05 All visitors are required to dispose of waste in designated bins.

06 For those new to fishing, we offer beginner lessons and equipment rental services.

07 If you have questions about fishing rules, please ask the staff at the front booth.

해석 01 호수 낚시가 처음인가요?
 02 가장 좋은 장소는 메인 부두 근처입니다.
 03 숲 옆 그늘진 지역도 시도해 볼 수 있습니다.
 04 동쪽 부두는 유지보수 작업으로 임시 폐쇄되었습니다.
 05 모든 방문객은 지정된 쓰레기통에 쓰레기를 버리도록 요구됩니다.
 06 낚시 초보자를 위해 초급 수업과 장비 대여 서비스를 제공합니다.
 07 낚시 규칙에 대한 질문이 있으시면, 정면 부스의 직원에게 문의하세요.

어휘 **spot**[spɑːt] 장소 **dock**[dɑːk] 부두 **shaded**[ʃéidid] 그늘진 **pier**[piər] 부두 **temporarily**[tèmpərérəli] 임시로
 maintenance[méintənəns] 유지보수 **dispose**[dispóuz] 버리다 **designated**[dézignèitid] 지정된 **equipment**[ikwípmənt] 장비

[08-11] 당신은 자기 개발에 관한 연구에 자원했습니다. 당신은 연구원과 짧은 온라인 인터뷰를 진행할 것입니다. 연구원이 몇 가지 질문을 할 것입니다.

08 스크립트 🎧 AT_4_08

Thank you for agreeing to take part in this study. Today, I have a few questions about personal development. To begin, could you tell me about a time when you made an effort to improve yourself? Explain your answer.

해석 이 연구에 참여해 주셔서 감사합니다. 오늘은 자기 개발에 관한 몇 가지 질문을 드리겠습니다. 먼저, 스스로를 발전시키기 위해 노력했던 때에 대해 말해줄 수 있나요? 답변을 설명해 주세요.

브레인스토밍

last year, effort to develop confidence and improve my social skills
지난해, 자신감을 기르고 사교 능력을 향상시키기 위한 노력
1. tried to develop more confidence by focusing on my positive characteristics
나의 긍정적인 특성에 집중함으로써 자신감을 더 기르려고 했음
- helped me feel better about myself in social situations 사회적 상황에서 스스로에 대해 더 좋게 느끼는 데 도움이 됨
2. worked on improving my social skills by joining more activity groups
더 많은 활동 모임에 참여함으로써 나의 사교 능력을 향상시키는 데 힘썼음
- chance to practice socializing with a wide variety of people 다양한 사람들과 어울리는 것을 연습할 수 있는 기회

모범 답안 🎧 AT_4_08

 Last year, I *made a concentrated effort to develop confidence and improve my social skills.

First, I tried to develop more confidence by focusing on my positive characteristics rather than my negative ones. This helped me feel better about myself in social situations.

Second, I worked on improving my social skills by joining more activity groups. I did this because it gave me a chance to practice socializing with a wide variety of people.

To sum up, these efforts helped me improve myself significantly.

해석 지난해, 저는 자신감을 기르고 사교 능력을 향상시키기 위해 집중적인 노력을 했습니다.
첫째로, 저는 저의 부정적인 면보다는 긍정적인 특성에 집중함으로써 자신감을 더 기르려고 했습니다. 이것은 사회적 상황에서 제가 스스로에 대해 더 좋게 느끼는 데 도움이 되었습니다.
둘째로, 저는 더 많은 활동 모임에 참여함으로써 저의 사교 능력을 향상시키는 데 힘썼습니다. 이렇게 한 이유는 그것이 다양한 사람들과 어울리는 것을 연습할 수 있는 기회를 제공했기 때문입니다.
요약하자면, 이러한 노력 덕분에 저는 제 자신을 크게 발전시킬 수 있었습니다.

어휘 concentrate[kánsəntrèit] 집중하다   confidence[kάnfədəns] 자신감   positive[pάːzətiv] 긍정적인
characteristic[kæ̀riktərístik] 특성   negative[négətiv] 부정적인   improve[imprúːv] 향상시키다
socialize[sóuʃəlàiz] (사람들과) 어울리다

필수표현 *make a concentrated effort 집중적인 노력을 하다
Companies should **make a concentrated effort** to reduce waste.
기업들은 폐기물을 줄이기 위해 집중적인 노력을 해야 한다.

09 스크립트 🎧 AT_4_09

I see. I have another question for you. Some people think that the most effective strategy for personal development is eliminating weaknesses. Others feel that the focus should be on developing strengths. What do you think and why?

해석 그렇군요. 다른 질문이 있습니다. 어떤 사람들은 자기 개발에서 가장 효과적인 전략은 약점을 없애는 것이라고 생각합니다. 다른 사람들은 강점을 발전시키는 데 집중해야 한다고 생각합니다. 당신은 어떻게 생각하며 그 이유는 무엇인가요?

브레인스토밍

better to eliminate weaknesses 약점을 없애는 것이 더 나음

1. immediate & noticeable effect 즉각적이고 눈에 띄는 효과
   - my cousin: stopped spending on useless things → life turned around completely
     나의 사촌: 쓸데없는 것들에 돈 쓰는 것을 멈췄음 → 삶이 완전히 바뀌었음

2. lead you to developing your strengths 강점을 개발하게 함
   - after I overcame the fear of speaking in public → discovered I was actually good at persuading
     대중 앞에서 말하는 두려움을 극복한 후 → 사실 내가 설득하는 데 재능이 있었다는 것을 발견함

모범 답안 🎧 AT_4_09

 In my opinion, it is better to eliminate weaknesses than develop strengths.

To begin with, eliminating a weakness has an immediate and noticeable effect. For example, my cousin was not good at managing his finances, which caused him problems. But once he stopped spending on useless things, his life *turned around completely.

What's more, eliminating weaknesses can also lead you to developing your strengths. To explain, after I overcame the fear of speaking in public by joining a debate club, I discovered I was actually good at persuading people.

So, eliminating weaknesses should be the priority.

해석 제 생각에는, 강점을 개발하기보다는 약점을 없애는 것이 더 낫습니다.
우선, 약점을 없애는 것은 즉각적이고 눈에 띄는 효과를 가져옵니다. 예를 들어, 제 사촌은 돈 관리를 잘 하지 못해서 문제를 겪었습니다. 하지만, 그가 쓸데없는 것들에 돈 쓰는 것을 멈추자, 그의 삶이 완전히 바뀌었습니다.
더욱이, 약점을 없애는 것이 강점을 개발하게 할 수 있습니다. 설명하자면, 제가 토론 동아리에 가입하여 대중 앞에서 말하는 두려움을 극복한 후, 저는 사실 제가 사람들을 설득하는 데 재능이 있었다는 것을 발견했습니다.
따라서, 약점을 없애는 것이 우선순위가 되어야 합니다.

어휘 eliminate[ilímənèit] 없애다   weakness[wíːknis] 약점   strength[streŋkθ] 강점   immediate[imíːdiət] 즉각적인

overcome [òuvərkÁm] 극복하다   discover [diskÁvər] 발견하다   persuade [pərswéid] 설득하다   priority [praió:rəti] 우선순위

필수표현 *turn around 완전히 바뀌다
My life **turned around** after I started exercising regularly.
규칙적으로 운동하기 시작한 뒤 내 삶이 완전히 바뀌었다.

10 스크립트 🎧 AT_4_10
That's interesting. I have another question for you. Self-help books are very popular these days, and many people think they are useful tools for personal development. Do you agree or disagree? Why?

해석 그거 흥미롭네요. 다른 질문이 있습니다. 요즘 자기 개발서가 매우 인기가 있으며, 많은 사람들은 그것들이 자기 개발을 위한 유용한 도구라고 생각합니다. 당신은 동의하나요, 아니면 동의하지 않나요? 그 이유는 무엇인가요?

브레인스토밍

don't think self-help books are useful 자기 개발서가 유용하다고 생각하지 않음

1. strategies → too vague 전략들 → 너무 모호함
   - general advice = doesn't apply to specific situations 일반적인 조언 = 구체적인 상황에 적용되지 않음
2. might be very harmful 무척 해로울 수 있음
   - give false hope / discourage them from seeking professional help
     거짓된 희망을 줌 / 전문적인 도움을 구하지 못하게 함

모범 답안 🎧 AT_4_10

 I don't think self-help books are useful personal development tools.

First, the strategies for self-improvement in many of these books are too vague to make a significant difference in a person's life. In fact, they often give general advice that doesn't apply to specific situations.

Second, some self-help books might be very harmful. For instance, they can give people false hope or *discourage them from seeking professional help.

Ultimately, I believe most self-help books are not effective for personal development.

해석 저는 자기 개발서가 유용한 자기 개발 도구라고 생각하지 않습니다.
첫째로, 이러한 자기 개발서의 다수에 실린 자기 개선 전략은 너무 모호해서 개인의 삶에 큰 변화를 주기 어렵습니다. 실제로, 그것들은 종종 구체적인 상황에 적용되지 않는 일반적인 조언을 제공합니다.
둘째로, 일부 자기 개발서는 무척 해로울 수도 있습니다. 예를 들어, 그것들은 사람들에게 거짓된 희망을 주거나 전문적인 도움을 구하지 못하게 할 수 있습니다.
결국, 저는 대부분의 자기 개발서는 자기 개발에 효과적이지 않다고 생각합니다.

어휘 tool [tu:l] 도구   strategy [strǽtədʒi] 전략   vague [veig] 모호한   general [dʒénərəl] 일반적인   specific [spisífik] 구체적인

필수표현 *discourage A from ~ A가 ~하지 못하게 하다
High tuition costs **discourage** many talented students **from** pursuing higher education.
높은 등록금은 많은 재능 있는 학생들이 고등 교육을 받지 못하게 한다.

11 스크립트 🎧 AT_4_11
Good points. Lastly, there are many new technologies such as online learning platforms and artificial intelligence that people can use to improve themselves. Which technology do you think will have the greatest impact on personal development in the future? Why?

해석 좋은 의견이네요. 마지막으로, 온라인 학습 플랫폼이나 인공지능과 같이 사람들이 자신을 발전시키는 데 활용할 수 있는 새로운 기술이 많이 있습니다. 당신은 미래에 자기 개발에 가장 큰 영향을 미칠 기술이 무엇이라고 생각하나요? 그 이유는 무엇인가요?

브레인스토밍

artificial intelligence 인공지능

1. create personalized improvement plans 맞춤형 발전 계획을 만듦
   - AI tutoring service → adapted to learning pace & provided customized exercises
     AI 튜터 서비스 → 학습 속도에 맞게 조정하고 맞춤형 연습 문제를 제공했음
2. has the ability to learn 학습 능력을 가지고 있음
   - analyzes progress patterns & suggests new strategies 진행 패턴을 분석함 & 새로운 전략을 제안함

모범 답안 AT_4_11

> I believe artificial intelligence will have the greatest impact on personal development.
>
> One reason is that AI can create personalized improvement plans *tailored to individual needs. In fact, I studied mathematics using an AI tutoring service that adapted to my learning pace and provided customized exercises.
>
> Another reason is that AI has the ability to learn over time. For instance, it continuously analyzes your progress patterns and suggests new strategies when you encounter difficulties.
>
> Overall, AI will probably have a greater impact than any other technology on personal development.

해석 저는 인공지능이 자기 개발에 가장 큰 영향을 미칠 것이라고 생각합니다.
한 가지 이유는 AI는 개인의 필요에 맞춰진 맞춤형 발전 계획을 만들 수 있기 때문입니다. 실제로, 저는 제 학습 속도에 맞게 조정하고 맞춤형 연습 문제를 제공하는 AI 튜터 서비스를 사용해서 수학을 공부했습니다.
또 다른 이유는 AI는 시간이 지남에 따른 학습 능력을 가지고 있기 때문입니다. 예를 들어, 그것은 학습 진행 패턴을 지속적으로 분석하고 어려움을 겪을 때 새로운 전략을 제안합니다.
전반적으로, AI는 아마 다른 어떤 기술보다도 자기 개발에 더 큰 영향을 미칠 것입니다.

어휘 artificial intelligence 인공지능 personalized [pə́ːrsənəlàizd] 맞춤형의 analyze [ǽnəlàiz] 분석하다
encounter [inkáuntər] 겪다, 마주치다

필수표현 *tailored to ~에 맞춰진
The training program is **tailored to** the specific needs of new employees in the company.
교육 프로그램은 기업 신입 직원들의 특정 필요에 맞춰져 있다.

해커스인강 HackersIngang.com
본 교재 인강 · 교재 MP3 · iBT 스피킹 실전모의고사 · 말하기 연습 프로그램

고우해커스 goHackers.com
토플 보카 외우기 · 토플 스피킹/라이팅 첨삭 게시판 · 토플 공부전략 강의 · 토플 자료 및 유학 정보

고우해커스

토플 시험부터
학부·석박사, 교환학생,
중·고등 유학정보까지

고우해커스에 다 있다!

유학전문포털 235만개 정보 보유
고우해커스 내 유학 관련 컨텐츠 누적게시물 수 기준 (~2022.04.06.)

200여 개의 유학시험/생활 정보 게시판

17,200여 건의 해외 대학 합격 스펙 게시글
고우해커스 사이트 어드미션포스팅 게시판 게시글 수 기준 (~2022.10.14.)

goHackers.com

1위 해커스어학원
260만이 선택한 해커스 토플

단기간 고득점 잡는 해커스만의 체계화된 관리 시스템

01 토플 무료 배치고사
현재 실력과 목표 점수에 딱 맞는
학습을 위한 무료 반배치고사 진행!

토플 Trial Test 02
월 2회 실전처럼 모의테스트 가능한
TRIAL test 응시기회 제공!

03 1:1 개별 첨삭시스템
채점표를 기반으로 약점파악 및 피드백,
1:1 개인별 맞춤 첨삭 진행!

[260만] 해커스어학원 누적 수강생 수, 해커스인강 토플 강의 누적 수강신청건수 합산 기준(2003.01~2018.09.05. 환불자/중복신청 포함)
[1위] 한경비즈니스 2024 한국브랜드만족지수 교육(온·오프라인 어학원) 1위

해커스어학원 단기 졸업 시스템으로
빠르게 토플 졸업 go ▶